中财传媒版 2024年注册会计师全国统一考试辅导系列丛书·注定会赢®

公司战略与风险管理
五年真题详解

财政部中国财经出版传媒集团 组编

中国财经出版传媒集团
中国财政经济出版社
·北京·

图书在版编目（CIP）数据

公司战略与风险管理五年真题详解 / 财政部中国财经出版传媒集团组编 . -- 北京：中国财政经济出版社，2024.2

（中财传媒版 2024 年注册会计师全国统一考试辅导系列丛书 . 注定会赢）

ISBN 978-7-5223-2892-8

Ⅰ. ①公… Ⅱ. ①财… Ⅲ. ①公司—企业管理—资格考试—题解②公司—风险管理—资格考试—题解 Ⅳ. ① F276.6-44

中国国家版本馆 CIP 数据核字（2024）第 024166 号

责任编辑：王　丽　　　　责任校对：徐艳丽

责任设计：卜建辰　　　　责任印制：党　辉

公司战略与风险管理五年真题详解

GONGSI ZHANLÜE YU FENGXIAN GUANLI WUNIAN ZHENTI XIANGJIE

中国财政经济出版社 出版

URL：http：//www.cfeph.cn

E-mail：cfeph @cfemg.cn

社址：北京市海淀区阜成路甲 28 号　邮政编码：100142

营销中心电话：010-88191522

天猫网店：中国财政经济出版社旗舰店

网址：https：//zgczjjcbs.tmall.com

北京鑫海金澳胶印有限公司印刷　各地新华书店经销

成品尺寸：185mm × 260mm　16 开　27.75 印张　532 000 字

2024 年 2 月第 1 版　2024 年 2 月北京第 1 次印刷

定价：75.00 元

ISBN 978-7-5223-2892-8

（图书出现印装问题，本社负责调换，电话：010-88190548）

本社图书质量投诉电话：010-88190744

打击盗版举报热线：010-88191661　QQ：2242791300

前　言

为帮助广大考生全面理解2024年注册会计师考试大纲和考试辅导教材内容，在有限的复习时间内掌握教材知识和考点，顺利通过考试，中国财经出版传媒集团组织多年从事注册会计师考试辅导的名师、专家编写了“中财传媒版2024年注册会计师全国统一考试辅导系列丛书·注定会赢”。该套丛书紧扣2024年考试大纲和考试教材内容，包括“通关题库”“五年真题详解”“要点随身记”“全真模拟试题”四个系列，涵盖了专业阶段考试的六个科目，即会计、审计、财务成本管理、经济法、税法和公司战略与风险管理。

“通关题库”系列： 由“考点列示及通关演练”“跨章节主观题演练”组成，逐章精炼历年考试中的高频考点和考试难点，精选通关演练题目，从而形成高质量题库合集，针对易错点、易混点、重难点，帮助考生夯实基础、举一反三、快速提分。

“五年真题详解”系列： 甄选五年真题，审题要点、思维拓展、坑点提示、抢分秘籍、历年考情五维详解，搭建真题考点地图，构建真题深度解析体系，帮助考生练真题、析真题、懂真题。

“要点随身记”系列： 是记忆锦囊的口袋书，以要点和表格的形式，总结、提炼教材中的知识点，便于考生利用碎片化时间，随时随地温故知新、高效学习。

“全真模拟试题”系列： 以真题为依托，全书包括6套模拟试题，力求达到“全真模拟”，检验学习成果，把握答题技巧，提高实战能力，以更高的标准备考。

中财传媒版“注定会赢”系列注册会计师考试辅导丛书，具有各科知识点全面覆盖、重点难点精准掌握、基础知识稳扎稳打、题目题型针对贴切等特点，与注册会计师全国统一考试辅导教材相得益彰，四个系列图书助力读者不同复习阶段的备考。

希望这套图书能帮助您攻克每一个学习难关，衷心祝愿各位考生顺利通过注册会计师考试。

目　录

第一部分　近5年真题命题规律及学习指导

第二部分　5套真题卷详解

第一部分　近5年真题命题规律及学习指导

一、近5年考情分析

《公司战略与风险管理》教材包含八章内容，可划分为三部分：（1）战略管理，包括第一、二、三、四章；（2）公司治理，即第五章；（3）风险管理，包括第六、七、八章。各章重要程度、主要内容、近5年涉及题型、平均分值如下表所示：

章名	重要程度	主要内容	考试题型	平均分值
第一章　战略与战略管理概述	★★	公司战略的基本概念、公司战略管理	客观题、主观题	3.3分
第二章　战略分析	★★★★	企业外部环境分析、内部环境分析、内外部环境综合分析	客观题、主观题	17.1分
第三章　战略选择	★★★★★	总体战略、业务单位战略、职能战略、国际化经营战略	客观题、主观题	46.1分
第四章　战略实施	★★★★	公司战略与组织结构、公司战略与企业文化、战略控制、公司战略与数字化技术	客观题、主观题	10.5分
第五章　公司治理	★★★	公司治理概述、公司治理三大问题、内部治理结构和外部治理机制、公司治理的基础设施与治理原则	客观题、主观题	2分
第六章　风险与风险管理概述	★	风险的概念及构成要素、风险管理的内涵、理论演进与基本实践的发展	客观题	0.2分
第七章　风险管理的流程、体系与方法	★★★★	风险管理基本流程、风险管理体系、风险管理的技术与方法	客观题、主观题	7.7分
第八章　企业面对的主要风险及应对	★★★★★	战略、市场、财务、运营、法律合规风险与应对	客观题、主观题	11分

通过《公司战略与风险管理》科目近5年的考情分析，可以得到以下结论：

1.每年对各章均有考查，考点分散、全面。

2.从平均分值和题型分布综合考虑，各章的相对重要程度显而易见，第二、三、八章是非常重点章，分别体现在战略管理和风险管理的核心内容。第一、四、五章是次重点章，第六章是非重点章。目前来看，第一章考查过的主观题比较简单，但是近两年来教材新增加的“战略创新管理”和“战略管理中心权力与利益相关者”还需加强学习，未来出现主观题的可能性较大；第五章虽然归为次重点章，但是近两年已连续考查过主观题，提醒考生不要忽视。

3.从命题特点看，广泛采用案例形式考核，小到1分的单项选择题，大到25分的综合题，都有案例表述的“帽子”，文字阅读量较大；理论与实践紧密结合，侧重对实际问题的分析，而不是对知识点的简单考核；部分题目根据历年真题、教材案例改编。

二、本科目学习方法指导

（一）考试基本情况

客观题包含单项选择题和多项选择题，重点考查考生的知识理解能力；主观题包含简答题和综合题，简答题重点考查考生的基本应用能力，综合题重点考查考生的综合运用能力。

纵观历年考题，题型、题量、分值基本固定，以2023年考题为例，客观题50分，主观题50分。具体来说，各类题型的题量、分值、建议用时如下表所示：

题型	题量	分值及要求	建议用时
单项选择题（1分/题）	26道	合计26分	15分钟
多项选择题（1.5分/题）	16道	合计24分，每题有2~4个正确选项，不答、错答、漏答均不得分	15分钟
简答题	4道	合计26分	50分钟
综合题	1道	合计24分	40分钟

（二）备考建议

下面将从复习备考和考场应试两个方面给出建议，供考生借鉴。

1.复习建议

（1）考生在复习备考时一定要基于教材，每年教材内容的变化都容易成为考点。

（2）《公司战略与风险管理》科目考试的特点就是，无论客观题还是主观题，几乎所有的题目都有一个案例背景，要求考生分析后作出解答，考生看到“案例分析”几个字不要觉得“如临大敌”，因为不管面对什么样的案例背景，不管问什么问题，都是从教材最基本的理论出发，因此所谓的主观题并不是严格意义上的“主观”，不要求考生写出辞藻优美、逻辑严谨的“小作文”，而是基于教材基本理论作出分析和判断，几乎不需要拓展。因此，学好教材理论知识、答题时能够准确套用对通过考试至关重要。当然，理论文字通常是生硬、晦涩的，考生需要在理解的基础上加以记忆，绝不是死记硬背，先理解每句话在说什么、然后抓关键词找诀窍记忆，这样的学习过程相对轻松，学过的不容易忘记，答题时也能够答到“点子”上，死记硬背的结果可能是记忆混乱、文不对题、答了很多却一分不得。如何更好地去理解这些理论知识呢？一方面，考生可以从身边找些有趣的例子或熟悉的企业案例与理论对应；另一方面，要用好教材中展示的若干案例，这些案例大部分来自历年考查的简答题和综合题，建议考生学习完理论知识后阅读教材案例，巩固理论知识、总结出题规律、形成答题套路。

（3）《公司战略与风险管理》教材最大的特点就是文字量大，几百页的篇幅几乎全是字，如此庞杂、略显枯燥的理论体系让部分考生产生了畏难情绪，但是要知道，在注册会计师考试的六门科目中，本科目是篇幅最少的，内容是相对简单的，通过率也是最高的，因此，从应试的角度，考生应树立逢考必过的目标，不要给自己太大的压力。对于本科目的学习，建议考生形成整本教材的知识框架，思路清晰、准确。比如：战略管理部分包括战略分析、战略选择和战略实施；战略分析环节包括外部环境分析、内部环境分析和内外部环境综合分析；外部环境分析包括宏观环境分析、产业环境分析、竞争环境分析；产业环境分析又包括产品生命周期、五力模型和成功关键因素理论。那么，五力模型又包含哪五种竞争力……以此类推，层层拓展，在理解的基础上记忆，每学习完一章尝试画思维导图，对高频考点做特殊标记。在学习方法上，考生可以尝试费曼学习法，建立学习互助小组，通过将难以记忆的知识点讲给小伙伴来加深记忆，就像老师们为什么能脱稿讲解、自如流畅，而且内容丝毫不差，完全是因为熟练，不断地重复，给别人讲得多了，自然就记住了，而且记得牢固。

（4）前后知识点链接，及时回顾，滚雪球式学习。有些知识点在教材中有多处涉及，比如，产品生命周期理论在学习成功关键因素分析、财务战略时还会应用，所以考生在学习后面的知识点时，不妨再翻看一下前面的产品生命周期基本理论，这样不仅有利于理解掌握新知识，对已学的知识也进行了再一次的回顾和强化。有些知识点之间存在表述上的重复，或者逻辑关联，比如前向、后向、纵向一体化战略适用条件的表述中存在重复（当然虽重复但理解不同），从快速记忆的角度，考生可以特别记忆彼此之间不同的表述；再比如，对于股东大会、董事会、经理层各自的职权，考生可以根据三者之间的逻辑关联对照学习。

（5）合理分配时间。一是根据各章的相对重要程度合理分配复习时间，比如第一章虽然统领战略管理部分的全局，但是属于非重点章，考生只需要抓重点学习即可；第三章属于非常重点章，应采用地毯式学习，不放过任何一个知识点。二是合理分配理论学习和习题演练的时间，对于注册会计师考试来说，光学不练是行不通的，学完理论之后应及时巩固练习，结合历年真题，熟悉出题套路，尤其是案例分析主观题，将所学的理论知识点散落在案例表述中，考生需要做到快速定位、准确表述。三是充分利用碎片化时间学习，比如，可以在手机里保存重要知识点的截图，随时翻看。

2. 应试技巧

（1）心态要“稳”。考前紧张是必然的，有些考生甚至大脑一片空白，但是不必担心，保持适度的紧张，合理安排考试时间，不确定的题目暂时标记、跳过，做几道题之后便顾不上紧张，状态自然回归，前期的积累跃然屏上。

（2）答题要“准”。答客观题时，快速读题、准确定位，对于熟悉的知识要大胆、果断地选；模糊的地方不要纠结，可以采用排除法、前后对比法。答主观题时，先看问题，避免盲目，在题干中做好标记，边阅读、边分析、边作答。

（3）速度要“快”，考试只有短短的2小时，考生应尽可能答完全部题目，不要留有遗憾。这就需要考生快速适应机考环境，打字速度要快，建议考前充分熟悉考试系统、选择合适的输入法、多做模拟练习。

第二部分 5套真题卷详解

2023年注册会计师全国统一考试《公司战略与风险管理》真题详解

一、单项选择题（本题型共26小题，每小题1分，共26分。每小题只有一个正确答案，请从每小题的备选答案中选出一个你认为正确的答案，用鼠标点击相应的选项。）

1.近来，适应各种电动交通工具发展的需要，5G智能充电桩应运而生。目前，5G智能充电桩产品的类型、特点、性能**尚处在不断发展变化当中，产品质量尤其是可靠性有待进一步提高**。根据产品生命周期理论，5G智能充电设备企业在现阶段的战略目标是（　　）。

审题要点

本题关键句是“可靠性有待进一步提高”，表明5G智能充电桩处于导入期，需要根据导入期的特点作出选择。

A.扩大市场份额，争取成为“领头羊”

B.巩固市场份额

C.提高投资报酬率

D.提高效率，降低成本

【本题答案】A

【本题解析】“5G智能充电桩产品的类型、特点、性能尚处在不断发展变化当中，产品质量尤其是可靠性有待进一步提高”，说明处于导入期。导入期企业的规模可能会非常小，企业的战略目标是扩大市场份额，争取成为“领头羊”。这个时期的主要战略路径是投资于研究开发和技术改进，提高产品质量。

思维拓展

本题涉及两个知识点，一是产品生命周期，二是基于产品生命周期的战略目标。产品生命周期以产业销售额增长率曲线的拐点作为划分依据，可将大多数产业的发展划分为导入期、成长期、成熟期和衰退期四个阶段。其特点如下：

	导入期	成长期	成熟期	衰退期
标志	出现新产品	产品销量节节攀升	出现挑衅性的价格竞争	产能严重过剩

续表

	导入期	成长期	成熟期	衰退期
客户	产品用户很少	客户群扩大	新客户减少	对性价比要求高
产品质量	质量有待提高，尤其是可靠性	参差不齐	逐步标准化	差别小，可能会出现问题
目标市场	很小，不断发展变化	日益扩大	市场巨大，但基本饱和	日益萎缩
竞争者	很少	逐渐增多	稳中有降	减少
生产量	小	开始扩大	大	萎缩
销量	低	节节攀升	最大	下降
产能	过剩	不足	稳定，局部过剩	严重过剩
成本	高	单位成本下降	单位成本较低	低
价格	弹性小、价格高	最高	开始下降	很低
利润	较低	单位净利润最高	适中，利润率下降	毛利很低
企业规模	可能非常小	增大，出现兼并	最大	缩小
经营风险	非常高	较高	中等水平	进一步降低
战略目标	扩大市场份额	争取最大市场份额，坚持到成熟期到来	巩固市场份额，提高投资报酬率	防御，获取最后的现金流
战略路径	投资研究开发与技术改造，提升产品质量	市场营销，改变价格与质量形象	提高效率降低成本	控制成本，维持正的现金流

坑点提示

对于产品生命周期的阶段判断，重点是抓关键词进行作答，需要掌握各个阶段的核心特点。

抢分秘籍

本题得分的关键在于准确辨析出目前5G智能充电桩处于产品生命周期的哪一阶段，并熟悉企业在不同生命周期阶段的战略目标。

历年考情

企业在不同生命周期阶段的主要特征是近年来考试较为关注的一个知识点，如2022年首次在主观题中首次考查了产品生命周期导入期、成长期、成熟期的特征辨析和判定，见简答题第2题。

审题要点

本题关键词是“行业领先企业”，据此判断是直接以竞争对手为基准进行比较，即竞争性基准。

2. 玉林公司是一家矿泉水生产企业。为评价、提高自身的营销管理能力，该公司聘请一家管理咨询公司**对矿泉水行业领先企业的营销模式、客户管理制度和业绩**等，进行调查、分析、对比，收获颇丰。下列各项中，属于玉林公司在基准分析中采用的基准类型是（　　）。

A.竞争性基准　　　　　　B.顾客基准

C.一般基准　　　　　　　D.过程或活动基准

【本题答案】A

【本题解析】"该公司聘请一家管理咨询公司对矿泉水行业领先企业的营销模式、客户管理制度和业绩等，进行调查、分析、对比，收获颇丰"符合竞争性基准，竞争性基准即直接以竞争对手为基准进行比较。企业需要收集关于竞争对手的产品、经营过程以及业绩方面的具体信息，与企业自身的情况进行比较。由于有些在商业上比较敏感的信息不容易获取，因而有时还需要借助第三方的帮助。

思维拓展

基准分析是企业之间进行业绩比较的一种方法。一般来说，凡是能够衡量业绩的活动都可以成为基准对象。根据基准对象的不同，可以把基准分析分成五种类型，其含义和特点比较如下：

类型	含义	特点	标志
内部基准	企业内部各部门之间互为基准进行学习与比较	同一集团内不同公司，或同一公司不同部门	企业内部
竞争性基准	直接以竞争对手为基准进行比较	同一行业直接竞争对手	竞争对手
过程或活动基准	以具有类似核心经营业务的企业为基准进行比较	不在同一行业，不存在直接竞争	过程或活动类似
一般基准	以具有相同业务功能的企业为基准进行比较	不在同一行业，或在同一行业但不在同一区域，不存在直接竞争	业务功能相同
顾客基准	以顾客的预期为基准进行比较	是否达到或满足顾客期望	顾客预期

坑点提示

本题是"对矿泉水行业领先企业的营销模式、客户管理制度和业绩等，进行调查、分析、对比"，属于较为明显的以竞争对手为基准进行比较，应为竞争性基准。

历年考情

基准分析是近年来的高频考点，如2022年单项选择题第5题、2019年单项选择题第15题均为对一般基准类型的直接考查。

3.近期，京州出版社秉承"传播先进文化，创新服务内容"的宗

审题要点

本题关键句有两个信息点，"秉承……宗旨"和"对组织结构作出较大调整"，表明与企业文化潜在一致性大、各种组织要素变化大。本题还应注意，2024年教材对第四种情形进行了修订，重新表述为"重新制定战略或进行文化管理"。

旨，启动了一项新战略，从一家科技图书出版社向综合性出版社转型，并对组织结构作出较大调整。根据战略稳定性与文化适应性矩阵的要求，京州出版社在实施上述新战略时应（　　）。

A.以企业使命为基础　　B.加强协同作用

C.根据文化进行管理　　D.重新制定战略或进行文化管理

【本题答案】A

【本题解析】本题考查战略稳定性与文化适应性矩阵。根据题目表述，京州出版社秉承“传播先进文化，创新服务内容”的宗旨，同时“对组织结构作出较大调整”，表明企业实施一个新的战略时，组织要素发生了很大变化；可见这些组织要素的变化与企业目前的文化具有较大的潜在一致性。根据战略稳定性与文化适应性矩阵，各种组织要素变化大，与企业文化潜在一致性大，在第一象限，应以企业使命为基础，选项A正确。

思维拓展

战略稳定性与文化适应性

情况名称	内容
以企业使命为基础	组织要素变化多+潜在一致性大（与企业目前的文化相一致） 企业开展规模较大转型时采用的处理方式： ①这种企业多是那些以往效益好的企业，可以根据自己的实力，寻找可利用的重大机会，或者试图改变自己的主要产品和市场，以适应新的要求。 ②这种企业由于有企业固有文化的大力支持，实行新战略没有大的困难，一般处于非常有前途的地位
加强协同作用	组织要素变化少+潜在一致性大（与企业目前的文化相一致） 通常发生在企业采用稳定战略时。处在这种地位的企业应考虑两个主要问题： ①利用目前的有利条件，巩固和加强企业文化； ②利用文化相对稳定的这一时机，根据企业文化的需求，解决企业生产经营中的问题
根据文化进行管理	组织要素变化少+潜在一致性小（与企业目前的文化不大一致） ①当企业准备对一项业务采取新的经营方式时，虽然这种方式不会引起组织要素的重大变化，但是某些利益相关者基于对自身利益的考虑，可能会反对实施新的经营方式。此时，企业需要研究这种变化是否会给企业带来成功的机会； ②如果实施新的战略有利于企业的成功和发展，那么企业可以在不影响企业总体文化一致性的前提下，对新的经营方式实行不同的文化管理
重新制定战略或进行文化管理	组织要素变化多+潜在一致性小（与企业目前的文化不大一致） ①在这种情况下，企业首先要考察是否有必要推行这个新战略。如果没有必要，企业则需要考虑重新制定战略。 ②在企业外部环境发生重大变化，企业考虑到自身长远利益，必须实施不能迎合企业现有的文化的重大变革，企业则必须进行文化管理，使企业文化也作出相应重大的变化

坑点提示

这道题的考点是战略稳定性与文化适应性矩阵中两个维度对应的四种情况，在熟悉并牢记矩阵相关内容的前提下，并没有太多容易混淆的内容。

抢分秘籍

本题考查考生对知识点的熟练程度。根据战略稳定性与文化适应性矩阵四个象限的特点，结合题干中“双高”的特点，可以直接选出正确答案为A，即以企业使命为基础。

历年考情

战略稳定性与文化适应性矩阵是近年来考试频率很高的一个知识点，如2022年单项选择题第6题、2020年单项选择题第22题和2019年单项选择题第4题都考查了以企业使命为基础；2021年单项选择题第7题考查了加强协同作用；2018年单项选择题第4题考查了根据文化的要求进行管理。

4.锦绣农场是一家从事果蔬种植、水产养殖的企业，设有种植部、养殖部、采购部、销售部和财务部等业务管理部门，各部门主管直接对农场总经理负责。下列各项中，属于锦绣农场采用的组织结构的优点是（　　）。

A.集权化的决策机制会加快反应速度

B.职能之间易于协调和合作

C.易于确定各项产品产生的盈亏

D.有利于培养职能专家

【本题答案】D

【本题解析】“设有种植部、养殖部、采购部、销售部和财务部等业务管理部门，各部门主管直接对农场总经理负责”属于职能制组织结构。职能制组织结构的优点：（1）能够通过在单一部门内集中所有某一类型的活动来实现规模经济；（2）有利于培养职能专家；（3）由于职能管理是常规和重复性任务，因而工作效率得到提高；（4）董事会易于监控各个部门。选项D正确。

思维拓展

组织的分工结构分为纵向和横向两类结构。纵向分工结构有高长型和扁平型两种基本形式，横向分工结构有创业型、职能制、事业部制、M型、战略业务单位、矩阵制、H型和国际化经营组织结构八种。其类型和特点如下：

组织分工结构类型

总体类型	具体类型	本质特征
纵向	高长型	管理层次多，控制幅度窄
	扁平型	管理层次少，控制幅度宽
横向	创业型	垂直领导，直接控制下属、无职能机构
	职能制	按职能进行专业化分工
	事业部制	战略决策和经营决策相分离，一般一个事业部负责一个产品线
	M型	本质上依然是事业部制，将企业划分为若干个事业部，每个事业部负责一个或多个产品线
	战略业务单位	事业部制的进一步延伸，将相关产品线归类为事业部，然后将这些事业部归类为战略业务单位
	矩阵制	职能专业化+产品或项目专业化，二元结构
	H型	母公司控制许多子公司
	国际化经营	多元化经营业务范围扩展至国际市场甚至全球市场，有四种类型

坑点提示

本题需要先根据题目描述判断具体属于哪种组织机构，再进行选择，要求考生准确记忆职能制组织结构的优缺点。

抢分秘籍

这类题目需要熟悉并掌握每种组织结构的适用范围和优缺点。

历年考情

组织结构是非常重要的高频考点，但主要考核横向分工结构，对纵向分工结构考查较少。如2020年多项选择题第11题考查了扁平型纵向结构的特征，与本题基本相似；2020年单项选择题第20题考查了H型组织结构的判断、2019年多项选择题第4题考查了事业部制组织结构的优点、2018年单项选择题第18题考查了职能制组织结构的判断、2017年单项选择题第7题考查了矩阵制组织结构等，可以结合对比学习。

5.洗衣业由很多小型洗衣店组成，其中没有任何一家洗衣店拥有较大的市场份额或对洗衣业的发展产生显著影响。下列各项中，属于造成洗衣业上述状况的主要原因是（　　）。

A.洗衣业技术进步比较缓慢

B.洗衣业进入障碍低

C.洗衣业竞争激烈，服务价格和利润水平低

D.洗衣市场需求差别较小导致服务同质化

【本题答案】B

【本题解析】零散产业存在于经济活动的许多领域中，如一些传统服务业——快餐业、洗衣业、照相业等都属于这种产业。进入障碍低是造成产业零散的前提，由于进入障碍低，大量中小企业涌入该产业，成为产业中竞争的主导力量，选项B正确。

审题要点

本题关键词是"洗衣业"，教材中有举例，零散产业存在于经济活动的许多领域中，如一些传统服务业——快餐业、洗衣业、照相业等都属于这种产业。

思维拓展

零散产业是指产业集中度很低的产业，在该产业中没有任何企业占有显著的市场份额，也没有任何一个企业能对整个产业的发展产生重大的影响。

1.造成产业零散的原因

产业零散主要来源于产业本身的基础经济特性，体现在以下四个方面：（1）进入障碍低或存在退出障碍；（2）市场需求多样导致高度产品差异化；（3）不存在规模经济或难以达到经济规模；（4）其他因素，如政府政策和地方法规对某些产业集中的限制以及一个新产业中还没有企业掌握足够的技能和能力以占据重要的市场份额等。

2.零散产业的战略选择

从三种基本竞争战略的角度出发，零散产业的战略选择可以分为三类：

（1）克服零散——获得成本优势。包括三条途径：①连锁经营或特许经营；②技术创新以创造规模经济；③尽早发现产业趋势。

（2）增加附加价值——提高产品差异化程度。

（3）专门化——目标集聚。包括：①产品类型或产品细分的专门化；②顾客类型专门化，即专注于产业中一部分特定顾客；③地理区域专门化，即专注于小的地域范围。

3.谨防潜在的战略陷阱

（1）避免寻求支配地位；（2）保持严格的战略约束力；（3）避免过分集权化；（4）了解竞争者的战略目标与管理费用；（5）避免对新产品作出过度反应，即要慎重开发新产品。

坑点提示

出题人经常将“造成产业零散的原因”和“新兴产业内部结构的共同特征”混合在一起给考生挖坑，因此一定要将两者区分清楚。

新兴产业内部结构的共同特征：（1）技术的不确定性；（2）战略的不确定性；（3）成本的迅速变化；（4）萌芽企业和另立门户；（5）首次购买者。

抢分秘籍

本题的解题关键在于熟悉造成产业零散的原因。

历年考情

零散产业是近年来考试频率非常高的重要知识点，如2022年多项选择题第5题、2021年多项选择题第5题、2020年简答题第2题都考查了零散产业的战略选择；2020年单项选择题第17题和2018年单项选择题第11题考查了零散产业谨防潜在的战略陷阱；2019年多项选择题第6题和2018年多项选择题第8题考查了产业零散的原因。

审题要点

本题关键词是“风险度量方法”。常用的风险度量方法有六种，各有其特点和适用范围，需根据题干先判断属于哪一种方法，然后结合具体方法再确定其特点。

6.宏盛投资公司对投资一个新能源设备项目的风险进行度量后宣称：未来3年，该项目总收益率达到45%的可能性为60%，总收益率达到20%的可能性为30%，总收益率达到-5%的可能性为10%，据此预测总收益率为32.5%。下列各项中，属于宏盛投资公司采用的风险度量方法是（　　）。

A.期望值　　B.概率值

C.波动性　　D.在险值

【本题答案】A

【本题解析】期望值通常是指数学期望，即概率加权平均值。所有事件中，先将每一事件发生的概率乘以该事件的影响得出乘积，然后将这些乘积相加。“未来3年，该项目总收益率达到45%的可能性为60%，总收益率达到20%的可能性为30%，总收益率达到-5%的可能性为10%，据此预测总收益率为32.5%”体现的是期望值的风险度量方法，选项A正确。

思维拓展

常用的风险度量方法包括最大可能损失、概率值、期望值、波动性、在险值和直观方法六种，其适用范围和特点如下：

方法	含义	特点
最大可能损失	指风险事件发生后可能造成的最大损失	一般在无法判断发生概率或无须判断概率的时候使用
概率值	指风险事件发生的概率或造成损失的概率	常常在只有两种对立的可能结果如好坏、对错、是否、输赢、生死等情况下使用
期望值	指数学期望，即概率加权平均值，先将每一事件的发生概率乘以该事件的影响，然后将这些乘积累加	综合了概率值和最大损失两种方法
波动性	反映数据的离散程度，即该变量偏离其期望值的距离	一般用方差或均方差（即标准差）来描述
在险值	指在正常的市场条件下，在给定的时间段和置信区间内，预期可能发生的最大损失	优点：通用、直观、灵活； 缺陷：适用的风险范围小、对数据要求严格、计算困难、对肥尾效应无能为力
直观方法	指不依赖于概率统计结果的度量方法，即人们直观判断的方法，如专家意见法、层次分析法（AHP）等	统计数据不足或需要度量的结果包括人们的偏好时使用

坑点提示

本题的关键词是“概率”“乘以”“相加”。期望值通常指的是数学期望，即概率加权平均值，指所有事件中，每一事件发生的概率乘以该事件影响的乘积，然后将这些乘积相加。

抢分秘籍

要掌握常用的风险度量方法中每个方法的核心含义。

历年考情

风险度量方法是近年来考试频率较高的一个知识点，如2022年单项选择题第1题考查了在险值方法的特点；2021年单项选择题第15题考查了最大可能损失方法的判断、2019年单项选择题第14题考查了期望值方法的判断。

7.东越公司的主营业务为有色金属矿产品的开发、生产、贸易和综合服务。该公司**在风险管理过程中运用的下列金融工具实施风险管理策略中，金融工具本身能够创造价值**的是（　　）。

> **审题要点**
> 本题关键词是“创造价值”，根据2024年教材，这是运用金融工具实施风险管理策略的特点之一。本题要注意，新教材对相关知识点进行了改写，风险理财措施修订为“运用金融工具实施风险管理策略”。

A.在市场上通过期货的方式出卖产品，增加收入的稳定性，提高回报率

B.通过自己的专业自保公司为企业提供保险

C.为可能给企业造成重大损失的风险事件进行损失融资

D.设立风险资本，为企业在遭受风险时能够维持运营提供保证

【本题答案】A

【本题解析】

本题考查运用金融工具实施风险管理策略的特点，在创造价值方面，企业可能通过使用金融工具来承担额外的风险，改善企业的财务状况，创造价值。例如，一家矿产公司在市场上通过期货的方式出卖产品，增加收入的稳定性，提高回报率。因此，选项A的表述符合题意。

思维拓展

根据2024年教材，运用金融工具实施风险管理策略的特点有：（1）需要判断风险的定价。企业不仅需要判断风险事件的可能性和损失的分布，而且需要量化风险本身的价值。（2）应用范围一般不包括声誉等难以衡量价值的风险，也难以消除战略失误造成的损失。（3）技术性强。许多金融工具本身具有比较复杂的风险特性，使用不当容易造成重大损失。（4）创造价值。企业可能通过使用金融工具来承担额外的风险，改善企业的财务状况，创造价值。例如，一家矿产公司在市场上通过期货的方式出卖产品，增加收入的稳定性，提高回报率。

坑点提示

关于运用金融工具实施风险管理策略的特点是第一次考查，需要考生加强记忆。

抢分秘籍

运用金融工具实施风险管理策略的内容近年来变动较多，对于每年有所变化的知识点，考生需着重理解，备考时加以重视。

历年考情

运用金融工具实施风险管理是近年来考查频率较高的一个知识点，往年真题集中考查过运用金融工具实施风险管理策略的主要措施。如2020年单项选择题第24题和2019年单项选择题第19题考查了风险资本、2020年单项选择题第12题考查了专业自保的优点、2018年多单项选择题第1题考查了应急资本等，可以结合对比复习。

8.志同公司是一家高铁运营企业。该公司按规则记录所有可能影响高铁正常运行系统的因素，分析每种因素对高铁运行系统工作及状态的影响，并将各种影响因素按其影响程度及发生概率进行排序，从而发现系统中潜在的薄弱环节，提出预防、改进措施，以消除或减少风险发生的可能性，保证系统的可靠性。下列各项中，属于志同公司采用的风险管理方法是（　　）。

A.马尔科夫分析法　　　　B.失效模式、影响和危害度分析法

C.情景分析法　　　　D.流程图分析法

【本题答案】B

【本题解析】

本题考查风险管理技术与方法。“规则记录所有可能影响高铁正常运行系统的因素，分析每种因素对高铁运行系统工作及状态的影响，并将各种影响因素按其影响程度及发生概率进行排序，从而发现系统中潜在的薄弱环节，提出预防、改进措施，以消除或减少风险发生的可能性”符合失效模式、影响和危害度分析法，选项B正确。

审题要点

本题关键词是“风险管理方法”。风险管理技术与方法常用的有11种，其特点和实施步骤各不相同。本题“规则记录所有可能影响高铁正常运行系统的因素……以消除或减少风险发生的可能性”，其做法符合失效模式、影响和危害度分析法的定义。

思维拓展

风险管理技术与方法有很多，教材中介绍了常见的11种，分成三大类：

（1）定性分析方法，包括头脑风暴法、德尔菲法、流程图分析法、风险评估系图法四种；

（2）定量分析方法，包括马尔科夫分析法、敏感性分析法、决策树法、统计推论法四种；

（3）定性和定量分析方法，包括失效模式、影响和危害度分析法、情景分析法、事件树分析法三种。

坑点提示

失效模式、影响和危害度分析法首次出现在真题中，除了往年涉及的风险管理技术与方法，教材中介绍的11种方法需全部熟练掌握。

抢分秘籍

失效模式、影响和危害度分析法可用来分析、审查系统的潜在故障（或称失效）模式。失效模式、影响和危害度分析法按规则记录系统中所有可能存在的影响因素，分析每种因素对系统的工作及状态的影响，将每种影响因素按其影响的程度及发生概率排序，从而发现系统中潜在的薄弱环节，提出预防改进措施，以消除或减少风险发生的可能性，保证系统的可靠性。可根据重要性和危害程度，对系统中每种被识别的失效模式进行排序，并用于协助挑选具有高可靠性的替代性设计方

案；可确保所有的失效模式及其对运行的影响得到分析；可为系统测试及维修工作规划提供依据。失效模式、影响和危害度分析法还可为其他风险识别方法如定性及定量的故障树法分析提供数据支持。

历年考情

风险管理技术与方法是一个非常重要的高频考点，考查内容包括方法判定、优缺点辨析、适用范围判断等，几乎每年必考，有时候甚至一年考2道题。如2022年单项选择题第24题、2021年多项选择题第3题考查了流程图分析法；2020年单项选择题第6题考查了马尔科夫分析法的判断、2019年单项选择题第5题考查了风险评估系图法的判断、2019年单项选择题第16题考查了敏感性分析法的判断、2018年单项选择题第19题考查了流程图分析法的优缺点和适用情况、2018年多项选择题第12题考查了事件树分析法的优点等，可以结合对比复习。

审题要点

本题关键词是"平衡计分卡顾客指标"。平衡计分卡有四个维度，各有各的衡量指标。本题"能够体现该公司长期目标和短期目标平衡"，要求对四个角度指标所包含的内容，有较为深入的理解和掌握。

9.普勒公司是一家空调生产商。该公司建立了平衡计分卡业绩管理体系。下列各组业绩衡量指标中，能够体现该公司**长期目标和短期目标平衡**的是（　　）。

A.采用低碳新技术的空调销售额占总销售额比例与利润增长率

B.数字化技术采用率与员工培训费用及次数

C.营业收入与股东回报率

D.新客户开发率与客户收益率

【本题答案】A

【本题解析】本题考查平衡计分卡的特点。平衡计分卡四个角度指标所包含的内容体现了五个方面的平衡：财务指标和非财务指标的平衡；企业长期目标（如创新与学习指标的内容）和短期目标（如财务指标的内容）的平衡；结果性指标（如财务指标的内容）与动因性指标（如内部流程指标、创新与学习指标的内容）之间的平衡；企业内部利益相关者（员工）与外部利益相关者（股东、客户）的平衡；领先指标即预期性指标与滞后指标即结果性指标之间的平衡。根据题目，符合"企业长期目标（如创新与学习指标的内容）和短期目标（如财务指标的内容）的平衡"，即要求找出创新与学习指标和财务指标的组合，选项A正确。

思维拓展

平衡计分卡是一种从财务、客户、内部管理、创新与学习四个角度，将组织的战略转化为可操作的衡量指标和目标值，从而保证组织战略得到有效实施和控制的一种绩效管理体系。

平衡计分卡四个维度及其常用指标

角度	用途	常用指标	核心要素
财务	显示企业战略及其实施对提高企业盈利能力和股东价值作出的贡献	营业收入、销售增长率、利润增长率、资产回报率、股东回报率、现金流量、经济增加值等	盈利能力 股东价值
顾客	衡量和反映企业在满足顾客需求、提高顾客价值方面的业绩	顾客满意度、顾客投诉率、投诉解决率、准时交货率、市场份额、客户保留率、新客户开发率、客户收益率等	客户需求 客户价值
内部流程	衡量和确认企业表现优异的业务流程，或为保证战略落地而需要加强或改进的业务流程	数字化信息系统覆盖率、计划准确率、设备利用率、订单准时交付率、采购成本和周期、项目进度和完成率、废物减排及利用率、安全事故率、接待客户的时间和次数、对客户诉求的反应时间、员工建议采纳率、员工收入等	业务流程
创新与学习	衡量和体现企业在人力资源管理以及建设创新型、学习型组织和文化方面的业绩	研发费用占销售额的比例、新产品销售额占总销售额的比例、专利等级和数量、数字化技术采用率、员工流动率、员工培训费用及次数、员工满意度等	创新 学习

与企业传统的业绩衡量体系和方法比较，平衡计分卡具有如下特点：

（1）用全面体现企业战略目标的四方面指标内容代替了单一的财务指标内容，为企业战略实施提供了强有力的支持。

（2）平衡计分卡四个角度指标所包含的内容体现了五个方面的平衡：财务指标和非财务指标的平衡；企业长期目标（如创新与学习指标的内容）和短期目标（如财务指标的内容）的平衡；结果性指标（如财务指标的内容）与动因性指标（如内部流程指标、创新与学习指标的内容）之间的平衡；企业内部利益相关者（员工）与外部利益相关者（股东、客户）的平衡；领先指标即预期性指标与滞后指标即结果性指标之间的平衡。这些平衡有效避免了企业业绩衡量和考核中的片面性、表面性和间断性，使企业业绩衡量和考核科学化、系统化、长期化，成为企业战略控制可靠、有效的工具。

（3）平衡计分卡四个指标的内容之间都紧密联系、相互支持、彼此加强。例如，财务指标的内容既为其他指标内容的选择和设定确立了量化目标和标准，又作为其他指标内容完成的结果对企业业绩起着综合评价作用。有的目标内容之间相互交叉，如销售增长率既可作为一项财务指标，也可纳入客户指标；数字化信息系统覆盖率可同时列入内部流程指标和创新与学习指标等。

（4）每个企业的平衡计分卡都具有独特性。企业应根据自身战略及其实施情况、产品和服务的性质、企业规模和成长阶段、生产技术和组织形式、员工构成和文化特色以及所处行业的竞争格局和行业成功关键因素等，合理选择并确定平衡计分卡四个角度指标的具体内容。

坑点提示

平衡计分卡四个角度作为客观题考点，容易混淆，有一定辨析难度。本题设计较为巧妙，题目要求从平衡计分卡的特点入手，考查了四个角度指标所包含的内容体现了五个方面的平衡，进而考查其中创新与学习指标、财务指标各自的常用指标。

抢分秘籍

本题提醒考生，对于传统知识点，不能拘泥于常规考法，复习时还应较为全面地掌握教材内容。在学习的时候，既要牢牢掌握每个维度内的衡量指标，又要灵活运用。

历年考情

平衡计分卡属于高频考点知识内容，如2022年单项选择题第2题考查过顾客指标，2019年多项选择题第8题考查过根据常用指标判断平衡计分卡的角度，但四个角度的常用指标于2022年重新修订过，相比以前有了较大的变动，故之前的考题参考意义不大。

10.天海公司是一家咖啡机制造企业，该公司2022年产品销售收入为33.01亿元，同比增长77.9%；市场占有率为23%，同比提高35%。从企业营销能力分析角度看，上述数据体现了天海公司的（　　）。

A.销售活动能力　　B.销售组织能力

C.市场决策能力　　D.产品竞争能力

【本题答案】D

【本题解析】企业的营销能力包括产品竞争能力、销售活动能力和销售活动能力。其中，产品竞争能力主要从产品的市场地位、收益性、成长性等方面来分析。产品的市场地位可以通过市场占有率、市场覆盖率等指标来衡量。产品的收益性可以通过利润空间和本量利进行分析。产品的成长性可以通过销售增长率、市场扩大率等指标进行比较分析。市场决策能力以产品竞争能力、销售活动能力的分析结果为依据，是领导者对企业市场进行决策的能力。本题中，销售收入同比增长、市场占有率同比提高，体现了产品竞争能力，选项D正确。

思维拓展

企业能力，是指企业配置资源，发挥其生产和竞争作用的能力。企业能力来源于企业有形资源、无形资源和人力资源（即组织资源）的整合，是企业各种资源有机组合的结果。

企业能力的类型及内容

类型	内容
研发能力	研发计划；研发组织；研发过程；研发效果
生产管理能力	生产过程；生产能力；库存管理；人力资源管理；质量管理
营销能力	①产品竞争能力。 产品的市场地位：可以通过市场占有率、市场覆盖率等指标来衡量； 产品的收益性：可能通过利润空间和量本利进行分析； 产品的成长性：可以通过销售增长率、市场扩大率等指标进行比较分析。 ②销售活动能力。 销售组织分析：对销售机构、销售人员和销售管理等基础数据的评估； 销售绩效分析：以销售计划完成率和销售活动效率分析为主要内容； 销售渠道分析：分析销售渠道结构（例如，直接销售和间接销售的比例）、中间商评价和销售渠道管理。 ③市场决策能力。 市场决策能力是以产品竞争能力、销售活动能力的分析结果为依据的，是领导者对企业市场进行决策的能力
财务能力	筹集资金的能力；使用和管理资金的能力
组织管理能力	职能管理体系的任务分工；岗位责任；集权和分权的情况；组织结构（直线职能、事业部等）；管理层次和管理范围的匹配

坑点提示

本题要求厘清概念，对于企业的营销能力、产品竞争能力、销售活动能力、销售活动能力和市场决策能力的含义要准确把握，否则极易混淆而错选。

抢分秘籍

重者恒重，对于基础概念的理解和把握，也是得分的关键。往年真题中，考查企业核心能力的知识点不在少数，直接考查营销能力的具体分类是首次。

历年考情

相关内容往年在“核心能力的关键性测试”的知识点上多次考查，

现教材已删除这一部分。具体到企业能力分析，2019年简答题第2题中有1问涉及。

11.高图科技是一家半导体材料生产商，产品的主要原材料为蓝宝石平片，由两家供应商集中供应。从采购战略角度看，下列各项中，属于高图科技采用的货源策略的优点是（　　）。

A.与供应商建立较为稳固的关系

B.企业对供应商议价能力强

C.与其他货源策略相比，更有利于与供应商知识共享

D.与其他货源策略相比，更有利于保证蓝宝石平片稳定地供应

【本题答案】A

【本题解析】“由两家供应商集中供应”属于采购策略中的少数或单一货源策略。它的优点有：①使企业与供应商建立较为稳固的关系；②有利于企业信息的保密；③使企业增加进货的数量，从而产生规模经济并使企业享受价格优惠；④随着与供应商关系的加深，企业可能获得高质量的供应品。但该策略也存在一些缺点，例如，若无其他供应商，则单一供应商的议价能力就会增强，企业容易遭受供应中断的风险，选项A正确。

思维拓展

货源策略的类型及特点

类型	优点	缺点
少数或单一货源的策略	①与供应商建立较为稳固的关系； ②有利于企业信息的保密； ③使企业增加进货的数量，从而产生规模经济并使企业享受价格优惠； ④随着与供应商关系的加深，企业可能获得高质量的供应品	①若无其他供应商，则单一供应商的议价能力就会增强； ②企业容易遭受供应中断的风险
多货源少批量策略	①企业可以与较多的供应商建立和保持联系，以保证稳定的供应； ②有利于与多个供应商合作从而获得更多的知识和技术； ③供应商之间的竞争使企业的议价能力增强	①企业与供应商的联系不够稳固，相互信任程度较低； ②不利于产生规模经济；不能享受大批量购买的价格优惠； ③不利于企业获得质量和性能不断提高改进的供应品
平衡货源策略	平衡货源策略就是在以上两种货源策略之间寻求一个比较均衡的点，使企业既能获得集中于少数货源的好处，又充分利用多货源的优点	

企业采用何种货源策略，取决于下列因素：

（1）市场上供应商的数量。如果供应商的数量较多，企业对货源策略的选择余地就较大；否则，企业就只能采用少数或单一货源的策略。

（2）供应商的规模实力、经营状况、信誉、产品或服务价格、交易条件等。

（3）企业对供应品的价格、质量、数量、交货期、相关服务等的要求或态度。企业只能在满足其要求的前提下确定货源策略。

（4）企业与供应商的议价能力对比。如果供应商的议价能力强于企业，企业可采用多货源少批量策略有效减弱供应商的议价能力；相反，如果企业的议价能力强于供应商，则能够采用少数或单一货源策略。

坑点提示

少数或单一货源的策略与多货源少批量策略的优缺点有较强的对应关系，要注意区分。

抢分秘籍

熟悉三种货源策略的优缺点，理解少数或单一货源策略的优点正好克服了多货源少批量策略的缺点，同时少数或单一货源策略的缺点正好被多货源少批量策略的优点克服。

历年考情

货源策略是重要考点，如2019年多项选择题第5题考查了由一个供应商负责一个完整的子部件（该货源策略现已删除）货源策略优点、2016年单项选择题第24题考查了多货源少批量策略的优点，可与本题进行对比学习。

12.力辉公司是一家新能源电池生产商。该公司为增强研发能力，收购了某储能技术研究院。下列各项中，属于力辉公司采取的战略是（　　）。

A.产品开发战略　　　　B.市场开发战略

C.多元化战略　　　　D.一体化战略

【本题答案】D

【本题解析】一体化战略是指企业对具有优势和增长潜力的产品或

业务，沿其经营链条的纵向或横向延展业务的深度和广度，扩大经营规模，实现企业成长。“该公司为增强研发能力，收购了某储能技术研究院”符合纵向一体化战略，指企业沿着产品或业务链向前或向后，延伸和扩展企业现有业务的战略，选项D正确。

思维拓展

发展战略包括一体化战略、密集型战略、多元化战略。一体化战略是指企业对具有优势和增长潜力的产品或服务，沿其经营链条的纵向或横向延展业务的深度和广度，扩大经营规模，实现企业成长。

一体化战略按照业务拓展的方向分为纵向一体化和横向一体化。

（1）纵向一体化指企业沿着产品或业务链向前或向后，延伸和扩展企业现有业务的战略。

优点：有利于节约与上下游企业在市场上进行购买或销售的交易成本，控制稀缺资源，保证关键投入的质量或者获得新客户。

缺点：增加企业的内部管理成本。

（2）纵向一体化战略可以分为前向一体化战略和后向一体化战略。

类型	含义	动因/优点	适用条件
前向一体化战略	获得分销商或零售商的所有权或加强对他们的控制权的战略	通过控制销售过程和渠道，有利于企业控制和掌握市场，增强对消费者需求变化的敏感性，提高企业产品的市场适应性和竞争力	①企业具备前向一体化所需的资金、人力资源等； ②企业所在产业的增长潜力较大； ③销售环节的利润率较高； ④企业现有销售商的销售成本较高或者可靠性较差而难以满足企业的销售需要
后向一体化战略	获得供应商的所有权或加强对其控制权的战略	有利于企业有效控制关键原材料等投入的成本、质量及供应可靠性，确保企业生产经营活动稳步进行	①企业具备后向一体化所需的资金、人力资源等； ②企业所在产业的增长潜力较大； ③供应环节的利润率较高； ④企业现有供应商的供应成本较高或者可靠性较差而难以满足企业对原材料、零部件等的需求； ⑤有利于控制原材料成本，确保价格稳定； ⑥供应商数量较少而需求方竞争者众多

坑点提示

辨析密集型战略关键点是要把握好“产品”和“市场”两个维度中的关键词。

产品——市场战略组合矩阵

市场	产品	
	现有产品	新产品
现有市场	市场渗透：在现有市场，依靠单一产品，目的在于大幅度增加市场占有率	产品开发：在现有市场上推出新产品；延长产品生命周期
新市场	市场开发：将现有产品推销到新地区或其他细分市场；在现有实力、技能和能力基础上发展，改变销售和广告方法	多元化：以现有业务或市场为基础的相关多元化；与现有产品或市场无关的非相关多元化

市场开发战略是指将现有产品或服务打入新市场。市场渗透战略强调发展单一产品，试图通过更强的营销手段来获得更大的市场占有率。产品开发战略是在原有市场上，通过技术改进与开发研制新产品。

抢分秘籍

利用思维导图等工具，将发展战略所包括的一体化战略、密集型战略、多元化战略及其各自细分内容，以框架的形式呈现出来，并准确记忆。

历年考情

总体战略特别是其三种发展战略，是非常重要的高频考点，几乎每年必考，尤其是主观题部分。如2021年综合题第5小问考查了市场渗透、市场开发、产品开发三种密集型发展战略和纵向、横向两种一体化发展战略；2020年简答题第4小题第1小问考查了发展战略中的横向一体化和前向、后向两种纵向一体化战略的辨析及其适用条件；2019年简答题第4题第1小问考查了包括前向一体化和后向一体化在内的纵向一体化战略及其优势等。

13.龙江矿业公司制定了未来五年资产规模和利润翻番的战略目标，并围绕该目标实施了风险管理，确保将风险控制在与战略目标相适应且可承受的范围内，以保障企业价值创造的实现。本案例中，龙江矿业公司风险管理的目标属于（　　）。

A.基本目标　　　　B.直接目标

C.核心目标　　　　D.支撑目标

【本题答案】C

【本题解析】“确保将风险控制在与战略目标相适应且可承受的范围内，以保障企业价值创造的实现”属于风险管理的核心目标，选项C正确。

思维拓展

依据目标的层次，风险管理的目标可分为基本目标、直接目标、核心目标及支撑目标等。

（1）基本目标

风险管理的基本目标是企业与组织及成员的生存和发展，即企业和组织在面临风险和意外事故的情形下能够维持生存和发展。风险管理目标的制定首先要确保企业遵守有关法律法规和规章，使企业和组织能够在面临损失的情况下得到持续发展。

（2）直接目标

①保证组织的各项活动恢复正常运转。

风险事故的出现会给企业带来程度不同的损失和危害，实施风险管理有助于企业迅速恢复正常运转。

②尽快实现企业持续稳定的收益。

一方面，可以通过经济补偿使生产经营得以及时恢复，尽最大可能保证企业经营的稳定性；另一方面，可以使企业尽快恢复到风险事件前的水平，并促使其尽快实现持续增长的计划。

（3）核心目标

确保风险管理与总体战略目标相匹配。通过全面系统的风险管理，确保将风险控制在与总体战略目标相适应且可承受的范围内，实现企业价值最大化。影响企业总体战略目标和价值创造的不确定因素有很多，对这些不确定因素进行充分的评估，做好风险的防范与控制，对保障企业战略目标与价值创造的实现有重要意义。

（4）支撑目标

加强企业文化建设。主要通过强化风险管理意识、构建风险管理组织、完善风险管理制度和风险管理流程等活动，使风险管理融入企业文化，促进企业建立与现代经济社会发展相适应的企业文化价值体系，以保障企业的可持续发展。

坑点提示

本题为知识点的直接还原，考查风险管理核心目标的概念。

抢分秘籍

理解、掌握风险管理几种目标的含义，并准确记忆。

历年考情

该知识点为新增内容，2023年首次考查。

14. 五联公司是一家从事焊接业务的企业。该公司为满足快速增长的市场需求，近期引入具有多种传感功能、能够自动制定焊矩姿态和焊接参数的智能焊接机器人，建立了高效、优质的焊接新工艺，取得行业领先的经营业绩。根据企业内外部环境综合分析理论，在上述情况下，五联公司应采用的最佳战略是（　　）。

A. SO战略　　B. WO战略

C. ST战略　　D. WT战略

【本题答案】A

【本题解析】

"快速增长的市场需求"说明外部环境有优势；"近期引入具有多种传感功能、能够自动制定焊矩姿态和焊接参数的智能焊接机器人，建立了高效、优质的焊接新工艺，取得行业领先的经营业绩"表明企业内部有机会，为SO战略，即增长型战略。

思维拓展

SWOT分析中最核心的部分是评价企业的优势和劣势、判断企业所面临的机会和威胁并作出决策。相应地，企业可以采用的战略有四种，分别是增长型（即SO）战略、扭转型（即WO）战略、防御型（即WT）战略和多种经营（即ST）战略。

SWOT分析战略类型

项目	机会	威胁
优势	增长型战略（SO）	多种经营战略（ST）
劣势	扭转型战略（WO）	防御型战略（WT）

（1）SO增长型战略。企业具有很好的内部优势以及众多的外部机会，应当采取增长型战略，如开发市场、增加产量等。

（2）WO扭转型战略。企业面临着良好的外部机会，却受到内部劣势的限制，应采用扭转型战略，充分利用环境带来的机会，设法清除劣势。

（3）WT防御型战略。企业内部存在劣势，外部面临威胁，应采用防御型战略，进行业务调整，设法避开威胁和消除劣势。

（4）ST多种经营战略。企业具有内部优势，但外部环境存在威胁，应采取多种经营战略，利用自己的优势，在多样化经营上寻找长期发展的机会；或进一步增强自身竞争优势，以对抗威胁。

坑点提示

本题可能的坑点在于企业外部环境是机会还是威胁的判定，一般来说，题目的表述较为明显，考生需准确掌握SWOT分析的具体类型。

抢分秘籍

需要对SWOT的四个类型及对应的战略很熟悉。

历年考情

SWOT分析是非常重要的知识点，几乎每年必考。如2022年单项选择题第9题、2021年单项选择题第3题、2020年单项选择题第4题、2019年单项选择题第8题、2018年单项选择题第6题均考查了SWOT分析四种战略选择的判定。

15.华友公司于2006年成立，是一家面向国际市场的服装生产企业。2020年，面对全球性传染病爆发、订单和销售额大幅减少等情况，该公司加强风险管理，果断收缩原有业务，同时生产医用口罩、防护服等新产品，从而使公司平稳渡过难关，并创造出良好的效益。下列各项中，属于本案例所体现的风险管理的特征是（　　）。

A.战略性　　　　B.广泛性

C.全员性　　　　D.专业性

【本题答案】A

【本题解析】

本题“加强风险管理，果断收缩原有业务，同时生产医用口罩、防护服等新产品，从而使公司平稳渡过难关”体现了“站在战略层面管理企业层面风险”，即风险管理的战略性特征，选项A正确。

思维拓展

作为企业战略管理的重要组成部分，风险管理具有如下特征：

（1）客观性。风险不以人的意志为转移，是独立于人的主观意识之外的客观存在，人们只能在一定的时间和空间内改变风险存在和发生的条件，降低风险发生的频率和损失程度。但是，从总体上说，风险是不可能彻底消除的。

（2）战略性。尽管风险管理渗透到企业各项活动中，存在于企业管理者对企业的日常管理当中，但它主要运用于企业战略管理层面，站在战略层面管理企业层面风险，降低风险损失的期望值，这是风险管理的价值所在。

（3）可行性。对风险进行管理的可行性主要源于风险成本间的替代性。风险损失成本与风险管理成本之间在一定程度上存在替代关系，即在成本有效的情况下，风险管理成本越大，风险损失成本可能越低；风险管理成本越小，风险损失成本可能越高。这一特点反映了风险的可控性质，即可预期、可减少、可分散、可转移。风险的客观存在决定了风险成本的必然发生，风险成本的多少与风险大小呈正相关关系，风险虽然不可完全避免，但防范与控制风险是可能的，分散和转移风险成本也是可能的。在风险发生之前或发生时，采用专门的技术和方法，可以避免或减少风险损失成本，增加风险收益。

（4）系统性。全面风险管理必须拥有一套系统的、规范的方法，建立健全全面风险管理体系，包括风险管理的组织职能体系、风险管理策略、风险理财措施、内部控制系统和风险管理信息系统，从而为实现风险管理的总体目标提供合理的保证。风险管理的系统性体现在：全面性、广泛性和全员性。

（5）专业性。企业较强的风险管理能力，意味着企业可以作出更明智的决策、实现更好的目标、创造更大的价值，这就要求风险管理的专业人才实施专业化管理，从而有助于形成企业可持续发展的核心竞争力。

（6）二重性。企业全面风险管理的商业使命在于：①损失最小化管理；②不确定性管理；③绩效最优化管理。当风险损失不能避免时，尽量减少损失至最小化；风险损失可能发生可能不发生时，设法降低风险发生的可能；风险预示着机会时，化风险为增进企业价值的机会。全面风险管理既要管理纯粹的风险，也要管理投机风险。

坑点提示

风险管理的特征为新考点，着重于对知识点的理解，考生不要掉以轻心。

抢分秘籍

近年来客观题的考查越来越全面和细致，考生除了熟练掌握以往真题出现过的核心知识点，教材中的其他内容，尤其是新增和变化较大的改写部分，应予以重点关注。

历年考情

2023年教材中第六章《风险与风险管理概述》进行了较大篇幅的改写，该知识点为第一次考查。

16.维奇公司是一家稀土永磁材料生产商。为提高产品销售价格、改善企业经营状况，该公司拟增强与购买者讨价还价的能力。根据产业五种竞争力理论，下列各项中，适合维奇公司用来增强与购买者讨价还价能力的做法是（　　）。

A.与购买者签订短期供应合同

B.提高产品的差异化程度

C.向少数购买者集中供应

D.进入稀土原料生产领域

【本题答案】B

【本题解析】当供应者的产品存在着差异，因而替代品不能与供应者所销售的产品相竞争时，供应者讨价还价的能力就会增强。反之，如果供应者的产品是标准的，或者没有差别，又会增加购买者讨价还价的能力，选项B正确。

思维拓展

波特认为，每一个产业中都存在着五种基本的竞争力量，即潜在进入者、替代品、购买者、供应者和产业内现有竞争者的抗衡。

1.潜在进入者的进入威胁

其大小取决于呈现的各种进入壁垒和可能遇到的现有在位者的反击，两者统称为进入障碍，前者称为结构性障碍，后者称为主观性障碍。

进入障碍是指那些允许现有企业赚取正的经济利润，却使产业的新进入者无利可图的因素。

2.替代品的替代威胁

替代品的替代是指间接产品替代，即由能起到相同作用的产品非直接地取代另外一些产品。其替代威胁主要取决于性价比。

3.供应者、购买者讨价还价的能力

能力大小取决于如下因素：

（1）买方（或卖方）的集中程度或业务量的大小；

（2）产品差异化程度与资产专用性程度；

（3）纵向一体化程度；

（4）信息掌握的程度；

（5）劳动力也是供应者的一部分，短缺的、高技能雇员以及紧密团结起来的劳工可以与雇主或劳动力购买者讨价还价从而削减相当一部分产业利润潜力。

4.产业内现有企业的竞争

影响产业内竞争程度的因素：

（1）产业内有众多的或势均力敌的竞争对手；

（2）产业发展缓慢；

（3）顾客认为所有的商品都是同质的；

（4）产业中存在过剩的生产能力；

（5）产业进入障碍低而退出障碍高。

坑点提示

购买者和供应者讨价还价的能力大小，取决于它们各自四个方面的实力（“四化”水平）：集中化、差异化、一体化、透明化。除一体化需单独记忆以外，其他“三化”都是正比例关系，例如，集中度越高（提示：集中度高代表“少”），则对应方的议价能力越强。

抢分秘籍

本题的关键在于掌握影响供应者和购买者讨价还价能力大小的几个方面。

历年考情

产业五种竞争力分析是非常重要的高频考点，几乎每年必考，具体到供应者、购买者讨价还价的能力，如2019年多项选择题第3题。

17.康力公司是一家从事多种体育健身器材研发与生产的企业。近年来，该公司生产的跑步机，市场占有率从第三位上升至第一位，该市场的年增长率为3%。根据波士顿矩阵原理，目前康力公司的跑步机业务属于（　　）。

> **审题要点**
>
> 本题关键词是“波士顿矩阵原理”。根据波士顿矩阵原理，“市场占有率从第三位上升至第一位，该市场的年增长率为3%”表明该业务处于“低增长——强竞争”地位，属于“现金牛”业务。

A.明星业务　　B.问题业务

C.现金牛业务　　D.瘦狗业务

【本题答案】C

【本题解析】“市场占有率从第三位上升至第一位，该市场的年增长率为3%”是典型的低增长——强竞争地位的“现金牛”业务。这类业务处于成熟的低速增长的市场中，市场地位有利，盈利率高，本身不需要投资，反而能为企业提供大量资金，用以支持其他业务的发展。

思维拓展

业务类型	指标特征	适宜采用的战略	组织结构	需要的人才类型
“明星”业务（高增长——强竞争地位）	相对市场占有率高；市场增长率高	发展战略：积极扩大经济规模和市场机会，以长远利益为目标，提高市场占有率，加强竞争地位——发展	事业部制	对生产技术和销售两方面都很内行的经营者
“问题”业务（高增长——弱竞争地位）	相对市场占有率低；市场增长率高	选择性投资战略： （1）短期内通过改进可转化为“明星”的业务：重点投资——发展。 （2）有希望成为“明星”的业务：纳入长期计划，持续改进与扶持。 （3）对于没有发展前途的“问题”业务——收割/放弃	矩阵制组织结构（智囊团或项目组）	有规划能力、敢于冒风险的负责人
“现金牛”业务（低增长——强竞争地位）	相对市场占有率高；市场增长率低	收割或保持战略： （1）对不再增长的业务：把设备投资和其他投资尽量压缩；采用榨油式方法，争取在短时间内获取更多利润，为其他产品提供资金——收割。 （2）对仍有所增长的业务：进一步进行市场细分，采用保持战略，即维持现存市场增长率或延缓其下降速度——保持	事业部制	市场营销型人才
“瘦狗”业务（低增长——弱竞争地位）	相对市场占有率低；市场增长率低	收割或放弃战略： （1）减少批量，逐渐撤退：对于还能自我维持的业务，应逐渐减少批量，缩小经营范围，加强内部管理——收割；对那些市场增长率和企业市场占有率均极低的业务应立即放弃——放弃。 （2）将剩余资源向其他业务转移。 （3）整顿产品系列，最好将“瘦狗”产品并入其他事业部，统一管理	并入其他事业部，统一管理	

坑点提示

本题关于竞争地位的判断较为清晰，“市场占有率从第三位上升至第一位，该市场的年增长率为3%”明确表明了“相对市场占有率高，市场增长率低”的特征，是典型的现金牛业务。

抢分秘籍

本题需要能够准确的对波士顿矩阵的各个业务进行划分，然后掌握各个业务适合采取的具体战略，最后要熟悉各个业务该如何进行管理，包括选择哪种组织结构、哪种管理型人才等。

历年考情

波士顿矩阵原理是非常重要的知识点，几乎每年必考。如2022年单项选择题第8题、2021年单项选择题第1题、2018年单项选择题第9题都考查了问题类业务；2020年多项选择题第1题考查了波士顿矩阵的运用视情况可以采取收割战略的业务类型；2019年单项选择题第2题考查了现金牛业务等。

18.逍云公司是一家生产智能导航设备的高新技术企业。该公司倡导“狼文化”，员工对市场、技术等环境因素的变化有敏锐的嗅觉和很高的适应性；个人能高度地控制自己分内的工作，以不屈不挠、群体奋斗的精神实现目标。根据上述情况，逍云公司企业文化的类型属于（　　）。

A.权力导向型　　B.角色导向型

C.任务导向型　　D.人员导向型

【本题答案】C

【本题解析】

本题考查企业文化类型。“员工对市场、技术等环境因素的变化有敏锐的嗅觉和很高的适应性；个人能高度地控制自己分内的工作，以不屈不挠、群体奋斗的精神实现目标”体现了“适应性强”“主导思想是实现目标”等特点，是任务导向性的企业文化，选项C正确。

思维拓展

企业文化有四种类型：权力导向型、角色导向型、任务导向型、人员导向型。

文化类型	特点	适用企业
权力导向型	（1）掌权人试图对下属保持绝对控制；（2）决策迅速，但质量取决于经理人员的能力；（3）企业变革主要由中心权力来决定；（4）忽视人的价值和一般福利；（5）中层人员士气低、流失率高	家族式企业、刚开创企业

续表

文化类型	特点	适用企业
角色导向型	（1）追求理性和秩序；（2）重视合法性、忠诚和责任；（3）围绕限定的工作规章和程序建立；（4）注重理性和逻辑、稳定和体面；（5）权力仍在上层，强调等级和地位；（6）稳定、持续，可能导致高效率，但缺乏弹性，行动迟缓，不太适合动荡的环境	国有企业、公务员机构、历史悠久的银行和保险机构、企业集团
任务导向型	（1）管理者关心的是不断地和成功地解决问题，对不同职能和活动的评估依据其对企业目标作出的贡献；（2）组织结构往往是矩阵式，无连续性；（3）主导思想是实现目标；（4）强调速度和灵活性，专长是个人权力和职权的主要来源；（5）适应性强，在十分动荡或经常变化的环境中会很成功，也会带来很高的成本	新兴产业中的企业，特别是一些高科技企业以及公关公司、房地产经纪公司、销售公司
人员导向型	（1）企业存在的目的主要是为其成员的需要服务，企业是其员工的下属，企业的生存也依赖于员工；（2）无需职权；（3）员工通过示范和助人精神来互相影响；（4）企业需要决策中的意见一致，角色分配的依据是个人的爱好及学习和成长的需要；（5）人员不易管理，企业能给他们施加的影响很小	俱乐部、协会、专业团体和小型咨询公司

坑点提示

“任务导向型”和“人员导向型”都涉及对员工的论述，需要对这两种企业文化类型的原文表述很熟悉才能作出正确判断。

抢分秘籍

四种文化类型的权力来源不同，权力导向型是因“个人”而有权力；角色导向型是因“角色或职位”而有权力；任务导向型是因“员工专长”而有权力；人员导向型没有权力，企业为成员的需要服务。

历年考情

企业文化类型是重要的高频考点，如2020年单项选择题第21题和2018年单项选择题第5题均考查了人员导向型企业文化类型，可与本题结合对比学习。

19.新潮公司是一家远程诊疗设备生产企业。目前，远程诊疗设备产业刚刚形成，其发展面临很大的不确定性。根据新兴产业的战略选择理论，下列各项中，属于新潮公司在战略制定过程中处理上述不确定性正确做法的是（　　）。

A.集中资源提升生产能力

B.正确对待远程诊疗设备产业发展的外在性

C.扩大市场份额

D.利用金融杠杆，壮大资金实力

【本题答案】B

【本题解析】

在新兴产业中，发展风险与机遇共存，而风险与机遇都来源于产业的不确定性。所以新兴产业中的战略制定过程必须处理好这一不确定性。（1）塑造产业结构；（2）正确对待产业发展的外在性；（3）注意产业机会与障碍的转变，在产业发展变化中占据主动地位；（4）选择适当的进入时机与领域。因此，选项B正确。

思维拓展

1.新兴产业内部结构的共同特征

新兴产业内部结构的共同特征有五个：①技术的不确定性；②战略的不确定性；③成本的迅速变化；④萌芽企业和另立门户企业较多；⑤客户大多为首次购买者。

2.新兴产业面临的产业发展障碍

源于这些产业本身的结构特征，新兴产业在不同程度上面临着产业发展的障碍。从产业的五种竞争力角度分析，这些障碍主要表现在新兴产业的供应者、购买者与被替代品三个方面。常见的发展障碍有五个：①专有技术选择、获取与应用的困难；②原材料、零部件、资金与其他供给的不足；③顾客的困惑与等待观望；④被替代产品的反应；⑤缺少承担风险的胆略与能力。

3.新兴产业的战略选择

①塑造产业结构；②正确对待产业发展的外在性；③注意产业机会与障碍的转变，在产业发展变化中占据主动地位；④选择适当的进入时机与领域。

4.适宜早期进入的条件有四个：

①企业的形象和声望对顾客至关重要，企业可因先驱者而发展和提高声望；②产业中的学习曲线很重要，经验很难模仿，并且不会因持续的技术更新换代而过时，早期进入企业可以较早地开始这一学习过程；③顾客忠诚非常重要，那些首先对顾客销售的企业将获得较高的收益；④早期与原材料供应、分销渠道建立的合作关系对产业发展至关重要。

5.在下列情况下，早期进入将是非常危险的：

①早期竞争的细分市场与产业发展成熟后的情况不同，早期进入的企业建立了竞争基础后，面临过高的转换成本。②为了塑造产业结构，需付出开辟市场的高昂代价，其中包括顾客教育、法规批准、技术开拓等，而开辟市场的利益无法成为企业专有。③技术变化使早期投资过时，并使晚期进入的企业因拥有最新产品和工艺而获益。

坑点提示

新兴产业往年的考查较多集中在主观题部分，客观题偶有涉及，相关知识点应灵活掌握。

抢分秘籍

题干明确指出考查的是“新兴产业的战略选择理论”，考生需要对这一知识点清楚、准确记忆。

历年考情

新兴产业是非常重要的主观题高频考点，包括新兴产业共同的结构特征、新兴产业面临的发展障碍以及新兴产业的战略选择等，但客观题考查较少，2021年单项选择题第17题考查了新兴产业适宜早期进入的条件。

20.中甸煤矿建立了完善的内部控制系统。下列各项关于中甸煤矿采用的内部控制措施中，符合我国《企业内部控制基本规范》关于内部环境要素要求的是（　　）。

A.加强文化建设，培育“爱岗敬业、安全至上”的价值观

B.投资授权审批与业务经办分离，相互监督，相互制约

C.实施全面预算管理制度，明确开采、销售、研发、采购等各种业务的主管部门在预算管理中的职责权限

D.使用采煤计划完成率、百万吨煤重伤率等关键绩效指标考核各业务单位

【本题答案】A

【本题解析】内部环境要素的要求有九条相关规定，选项A符合其中的“企业应当加强文化建设，培育积极向上的价值观和社会责任感，倡导诚实守信、爱岗敬业、开拓创新和团队协作精神，树立现代管理理念，强化风险意识”，故正确。

思维拓展

我国《企业内部控制基本规范》关于内部环境要素有如下要求：

（1）企业应当根据国家有关法律法规和企业章程，建立规范的公司治理结构和议事规则，明确决策、执行、监督等方面的职责权限，形成科学有效的职责分工和制衡机制。

（2）董事会负责内部控制的建立健全和有效实施；监事会对董事会建立与实施内部控制进行监督；经理层负责组织领导企业内部控制的日常运行；企业应当成立专门机构或者指定适当的机构具体负责组织协调内部控制的建立实施及日常工作。

（3）企业应当在董事会下设立审计委员会。审计委员会负责审查企业内部控制，监督内部控制的有效实施和内部控制自我评价情况，协调内部控制审计及其他相关事宜等。审计委员会负责人应当具备相应的独立性、良好的职业操守和专业胜任能力。

（4）企业应当结合业务特点和内部控制要求设置内部机构，明确职责权限，将权利与责任落实到各责任单位。企业应当通过编制内部管理手册，使全体员工掌握内部机构设置、岗位职责、业务流程等情况，明确权责分配，正确行使职权。

（5）企业应当加强内部审计工作，保证内部审计机构设置、人员配备和工作的独立性。内部审计机构应当结合内部审计监督，对内部控制的有效性进行监督检查。内部审计机构对监督检查中发现的内部控制缺陷，应当按照企业内部审计工作程序进行报告；对监督检查中发现的内部控制重大缺陷，有权直接向董事会及其审计委员会、监事会报告。

（6）企业应当制定和实施有利于企业可持续发展的人力资源政策。人力资源政策应当包括下列内容：①员工的聘用、培训、辞退与辞职；②员工的薪酬、考核、晋升与奖惩；③关键岗位员工的强制休假制度和定期岗位轮换制度；④掌握国家秘密或重要商业秘密的员工离岗的限制性规定；⑤有关人力资源管理的其他政策。

（7）企业应当将职业道德修养和专业胜任能力作为选拔和聘用员工的重要标准，切实加强员工培训和继续教育，不断提升员工素质。

（8）企业应当加强文化建设，培育积极向上的价值观和社会责任感，倡导诚实守信、爱岗敬业、开拓创新和团队协作精神，树立现代管理理念，强化风险意识。董事、监事、经理及其他高级管理人员应当在企业文化建设中发挥主导作用。企业员工应当遵守员工行为守则，认真履行岗位职责。

（9）企业应当加强法制教育，增强董事、监事、经理及其他高级管理人员和员工的法制观念，严格依法决策、依法办事、依法监督，建立健全法律顾问制度和重大法律纠纷案件备案制度。

坑点提示

内部环境要素的九条规定文字较多，存在记忆难度。

抢分秘籍

要求考生熟悉内部环境要素的九条相关规定。

历年考情

近五年来，2022年简答题第3题曾考查过我国《企业内部控制基本规范》关于内部环境要素要求。

> **审题要点**
>
> 本题关键词是“财务战略”。根据“投资资本回报率——资本成本”是否大于0和“销售增长率——可持续增长率”是否大于0，可以把基于创造价值或增长率的财务战略矩阵划分成四个象限，分别为增值型现金短缺、增值型现金剩余、减损型现金剩余和减损型现金短缺四种业务，并各有对应采用的财务战略。本题的关键在于准确辨析处于生命周期哪一阶段，进而选择其所具有的经营特征。

21. 近几年，融合自动驾驶技术的智能房车受到越来越多的旅游爱好者喜爱，销售量不断增加。各厂家生产的智能房车虽然在技术和性能方面有较大差异，但都能够被消费者接受。根据**财务战略选择理论**，下列各项中，属于现阶段智能房车生产企业所具有的经营特征是（　　）。

A. 经营风险低　　　　B. 资金来源于保留盈余+债务

C. 价格/盈余倍数高　　D. 财务风险高

【本题答案】C

【本题解析】本题考查基于产品生命周期的财务战略选择。“近几年，融合自动驾驶技术的智能房车受到越来越多的旅游爱好者喜爱，销售量不断增加”表明目前智能房车生产企业处于成长期。根据基于产品生命周期的财务战略选择，成长期的经营特征表现为“经营风险和价格/盈余倍数高、财务风险低，资本结构主要是股东权益，资金来源是权益资本增加，股利分配率很低，股价增长并波动”，选项C正确。

思维拓展

本题主要考查基于产品生命周期的财务战略选择。基于产品生命周期的财务战略选择认为，随着企业走过不同的生命周期阶段，其经营特征也会随之发生变化。

企业在产品生命周期不同发展阶段的经营特征

项目	产品生命周期不同发展阶段			
	导入期	成长期	成熟期	衰退期
经营风险	非常高	高	中等	低
财务风险	非常低	低	中等	高
资本结构	股东权益	主要是股东权益	股东权益+债务	股东权益+债务
资金来源	风险资本	权益投资增加	保留盈余+债务	债务
股利	不分配	分配率很低	分配率高	全部分配
价格/盈余倍数（市盈率）	非常高	高	中	低
股价	迅速增长	增长并波动	稳定	下降并波动

坑点提示

要求考生准确记忆产品生命周期不同发展阶段的经营特征。

抢分秘籍

本题得分的关键在于准确辨析出目前智能房车处于产品生命周期哪一阶段，并熟悉企业在不同生命周期阶段的经营特征。

历年考情

企业在不同生命周期阶段的经营特征是近年来考试频率较高的一个知识点，如2020年单项选择题第19题考查了成熟期的经营特征；2022年单项选择题第18题、2018年多项选择题第11题都考查了导入期的经营特征，尤其2022年单项选择题与本题具有较高的相似性。

22.聚力公司是一家工业互联网设备生产企业。为了节省研发成本、提高生产效率，该公司拟将部分业务外包，并为此制定业务外包实施方案。下列各项中，属于聚力公司制定业务外包实施方案时应予采纳的风险管控措施是（　　）。

A.根据公司生产经营计划，制定业务外包实施方案

B.对于重大业务外包，风险管理职能部门负责人应参与决策

C.传感器或智能控制系统制造等核心业务外包，应由总会计师和总工程师联合审批

D.根据业务外包对生产经营的影响程度，对外包业务实施分类管理

【本题答案】D

【本题解析】企业应当根据年度生产经营计划和业务外包管理制度，结合确定的业务外包范围，制定实施方案，按照规定的权限和程序

进行审批，避免核心业务外包。根据业务外包对企业生产经营的影响程度，对外包业务实施分类管理，突出管控重点；对于重大业务外包，总会计师或企业分管会计工作的负责人应参与决策，并将重大业务外包方案提交董事会或类似权力机构审批，选项D正确。

思维拓展

企业应对业务外包风险的管控措施：

（1）关于业务外包实施方案制定。企业应当根据年度生产经营计划和业务外包管理制度，结合确定的业务外包范围，制定实施方案，按照规定的权限和程序进行审批，避免核心业务外包。根据业务外包对企业生产经营的影响程度，对外包业务实施分类管理，突出管控重点；对于重大业务外包，总会计师或企业分管会计工作的负责人应参与决策，并将重大业务外包方案提交董事会或类似权力机构审批。

（2）关于承包方选择。企业应当按照批准的业务外包实施方案选择承包方，充分调查承包方的合法性、专业资质、技术及经验水平是否符合企业对业务外包的要求，综合考虑企业内外部因素，对业务外包的人工成本、管理成本、业务收入等进行测算分析，合理确定外包价格，严格控制业务外包成本。企业还可适当引入竞争机制，遵循公开、公平、公正的原则，按照规定程序和权限，择优选择承包方，确保承包方选择的过程透明，结果真实有效。明确承包方后，企业应及时与承包方签订业务外包合同，约定业务外包的内容和范围、双方权利和义务、服务和质量标准、保密事项、费用结算标准和违约责任等。

（3）关于业务外包实施过程管理。业务外包日常管理方面，企业应当严格按照业务外包管理制度、工作流程和相关要求，制定业务外包实施过程的管控措施，确保承包方履行合同时有章可循。同时，企业应建立重大业务外包意外情况的应急机制，以保证生产经营活动持续运行。

承包方沟通协调方面，企业需确保承包方充分了解企业的业务实际、工作流程和质量要求，加强与承包方的沟通与协调机制，以便及时发现和解决业务外包过程中存在的问题。

承包方履约能力评估方面，在承包方提供服务或制造产品的过程中，企业需密切关注重大业务外包承包方的履约能力，对承包方的履约能力进行持续评估，无法按照合同约定履行义务的，应及时终止合同，必要时需按合同进行索赔，并追究责任。

（4）关于业务外包验收与结算管理。企业应根据合同约定和验收标准，组织相关部门或人员对承包方交付的产品或服务的质量进行审查和全面测试，确保产品或服务符合要求，并出具验收证明。若发现异常情况，需及时查明原因，并与承包方协商采取适当的补救措施及执行索赔。企业须根据国家统一的会计制度，加强对业务外包的核算与监督管理，建立完善的外包成本会计核算方法，依据验收证明及合同约定的结算条件和方式，做好费用结算工作。

坑点提示

2023年教材中新增第八章《企业面对的主要风险与应对》，大部分内容理解难度不高，但准确记忆需要花费较多时间。

抢分秘籍

第八章中偏记忆性的知识点，可以在复习的后期重点记忆。

历年考情

本题知识点为新增内容，2023年第一次考查。

23.高展公司是一家提供云存储服务的企业。根据波特的价值链分析理论，下列各项中，属于高展公司价值链中支持活动的是（　　）。

A.完善的客户服务体系

B.云存储设备的修理和零部件的供应

C.业务推广的广告和服务定价

D.职责分明、精简高效的组织结构

审题要点

本题关键词是“支持活动”，关键在于熟悉价值链九种活动的含义和常见表现。

【本题答案】D

【本题解析】本题考查价值链活动分类。支持活动，又称辅助活动，是指用以支持基本活动而且内部之间又相互支持的活动，包括采购管理、技术开发、人力资源管理和企业基础设施。其中，企业基础设施是指企业的组织结构、惯例、控制系统以及文化等，选项D正确。

思维拓展

价值链活动分为基本活动和支持活动两大类，其中基本活动又称主体活动，是指生产经营的实质性活动，一般可以分为内部后勤、生产经营、外部后勤、市场销售和服务五种。支持活动又称辅助活动，是指用以支持基本活动而且内部之间又相互支持的活动，包括采购管理、技术开发、人力资源管理和企业基础设施。

价值链五项基本活动

名称	含义	本质	具体形式
内部后勤	又称进货物流，指与产品投入有关的进货、仓储和分配等活动	生产输入	原材料的装卸、入库、盘存、运输以及退货等
生产经营	指将投入转化为最终产品的活动	输入向输出转化	加工、装配、包装、设备维修、检测等
外部后勤	又称出货物流，指与产品的库存、分送给购买者有关的活动	产品输出	最终产品的入库、接受订单、送货等
市场销售	指促进和引导购买者购买企业产品的活动	产品价值实现	广告、定价、销售渠道等
服务	指与保持和提高产品价值有关的活动	产品价值保证和增值	培训、修理、零部件的供应和产品的调试等

价值链四项支持活动

名称	含义及形式
采购管理	采购是广义的，既包括生产原材料的采购，也包括其他资源投入的购买与管理，如聘请咨询和设计
技术开发	指可以改进企业产品和工序的一系列技术活动。也是广义的概念，既包括生产性技术，也包括非生产性技术（如领导决策技术）
人力资源管理	指企业对职工的招聘、雇用、培训、提拔和退休等各项管理活动
企业基础设施	指企业的组织结构、惯例、控制系统以及文化等，包括企业高层管理人员、公共关系、各种管理制度等

抢分秘籍

抓住关键词“组织结构”，属于支持性活动的企业基础设施。

历年考情

2020年单项选择题第15题和2017年单项选择题第16题考查了价值链活动的分类，与本题基本类似，可以对比学习。

24.东光公司是国内一家著名的动漫产品生产与销售商。近年来，面对国外一些文化娱乐巨头制作的动漫产品陆续进入国内市场，该公司将业务聚焦于反映中华优秀传统文化的动漫产品的设计、开发与制作，不断推出新的产品和服务，同时加强分销网络的建设和管理，赢得了越来越多的国内消费者的喜爱和好评，巩固了在本土市场上的竞争优势。依据**新兴市场本土企业战略**选择理论，下列各项中，属于东光公司采用战略的是（　　）。

A.“防御者”战略　　B.“躲闪者”战略

C.“扩张者”战略　　D.“抗衡者”战略

审题要点

本题关键词是“新兴市场本土企业战略”。根据产业全球化程度的高低和本土企业的优势资源是否可以向海外移植两个变量特性的表现，可以把本土企业划分为四种角色，对应有四种战略选择。

【本题答案】A

【本题解析】本题考查国际化经营战略之新兴市场的本土企业战略。“该公司将业务聚焦于反映中华优秀传统文化的动漫产品的设计、开发与制作，不断推出新的产品和服务，同时加强分销网络的建设和管理，赢得了越来越多的国内消费者的喜爱和好评，巩固了在本土市场上的竞争优势”，是“防御者”战略，选项A正确。

思维拓展

新兴市场的本土企业一方面面临着全球化竞争的压力，另一方面拥有着独特的本土优势资源。如果把这两个变量作为两个维度坐标，可以构建起一个战略选择矩阵，对应着本土企业的四种角色定位和四种战略选择。

新兴市场本土企业战略选择

类型	含义	战略定位	战略举措
防御者	如果企业面临的全球化压力较小，而其拥有的优势资源只适合于本国市场，那就需要集中力量保护已有的市场份额不被跨国竞争对手侵占	利用国内市场的优势防卫	（1）服务本国：把目光集中于喜欢本国产品的客户，而不考虑那些崇尚国际品牌的客户。 （2）调整产品：频繁地调整产品和服务，以适应客户特别的甚至是独一无二的需求。 （3）强化渠道：加强分销网络的建设和管理，缓解国外竞争对手的竞争压力。 注意： ①不要试图赢得所有顾客。 ②不要一味模仿跨国竞争对手的战略
扩张者	如果企业面临的全球化压力不大，而其自身的优势资源又可以被移植到海外，那么企业就可以将本土市场的成功经验推广到若干国外的市场	将企业的经验转移到周边市场，向海外延伸本土优势	本土企业可以不仅仅局限于保住现有市场，它们还可以通过合理运用可移植的优势资源，并以其在本地市场的成功为平台，向其他市场扩张
躲闪者	如果全球化压力大，企业就会面临更大的挑战。如果企业优势资源只能在本土发挥作用，企业就必须围绕仍有价值的本土资源，对其价值链的某些环节进行重组，以躲避外来竞争对手的冲击，从而保持企业的独立性	是通过转向新业务或缝隙市场避开竞争，避开跨国公司的冲击	（1）如果企业自身不打算转型： ①与跨国竞争对手建立合资、合作企业； ②将企业出售给跨国竞争对手。 （2）如果企业自身不打算转型： ①重新定义自己的核心业务，避开与跨国竞争对手的直接竞争； ②根据自身的本土优势专注于细分市场，将业务重心转向价值链中的某些环节； ③生产与跨国竞争对手产品互补的产品，或者将其改造为适合本国人口味的产品

续表

类型	含义	战略定位	战略举措
抗衡者	如果全球化压力大，而企业优势资源可以转移到其他市场，企业有可能与发达国家跨国企业在全球范围内展开正面竞争	通过全球竞争发动进攻，在全球范围内对抗	（1）找模范：不要拘泥于成本上竞争，而应该比照行业中的领先公司来衡量自己的实力。 （2）找市场：找到一个定位明确又易于防守的市场。 （3）找突破：在一个全球化的产业中找到一个合适的突破口。 （4）找资源：学习从发达国家获取资源，以克服自身技能不足和资本的匮乏

坑点提示

题干中有“进军竞争激烈的国际市场”，容易误判为扩张者战略。抗衡者战略和扩张者战略均有向海外移植本土优势，从而进军国际市场的做法，但前者在本土面临的国际化竞争压力大，后者在本土面临的国际化竞争压力小，前者有被动应对不得已而为之，后者则有积极进军国际市场主动参与竞争的意味，故根据题意应判定为抗衡者战略。

抢分秘籍

新兴市场的本土企业战略矩阵有两个维度，即产业的全球化程度高低和本土企业优势资源是否可以向海外移植。

考生可以根据四种战略选择的“战略定位”快速判断：

防御者：利用本土优势进行防御；

扩张者：向海外延伸本土优势；

躲闪者：避开跨国公司的冲击；

抗衡者：在全球范围内对抗。

历年考情

新兴市场的本土企业战略是近年来的高频考点，如2022年多项选择题第3题、2020年单项选择题第9题、2018年单项选择题第23题考查过新兴市场国家本土企业选择的战略类型，2019年单项选择题第9题考查过新兴市场国家本土企业的角色定位。

25. 利生公司是一家提供体检和健康咨询服务的企业。为应对法律风险和合规风险，该公司制定、实施了一系列风险管控措施。下列各项关于利生公司制定和实施的措施中，属于该公司应对法律责任风险的管控措施是（　　）。

A.制定廉洁及反舞弊管理措施，有效防范管理层和员工的各种潜在违法行为

B.制定员工职业道德规范，并定期组织培训

C.配置专业的法务人员，建立与法律管理相关的制度规范和符合企业核心利益的应对策略

D.时刻关注政府对体检和健康咨询服务企业的监管要求，识别和防范各种潜在合规风险

【本题答案】C

【本题解析】企业应对上述法律责任风险，可以重点关注违规行为、法律纠纷等方面的管控措施。选项C符合题意，企业应配置专业的法务人员，建立法律管理相关的制度规范及符合企业核心利益的应对策略，各相关人员应严格执行制度规范。

思维拓展

企业法律责任风险的主要表现包括：

（1）公司生产经营违反了相关法律法规或其他规定、流程手续、资质要求等，可能导致公司遭受法律制裁、监管处罚、重大财务损失和声誉损失。

（2）公司面临外部诉讼纠纷时，未能积极妥善应对，或由于应诉行为不当，可能导致企业承担潜在利益损失。

企业应对法律责任风险的管控措施：

（1）公司管理层应根据企业的风险管理流程设计风险管理制度，建立法律合规问责和处罚制度，如规定违法违规当事人与所属上级领导应共同承担违法违规责任。完善监控机制，制定纠正和预防措施，持续改进法律合规管理体系的有效性。

（2）企业应配置专业的法务人员，建立法律管理相关的制度规范及符合企业核心利益的应对策略，各相关人员应严格执行制度规范。企业应当重视事后评估，透过案件处理，分析企业经营管理的现实和潜在风险，提出防范建议，提升企业法律纠纷案件管理的附加值，实现企业利益最大化。

坑点提示

2023年教材中新增第八章《企业面对的主要风险与应对》，大部分内容理解难度不高，但准确记忆需要花费较多时间。

抢分秘籍

第八章中偏记忆性的知识点，可以在复习的后期重点记忆。

历年考情

本题知识点为新增内容，2023年第一次考查。

审题要点

本题关键词是"竞争战略"。业务单位战略又叫竞争战略，根据企业的战略目标和拥有的竞争优势，可以把基本竞争战略划分为成本领先、差异化和集中化三种战略。以低成本取胜的是成本领先战略，以产品的独特性取胜的是差异化战略，同时追求低成本和产品特色属于混合战略。

26. 近期，品先奶茶店推出多种配料和味道独特、价格低于其他品牌奶茶的"品先"奶茶，取得良好的销售业绩。从"战略钟"角度看，品先奶茶店采用的**竞争战略**是（　　）。

A. 成本领先战略　　B. 差异化战略

C. 混合战略　　D. 集中化战略

【本题答案】C

【本题解析】本题考查业务单位战略。"品先奶茶店推出多种配料和味道独特、价格低于其他品牌奶茶的"品先"奶茶，取得良好的销售业绩"表明企业采用的是混合战略，选项C正确。

思维拓展

根据企业的战略目标和拥有的竞争优势，可以把基本竞争战略有三种，即成本领先、差异化和集中化，其中集中化战略又细分为集中成本领先和集中差异化两种战略。其特点比较如下：

基本竞争战略类型

类型	战略目标（竞争范围）		竞争优势	
	全产业范围	特定细分市场	被顾客觉察的独特性	低成本
成本领先	√	×	×	√
差异化	√	×	√	×
集中成本领先	×	√	×	√
集中差异化	×	√	√	×

坑点提示

本题的坑点在于考生可能只考虑竞争的一方面特性，如看到题干中"价格低于其他品牌奶茶"，就认为采用的是"成本领先战略"，或者注意到"推出多种配料和味道独特"，就认为采用的是"差异化战略"。

抢分秘籍

根据题干可以迅速判断品先奶茶店既采用了成本领先竞争战略，

也采用了差异化竞争战略，因本题是单项选择题，因此应选混合战略。

历年考情

竞争战略是非常重要的高频考点。如2022年单项选择题第19题、2021年单项选择题第11题以及2019年单项选择题第7题和本题完全类似；2021年单项选择题第10题考查了集中化竞争战略的实施条件。

二、多项选择题（本题型共16小题，每小题1.5分，共24分。每小题均有多个正确答案，请从每小题的备选答案中选出你认为正确的答案，用鼠标点击相应的选项。每小题所有答案选择正确的得分，不答、错答、漏答均不得分。）

1.万通公司是一家从事中西药研发与生产的企业。2023年，该公司开始实施一项新战略，凭借已有业务积累起来的资金实力，进入医疗设备的研发与制造领域，一方面模仿市场上已有的成功产品，以较低的成本进行生产，另一方面通过技术研发与创新，率先向市场推出新技术医疗设备。本案例中，万通公司采用的总体战略和竞争战略的类型包括（　　）。

A.一体化战略　　B.多元化战略

C.成本领先战略　　D.差异化战略

【本题答案】BD

【本题解析】

本题中，“万通公司是一家从事中西药研发与生产的企业”实施新战略，“进入医疗设备的研发与制造领域”，表明采用的是发展战略中的多元化战略，选项B正确；“通过技术研发与创新，率先向市场推出新技术医疗设备”表明在基本竞争战略采用的是差异化战略，选项D正确。

思维拓展

总体战略常见类型

总体类型	具体类型或特征	细分类型
发展战略	一体化	纵向（前向、后向）、横向
	密集型	市场渗透、市场开发、产品开发
	多元化	相关、非相关
稳定战略	维持不变	—

续表

总体类型	具体类型或特征	细分类型
收缩战略	紧缩与集中	机制变革、调整财政和财务、削减成本
	转向	重新定位或调整现有的产品或服务、调整营销策略
	放弃	特许经营、分包、卖断、管理层或杠杆收购、拆产为股/分拆

根据企业的战略目标和拥有的竞争优势，可以把基本竞争战略有三种，即成本领先、差异化和集中化，其中集中化战略又细分为集中成本领先和集中差异化两种战略。其特点比较如下：

类型	战略目标（竞争范围）		竞争优势	
	全产业范围	特定细分市场	被顾客觉察的独特性	低成本
成本领先	√	×	×	√
差异化	√	×	√	×
集中成本领先	×	√	×	√
集中差异化	×	√	√	×

坑点提示

以往作为主观题频繁出现的知识点，在客观题中往往很难设计得过于深入，属于比较容易得分的理解型题目。

抢分秘籍

重者恒重，对于核心考点应扎实掌握。

历年考情

竞争战略是很重要的高频考点，总体战略特别是其三种发展战略，也是非常重要的高频考点，几乎每年必考。不同之处在于，往年基本集中在主观题中进行考查，如2022年综合题考查了多元化总体战略的类型、采用原因及优点；2020年简答题第2题第2小问考查了差异化战略实施的资源和能力条件等，考生可与本题结合进行对比复习。

2. 芙美公司是一家护肤品生产企业。近期该公司决定对业务进行重新定位和彻底重组。根据财务战略矩阵，下列各项关于芙美公司的经营状况的表述中正确的有（　　）。

A. 投资资本回报率高于资本成本

B. 销售增长率大于可持续增长率

C. 投资资本回报率低于资本成本

D. 销售增长率小于可持续增长率

【本题答案】BC

【本题解析】根据题目，“对业务进行重新定位和彻底重组”表明是减损型现金短缺业务。这一类型下，投资资本回报率－资本成<0，销售增长率－可持续增长率>0，因此，选项B、C正确。

思维拓展

财务战略矩阵有四个指标，分别是投资资本回报率、资本成本、销售增长率和可持续增长率，其中“投资资本回报率－资本成本”用来评价企业的价值增长状态，大于0表示为企业创造价值，小于0则表示减损企业价值；“销售增长率－可持续增长率”用来衡量企业资源耗费的状况，大于0表示现金短缺，小于0表示现金剩余。据此，可以把企业业务分为四种类型，即增值型现金短缺、增值型现金剩余、减损型现金剩余和减损型现金短缺。

基于创造价值或增长率的财务战略选择

业务类型	投资资本回报率－资本成本	销售增长率－可持续增长率	财务战略
增值型现金短缺	>0	>0	（1）短期高速增长：借款； （2）长期高速增长：①提高可持续增长率；②增加权益资本（增发股份、兼并成熟企业）
增值型现金剩余	>0	<0	（1）加速增长：内部投资、收购相关业务； （2）分配剩余现金：增加股利、回购股份
减损型现金剩余	<0	<0	（1）提高投资资本回报率；（2）降低加权平均资本成本；（3）出售业务单元（前两种无法做到时）
减损型现金短缺	<0	>0	（1）盈利能力低是本公司独有，并有能力扭转：彻底重组；否则选择出售。 （2）盈利能力低是整个行业衰退引起：尽快出售，以减少损失

抢分秘籍

本题的关键在于熟悉基于创造价值或增长率的财务战略矩阵，准确判断出芙美公司护肤品生产业务属于“减损型现金短缺”，就可以直接选出正确答案为选项B、C。

历年考情

基于创造价值或增长率的财务战略矩阵是重要的知识点，如2022年单项选择题第10题考查了增值型现金短缺业务的财务战略，2021年多项选择题第1题考查了财务战略的选择依据等。

3.嘉华公司的主营业务为中央空调的生产，产品的主要部件是压缩机。近期，该公司为获得稳定的优质部件来源，与国内技术领先的压缩机供应商吉达公司通过订立协议结成联盟。从采购战略角度看，下列各项对嘉华公司采用的交易策略的表述中正确的有（　　）。

A.该交易策略属于功能性联盟策略

B.该交易策略侧重于创新的考虑

C.该交易策略需要合作双方的发展战略相互配合

D.该交易策略追求的是长期利益

【本题答案】AD

【本题解析】根据题目，“与国内技术领先的压缩机供应商吉达公司通过订立协议结成联盟”，很明显属于企业与供应商通过订立协议结成联盟的策略，即功能性联盟策略，选项A正确。从与供应商的关系中所追求的目标来看，企业采用市场交易策略和短期合作策略重视的是短期利益，而采用功能性联盟策略和创新性联盟策略追求的是长期利益，选项D正确。

思维拓展

交易策略是指企业通过一定方式与供应商进行交易获取供应品的策略。从企业所需采购的产品、服务的性质和供应商的特点两个维度，可把交易策略分为四类：

类型	含义	适用条件
市场交易策略	企业通过与供应商签订买卖合同在市场上取得所需供应品的策略	（1）供应品的技术含量较低或生产技术相对成熟； （2）供应品在企业产品的生产和销售中不具有重要性； （3）企业不需要供应商提供售后服务； （4）供应商所处的市场较为成熟； （5）供应商数量较多； （6）竞争比较激烈
短期合作策略	企业为了应对一定的市场需求而对供应商采取短期合作的策略，在市场需求满足或消失后，合作就宣告结束	（1）企业的产品往往面临急剧变化的市场机会和变化很灵活的客户需求； （2）供应品的供给具有较高的适应性； （3）有的供应品有较高的技术含量，对企业产品的设计、生产、销售都有重要影响
功能性联盟策略	企业与供应商通过订立协议结成联盟的策略	（1）供应品在企业产品的生产经营中起着重要作用； （2）企业对供应品的需求量比较大； （3）供应品的生产技术成熟，可替代性较高； （4）供应商拥有较强的生产能力和实现规模经济的能力

续表

类型	含义	适用条件
创新性联盟策略	企业为了产品、业务的创新并取得长期竞争优势而与供应商结成联盟的策略	企业采用这种策略时，往往从某种新产品概念的提出就开始与供应商合作，其产品的设计、试制、改进、定型、生产与供应商的产品和技术创新基本上同步进行、相互契合。为了创新的最终成功并取得双赢的效果，双方需要进行紧密持久的合作，包括双方发展战略的相互配合以及资金、人员等重要资源的协调使用，必要时双方还可建立共同基金、合资企业或进行股权式合作

在上述四类交易策略中，从管理的侧重点来看，企业采用市场交易策略和功能性联盟策略侧重于降低采购成本的考虑，采用短期合作策略和创新性联盟策略则侧重于创新的考虑；从与供应商的关系中所追求的目标来看，企业采用市场交易策略和短期合作策略重视的是短期利益，而采用功能性联盟策略和创新性联盟策略追求的是长期利益。

坑点提示

客观题涉及的知识点，已呈现覆盖面广的特点，需要备考时尽可能全面复习。

抢分秘籍

理解并掌握四种交易策略的含义与区别。

历年考情

近五年中，该知识点为第一次考查。

4.东湖银行主营小微企业借贷业务。该银行实行稳健经营，明确规定了贷款条件、贷款种类和限额、贷款审批程序以及对违约资金的处置方法等。下列各项中，属于东湖银行的上述做法所涉及的**风险管理策略组成部分**有（　　）。

A.风险管理策略工具　　B.风险偏好

C.风险承受度　　D.风险管理的资源配置

【本题答案】ABD

【本题解析】

本题考查风险管理策略组成部分。风险管理策略的组成部分包括四部分内容：（1）风险偏好和风险承受度（选项B符合）；（2）全面风险管理的有效性标准；（3）风险管理策略工具的选择（选项A符合）；（4）风险管理的资源配置（选项D符合）。因此选项A、B、D正确。

审题要点

本题关键词是“风险管理策略”。风险管理策略组成部分包括：（1）风险偏好和风险承受度；（2）全面风险管理的有效性标准；（3）风险管理策略工具的选择；（4）风险管理的资源配置。本题的关键在于辨析四个选项中有哪些符合上述四个组成部分的内容。

思维拓展

风险管理策略是指企业根据自身条件和外部环境，围绕企业发展战略，确定风险偏好、风险承受度、风险管理有效性标准，选择风险承担、风险规避、风险转移、风险转换、风险对冲、风险补偿、风险控制等适合的风险管理工具，并确定风险管理所需人力和财力资源的配置原则的总体策略。

因此，风险管理策略的组成部分包括四部分内容：

（1）风险偏好和风险承受度。明确公司要承担什么风险、承担多少风险。

（2）全面风险管理的有效性标准。明确怎样衡量风险管理工作的成效。

（3）风险管理策略工具的选择。明确怎样管理重大风险。

（4）风险管理的资源配置。明确如何安排人力、财力、物资、外部资源等风险管理资源。

坑点提示

客观题涉及的知识点，已呈现覆盖面广的特点，需要备考时尽可能全面复习。

抢分秘籍

掌握风险管理策略的组成部分。

历年考情

风险管理策略是个非常重要的高频考点，但考查的大多是风险管理策略工具，对于风险管理策略组成部分考查较少，2022年多项选择题第9题是第一次考核，跟本题基本类似。

5.春霞公司是一家单晶硅太阳能板生产企业。该公司所取得的下列各项业绩中，属于**战略性业绩**的有（　　）。

A.产品销售额和资产回报率均处于行业领先水平

B.对电池片的研发取得重大创新，获得国家发明专利

C.产品质量合格率达到100%

D.公司获得政府主管部门颁发的国家级优秀创新型企业称号

【本题答案】BD

【本题解析】战略性业绩，是与企业战略地位和战略目标相关的绩

审题要点

本题关键词是“战略性业绩”。企业业绩包括两类：一类是战略性业绩，即与企业战略地位和战略目标相关的绩效，比如市场竞争力、行业地位、企业成长性、企业声誉、重大创新等，这类业绩具有整体性和长期性。另一类是经营性业绩，即与企业日常经营活动相关的业绩，如月度或年度的销售额、净利润额、资产回报率、质量合格率等，这类业绩与企业局部或短期的经营活动相关。

效，比如市场竞争力、行业地位、企业成长性、企业声誉、重大创新等，选项B、D正确。经营性业绩，即与企业日常经营活动相关的业绩，如月度或年度的销售额、净利润额、资产回报率、质量合格率等，这类业绩与企业局部或短期的经营活动相关，选项A、C属于经营性业绩。

思维拓展

企业业绩包括两类：一类是战略性业绩，即与企业战略地位和战略目标相关的绩效，比如市场竞争力、行业地位、企业成长性、企业声誉、重大创新等。这类业绩具有整体性和长期性。另一类是经营性业绩，即与企业日常经营活动相关的业绩，如月度或年度的销售额、净利润额、资产回报率、质量合格率等。这类业绩与企业局部或短期的经营活动相关。与以上两类业绩对应，企业业绩衡量包括战略性业绩衡量和经营性业绩衡量。无论哪一类业绩衡量，都须使用财务指标和非财务指标对其进行定性和定量衡量，并且将衡量结果与本企业的历史业绩以及同期同类企业的业绩进行比较，对发现的差距和差距产生的原因作出分析。下面是企业通常使用的业绩衡量指标。

坑点提示

客观题涉及的知识点，已呈现覆盖面广的特点，需要备考时尽可能全面复习。

抢分秘籍

全面掌握企业业绩衡量的相关知识点。

历年考情

近五年中，该知识点为第一次考查。

6. 2023年初，某市经济开发区成立专用汽车企业战略联盟，推动签约入盟的企业为共同确立行业技术标准，在产品研发、产品规格的调整技术创新和市场拓展等方面深入合作，实现风险分担、利益共享。从企业战略联盟的主要类型和内容来看，下列各项中，对该联盟表述正确的有（　　）。

A. 该联盟属于全面性战略联盟

B. 该联盟的成员企业在经营上具有较大的灵活性

C. 该联盟内成员之间沟通充分，组织效率高

D.该联盟有利于扩大企业的资金实力

【本题答案】AB

【本题解析】

本题考查了战略联盟的详细分类，美国NRC组织根据战略联盟在企业经营不同阶段的合作内容对战略联盟进行了详细分类，有研究开发阶段的战略联盟、生产制造阶段的战略联盟、销售阶段的战略联盟和全面性的战略联盟。“推动签约入盟的企业为共同确立行业技术标准，在产品研发、产品规格的调整技术创新和市场拓展等方面深入合作，实现风险分担、利益共享”表明该联盟属于全面性的战略联盟，选项A正确。这是一种更为紧密的合作关系，包括为共同确立某项产品或技术的行业标准而在技术开发和市场开拓等方面采取协调一致的行动，这种合作常常需要共同承担新技术和新市场开发带来的巨大风险，选项B正确。选项C是契约式战略联盟的特征，选项D是股权式联盟的特征。

坑点提示

客观题涉及的知识点，已呈现覆盖面广的特点，需要备考时尽可能全面复习。

抢分秘籍

全面掌握战略联盟的相关知识点。

历年考情

往年关于战略联盟动因、股权式和契约式战略联盟的特点，甚至战略联盟的管控都考查过。近五年中，该知识点为第一次出现。

7.某酒店特价超市是一款基于移动互联网的手机预订平台。每晚6点后，用户可以根据自己对距离远近、星级、价格、酒店风格等方面的需求和喜好，通过该平台方便地查找和预订当天酒店的剩房，所支付的价格仅相当于白天网上预订价格的一半，如果在预定住房的同时还预定交通服务，则整体价格降低10%。下列各项中，属于该酒店特价超市定价策略的有（　　）。

审题要点

本题关键词是“定价策略”。主要的定价策略包括四种：（1）心理定价策略；（2）产品组合定价策略；（3）折扣与折让策略；（4）差别定价策略。本题的关键是理解各种定价策略的含义。

A.竞争导向定价策略　　B.产品组合定价策略

C.折扣与折让策略　　D.差别定价策略

【本题答案】BC

【本题解析】

根据题目，“所支付的价格仅相当于白天网上预订价格的一半”表明采用了折扣与折让策略，是在原定价格的基础上给予顾客一定比例的价格减让策略，选项C正确；“如果在预定住房的同时还预定交通服务，则整体价格降低10%”表明采用了产品组合定价策略，选项B正确。

思维拓展

企业主要的定价策略包括四种：（1）心理定价策略；（2）产品组合定价策略；（3）折扣与折让策略；（4）地理差价策略。其常见的细分类型如下：

定价策略	本质	细分策略表现
心理定价策略	利用消费者的消费心理来制定产品的价格	声望定价、尾数定价、整数定价和招徕定价
产品组合定价策略	若干种产品一起或相互影响	列产品定价、备选产品定价、副产品定价、关联产品定价、分部定价和产品捆绑定价
折扣与折让策略	是在原定价格的基础上给予顾客一定比例的价格减让策略	现金折扣、数量折扣、功能折扣、季节折扣和预购折扣和折让
差别定价策略	企业根据顾客、产品地点、销售时间以及产品样式等因素，对同一种产品制定不同的价格	顾客差别定价、地点差别定价、时间差别定价和样式差别定价

坑点提示

客观题涉及的知识点，已呈现覆盖广的特点，需要备考时尽可能全面复习。

抢分秘籍

全面掌握定价策略的相关知识点。

历年考情

定价策略属于非高频考点，2022年单项选择题第16题考查过市场营销组合策略的定价策略。

8.依唯公司是一家生产中老年服装的企业。近年来，该公司凭借多年积累的技术和经验，开发出多款设计新颖、用料轻柔、缝制结实、穿着舒适的中老年服装，取得业内领先的经营业绩。下列各项中，与依唯

审题要点

本题关键词是“人力资源获取策略”。差异化战略的人力资源获取策略对于招聘新员工来说，其甄选标准强调与公司文化契合。

公司目前的竞争战略相匹配的人力资源获取策略有（　　）。

A. 员工主要来源于外部

B. 由业务部门作出员工甄选的决策

C. 员工甄选标准强调与公司文化契合

D. 员工甄选标准强调员工的技能

【本题答案】BC

【本题解析】本题考查人力资源获取策略。题干中“多款设计新颖、用料轻柔、缝制结实、穿着舒适的中老年服装，取得业内领先的经营业绩”表明该公司采用的是差异化战略。从人力资源获取策略看，由业务部门作出员工甄选的决策，选项B正确；采用差异化战略的公司新员工的甄选标准强调与文化契合，选项C正确。

思维拓展

高效的招募、甄选与录用人才是企业获得持续竞争优势的关键。人力资源的获取与企业的基本竞争战略密切相关，具体比较如下：

与基本竞争战略相匹配的人力资源获取策略

人力资源获取策略	成本领先	差异化	集中化
关注点	成本低	较为严密	速度快
员工来源	外部	内部	两者兼顾
晋升阶梯	狭窄、不宜转换	广泛、灵活	狭窄、不宜转换
甄选决策	人力资源部	业务部门	结合两者
甄选方法	简历和面试为主	多重方法	心理测试
甄选标准	强调技能	强调与文化契合	结合两者
社会化过程	正式的雇佣和社会化过程	非正式的雇佣社会化过程	结合两者

坑点提示

人力资源获取策略的考题中，对于企业采用的基本竞争战略的判断往往难度不高，得分需要准确记忆与之匹配的人力资源获取策略具体内容。

抢分秘籍

差异化竞争战略的本质是提供特色产品或服务。本题根据“多款设计新颖、用料轻柔、缝制结实、穿着舒适的中老年服装，取得业内领先的经营业绩”可判断出叶丰公司采用的是差异化竞争战略。再根据与基本竞争战略相匹配的人力资源获取策略相关内容，就可以作出正确选择。

历年考情

与基本竞争战略相匹配的人力资源获取策略是2021年新修订增加的内容。2022年单项选择题第21题、2021年单项选择题第22题都考查了采用差异化战略的公司甄选新员工的方法，与本题基本类似，可以对比复习。

9.华翔食品公司积极践行“奉献绿色食品，赋能美好生活”的企业使命，制定了行之有效的ESG业绩衡量指标体系。下列关于华翔食品公司制定的ESG业绩衡量指标中，涉及社会方面的有（　　）。

A.食品安全性和质量达到国际先进标准

B.产品低碳包装物的使用率达到80%以上

C.对各级管理人员进行管理培训，每年不少于2次

D.建立完善的风险管理体系，确保重大风险发生率为零

【本题答案】AC

【本题解析】ESG是环境（environmental）、社会（social）和治理（governance）的英文单词首字母缩写，是一种关注环境变化影响、社会效益和公司治理绩效综合表现的发展理念，也是企业可持续发展的核心内容和评价标准。选项A涉及的食品安全性和质量、选项C的员工培训与发展均属于社会S的评价指标，选项B中“产品低碳包装物”属于环境维度E的评价指标，选项D中“风险管理”属于治理维度G的评价指标。

思维拓展

基于对主流或有代表性的评价指标体系的归纳，ESG三个维度评价指标体系常见的内容如下。

（1）环境维度：废物污染及管理政策、清洁制造、能源使用/消费、可再生能源、碳及温室气体排放、节能减排措施、水资源使用与管理、物料使用和管理、自然资源使用和管理、生物多样性、员工环境意识、绿色采购、环境成本核算、环境信息披露、碳交易与定价、绿色产品及绿色技术。

（2）社会维度：国家战略响应、产业链协同、合作机制和平台、客户服务与权益保障、企业招聘政策、员工多元化与平等、员工满意度和流动率、员工权益、员工培训与发展、工作条件、职业健康安全、生产规范、产品安全与质量、供应商及供应链责任管理、应对公共危机、数据安全与隐私保护、社区参与和发展、精准扶贫、公益慈善。

（3）治理维度：公司治理结构、股东权益保护、董事会独立性与

多样性、高管薪酬、信息披露、组织结构、企业文化、ESG管理、反贪污受贿政策、纳税透明度、商业道德和行为规范、反不公平竞争、风险管理、创新发展、利益相关者关系。

坑点提示

新增知识的往往为考查热点，不可忽视。

抢分秘籍

ESG根据其英文单词可大致判断相关内容。

历年考情

该知识点为第一次考查。

10.维勒公司是一家纳米材料研发和生产企业。该公司拟投资建设一座大型实验楼，目前已启动重大工程项目立项工作。下列各项中，属于维勒公司应对工程项目立项管理风险应采用的管控措施有（　　）。

A.根据年度生产经营计划，提出实验楼建设工程项目建议书，开展可行性研究

B.从事项目可行性研究的专业机构不得再从事可行性研究报告的评审

C.实验楼建设重大工程的立项，报董事会或类似权力机构集体审议批准

D.采用公开招标或邀请招标方式选择承包单位

【本题答案】BC

【本题解析】关于工程项目立项管理。企业应当指定专门机构归口管理工程项目，根据发展战略和年度投资计划，提出项目建议书，开展可行性研究，编制可行性研究报告。企业可以委托具有相应资质的专业机构开展可行性研究，并按照有关要求形成可行性研究报告。企业应当组织规划、工程、技术、财会、法律等部门的专家对项目建议书和可行性研究报告进行充分论证和评审，出具评审意见，作为项目决策的重要依据。企业可以委托具有相应资质的专业机构对可行性研究报告进行评审，出具评审意见。从事项目可行性研究的专业机构不得再从事可行性研究报告的评审。因此，选项B、C正确。

思维拓展

企业应对工程项目管理风险的管控措施。

（1）关于工程项目立项管理。企业应当指定专门机构归口管理工

程项目，根据发展战略和年度投资计划，提出项目建议书，开展可行性研究，编制可行性研究报告。企业可以委托具有相应资质的专业机构开展可行性研究，并按照有关要求形成可行性研究报告。企业应当组织规划、工程、技术、财会、法律等部门的专家对项目建议书和可行性研究报告进行充分论证和评审，出具评审意见，作为项目决策的重要依据。企业可以委托具有相应资质的专业机构对可行性研究报告进行评审，出具评审意见。从事项目可行性研究的专业机构不得再从事可行性研究报告的评审。

企业应当按照规定的权限和程序对工程项目进行决策，决策过程应有完整的书面记录。重大工程项目的立项，应当报经董事会或类似权力机构集体审议批准。工程项目决策失误应当实行责任追究制度。企业应当在工程项目立项后、正式施工前，依法取得建设用地、城市规划、环境保护、安全、施工等方面的许可。

（2）关于工程设计与造价管理。

①工程设计方面，企业应选择具有相应资质和经验的设计单位，并签订工程设计合同，细化设计单位的权利和义务。设计单位应与企业进行有效的技术和经验交流，以保证初步设计的质量。企业应建立并执行严格的初步设计审查和批准制度，采用先进的设计管理实务技术，进行多方案比选。企业需建立施工图设计和交底管理制度，施工图设计深度及图纸交付进度应当符合项目要求，防止因设计深度不足、设计缺陷，造成施工组织、工期、工程质量、投资等失控及运行成本过高等问题。企业需建立设计变更管理制度，因设计过失造成变更的，应当实行责任追究制度。

②工程造价方面，企业应当加强工程造价管理，明确初步设计概算和施工图预算的编制方法，按照规定的权限和程序进行审批，以确保概预算科学合理。企业可以委托具备相应资质的中介机构开展工程造价咨询工作。企业可以组织工程、技术、财会等相关部门的专业人员或委托具有相应资质的中介机构对编制的概预算进行审核。工程项目概预算按照规定的权限和程序审批通过后方可执行。

（3）关于工程项目招标管理。企业应当依照国家招投标法的规定，遵循公开、公正、平等竞争的原则，建立健全工程项目招投标管理制度。对于须划分标段组织招标的，企业应科学分析和评估，不得违背工程施工组织设计和招标设计计划将应由一个承包单位完成的工程肢解为若干部分发包给几个承包单位。企业应科学编制招标公告，合理确定投标人资格要求，严格按照招标公告或资格预审文件中确定的投标人资格条件进行审查，履行标书签收、登记和保管手续。企业需依法组织工程项目招标的开标、评标和定标，并接受有关部门的监督。企业应当依法组建评标委员会，评标委员会对所提出的评审意见承担责任。评标委员会应当按照招标文件确定的标准和方法，对投标文件进行评审和比较，择优选择中标候选人。企业须按照规定的权限和程序从中标候选人中确定中标人，并及时向中标人发出中标通知书，在规定的期限内与中标人订立书面合同，明确双方的权利、义务和违约责任。企业应建立合同履行情况台账，记录实际履约情况并进行督促。

（4）关于工程建设管理。企业应当加强对工程建设过程的监控，加强质量、进度、安全和物资采购控制，严格执行工程预算，落实责任，确保工程项目达到设计要求。

①工程物资采购方面，按照合同约定，企业自行采购工程物资的，应按照采购制度要求组织工程物资采购、验收和付款；由承包单位采购工程物资的，企业应加强监督，确保工程物资采购符合设计标准和合同要求。

②工程监理方面，企业应实行严格的工程监理，委托经招标确定的监理单位进行监理，明确相关程序、要求和责任。工程监理单位应当依照国家法律法规及相关技术标准、设计文件和工程承包合同，对承包单位在施工质量、工期、进度、安全和资金使用等方面实施监督。工程监理人员一旦发现工程施工不符合设计要求、施工技术标准和合同约定，应当要求承包单位立即改正；发现工程设计不符合建筑工程质量标准或合同约定的质量要求，应当报告企业要求设计单位改正。未经工程监理人员签字，工程物资不得在工程上使用或者安装，不得进行下一道工序施工，不得拨付工程价款，不得进行竣工验收。

③工程变更方面，企业需建立工程变更管理制度，严格控制工程变更，确需变更的，应当按照规定的权限和程序进行审批。重大的项目变更应当按照项目决策和概预算控制的有关程序和要求重新履行审批手续。因工程变更等原因造成价款支付方式及金额发生变动的，变更文件要齐备，企业要对工程变更价款的支付进行严格审核，依法需报有关政府部门审批的，企业必须取得相应的批复文件，承包商应在规定期限内全面落实变更设计和施工。

④工程付款方面，企业需建立完善工程价款结算制度，财会部门与承包单位需及时沟通，准确掌握工程进度，根据合同约定，按照规定

的审批权限和程序办理工程价款结算。

（5）关于工程项目验收管理。企业须建立健全竣工验收管理制度，明确竣工验收的条件、标准、程序和责任等。

①竣工决算与审计方面，企业收到承包单位的工程竣工报告后，应及时编制竣工决算，开展竣工决算审计，组织设计、施工、监理等有关单位进行竣工验收。企业需加强竣工决算审计，未实施竣工决算审计的工程项目，不得办理竣工验收手续。

②竣工验收方面，企业应及时组织工程项目竣工验收，交付竣工验收的工程项目，应当符合国家规定的质量标准，有完整的工程技术经济资料，并满足国家规定的其他竣工条件。验收合格的工程项目，应当编制交付使用财产清单，及时办理交付使用手续。工程竣工后，企业应对完工后剩余的物资进行清理核实，并妥善处理。

企业需按照国家有关档案管理的规定，及时收集、整理工程建设各环节的文件资料，建立完整的工程项目档案，需报政府有关部门备案的，应及时备案。

（6）关于工程项目后评估。企业应当建立完工项目后评估制度，对工程项目预期目标的实现情况和项目投资效益等进行综合分析和评价，总结经验教训，以提升将来项目决策和投资决策的水平。严格落实工程项目决策和执行环节的责任追究制度，评估结果可作为绩效考核和责任追究的依据。

坑点提示

新增知识的往往为考查热点，不可忽视。

抢分秘籍

第八章的内容，可以在备考后期着重加强记忆。

历年考情

该知识点为第一次考查。

11.佳安公司是一家视频安防产品生产企业。下列各项关于该公司使命的表述中，能够体现该公司**经营哲学**的有（　　）。

A.成就员工，回报股东，奉献社会

B.没有完美的公司，只有上进的员工

C.树安防品牌，创一流企业

> **审题要点**
> 本题关键词是“经营哲学”。公司使命包括目的、宗旨和经营哲学三个方面，其中经营哲学是公司为其经营活动方式所确立的价值观、基本信念和行为准则，是对企业文化的高度概括。

C.腾下来的资源得不到利用

D.印染业务与纺织、制衣等业务之间存在内部战略联系

【本题答案】AD

【本题解析】本题考查收缩战略面临的退出障碍。选项A体现了固定资产的专用性程度，选项D体现了内部战略联系，符合题意。

思维拓展

收缩战略又称为撤退战略，是指企业从目前的经营领域和基础上收缩，在一定时期内缩小原有经营范围和规模的一种战略，通常是那些没有发展前途或发展潜力渺茫的企业采取。

1.采用收缩战略的方式

收缩战略的主要方式

收缩方式	具体做法	实例或含义
紧缩与集中	机制变革	(1)调整管理层领导机构；(2)制定建立新的管理控制系统，以改善激励机制和约束机制等
	调整财政和财务战略	(1)建立有效的财务控制系统，严格控制现金流量；(2)债务重组；(3)债转股等
	削减成本战略	(1)削减人工成本、材料成本、管理费用；(2)削减资产；(3)缩小分部和职能部门的规模等
转向战略	重新定位或调整现有产品或服务	—
	调整营销策略	在价格、广告、渠道、促销等方面推出新举措
放弃	特许经营	指企业将其拥有的经营资源特许给被特许企业使用，收取一次性付清的特许经营费用
	分包	指公司采用招标方式让其他公司生产本公司的某种产品或者经营本公司的某种业务
	卖断	指母公司将其业务单位卖给另外一家企业，从而与该业务单位断绝一切关系，实现产权的彻底转移
	管理层杠杆收购	指企业管理层将收购目标即本企业的资产作为债务抵押进行融资，买断本企业股权，从而达到控制、重组企业并获得产权收益的目的
	拆产为股/分拆	指母公司通过将其在子公司所拥有的股份，按比例分配给母公司的股东，以多元持股的形式形成子公司的所有权，使子公司成为战略性的法人实体

2.采用收缩战略面临的退出障碍

(1)固定资产的专用性程度；

(2)退出成本，即付出的代价，如劳工协议、员工补偿、重新安置成本、备件维修能力等；

(3)内部战略联系；

（4）感情障碍，如管理人员和职工的反对和抵触等；

（5）政府与社会约束。

坑点提示

选项D“重组战略”不属于收缩战略方式。

抢分秘籍

熟悉收缩战略的五种退出障碍即可。

历年考情

收缩战略是非常重要的高频考点，几乎每年必考，如2020年多项选择题第2题考查过退出障碍，与本题类似，可以结合对比学习。

审题要点

本题关键词是“行为性障碍”，是指现有企业对进入者实施报复手段所形成的进入障碍。报复手段主要有限制进入定价和进入对方领域两类。

13.元力公司是一家著名的锂电池生产商。该公司拟将业务延伸到下游汽车制造领域。下列各项中，属于元力公司在进入新产业时可能面临的**行为性障碍**有（　　）。

A.现有汽车制造企业进入锂电池行业

B.现有汽车制造企业对关键资源的控制

C.政府颁布汽车产业限制进入政策

D.现有汽车制造企业采取限制进入定价

【本题答案】AD

【本题解析】本题以知识点直接还原的方式考查五力模型中，潜在进入者的行为性障碍，属于比较直接的考法。行为性障碍是指现有企业对进入者实施报复手段所形成的进入障碍。报复手段主要有限制进入定价和进入对方领域两类：限制进入定价往往是在位的大企业报复进入者的一个重要武器，特别是在那些技术优势正在削弱、投资正在增加的市场上，情况更是如此。进入对方领域是寡头垄断市场上常见的一种报复行为，其目的在于抵消进入者首先采取行动可能带来的优势，避免对方的行动给自己带来的风险。因此，选项A、D正确。

思维拓展

进入障碍是指那些允许现有企业赚取正的经济利润，却使产业的新进入者无利可图的因素，包括“结构性障碍”和“行为性障碍”。

（1）结构性障碍。

根据贝恩对结构性障碍的分类：

①规模经济（成本优势）：企业所生产的产品或劳务的绝对量增加

时，其单位成本趋于下降；

②现有企业对关键资源的控制（资源优势）：表现为对资金、专利或专有技术、原材料供应，分销渠道、学习曲线等资源及资源使用方法的积累与控制；

③市场优势（品牌优势）：现有企业的市场优势主要表现在品牌优势上，这是产品差异化的结果。

此外，还有政策优势：政府的政策、法规和法令都会在某些产业中限制新的加入者或者清除一些不合格者，这就为在位企业造就了强有力的进入障碍。

（2）行为性障碍（战略性障碍）。行为性障碍是指现有企业对进入者实施报复手段所形成的进入障碍。报复手段主要有限制进入定价和进入对方领域两类。

①限制进入定价（防守）：在位企业试图通过实施低价来告诉进入者自己是低成本的，进入将是无利可图的。

②进入对方领域（进攻）：一种报复行为，其目的在于抵消进入者首先采取行动可能带来的优势，避免对方的行动给自己带来的风险。

坑点提示

结构性障碍和行为性障碍容易混淆。

抢分秘籍

本题的解题关键在于掌握结构性障碍和行为性障碍的内容。

历年考情

产业五种竞争力分析理论是非常重要的知识点，几乎每年必考，如2022年单项选择题第7题、2020年多项选择题第9题、2019年多项选择题第11题均考查过潜在进入者面临的障碍。

14. 南山公司是一家药品销售连锁企业。近期该公司采用“会员制”经营方式，凡是成为会员的客户，可定期免费参加公司与医院联合主办的健康讲座和问诊活动；只需支付低于市场价格的快递费用，就可获得公司物流部门全天送药到家的服务。公司还开展了为会员代煎中草药、代购医疗用品等业务。实行会员制以来，南山公司的客户群不断扩大，经营业绩持续提高。下列各项中，属于南山公司采用的战略有（　　）。

A. 市场渗透战略　　　　B. 市场开发战略

C.一体化战略　　　　　　D.多元化战略

【本题答案】ABD

【本题解析】

考查发展战略的不同类型，及其中密集型战略的具体分类。发展战略包括一体化战略、密集型战略、多元化战略。“南山公司是一家药品销售连锁企业”，开拓了多种服务业务，体现了多元化战略，选项D正确。密集型战略中，市场渗透战略是原有市场与原有产品的组合，“全天送药到家”正是这一体现，选项A正确。市场开发战略是新市场和原有产品的组合，“客户群不断扩大”，体现了新市场的开发，选项B正确，因此，选项A、B、D正确。

思维拓展

详见2023年单项选择题第13题。

坑点提示

这道题目中的条件给得比较明显，相对容易得出正确的答案。

抢分秘籍

辨析密集型战略关键点是要把握好“产品”和“市场”两个维度中的关键词。

历年考情

详见2023年单项选择题第13题。

审题要点

本题关键词是“钻石模型”。钻石模型包括四个要素：生产要素、需求条件、相关与支持性产业、企业战略、企业结构和同业竞争。本题的关键是正确判断四个选项中有哪些属于这四个要素，并且是符合题意的“利于提升中国汽车产业竞争优势”。

15.中辰公司是一家汽车产业研究机构。近期该公司对国内汽车产业的发展状况进行了分析。根据波特构建的钻石模型分析框架，下列关于该公司所做的分析中，能够体现有利于提升中国汽车产业竞争优势的因素有（　　）。

A.国内汽车产业处于发展期，已出现若干个拥有国际影响力的汽车品牌

B.国内汽车市场竞争激烈

C.国内汽车企业注重加工制造过程和产品设计，采取促进产品持续改进、更新的战略

D.国内汽车零配件产业发达，并与汽车制造商保持紧密的联系

【本题答案】BCD

【本题解析】钻石模型四要素有（1）生产要素。包括人力资源、天然资源、知识资源、资本资源、基础设施。（2）需求条件。主要是本国市场的需求。（3）相关与支持性产业。这些产业和相关上游产业是否有国际竞争力。（4）企业战略、企业结构和同业竞争。有利于提升中国汽车产业竞争优势的因素，选项B、C、D符合题意。

思维拓展

钻石模型四要素：

（1）生产要素。

波特将生产要素划分为初级生产要素和高级生产要素，初级生产要素是指天然资源、气候、地理位置、非技术工人、资金等；高级生产要素则是指现代通讯、信息、交通等基础设施以及受过高等教育的人力、研究机构等。生产要素也可以被分为一般生产要素和专业生产要素。高级专业人才、专业研究机构、专用的软、硬件设施等被归入专业生产要素。

（2）需求条件。

①国内需求市场是产业发展的动力。

②内行而挑剔的客户激发国内企业的竞争优势。

③前卫的需求引导企业满足预期性需求。

（3）相关与支持性产业指上下游产业和相关产业是否有国际竞争力。

①对形成国家竞争优势而言，相关和支持性产业与优势产业是一种休戚与共的关系。一个优势产业不是单独存在的，它一定是同国内相关强势产业一同崛起。

②本国供应商是产业创新和升级过程中不可缺少的一环。因为产业要形成竞争优势，就不能缺少世界一流的供应商，也不能缺少上下游产业的密切合作关系。

③有竞争力的本国产业通常会带动相关产业的竞争力。即使下游产业不在国际上竞争，但只要上游供应商具有国际竞争优势，对整个产业的影响仍然是正面的。

（4）企业战略、企业结构和同业竞争。

①企业的战略取向是影响国家竞争力的重要因素。

②创造与持续产业竞争优势的最大关联因素是国内市场强有力的竞争对手。

③在国际竞争中，成功的产业必然先经过国内市场的搏斗，迫使

其进行改进和创新，海外市场则是竞争力的延伸。

坑点提示

该知识点为传统主观题考点，在客观题中出现一般没有特别大的难度。

抢分秘籍

本题的解题关键是掌握钻石模型四要素的内涵。

历年考情

钻石模型四要素是近年来考试频率较高的一个知识点，如2022年多项选择题第4题、2020年多项选择题第13题、2019年多项选择题第7题等均有考查，与本题较为相似，可以对比复习。

16.天澜酱园是一家拥有近百年历史的调味品企业，多年奉行“守拙择善、务实创新”的理念，利用其所处地域优越的水、高粱、黄米等原料资源和在古法蒸酿技术基础上形成的独特工艺，生产出多种香辛醇厚、回味有余的调味佳品，取得行业领先的经营业绩。下列各项中，属于天澜酱园**竞争优势来源**的有（　　）。

审题要点

本题关键词是“竞争优势来源”。资源的不可模仿性是竞争优势的来源，也是价值创造的核心。本题的关键在于熟悉资源不可模仿性四种形式的含义和特点。

A.物理上独特的资源　　B.具有路径依赖性的资源

C.具有因果含糊性的资源　　D.具有经济制约性的资源

【本题答案】ABC

【本题解析】资源的不可模仿性是竞争优势的来源，也是价值创造的核心。“天澜酱园是一家拥有近百年历史的调味品企业”属于具有路径依赖性的资源，选项B正确；“守拙择善、务实创新”的理念属于具有因果含糊性的资源，选项C正确；“利用其所处地域优越的水、高粱、黄米等原料资源和在古法蒸酿技术基础上形成的独特工艺”属于具有物理上独特性的资源，选项A正确。

思维拓展

决定企业竞争优势的企业资源判断标准有四条，分别是：（1）资源的稀缺性；（2）资源的不可模仿性；（3）资源的不可替代性，如建立在管理层与员工信任基础上的工作关系、一些旅游景点的独特优势很难被其他景点所代替；（4）资源的持久性，指有些资源的贬值速度慢，如百年老字号品牌，甚至一些品牌资源会随着时代的发展实际上在不断升值。其中，资源的不可模仿性主要有四种形式：①物理上独特的资源，如地理位置好的房产、拥有矿物开采权或拥有法律保护的专利生产技术等；②具有路径依赖性的资源，指那些必须经过长期的积累才能获得的资源，如海尔训练有素的售后服务队伍；③具有因果含糊性的资源，指企业对有些资源的形成原因并不能给出清晰的解释，如企业文化；④具有经济制约性的资源，指企业的竞争对手已具有复制其资源的能力，但因市场空间有限不能与其竞争的情况。

坑点提示

本题四个选项均较为明显，选项D具有经济制约性的资源，是指企业的竞争对手已具有复制其资源的能力，但因市场空间有限不能与其竞争的情况，题目中并未涉及，不构成干扰。

抢分秘籍

名称	关键词
物理上独特性	第一，运用排除法判断，如不属于上述三个标准，则属于本标准； 第二，牢记教材举例，包括房地产处于极佳的地理位置、拥有矿物开采权、拥有专利生产技术
路径依赖性	长期形成的，与制度、管理、人员有关
因果含糊性	企业文化
经济制约性	市场空间

历年考情

决定企业竞争优势的企业资源判断标准是近年来考试频率较高的一个知识点，如2022年单项选择题第26题、2020年单项选择题第14题和2018年单项选择题第3题均有相应考查。

三、简答题（本题型共4小题26分。）

1.（本小题5分。）

随着信息技术和电子商务的兴起，主营连锁实体书店的光华公司销售额每况愈下，经营持续亏损。在层出不穷的新型知识学习和传播工具的冲击下，走入实体书店的顾客日渐减少，光华**旗下30多家分店的空闲面积越来越大**；员工收入走低，**骨干员工纷纷跳槽，一般员工则大多人浮于事，抱着“当一天和尚撞一天钟”的消极态度混日子**；**图书由总部统一采购、统一定价以及各分店员工工资水平大体相当的制度，经常造成图书品种、数量和价格脱离各分店所处地区的顾客需求，挫伤了各个分店的经营积极性**；**所有管理机构均设立在总部，各分店只有一名店长负责日常经营，缺乏管理自主权**；**有的分店服务体系不健全，员工对顾客服务态度差，甚至出售缺页、被污损的图书，并拒绝顾客退换，损害了公司声誉**。

2018年，光华公司为制止经营滑坡并尽快走出困境，开始采取如下措施：（1）提出并履行“弘扬先进文化，创新服务内容”的新使命。（2）**出售5家因地理位置欠佳、管理不善而长期严重亏损的分店，将公司原有业务量削减15%，减少库存积压和各项开支**，同时，将节省下来的一部分资源用于开设网上书店，增加音像产品销售、二手书收购和珍版书籍展销等业务。（3）建立读者阅读俱乐部，邀请图书作者进行演讲、畅销书推介和签名售书；定期和

审题要点

关键词：空闲面积。旗下30多家分店的空闲面积越来越大，体现出公司面临的资产管理风险。

审题要点

关键词：员工、态度。骨干员工纷纷跳槽，一般员工则大多人浮于事，抱着“当一天和尚撞一天钟”的消极态度混日子，反应了企业的人力资源风险、企业文化风险。

审题要点

关键词：采购、顾客需求。图书由总部统一采购、统一定价以及各分店员工工资水平大体相当的制度，经常造成图书品种、数量和价格脱离各分店所处地区的顾客需求，体现出公司面临的采购业务风险和销售业务风险。

审题要点

关键词：管理机构。所有管理机构均设立在总部，各分店只有一名店长负责日常经营，缺乏管理自主权，反应了公司组织架构风险。

审题要点

关键词：声誉。有的分店服务体系不健全，员工对顾客服务态度差，甚至出售缺页、被污损的图书，并拒绝顾客退换，损害了公司声誉，体现了公司的社会责任风险。

审题要点

关键词：出售。出售5家因地理位置欠佳、管理不善而长期严重亏损的分店，表明采用了放弃战略。

审题要点

关键词：削减、减少。将公司原有业务量削减15%，减少库存积压和各项开支，表明采用了紧缩与集中战略。

不定期举办会员知识沙龙，交流读书体会。（4）重新设计、装修店面，突出“学海无涯，淡泊明志，宁静致远”的文化氛围；充分利用空余场地，**开设书桌、茶厅，兼顾消费者阅读、购书和休闲的需求**。（5）积极开展社会服务，每年为附近学校开展一次赠书活动，为居民无偿举办6场百科知识讲座。（6）适当下放管理权限，在各分店设立相关管理部门，使其在用人、采购、定价、经营项目等方面拥有一定的自主权。（7）倡导“顾客至上，暖心服务”的宗旨，建立健全客户服务标准和流程。（8）总部采用目标管理法对各分店进行绩效考核，并实行与绩效挂钩的薪酬制度，对业绩未达标的分店采取更换店长、减少或取消奖金等措施，对业绩突出的分店在人、财、物上给予优先配置。

审题要点

关键词：“兼顾……需求”。开设书桌、茶厅，兼顾消费者阅读、购书和休闲的需求，体现了转向战略。

2019年底，光华实现扭亏为盈，并获得顾客和社会较高赞誉。

要求：

（1）简要分析光华公司于2018年开始采用的总体战略类型及采用该战略的方式。

（2）简要分析光华公司面临的运营风险以及对该风险采取的管控措施。

【本题答案】

（1）①光华公司于2018年开始采用的总体战略类型是收缩战略。“出售5家因地理位置欠佳、管理不善而长期严重亏损的分店，将公司原有业务量削减15%”。

②光华公司采用收缩战略的方式有：

a.紧缩与集中战略。“将公司原有业务量削减15%，减少……各项开支”“适当下放管理权限，在各分店设立相关管理部门，使其在用人、采购、定价、经营项目等方面拥有一定的自主权”“总部采用目标管理法对各分店进行绩效考核，并实行与绩效挂钩的薪酬制度”。

b.转向战略。“将节省下来的一部分资源用于开设网上书店，增加音像产品销售、二手书收购和珍版书籍展销等业务”“开设书桌、茶厅，兼顾消费者阅读、购书和休闲的需求”。

c.放弃战略。“出售5家因地理位置欠佳、管理不善而长期严重亏损的分店”。

（2）①光华公司面临的运营风险有：

a.组织架构风险。“所有管理机构均设立在总部，各分店只有一名店长负责日常经营，缺乏管理自主权”。

b.人力资源风险。“骨干员工纷纷跳槽，一般员工则大多人浮于事”“各分店员工工资水平大体相当的制度……挫伤了各个分店的经营积极性”。

c.社会责任风险。“有的分店服务体系不健全，员工对顾客服务态度差，甚至出售缺页、被污损的图书，并拒绝顾客退换，损害了公司声誉”。

d.企业文化风险。“一般员工……抱着‘当一天和尚撞一天钟’的消极态度混日子”。

e.采购业务风险。“图书由总部统一采购……经常造成图书品种、数量……脱离各分店所处地区的顾客需求……挫伤了各个分店的经营积极性”。

f.资产管理风险。“光华旗下30多家分店的空闲面积越来越大”。

g.销售业务风险。“图书由总部……统一定价……的制度，经常造成图书……价格脱离各分店所处地区的顾客需求”。

②光华公司对运营风险采取的管控措施有：

a.对组织架构风险的管控措施：“适当下放管理权限，在各分店设立相关管理部门，使其在用人、采购、定价、经营项目等方面拥有一定的自主权”。

b.对人力资源风险的管控措施：“适当下放管理权限，在各分店设立相关管理部门，使其在用人……方面拥有一定的自主权”“总部采用目标管理法对各分店进行绩效考核，并实行与绩效挂钩的薪酬制度，对业绩未达标的分店采取更换店长、减少或取消奖金等措施，对业绩突出的分店在人、财、物上给予优先配置”。

c.对社会责任风险的管控措施：“建立读者阅读俱乐部，邀请图书作者进行演讲、畅销书推介和签名售书；定期和不定期举办会员知识沙龙，交流读书体会”“积极开展社会服务，每年为附近学校开展一次赠书活动，为居民无偿举办6场百科知识讲座”“建立健全客户服务标准和流程”。

d.对企业文化风险的管控措施：“提出并履行‘弘扬先进文化，创新服务内容’的新使命”“倡导‘顾客至上，暖心服务’的宗旨”“重新设计、装修店面，突出‘学海无涯，淡泊明志，宁静致远’的文化氛围”。

e.对采购业务风险的管控措施："适当下放管理权限，在各分店设立相关管理部门，使其在……采购……方面拥有一定的自主权"。

f.对资产管理风险的管控措施："充分利用空余场地，开设书桌、茶厅，兼顾消费者阅读、购书和休闲的需求"。

g.对销售业务风险的管控措施："适当下放管理权限，在各分店设立相关管理部门，使其在……定价、经营项目等方面拥有一定的自主权"。

思维拓展

一、实施收缩战略的原因和方式

1.实施收缩战略的原因

（1）主动原因。一些企业选择收缩战略是为了满足企业战略重组的需要。

（2）被动原因。一是外部环境原因，二是内部环境原因。

2.实施收缩战略的方式

（1）紧缩与集中战略。①机制变革。②财政和财务战略。③削减成本战略。

（2）转向战略。①重新定位或调整现有的产品和服务。②调整营销策略。

（3）放弃战略。①特许经营。②分包。③卖断。④管理层杠杆收购。⑤拆产为股/分拆。

3.实施收缩战略的退出障碍

①固定资产的专用性程度；②退出成本；③内部战略联系；④感情障碍；⑤政府与社会约束。

二、运营风险与应对

1.运营风险是指企业在运营过程中，由于内外部环境的复杂性和变动性以及主体对环境的认知能力和适应能力的有限性，导致运营失败或使运营活动达不到预期目标的可能性及损失。

2.分析企业运营风险的来源应主要考虑以下因素：

（1）企业产品结构、新产品研发可能引发的风险；

（2）企业新市场开发、市场营销策略（包括产品或服务定价与销售渠道、市场营销环境状况等）可能引发的风险；

（3）企业组织效能，管理现状，企业文化及高、中层管理人员和重要业务专业人员的知识结构，专业经验等可能引发的风险；

（4）质量、安全、环保、信息安全等管理中发生失误导致的风险；

（5）因企业内、外部人员的道德缺失和不当行为导致的风险；

（6）因业务控制系统失灵导致的风险；

（6）资产管理风险。

风险
①存货积压或短缺，可能导致流动资金占用过量、存货价值贬损或生产中断。 ②固定资产更新改造不够、使用效能低下、维护不当、产能过剩等，可能导致企业缺乏竞争力、资产价值贬损、安全事故频发或资源浪费。 ③无形资产缺乏核心技术、权属不清、技术落后、存在重大技术安全隐患等，可能导致企业法律纠纷、缺乏可持续发展能力

（7）销售业务风险。

风险
①销售政策和策略不当，市场预测不准确，销售渠道管理不当等，可能导致销售不畅、库存积压、经营难以为继。 ②客户信用管理不到位，结算方式选择不当，账款回收不力等，可能导致销售款项不能收回或遭受欺诈。 ③销售过程存在舞弊行为，可能导致企业利益受损

（8）研究与开发风险。

风险
①研究项目未经科学论证或论证不充分，可能导致创新不足或资源浪费。 ②研发人员配备不合理或研发过程管理不善，可能导致研发成本过高、舞弊或研发失败。 ③研发成果转化应用不足、保护措施不力，可能导致企业利益受损

（9）工程项目管理风险。

风险
①立项缺乏可行性研究或者可行性研究流于形式，决策不当，盲目上马，可能导致难以实现预期效益或项目失败。 ②项目招标“暗箱”操作，存在商业贿赂，可能导致中标人实质上难以承担工程项目、中标价格失实及相关人员涉案。 ③工程造价信息不对称，技术方案不落实，预算脱离实际，可能导致项目投资失控。 ④工程物资质次价高，工程监理不到位，项目资金不落实，可能导致工程质量低劣，进度延迟或中断。 ⑤对工程建设进度缺乏有效监控或监管不严，可能导致工程项目进度严重落后于项目计划。 ⑥工程款结算管理要求不明确，未按项目进度目标拨付工程进度款，工程付款相关凭证审核不严，可能导致工程建设资金使用管理混乱。 ⑦竣工验收不规范，最终把关不严，可能导致工程交付使用后存在重大隐患

（10）业务外包风险。

风险
①外包范围和价格确定不合理，承包方选择不当，可能导致企业遭受损失。 ②业务外包监控不严、服务质量低劣，可能导致企业难以发挥业务外包的优势。 ③业务外包存在商业贿赂等舞弊行为，可能导致企业相关人员涉案及企业遭受经济损失和品牌受损

（11）合同管理风险。

风险
①未订立合同、未经授权对外订立合同、合同对方主体资格未达要求、合同内容存在重大疏漏和欺诈，可能导致企业合法权益受到侵害。 ②合同未全面履行或监控不当，可能导致企业诉讼失败、经济利益受损。 ③合同纠纷处理不当，可能损害企业利益、信誉和形象

（12）内部信息传递风险。

风险
①内部报告系统缺失、功能不健全、内容不完整，可能影响生产经营的信息无法及时传递和有序运行。 ②内部信息传递不通畅、不及时，可能导致决策失误、相关政策措施难以落实。 ③内部信息传递中泄露商业秘密，可能削弱企业核心竞争力

（13）信息系统风险。

风险
①信息系统缺乏规划或规划不合理，可能造成信息孤岛或重复建设，导致企业经营管理效率低下。 ②系统开发不符合内部控制要求，授权管理不当，可能导致无法利用信息技术实施有效控制，甚至出现系统性风险。 ③系统运行维护和安全措施不到位，可能导致信息泄露或毁损，系统无法正常运行

坑点提示

主观题中涉及第八章的知识点，一般篇幅较长、文字较多，需要考生在备考时花费较多的时间。

抢分秘籍

1.熟记实施收缩战略的两种原因、三种方式及其细分措施。

2.掌握各类运营风险的主要表现和应对。

历年考情

收缩战略以往在客观题中出现较多，教材第八章2023年之后重新编写，此前2020年简答题第1题有类似题目，命题思路可供借鉴，其余内容尚未考查过。

2.（本小题7分。）

2003年起，主营家具生产与销售的伊美公司依托数字化技术，搭建该公司与用户、供应商的交互平台——“伊美网”，创新生产、营销和供应链管理，促进了业务发展。

首先，伊美网作为用户定制平台，是一套涵盖不同家具品种、质地、样式、规格的大数据处理系统，**用户可以随时进入系统，按照自身需求自主选择，也可以提供自己的家具设计要求、照片或图片，由平台向公司反馈相关信息并确认后，自动生成订单**。用户通过平台可以知晓订单产品的生产和物流信息，等待系统的送货通知，同时可以提出催单、变更收货地址以及改进产品的要求或意见。伊美网改变了家具企业与用户的传统交易方式，**有效降低了双方的交易成本**，提升了企业的服务效益。

> **审题要点**
>
> 关键词：随时、自主、自动。用户可以随时进入系统……自动生成订单，体现了对生产运营战略竞争重点影响中的制造柔性。

> **审题要点**
>
> 关键词：成本。有效降低了双方的交易成本，体现了对生产运营战略竞争重点影响中的成本。

其次，为解决个性化定制和规模化生产之间的矛盾，伊美网对生产数据进行实时抓取、分析和处理，员工通过电脑识别终端扫描产品上的电子磁卡，获得选择材料和工艺的提示，从而确保按时按质完成用户订单。统计结果显示：**伊美公司通过伊美网开展的业务，准时交货率达到100%；用户对产品质量的满意率达到99%以上，均较以前线下业务有明显提高**。

> **审题要点**
>
> 关键词：交货率。伊美公司通过伊美网开展的业务，准时交货率达到100%，体现了对生产运营战略竞争重点影响中的交货期。

> **审题要点**
>
> 关键词：质量、满意率。用户对产品质量的满意率达到99%以上，均较以前线下业务有明显提高，体现了对生产运营战略竞争重点影响中的质量。

再次，伊美网与上游企业对接，汇集了国内外数以万计的木材、工具与设备、化工品的供应商，通过对各种供应品性能、质量、价格、销量、用户评价等历史和现实数据的记录、收集和对比，确定采购对象和采购量，并即时向对方发出订单，采购成本大大低于线下采购，采购效率明显提高。

最后，伊美网通过对家具全产业链和相关产业进行数据搜集与分析，为伊美公司拓展业务范围提供依据。自2005年开始，伊美公司在加强原有业务的基础上，逐渐开展了绿色家装、智能家居等业务，并通过伊美网实现了各种产品、服务的互联以及对技术、品牌、渠道、营业模式的整合，取得了良好的综合效益。

要求：

（1）简要分析伊美网所体现的数字化技术对伊美公司经营模式的影响。

（2）简要分析伊美网所体现的数字化技术对伊美公司产品和服务的影响。

（3）简要分析伊美网对伊美公司生产运营战略竞争重点的影响。

【本题答案】

（1）伊美网所体现的数字化技术对经营模式的影响有：

①互联网思维的影响。“伊美公司依托数字化技术，搭建该公司与用户、供应商的交互平台——‘伊美网’”“用户可以随时进入系统，按照自身需求自主选择，也可以提供自己的家具设计要求、照片或图片，由平台向公司反馈相关信息并确认后，自动生成订单。用户通过平台可以知晓订单产品的生产和物流信息，等待系统的送货通知，同时可以提出催单、变更收货地址以及改进产品的要求或意见”“伊美网改变了家具企业与用户的传统交易方式，有效降低了双方的交易成本，提升了企业的服务效益”“伊美网与上游企业对接……采购成本大大低于线下采购，采购效率明显提高”。

②多元化经营的影响。“伊美网通过对家具全产业链和相关产业进行数据搜集与分析，为伊美公司拓展业务范围提供依据。自2005年开始，伊美公司在加强原有业务的基础上，逐渐开展了绿色家装、智能家居等业务”。

③消费者参与的影响。“伊美公司依托数字化技术，搭建该公司与用户……的交互平台——‘伊美网’”“用户可以随时进入系统，按照自身需求自主选择，也可以提供自己的家具设计要求、照片或图片……用户通过平台可以知晓订单产品的生产和物流信息，并等待系统的送货通知，同时可以提出催单、变更收货地址以及改进产品的要求或意见”。

（2）伊美网所体现的数字化技术对产品和服务的影响有：

①个性化。“伊美网作为用户定制平台，是一套涵盖不同家具品种、质地、样式、规格的大数据处理系统，用户可以随时进入系统，按照自身需求自主选择，也可以提供自己的家具设计要求、照片或图片，由平台向公司反馈相关信息并确认后，自动生成订单”。

②智能化。“用户可以随时进入系统，按照自身需求自主选择，也可以提供自己的家具设计要求、照片或图片，由平台向公司反馈相关信息并确认后，自动生成订单”“伊美网对生产数据进行实时抓取、分析和处理，员工通过电脑识别终端扫描产品上的电子磁卡，获得选择材料和工艺的提示”“伊美网与上游企业对接，汇集了国内外数以万计的木材、工具与设备、化工品的供应商，通过对各种供应品性

能、质量、价格、销量、用户评价等历史和现实数据的记录、收集和对比，确定采购对象和采购量，并即时向对方发出订单”“伊美网通过对家具全产业链和相关产业进行数据搜集与分析，为伊美公司拓展业务范围提供依据”。

③连接性。“伊美公司依托数字化技术，搭建该公司与用户……的交互平台——‘伊美网’”“用户可以随时进入系统，按照自身需求自主选择，也可以提供自己的家具设计要求、照片或图片。……用户通过平台可以知晓订单产品的生产和物流信息，并等待系统的送货通知，同时可以提出催单、变更收货地址以及改进产品的要求或意见”；“伊美网与上游企业对接，汇集了国内外数以万计的木材、工具与设备、化工品的供应商，通过对各种供应品性能、质量、价格、销量、用户评价等历史和现实数据的记录、收集和对比，确定采购对象和采购量，并即时向对方发出订单”“通过伊美网实现了各种产品、服务的互联以及对技术、品牌、渠道、营业模式的整合，取得了良好的综合效益”。

（3）伊美网对生产运营战略竞争重点的影响有：

①交货期。“通过伊美网开展的业务，准时交货率达到100%”。

②质量。“通过伊美网开展的业务……用户对产品质量的满意率达到99%以上”。

③成本。“伊美网改变了家具企业与用户的传统交易方式，有效降低了双方的交易成本”“伊美网与上游企业对接……采购成本大大低于线下采购”。

④制造柔性。“伊美网作为用户定制平台，是一套涵盖不同家具品种、质地、样式、规格的大数据处理系统，用户可以随时进入系统，按照自身需求自主选择，也可以提供自己的家具设计要求、照片或图片，由平台向公司反馈相关信息并确认后，自动生成订单”；“为解决个性化定制和规模化生产之间的矛盾，伊美网对生产数据进行实时抓取、分析和处理，员工通过电脑识别终端扫描产品上的电子磁卡，获得选择材料和工艺的提示，从而确保按时按质完成用户订单”。

思维拓展

1.数字化技术对公司战略的影响

（1）数字化技术对组织结构的影响。①组织结构向平台化转型。②构建传统与数字的融合结构。③以新型组织结构为主要形式（团队结构、虚拟组织）。

（2）数字化技术对经营模式的影响。①互联网思维的影响。②多元化经营的影响。③消费者参与的影响。

（3）数字化技术对产品和服务的影响。①个性化。②智能化。③连接性。④生态化。

（4）数字化技术对业务流程的影响。传统的企业管理模式下的业务流程，非增值的环节比较多，信息传递较为缓慢，流程中各环节的关系混乱，特别是一个完整的业务流程被不同的职能部门分割开来，降低了流程的效率和效益。因此，企业只有对其流程进行改造与创新，才能在新的环境中得以生存与发展。

2. 生产运营战略的竞争重点

（1）交货期（Time）。（2）质量（Quality）。（3）成本（Cost）。（4）制造柔性（Flexibility）。

坑点提示

生产运营战略的竞争重点不是主观题高频考点，容易被忽视丢分。

抢分秘籍

掌握教材每年新增章节、内容，数字化技术相关内容为近年实务中热点话题，需要引起重视。

历年考情

数字化技术是2021年新修订增加的内容，2022年简答题第1题考查了数字化技术的发展历程和应用领域。生产运营战略主要因素往年较多出现在客观题中，竞争重点第一次在主观题中考查。

3.（本小题7分。）

中庆公司是一家从事各类乳制品研发、生产与销售的民营企业，创立于1992年。该公司于2008年在深交所挂牌上市，其创始人张海占有78%的股份，任公司董事长。

2009年至2010年，中庆公司投资并控股了从事优质奶牛培育、养殖的牧野公司和主营速冻食品物流的方成公司，使这两家公司成为中庆公司的子公司。2015年，牧野公司和方成公司双双获批上市，控股股东中庆公司改组更名为中庆集团，集团董事长张海兼任牧野公司和方成公司的董事长。此后，张海作为中庆集团及其子公司的实际控制人，掌握了这些公司重大投资和经营活动的决策权。

2015年底，**在没有提请牧野公司和方成公司董事会充分讨论以及股东大会审批的情况下**，张海代表中庆集团和两家子公司董事会宣布：从2016年起，中庆集团乳制品生产的生奶原料由牧野公司提供，价格低于市价10%；制成品的物流则由方成公司承担，运费也比行业平均水平低5%~10%。

审题要点

关键词：董事会、股东大会、审批。在没有提请牧野公司和方成公司董事会充分讨论以及股东大会审批的情况下……表明公司未建立起规范的公司法人治理结构，董事会、股东大会均为依法履职。

2016年3月，方成公司董事会开会讨论审议张海的一项提议：以增资扩股的方式筹集资金近1.1亿元，用于收购张海于1990年成立的一家物流企业。此前，张海曾多次以9 000万元报价公开出售该企业，一直未寻到买主。**方成公司风险管理委员会和专门负责风险管理的部门对该项收购可能存在的风险也未作出调查和评估**。会上，部分董事对该项收购提出异议，但在张海“一言堂”式的主持下，最终通过了同意收购的决议。在方成公司2016年的年报中，该项收购未予列示。

审题要点

关键词：风险管理委员会、风险管理部门。风险管理委员会和专门负责风险管理的部门对该项收购可能存在的风险也未作出调查和评估，表明风险管理委员会、风险管理部门未能履行应有职责。

2016年6月，中庆集团为满足开拓乳制品进出口业务的资金需求，向牧野公司和方成公司定向发行债券融资1.5亿元，资金募集并投入使用两年多后，中庆集团进出口业绩不及预期，部分债务多次展期，致使牧野公司和方成公司由于借款未及时收回和资金短缺，未能完成年度经营计划。

2017年12月，经张海提议并批准，牧野公司向中庆集团出借资金1 200万元。该笔借款中庆集团一直未予归还。

2018年11月，牧野公司在经营业绩不尽如人意的情况下，推出“10转9派0.65元”的高送转方案，而在此之前，中庆集团于2018年9月增持了牧野公司1.82%的股份。

牧野公司和方成公司的财报显示：这两家公司自上市以来，总体经营状况呈现下降趋势，并分别于2019年、2020年出现严重亏损。这期间，**这两家公司的内部审计部门和审计委员会没有对相关风险作出提示**，董事会未对经营状况的恶化采取应对措施，部分信息也没有在年度报告和中期报告中如实披露。

审题要点

关键词：审计委员会。这两家公司的内部审计部门和审计委员会没有对相关风险作出提示，表明审计委员会未能履行应有职责。

2021年2月，中庆集团违法违规经营问题被媒体曝光，证监会依据《证券法》等相关法律法规的规定，对中庆集团进行立案调查。同年4月，立华会计师事务所审计结果表明：牧野公司和方成公司的财务和经营状况严重恶化，均已处在破产边缘。

要求：

（1）简要分析终极股东对中小股东的“隧道挖掘”问题在本案例中的主要表现。

（2）简要分析风险管理的组织职能

体系在本案例中的主要表现。

（3）简要分析公司治理的基础设施在本案例中的主要表现。

【本题答案】

（1）终极股东对中小股东的“隧道挖掘”问题在本案例中的主要表现是占用公司资源。

①直接占用资源，即终极股东直接从公司将利益输送给自己。“经张海提议并批准，牧野公司向中庆集团出借资金1 200万元。该笔借款中庆集团一直未予归还”“中庆集团为满足开拓乳制品进出口业务的资金需求，向牧野公司和方成公司定向发行债券融资1.5亿元，资金募集并投入使用两年多后，中庆集团进出口业绩不及预期，部分债务多次展期”。

②关联性交易。“中庆集团乳制品生产的生奶原料由牧野公司提供，价格低于市价10%；制成品的物流则由方成公司承担，运费也比行业平均水平低5%~10%”。

③掠夺性财务活动。“方成公司……以增资扩股的方式筹集资金近1.1亿元，用于收购张海于1990年成立的一家物流企业。此前，张海曾多次以9 000万元报价公开出售该企业，一直未寻到买主”“牧野公司在经营业绩不尽如人意的情况下，推出‘10转9派0.65元’的高送转方案，而在此之前，中庆集团于2018年9月增持了牧野公司1.82%的股份”。

（2）风险管理的组织职能体系一般主要包括规范的公司法人治理结构、风险管理委员会、风险管理职能部门、审计委员会及各业务单位。

风险管理的组织职能体系在本案例中的主要表现有：

①未建立起规范的公司法人治理结构。

a.董事会没有有效履行风险管理职责。“张海作为中庆集团及其子公司的实际控制人，掌握了这些公司重大投资和经营活动的决策权”“在没有提请牧野公司和方成公司董事会充分讨论以及股东大会审批的情况下，张海代表中庆集团和两家子公司董事会宣布……”“部分董事对该项收购提出异议，但在张海“一言堂”式的主持下，最终通过了同意收购的决议”“董事会未对经营状况的恶化采取应对措施”。

b.股东大会未能依法履行职责。“张海作为中庆集团及其子公司的实际控制人，掌握了这些公司重大投资和经营活动的决策权”“在没有提请牧野公司和方成公司……以及股东大会审批的情况下，张海代表中庆集团和两家子公司董事会宣布：从2016年起，中庆集团乳制品生产的生奶原料由牧野公司提供，价格低于市价10%；制成品的物流则由方成公司承担，运费也比行业平均水平低5%~10%”。

②风险管理委员会未能履行应有职责。“方成公司风险管理委员会……对该项

收购可能存在的风险也未作出调查和评估”。

③风险管理职能部门未能履行应有职责。“方成公司……专门负责风险管理的部门对该项收购可能存在的风险也未作出调查和评估”。

④审计委员会未能履行应有职责。“这两家公司的内部审计部门和审计委员会没有对相关风险作出提示”。

（3）公司治理的基础设施主要包括公司信息披露制度、评价公司财务信息和治理水平的中介机构、保护投资者利益的法律法规、政府监管以及媒体和专业人士的舆论监督。

公司治理的基础设施在本案例中的主要表现有：

①公司信息披露制度未得到遵守。“在方成公司2016年的年报中，该项收购未予列示”“这两家公司的内部审计部门和审计委员会没有对相关风险作出提示……部分信息也没有在年度报告和中期报告中如实披露”。

②评价公司财务信息和治理水平的中介机构发挥了应有的作用。“立华会计师事务所审计结果表明：牧野公司和方成公司的财务和经营状况严重恶化，均已处在破产边缘”。

③保护投资者利益的法律法规发挥了应有的作用。“证监会依据《证券法》等相关法律法规的规定，对中庆集团进行立案调查”。

④政府监管发挥了应有的作用。“证监会依据《证券法》等相关法律法规的规定，对中庆集团进行立案调查”。

⑤媒体和专业人士的舆论监督发挥了应有的作用。“中庆集团违法违规经营问题被媒体曝光”。

思维拓展

一、公司治理问题

公司治理问题主要包括三大问题：经理人对于股东的“内部人控制”问题、终极股东对于中小股东的“隧道挖掘”问题、企业与其他利益相关者之间的关系问题。

二、风险管理的组织职能体系

风险管理的组织职能体系主要包括规范的公司法人治理结构、风险管理委员会、风险管理职能部门、审计委员会、企业其他职能部门及各业务单位。具备条件的企业可建立风险管理三道防线，即各有关职能部门和业务单位为第一道防线；风险管理职能部门和董事会下设的风险管理委员会为第二道防线；内部审计部门和董事会下设的审计委员会为第三道防线。

三、公司治理基础设施

公司治理基础设施主要包括五类：公司信息披露制度、评价公司财务信息和治理水平的信用中介机构（包括会计师事务所、投资银行、律师事务所等）、保护投资者利益的法律法规、政府监管（包括法律、行政、市场环境和信息披露四类监管）以及媒体和专业人士的舆论监督等。

坑点提示

本题的坑点在于公司治理问题、风险管理的组织职能体系、公司治理基础设施在本案例中的表现有交叉或重合，即题干中同一种行为或做法同时属于上述两种或三种表现。

抢分秘籍

公司治理的考点相对集中，本题抢分的关键在于树立公司治理的完整框架，即“三类问题、三种结构、三个机制、五项基础设施、六项原则”；然后在理解的基础上，对相关内容适当记忆，特别是内部人控制和隧道挖掘的常见表现、内部治理结构的四种主体、五项基础设施的具体内容。

历年考情

公司治理是个重要的考点，2022年简答题第4题中有两问跟本题较为相似；2021年简答题考查了公司内部治理结构存在的主要缺陷；2018年简答题第4题考查了公司治理问题的类型与主要表现，可与本题一起对比复习。风险管理的组织职能体系，为第一次考查。

4.（本小题7分。）

立康公司成立于2010年，是一家专营家用医疗器械的连锁企业，经营的主要商品有血糖测试仪、电动轮椅、多功能电子治疗仪、电子血压计、家庭紧急治疗产品等。面对人们日常保健需求的不断增长，立康公司坚持把主业做优、做精、做强。做优就是向顾客提供最好的商品和服务；做精就是聚焦于满足人们在家对自身及亲人健康状况进行检测、对急慢性疾病或残障患者进行辅助治疗与救护扶助的需求；做强就是力争使经营规模和效益达到行业领先水平。

立康公司在经营上坚持面向顾客一般需求，提供品类齐全的标准化商品，同时，还根据顾客个性化的需求，向供应商定制包销具有特殊功能或独特规格、型号的产品。如立康公司销售的电动轮椅中，60%以上是贴有立康公司商标的独家专营

营管理。“佑安健康体验城”提供的优质、便捷、全面、周到的服务，受到广大顾客的赞誉，也给立康公司带来更多的客户、更低的经营费用和更好的品牌效应。

事实证明，立康公司采用的合作经营模式是家用医疗器械销售企业实现连锁经营和发展的一条成本低、速度快、效果好的路径。截至2021年底，立康公司在全国的销售网点达500多个，合作经营模式与行业领先的经营规模，使其销售的商品以最低的价格获得排名行业第一的市场份额，其财务业绩也高于其他同类企业。

要求：

（1）依据零散产业中的竞争战略理论，简要分析立康公司如何选择和实施三种基本竞争战略。

（2）依据企业战略联盟形成的动因理论，简要分析立康公司与其他企业进行战略合作及采用合作经营模式的动因。

（3）从企业采购战略角度，简要分析立康公司与两家智能家用医疗器械供应商所采用的交易策略。

【本题答案】

（1）依据零散产业中的竞争战略理论，立康公司选择和实施三种基本竞争战略的做法有：

①克服零散——获得成本优势。“立康公司主要通过三种合作经营模式实现连锁经营和快速、稳健、持续的发展”“这种合作经营模式使立康公司支出的费用大大低于独自经营而进行店面选址、装修、维护所需要的费用”“‘佑安健康体验城’提供的优质、便捷、全面、周到的服务，受到广大顾客的赞誉，也给立康公司带来更多的客户、更低的经营费用和更好的品牌效应。”“事实证明：立康公司采用的合作经营模式是家用医疗器械销售企业实现连锁经营和发展的一条成本低、速度快、效果好的路径。截至2021年底，立康公司在全国的销售网点达500多个，合作经营模式与行业领先的经营规模，使其销售的商品以最低的价格获得，排名行业第一的市场份额，其财务业绩也高于其他同类企业”。

②增加附加价值——提高产品差异化程度。“立康公司在经营上……根据顾客个性化的需求，向供应商定制包销具有特殊功能或独特规格、型号的产品。如立康公司销售的电动轮椅中，60%以上是贴有立康公司商标的独家专营的定制款，深受具有特殊需求的顾客欢迎和好评。近年来，立康公司与两家智能家用医疗器械供应商形成紧密、持久的战略合作关系，自身经营特色的打造与供应商在产品和技术上的创新基本上同步进行、相互契合，极大地提升了双方的市场竞争力、开拓力和品牌优势”“为居民提供从咨询、体检、诊断到家用医疗器械选购、调试、操作指导与培训的一站式体验服务……‘佑安健康体验城’提供的优质、便捷、全面、周到的服务，受到广大顾客的赞誉，也给立康公司带来更多的客户、更低的经营费用和

更好的品牌效应。”

③专门化——目标集聚。“立康公司……是一家专营家用医疗器械的连锁企业”“立康公司坚持把主业……聚焦于满足人们在家对自身及亲人健康状况进行检测、对急慢性疾病或残障患者进行辅助治疗与救护扶助的需求”。

（2）依据企业战略联盟形成的动因理论，立康公司与其他企业进行战略合作及采用合作经营模式的动机有：

①促进技术创新。“立康公司与两家智能家用医疗器械供应商形成紧密、持久的战略合作关系，自身经营特色的打造与供应商在产品和技术上的创新基本上同步进行、相互契合”。

②避免经营风险。“这种合作经营模式使立康公司……减少了各种运营风险，避免了招收加盟店容易造成的管理不易协调的弊端”。

③实现资源互补。“立康公司……与20余个省市的112家药店建立战略合作关系……共同提升影响力”“立康公司与两家智能家用医疗器械供应商形成紧密、持久的战略合作关系，自身经营特色的打造与供应商在产品和技术上的创新基本上同步进行、相互契合，极大地提升了双方的市场竞争力、开拓力和品牌优势”“与著名大型连锁超市、购物中心合作经营。其内容和作用与第一种合作模式基本相同。”“2018年立康公司与……12家企业合作建成‘佑安健康体验城’，为居民提供从咨询、体检、诊断到家用医疗器械选购、调试、操作指导与培训的一站式体验服务……受到广大顾客的赞誉，也给立康公司带来更多的客户、更低的经营费用和更好的品牌效应”。

④开拓新的市场。“立康公司与两家智能家用医疗器械供应商形成紧密、持久的战略合作关系，自身经营特色的打造与供应商在产品和技术上的创新基本上同步进行、相互契合，极大地提升了双方的市场竞争力、开拓力和品牌优势”“或者在这些药店里打出立康公司品牌，销售立康公司产品，共同提升影响力，或者在药店内设立立康公司销售专区”“立康公司采用的合作经营模式是家用医疗器械销售企业实现连锁经营和发展的一条成本低、速度快、效果好的路径。截至2021年底，立康公司在全国的销售网点达500多个，合作经营模式与行业领先的经营规模，使其销售的商品以最低的价格获得排名行业第一的市场份额”。

⑤降低协调成本。“这种合作经营模式……使立康公司减少了各种运营风险，避免了招收加盟店容易造成的管理不易协调的弊端”。

（3）从企业采购战略角度，立康公司与两家智能家用医疗器械供应商所采用的交易策略属于创新性联盟策略，即企业为了产品、业务的创新并取得长期竞争优势而与供应商结成联盟的策略。“立康公司与两家智能家用医疗器械供应商形成紧密、持久的战略合作关系，自身经营特色的打造与供应商在产品和技术上的创新基本上同步进行、相互契合，极大地提升了双方的市场竞争力、开拓力和品牌优势”。

思维拓展

一、零散产业的战略选择

1. 造成产业零散的原因

（1）进入障碍低或存在退出障碍；（2）市场需求多样导致产品差异化；（3）不存在规模经济或难以达到经济规模；（4）其他因素，如政府政策和地方法规对某些产业集中的限制以及一个新产业中还没有企业掌握足够的技能和能力以占据重要的市场份额等。

2. 零散产业的战略选择

（1）克服零散——获得成本优势。（2）增加附加价值——提高产品差异化程度。（3）专门化——目标集聚。

3. 谨防潜在的战略陷阱

（1）避免寻求支配地位；（2）保持严格的战略约束力；（3）避免过分集权化；（4）了解竞争者的战略目标与管理费用；（5）避免对新产品作出过度反应，即要慎重开发新产品。

二、企业战略联盟形成的动因

根据近年来企业战略联盟的实践和发展，可把促使战略联盟形成的主要动因归结为以下六个方面：

（1）促进技术创新。（2）避免经营风险。（3）避免或减少竞争。（4）实现资源互补。（5）开拓新的市场。（6）降低协调成本。

三、交易策略

详见2023年多项选择题第3题。

坑点提示

交易策略考查频率不高，出现在主观题中有一定难度。

抢分秘籍

1. 熟记零散产业的三种战略选择及其细分途径；
2. 掌握战略联盟形成的动因；
3. 熟练掌握采购战略中的交易策略。

历年考情

零散产业的战略选择以往较多出现在客观题中，2020年简答题第2题第一次考查了主观题。战略联盟形成的动因在2019年简答题第4题中考查过一小问。交易策略则是第一次出现在主观题中。

四、综合题（共24分）

资料一

青溪公司于2007年3月创立，是**一家以自有品牌“青溪”为核心**，专注于创意小家电研发、生产和销售的科技型企业。

> **审题要点**
>
> 关键词：品牌、核心。以自有品牌为核心，表明公司采用了产品策略中的品牌和商标策略。

青溪公司的创始人李岩先生毕业于国内名牌大学工科专业，毕业后在家电行业从事研发、管理工作10余年。李岩创立青溪公司时，**国内家电产业发展到空前的规模，传统家电企业的生产、研发和销售体系都趋于完善，充斥着价格战的家电市场也被几家一线品牌几乎完全占有，这些企业经营战略的重点是在巩固市场份额的同时提高投资报酬率，如果想挤占它们的一部分市场，就必须研制更加物美价廉的产品。经过广泛的市场调研和用户走访，李岩将目光瞄准家用酸奶机**，主要考虑是：第一，酸奶机适应人们对健康、便捷生活的追求，市场增长潜力较大。第二，与电压力锅、电水壶不同，酸奶机属于城市中一部分居民尤其是年轻白领使用的小众产品，生产酸奶机，可以避免与从事大众产品生产的企业巨头们形成正面

> **审题要点**
>
> 关键词：完善、价格战、巩固市场份额、提高投资报酬率、物美价廉。题目中，这一句的描述明显体现了家电产业处于成熟期。

> **审题要点**
>
> 关键词：调研、走访。经过广泛的市场调研和用户走访，李岩将目光瞄准家用酸奶机，该句表明公司采用了产品策略中产品开发策略。

竞争。第三，虽然当时市面上已有酸奶机，但都是作为企业的附属产品推出，价格动辄三四百元，而且机身笨大，操作复杂，结构、外观设计和定价都没有得到市场广泛认可，销量寥寥。第四，家电产品普遍技术和品种更新速度较快，唯有酸奶机的改进缓慢，为青溪公司提供了选择适宜创业项目的机会。第五，酸奶机研发、生产成本较低，对于只有十几万元创业资金的李岩来说比较容易承受。目标确定后，李岩凭借多年积累的丰富经验和卓越的研发能力，着眼于消除原有酸奶机存在的诸多“痛点”，亲自主持了新一代酸奶机的设计。他认为：酸奶机的制作原理是让乳酸菌在牛奶中发酵生长，酸奶机只需具备加热、控温两个核心部件，以保证乳酸菌生长的适合温度就足够了。于是，他**在设计中剔除了原有酸奶机中一切多余的部件，同时按照中国家庭人口普遍为1至3个人的情况，把酸奶机的容量确定为1L至1.5L，使得其生产成本比原有酸奶机降低至少20%**。此外，李岩率领开发团队，深入20家商场的家电柜台，与顾客进行面对面的交流，仔细了解和精心体验消费者的需求，对酸奶机作出细致入微的改进，如：为了清洗方便，把机身设计成矮胖型，并尽量扩大容器的圆角；为了使牛奶不易洒出，把机身内胆的深度做得比外层略低。最终，一款外形可人、结构精巧、操作简单、性价比高的青溪酸奶机在市场上脱颖而出，受到消费者热烈追捧。在商场试销的首批1万台酸奶机不到两天即告

审题要点

关键词：设计。剔除了原有酸奶机中一切多余的部件……生产成本比原有酸奶机降低至少20%，能够体现公司战略创新类型中的产品创新，即组织提供的产品和服务的变化。

售罄。

初战告捷让李岩和青溪公司的员工们深受鼓舞，为了巩固并扩大战果，公司采取了5项措施：一是**推出以“分享健康未来”为主题的广告，在消费者心目中树立并强化青溪酸奶机与健康生活的紧密联系**；二是在网购刚露头角的时代，与几家大型电子商务企业合作，率先开拓网上销售业务，同时为了杜绝山寨产品和假货招摇过市，创造性地实行“线上授权”制度，规定经销商必须取得青溪公司颁发的“线上授权防伪证书”，才能销售青溪酸奶机；三是突出研发尤其是“创意”在公司业务中的地位，定期按成果评选“杰出创意师”、“金牌设计师”，并给予重奖，还制定了《开发项目奖励管理办法》，以建立和完善创新激励机制；四是**确定以开发“萌产品”为业务发展方向，使产品不仅具有实用功能，而且具有美学功能，能够给消费者带来视觉享受**；五是**进一步改进工艺，加强员工技术培训，努力提高生产效率**。

这些措施实施后不到半年，**20多种造型、结构、规格各异的青溪酸奶机就几乎独占了酸奶机市场，满足了不同类型的消费者在厨房、厅室及露天等不同场景下的需要**。

资料二

对市场的深刻洞察和理解，对不同成长阶段、不同环境中用户需求本质的独到把握，以及强大的产品设计、开发与创新能力，是长期以来青溪公司在小家电领域的优势所在。

审题要点

关键词：广告、消费者。推出以“分享健康未来”为主题的广告，在消费者心目中树立并强化青溪酸奶机与健康生活的紧密联系，能够体现公司战略创新类型中的范式创新，即影响组织业务的思维模式和实践规范的变化。

审题要点

关键词：功能、享受。确定以开发“萌产品”为业务发展方向……能够给消费者带来视觉享受，该句能够体现公司战略创新类型中的定位创新，即通过重新定位用户对既有产品和服务的感知来实现的创新。

审题要点

关键词：改进工艺、提高生产效率。进一步改进工艺，加强员工技术培训，努力提高生产效率，该句能够体现公司战略创新类型中的流程创新，即产品和服务的生产和交付方式的变化。

审题要点

关键词：造型、结构、规格。该句的表述，说明公司采用了产品策略中的产品组合策略，类型是扩大产品组合，其中包括加强产品组合的深度，即增加每种产品项目的花色、品种、规格。

青溪酸奶机问世不久，新消费趋势逐步形成，消费者对产品外观、功能、品质的追求趋于个性、时尚、便捷和绿色，为新颖多样、使用和携带方便、节能高效的创意小家电产业提供了发展动力。同时，新材料、新技术的广泛应用，促进了小家电产品的更新迭代。在家电产业风云激荡的升级浪潮中，李岩率领员工抓住机遇，发现需求，发挥公司的研发设计优势，不断增加相关产品的品类，持续深耕细分市场，为用户和企业不断创造新的价值。

蒸蛋器的开发是青溪公司立足挖掘用户需求创新产品的实例。煮蛋是许多消费者喜爱的餐食，但因恰当的蒸煮时间、水量不好掌握，容易造成煮蛋过生或过老以及能源的浪费。青溪公司的技术人员和营销人员合作，经过几十次实验积累了可靠数据，摸清了煮蛋这一简单食品制作过程中需要把握的关键因素，发明了一种连接开关和温控系统的新技术，设计、制造出小巧轻便、省时省电、多档调节、操作容易，而且一旦干烧就自动断电的蒸蛋器。蒸蛋器刚一问世就以其高起点的功能和质量标准引起市场轰动，很快进入千家万户。此后青溪公司对蒸蛋器进行了多次改进，并不断开发出新品类，其中有的同时具有蒸蛋、煎蛋、蒸饭、蒸菜和火锅等多种功能，有的能够自动调节温度、时间，以适合不同消费者的饮食偏好，有的配有遥控器，可供行动不便的消费者使用，填补了市场长期存在的空白，也为公司提供了新的利润增长点。

和面机的开发亦是如此。北方城市中的许多年轻人爱吃面食，但从食品安全方面考虑不愿意从外面买，自己做既花时间又不会和面，而且每次做的面食量不大，够一个人吃或者一家三口吃即可。青溪公司管理层凭借多年练就的“慧眼”，捕捉到这个以前从未被人发现和满足的小众市场需求，开发出省时省力并能够根据不同面食的特点自动调节水量的和面机，让目标用户从此轻松享受到自己做面食的乐趣。持续的革新与创造不断唤起和满足了消费者的需求，使他们获得超出预期的体验、喜悦与收获。

在深入了解市场和开发新产品的过程中，青溪公司对小家电用户需求本质的认识不断深化，经营理念逐步升华。2009年6月，青溪公司提出把“让每个消费者拥有轻松愉悦、健康绿色的品质生活”作为发展目标。此后，在这一目标的指引下，公司从3个方面推进产品的改进与创新：一是深化对用户日常生活需求细节的探索，从中寻找创造的灵感，根据不同年龄段的用户在生活中遇到的不同问题、不同应用场景，制定相关的需求细则和产品设计、开发准则，延伸和丰富产品线；二是对产品的外观和青溪商标的视觉效果进行深度优化，使之更加具有个性和青溪品牌辨识度，也更加引人注目和喜爱；三是广泛采用智能化技术，让产品更加智慧小巧、实用高效，使用更加轻松、方便，让用户在操作中获得自如、愉快的精神享受。

2009年至2010年，青溪公司**相继推出三明治机、电烤炉、电炖盅、电热饭盒、电饼铛、养生壶、爆米花机、豆芽机、和面机、空气炸锅、筷子消毒机、早餐机、打蛋器等厨具类青溪品牌产品**，每种产品都解决了用户生活中长期存在的一个“痛点”或难点，切中用户对高品质生活的需求，因此成为小家电市场上长期独领风骚的用户“宠儿”，给青溪公司带来源源不断的丰厚利润。2010年后，**青溪公司的产品和服务范围逐渐扩展到各类家用机器人、智能家居配置解决方案等领域，使产品结构更为先进、合理**。

审题要点

关键词：推出、产品。相继推出……厨具类青溪品牌产品，表明公司采用了产品策略中的产品组合策略，类型是扩大产品组合，其中包括拓展产品组合的长度，即在原有产品大类内增加新的产品项目。

审题要点

关键词：产品、扩展。产品和服务范围逐渐扩展，表明公司采用了产品策略中的产品组合策略，类型是扩大产品组合，其中包括拓展产品组合的宽度，即增加产品大类。

资料三

青溪公司紧跟技术和市场发展的潮流，不断加大研发投入，创新生产方式和管理体系，使企业保持旺盛的发展活力和在小家电行业中的领先地位。

据统计，青溪公司创立以来，年均研发费用占销售额的比例接近5%，为行业最高；**公司先后建立3个公司级、12个事业部级的研发中心，中心下设基础研究组、前期开发组、技术支持组和用户研究组，各组之间协同合作实现技术的创新、应用和产品的开发，平均每年取得200多项研发成果，新产品销售额占总销售额的比例逐年上升**。到目前为止，公司取得486项专利，制定了20多项家电行业的制造标准，公司及其产品分别荣获“中国工业设计十佳创新型企业”“中国家电产品品质大奖”“中国消费者最满意家电产品奖”等。

审题要点

关键词：研发、创新。题目中该句的表述，体现了企业能力分析中的研发能力。

从2010年至今，公司累计投入20

多亿元建设数字化、智能化工厂，目前数字化信息系统覆盖率已达82%；组织结构趋于柔性化和扁平化，将具有不同技能和职能的员工组合在一起的团队结构，取代了按职能垂直分工的传统结构；**从订单处理、生产计划和营销计划的编制与实施，到质量检测、库存调度与采购等，实现了全流程数字化管理，使生产效率和营销绩效空前提高，订单准时交付率和准时交货率达到100%，采购成本大幅降低**。

> **审题要点**
>
> 关键词：生产效率、管理，以及营销。题目中该句的表述，体现了企业能力分析中的生产管理能力、营销能力。

2017年到2022年，**青溪公司的销售收入、利润以及投资报酬率、销售利润率都保持稳步增长。其中，年均销售收入增长率达到13%以上，年均利润增长率达到10%以上，年均投资报酬增长率和销售利润增长率都达到8%以上**。值得一提的是，在2020年至2022年间，受疫情影响，整个家电市场遭遇重大挫折，而青溪的销售收入和利润逆势上扬，例如：与疫情前的2019年相比，2022年的销售收入增长了50%，市场占有率提高了25%，利润增长了48%，在小家电行业取得骄人的业绩。

> **审题要点**
>
> 关键词：几个财务指标、增长。题目中该句的表述，体现了企业能力分析中的财务能力。

要求：

（1）依据资料一，简要分析青溪公司所采用的基本竞争战略的类型及其实施条件。

（2）依据资料一，简要分析青溪公司创立初期家电产品所处的生命周期阶段；结合当时青溪公司的做法，简要分析该阶段的成功关键因素。

（3）简要分析青溪酸奶机的开发所体现的战略创新类型。

（4）依据资料一和资料二，从企业核心能力及其特征的角度，简要分析青溪公司产品竞争优势的来源。

（5）依据资料二，简要分析青溪公司研发的动力来源和研发定位。

（6）简要分析青溪公司在发展过程中所采用的消费者市场细分依据和产品策略。

（7）依据资料三，从企业能力分析角度，简要分析青溪公司如何保持旺盛的发展活力和在小家电行业的领先地位。

（8）依据资料三，从平衡计分卡的业绩衡量指标角度，简要分析青溪公司在小家电行业所取得的骄人业绩。

【本题答案】

（1）依据资料一，青溪公司所采用的基本竞争战略的类型是集中差异化战略，即同时采用集中化战略和差异化战略。

①集中化战略，即针对某一特定购买群体、产品细分市场或区域市场，采用成本领先或产品差异化来获取竞争优势的战略。“经过广泛的市场调研和用户走访，李岩将目光瞄准家用酸奶机”“与电压力锅、电水壶不同，酸奶机属于城市中一部分居民尤其是年轻白领使用的小众产品”。

实施集中化战略的条件有：

a.购买者群体之间在需求上存在着差异。“与电压力锅、电水壶不同，酸奶机属于城市中一部分居民尤其是年轻白领使用的小众产品”。

b.目标市场在市场容量、成长速度、获利能力、竞争强度等方面具有相对的吸引力。“酸奶机适应人们对健康、便捷生活的追求，市场增长潜力较大”。

c.在目标市场上，没有其他竞争对手采用类似的战略。“酸奶机属于城市中一部分居民尤其是年轻白领使用的小众产品，生产酸奶机，可以避免与从事大众产品生产的企业巨头们形成正面竞争”“虽然当时市面上已有酸奶机，但都是作为企业的附属产品推出”。

d.企业资源和能力有限，难以在整个产业实现成本领先或差异化，只能选定个别细分市场。“酸奶机研发、生产成本较低，对于只有十几万元创业资金的李岩来说比较容易承受”。

②差异化战略，即企业向顾客提供的产品和服务在产业范围内独具特色。“虽然当时市面上已有酸奶机，但……价格动辄三四百元，而且机身笨大，操作复杂，结构、外观设计和定价都没有得到市场广泛认可”“李岩凭借多年积累的丰富经验和卓越的研发能力，着眼于消除原有酸奶机存在的诸多‘痛点’，亲自主持了新一代酸奶机的设计”“他在设计中剔除了原有酸奶机中一切多余的部件……对酸奶机

作出细致入微的改进，如为了清洗方便，把机身设计成矮胖型，并尽量扩大容器的圆角；为了使牛奶不易洒出，把机身内胆的深度做得比外层略低。最终，一款外形可人、结构精巧、操作简单、性价比高的青溪酸奶机在市场上脱颖而出，受到消费者热烈追捧”。

从市场情况方面看，实施差异化战略的条件有：

a.产品能够充分地实现差异化，且为顾客所认可。“仔细了解和精心体验消费者的需求，对酸奶机作出细致入微的改进……一款外形可人、结构精巧、操作简单、性价比高的青溪酸奶机在市场上脱颖而出，受到消费者热烈追捧”。

b.顾客的需求是多样化的。“与电压力锅、电水壶不同，酸奶机属于城市中一部分居民尤其是年轻白领使用的小众产品”。

c.企业所在产业技术变革较快，创新成为竞争的焦点。“家电产品普遍技术和品种更新速度较快”。

从资源和能力方面看，实施差异化战略的条件有：

a.具有强大的研发能力和产品设计能力。“李岩凭借多年积累的丰富经验和卓越的研发能力……亲自主持了新一代酸奶机的设计”。

b.具有很强的市场营销能力。“与几家大型电子商务企业合作，率先开拓网上销售业务，同时为了杜绝山寨产品和假货招摇过市，创造性地实行‘线上授权’制度”。

c.有能够确保激励员工创造性的激励体制、管理体制和良好的创造性文化。“突出研发尤其是‘创意’在公司业务中的地位，定期按成果评选‘杰出创意师’‘金牌设计师’，并给予重奖，还制定了《开发项目奖励管理办法》，以建立和完善创新激励机制”。

d.具有从总体上提高某项经营业务的质量、树立产品形象、保持先进技术和建立完善分销渠道的能力。“与几家大型电子商务企业合作，率先开拓网上销售业务，同时为了杜绝山寨产品和假货招摇过市，创造性地实行‘线上授权’制度”“推出‘分享健康未来’为主题的广告，在消费者心目中树立并强化青溪酸奶机与健康生活的紧密联系”。

（2）①青溪公司创立初期家电产品所处的生命周期阶段是成熟期。“国内家电产业发展到空前的规模，传统家电企业的生产、研发和销售体系都趋于完善，充斥着价格战的家电市场也被几家一线品牌几乎完全占有，这些企业经营战略的重点是在巩固市场份额的同时提高投资报酬率，如果想挤占它们的一部分市场，就必须研制更加物美价廉的产品”。

②结合当时青溪公司的做法，该阶段的成功关键因素有：

争对手做得更好的能力。“对市场的深刻洞察和理解，对不同成长阶段、不同环境中用户需求本质的独到把握，以及强大的产品设计、开发与创新能力，是长期以来青溪公司在小家电领域的优势所在”。

②从企业核心能力的特征角度看，青溪公司产品竞争优势的来源有：

a.价值性。“一款外形可人、结构精巧、操作简单、性价比高的青溪酸奶机在市场上脱颖而出，受到消费者热烈追捧”“李岩率领员工抓住机遇，发现需求，发挥公司的研发设计优势，不断增加相关产品的品类……为用户和企业不断创造新的价值”“蒸蛋器刚一问世就以其高起点的功能和质量标准引起市场轰动，很快进入千家万户”“持续的革新与创造不断唤起和满足了消费者的需求，使他们获得超出预期的体验、喜悦与收获”“每种产品都解决了用户生活中长期存在的一个‘痛点’或难点，切中用户对高品质生活的需求，因此成为小家电市场上长期独领风骚的用户‘宠儿’，给青溪公司带来源源不断的丰厚利润”。

b.独特性。“对市场的深刻洞察和理解，以及对不同成长阶段、不同环境中用户需求本质的独到把握……是长期以来青溪公司在小家电领域的优势所在”“青溪公司管理层凭借多年练就的‘慧眼’，捕捉到这个以前从未被人发现和满足的小众市场需求，开发出省时省力并能够根据不同面食的特点自动调节水量的和面机，让目标用户从此轻松享受到自己做面食的乐趣”“每种产品都解决了用户生活中长期存在的一个‘痛点’或难点，切中用户对高品质生活的需求，因此成为小家电市场上长期独领风骚的用户‘宠儿’”。

c.可延展性。“20多种造型、结构、规格各异的青溪酸奶机就几乎独占了酸奶机市场，满足不同类型的消费者在厨房、厅室及露天等不同场景下的需要”“青溪公司对蒸蛋器进行了多次改进，并不断开发出新品类，其中有的同时具有蒸蛋、煎蛋、蒸饭、蒸菜和火锅等多种功能，有的能够自动调节温度、时间，以适合不同消费者的饮食偏好，有的配有遥控器，可供行动不便的消费者使用”“深化对用户日常生活需求细节的探索，从中寻找创造的灵感，根据不同年龄段的用户在生活中遇到的不同问题、不同应用场景，制定相关的需求细则和产品设计、开发准则，延伸和丰富产品线”“青溪公司相继推出三明治机、电烤炉、电炖盅、电热饭盒、电饼铛、养生壶、爆米花机、豆芽机、和面机、空气炸锅、筷子消毒机、早餐机、打蛋器等厨具类青溪品牌产品，每种产品都解决了用户生活中长期存在的一个‘痛点’或难点，切中用户对高品质生活的需求”。

d.不可替代性。“对市场的深刻洞察和理解，对不同成长阶段、不同环境中用户需求本质的独到把握，以及强大的产品设计、开发与创新能力，是长期以来青溪公司在小家电领域的优势所在”“每种产品都解决了用户生活中长期存在的一个‘痛点’或难点，切中用户对高品质生活的需求，因此成为小家电市场上长期独领风骚的用户‘宠儿’，给青溪公司带来源源不断的丰厚利润”。

（5）青溪公司研发的动力来源有：

①市场需求。“新消费趋势逐步形成，消费者对产品外观、功能、品质的追求趋于个性、时尚、便捷和绿色，为新颖多样、使用和携带方便、节能高效的创意小家电产业提供了发展动力”“李岩率领员工抓住机遇，发现需求……为用户和企业不断创造新的价值”“蒸蛋器的开发是青溪公司立足挖掘用户需求创新产品的实例”“青溪公司管理层凭借多年练就的‘慧眼’，捕捉到这个以前从未被人发现和满足的小众市场需求，开发出省时省力并能够根据不同面食的特点自动调节水量的和面机，让目标用户从此轻松享受到自己做面食的乐趣。持续的革新与创造不断唤起和满足了消费者的需求，使他们获得超出预期的体验、喜悦与收获”“对蒸蛋器进行了多次改进，并不断开发出新品类……以适合不同消费者的饮食偏好”“深化对用户日常生活需求细节的探索，从中寻找创造的灵感”。

②技术进步。“新材料、新技术的广泛应用，促进了小家电产品的更新迭代”“广泛采用智能化技术，让产品更加智慧小巧、实用高效，使用更加轻松、方便，让用户在操作中获得自如、愉快的精神享受”。青溪公司研发的定位是成为向市场推出新技术产品的企业。“青溪公司的技术人员和营销人员合作，经过几十次实验积累了可靠数据……发明了一种连接开关和温控系统的新技术，设计、制造出小巧轻便、省时省电、多档调节、操作容易，而且一旦干烧就自动断电的蒸蛋器。蒸蛋器刚一问世就以其高起点的功能和质量标准引起市场轰动”“青溪公司对蒸蛋器进行了多次改进，并不断开发出新品类……填补了市场长期存在的空白”“青溪公司管理层凭借多年练就的‘慧眼’，捕捉到这个以前从未被人发现和满足的小众市场需求，开发出省时省力并能够根据不同面食的特点自动调节水量的和面机”“持续的革新与创造不断唤起和满足了消费者的需求，使他们获得超出预期的体验、喜悦与收获”“每种产品都解决了用户生活中长期存在的一个‘痛点’或难点，切中用户对高品质生活的需求，因此成为小家电市场上长期独领风骚的用户‘宠儿’”。

（6）①青溪公司在发展过程中所采用的消费者市场细分依据有：

a.地理因素。“酸奶机属于城市中一部分居民……使用的小众产品”“北方城市中的许多年轻人爱吃面食”。

b.人口因素。“酸奶机属于城市中一部分……年轻白领使用的小众产品”“许多年轻人爱吃面食”“按照中国家庭人口普遍为1至3个人的情况，把酸奶机的容量确定为1L至1.5L”“根据不同年龄段的用户在生活中遇到的不同问题、不同应用场景，制定相关的需求细则和产品设计”。

c.心理因素。“酸奶机适应人们对健康、便捷生活的追求”“推出以‘分享健康未来’为主题的广告，在消费者心目中树立并强化青溪酸奶机与健康生活的紧密联系”“确定以开发‘萌产品’为业务发展方向，使产品不仅具有实用功能，而且具有美学功能，能够给消费者带来视觉享受”“许多年轻人爱吃面食，但从食品安全方面考虑不愿意从外面买”“让目标用户从此轻松享受到自己做面食的乐趣”“青溪公司提出把‘让每个消费者拥有轻松愉悦、健康绿色的品质生活’作为发展目标”“让产品更加智慧小巧、实用高效，使用更加轻松、方便，让用户在操作中获得自如、愉快的精神享受”。

d.行为因素。“设计、制造出小巧轻便、省时省电、多档调节、操作容易，而且一旦干烧就自动断电的蒸蛋器”“有的同时具有蒸蛋、煎蛋、蒸饭、蒸菜和火锅等多种功能，有的能够自动调节温度、时间，以适合不同消费者的饮食偏好”“有的配有遥控器，可供行动不便的消费者使用”“让产品更加智慧小巧、实用高效，使用更加轻松、方便”。

②青溪公司在发展过程中所采用的产品策略有：

a.产品组合策略。青溪公司采用的产品组合策略类型是扩大产品组合，其中包括：

第一，拓展产品组合的宽度，即增加产品大类。“2010年后，青溪公司的产品和服务范围逐渐扩展到各类家用机器人、智能家居配置解决方案等领域”。

第二，拓展产品组合的长度，即在原有产品大类内增加新的产品项目。“青溪公司相继推出三明治机、电烤炉、电炖盅、电热饭盒、电饼铛、养生壶、爆米花机、豆芽机、和面机、空气炸锅、筷子消毒机、早餐机、打蛋器等厨具类青溪品牌产品”。

第三，加强产品组合的深度，即增加每种产品项目的花色、品种、规格。“20多种造型、结构、规格各异的青溪酸奶机就几乎独占了酸奶机市场”“对蒸蛋器进行了多次改进，并不断开发出新品类，其中有的同时具有蒸蛋、煎蛋、蒸饭、蒸菜和火锅等多种功能，有的能够自动调节温度、时间，以适合不同消费者的饮食偏好，有的配有遥控器，可供行动不便的消费者使用”。

b.品牌和商标策略。青溪公司采用的品牌和商标策略是单一品牌策略。“青溪公司……是一家以自有品牌‘青溪’为核心，专注于创意小家电研发、生产和销售的科技型企业”“对产品的外观和青溪商标的视觉效果进行深度优化，使之更加具有个性和青溪品牌辨识度”“青溪公司相继推出三明治机、电烤炉、电炖盅、电热饭盒、电饼铛、养生壶、爆米花机、豆芽机、和面机、空气炸锅、筷子消毒机、早餐机、打蛋器等厨具类青溪品牌产品”。

c.产品开发策略。“经过广泛的市场调研和用户走访，李岩将目光瞄准家用酸奶机”“目标确定后，李岩……亲自主持了新一代酸奶机的设计”“李岩率领开发团队……对酸奶机作出细致入微的改进”“一款外形可人、结构精巧、操作简单、性价比高的青溪酸奶机在市场上脱颖而出，受到消费者热烈追捧。在商场试销的首批1万台酸奶机，不到两天即告售罄”“为了巩固并扩大战果，公司采取了5项措施……这些措施实施后不到半年，20多种造型、结构、规格各异的青溪酸奶机就几乎独占了酸奶机市场”“李岩率领员工抓住机遇，发现需求，发挥公司的研发设计优势，不断增加相关产品的品类，持续深耕细分市场”“蒸蛋器的开发是青溪公司立足挖掘用户需求创新产品的实例”“青溪公司管理层凭借多年练就的‘慧眼’，捕捉到这个以前从未被人发现和满足的小众市场需求，开发出省时省力并能够根据不同面食的特点自动调节水量的和面机”“深化对用户日常生活需求细节的探索，从中寻找创造的灵感，根据不同年龄段的用户在生活中遇到的不同问题、不同应用场景，制定相关的需求细则和产品设计、开发准则，延伸和丰富产品线”“广泛采用智能化技术，让产品更加智慧小巧、实用高效，使用更加轻松、方便，让用户在操作中获得自如、愉快的精神享受”“青溪公司相继推出三明治机、电烤炉、电炖盅、电热饭盒、电饼铛、养生壶、爆米花机、豆芽机、和面机、空气炸锅、筷子消毒机、早餐机、打蛋器等厨具类青溪品牌产品”“2010年后，青溪公司的产品和服务范围逐渐扩展到各类家用机器人、智能家居配置解决方案等领域”。

（7）依据资料三，从企业能力分析角度，青溪公司保持旺盛的发展活力和在小家电行业领先地位的做法有：

①研发能力。“公司先后建立3个公司级、12个事业部级的研发中心，中心下设基础研究组、前期开发组、技术支持组和用户研究组，各组之间协同合作实现技术的创新、应用和产品的开发”“平均每年取得200多项研发成果，新产品销售额占总销售额的比例逐年上升。到目前为止，公司取得486项专利，制定了20多项家电行业的制造标准”“公司及其产品分别荣获‘中国工业设计十佳创新型企业’‘中国家电产品品质大奖’‘中国消费者最满意家电产品奖’等”。

②生产管理能力。“从订单处理、生产计划和营销计划的编制与实施，到质量检测、库存调度与采购等，实现了全流程数字化管理，使生产效率和营销绩效空前提高，订单准时交付率和准时交货率达到100%，采购成本大幅降低”“公司及其产品分别荣获‘中国工业设计十佳创新型企业’‘中国家电产品品质大奖’‘中国消费者最满意家电产品奖’等”。

③营销能力。“营销计划的编制与实施……实现了全流程数字化管理，……营销绩效空前提高”“2017年到2022年，青溪公司的销售收入……保持稳步增长……

年均销售收入增长率达到13%以上”“与疫情前的2019年相比，2022年的销售收入增长了50%，市场占有率提高了25%”。

④财务能力。“青溪公司的……投资报酬率、销售利润率都保持稳步增长”“年均投资报酬增长率和销售利润增长率都达到8%以上”。

⑤组织管理能力。“公司先后建立3个公司级、12个事业部级的研发中心，中心下设基础研究组、前期开发组、技术支持组和用户研究组，各组之间协同合作实现技术的创新、应用和产品的开发”“组织结构趋于柔性化和扁平化，将具有不同技能和职能的员工组合在一起的团队结构，取代了按职能垂直分工的传统结构”。

（8）依据资料三，从平衡计分卡的业绩衡量指标角度，青溪公司在小家电行业所取得的骄人业绩有：

①财务指标：“2017年到2022年，青溪公司的销售收入、利润以及投资报酬率、销售利润率都保持稳步增长。其中，年均销售收入增长率达到13%以上，年均利润增长率达到10%以上，年均投资报酬增长率和销售利润增长率都达到8%以上”“与疫情前的2019年相比，2022年的销售收入增长了50%……利润增长了48%”。

②顾客指标：“准时交货率达到100%”“年均销售收入增长率达到13%以上”“与疫情前的2019年相比，2022年的……市场占有率提高了25%”。

③内部流程指标：“数字化信息系统覆盖率已达82%”“订单准时交付率……达到100%”“采购成本大幅降低”。

④创新与学习指标：“年均研发费用占销售额的比例接近5%，为行业最高”“平均每年取得200多项研发成果，新产品销售额占总销售额的比例逐年上升。到目前为止，公司取得486项专利”“制定了20多项家电行业的制造标准”“数字化信息系统覆盖率已达82%”。

思维拓展

一、基本竞争战略

（一）成本领先战略

成本领先战略的实施条件。

（1）市场情况。从市场情况考察，成本领先战略主要适用于以下一些情况：

①产品具有较高的价格弹性，市场中存在大量的价格敏感用户；

②产业中所有企业的产品都是标准化的产品，产品难以实现差异化；

③购买者不太关注品牌；

④价格竞争是市场竞争的主要手段；

⑤消费者的转换成本较低。

（2）资源和能力。实现成本领先战略的资源和能力包括：

①在规模经济显著的产业中装备相应的生产设施来实现规模经济。②降低各种要素成本。③提高生产率。④改进产品工艺设计。⑤提高生产能力利用程度。⑥选择适宜的交易组织形式。⑦资源集中配置。

（二）差异化战略

差异化战略的实施条件：

（1）市场情况。

①产品能够充分地实现差异化，且为顾客所认可；

②顾客的需求是多样化的；

③企业所在产业技术变革较快，创新成为竞争的焦点。

（2）资源和能力。

①具有强大的研发能力和产品设计能力；

②具有很强的市场营销能力；

③有能够确保激励员工创造性的激励体制、管理体制和良好的创造性文化；

④具有从总体上提高某项经营业务的质量、树立产品形象、保持先进技术和建立完善分销渠道的能力。

（三）集中化战略

集中化战略的实施条件：

（1）购买者群体之间在需求上存在着差异。

（2）目标市场在市场容量、成长速度、获利能力、竞争强度等方面具有相对的吸引力。

（3）在目标市场上，没有其他竞争对手采用类似的战略。

（4）企业资源和能力有限，难以在整个产业实现成本领先或差异化，只能选定个别细分市场。

二、产品生命周期及各阶段的关键成功要素

1.产品生命周期

详见2023年单项选择题第1题。

2.产品生命周期各阶段中的成功关键因素

成功关键因素是指公司在特定市场获得盈利必须拥有的技能和资产。

	导入期	成长期	成熟期	衰退期
市场	广告宣传，争取了解，开辟销售渠道	建立商标信誉，开拓新销售渠道	保护现有市场，渗入别人的市场	选择市场区域，改善企业形象
生产经营	提高生产效率，开发产品标准	改进产品质量，增加花色品种	加强和顾客的关系，降低成本	缩减生产能力，保持价格优势
财力	利用金融杠杆	集聚资源以支持生产	控制成本	提高管理控制系统的效率
人力资源	使员工适应新的生产和市场	发展生产和技术能力	提高生产效率	面向新的增长领域
研究开发	掌握技术秘诀	提高产品的质量和功能	降低成本，开发新品种	面向新的增长领域

三、战略创新的类型

（1）产品创新。

（2）流程创新。

（3）定位创新。

（4）范式创新。

四、企业的核心能力

核心能力一般具有如下特征：

（1）价值性。

（2）独特性。

（3）可延展性。

（4）不可替代性。

（5）动态性。

（6）整合性。

五、研发的动力来源及定位

（一）研发的动力来源

（1）市场需求。（2）技术进步。（3）市场竞争。（4）法规政策。（5）创新文化。（6）社会责任。

（二）研发定位

（1）成为向市场推出新技术产品的企业。（2）成为成功产品的创新模仿者。（3）成为成功产品的低成本生产者。（4）成为成功产品低成本生产者的模仿者。

六、消费者市场细分与产品策略

（一）消费者市场细分的依据

（1）地理因素。（2）人口因素。（3）心理因素。（4）行为因素。

（二）产品策略

（1）产品组合策略。产品组合是指企业提供给市场的全部产品的构成。①产品组合的宽度、长度、深度和关联度。②产品组合策略类型。

（2）品牌策略。①品牌归属策略。②品牌统分策略。

（3）新产品开发策略。①全新产品。②替代产品。③改进产品。④模仿性新产品。

新产品开发成功须具备以下基本条件：

①具有独特性的优质产品。②与顾客保持密切的沟通，深入了解他们真正的需求。③采用开放式新产品开发模式。④合理配置资源，将有限的资金、人员集中用于能给企业带来长远利益和成功率高的新产品研发项目，同时确保企业稳健、持续经营。

七、企业能力，是指企业配置资源，发挥其生产和竞争作用的能力

企业能力的类型及内容

类型	内容
研发能力	研发计划；研发组织；研发过程；研发效果
生产管理能力	生产过程；生产能力；库存管理；人力资源管理；质量管理
营销能力	①产品竞争能力。具体包括： 产品的市场地位：可以通过市场占有率、市场覆盖率等指标来衡量； 产品的收益性：可能通过利润空间和量本利进行分析； 产品的成长性：可以通过销售增长率、市场扩大率等指标进行比较分析。 ②销售活动能力。具体包括： 销售组织分析：对销售机构、销售人员和销售管理等基础数据的评估； 销售绩效分析：以销售计划完成率和销售活动效率分析为主要内容； 销售渠道分析：分析销售渠道结构（例如，直接销售和间接销售的比例）、中间商评价和销售渠道管理。 ③市场决策能力。 市场决策能力是以产品竞争能力、销售活动能力的分析结果为依据的，是领导者对企业市场进行决策的能力
财务能力	筹集资金的能力；使用和管理资金的能力
组织管理能力	职能管理体系的任务分工；岗位责任；集权和分权的情况； 组织结构（直线职能、事业部等）；管理层次和管理范围的匹配

八、平衡计分卡

（1）财务指标。财务指标能够显示企业战略及其实施对提高企业盈利能力和股东价值作出的贡献，常用的财务指标有营业收入、销售增长率、利润增长率、资产

回报率、股东回报率、现金流量、经济增加值等。前面在“企业业绩衡量”中阐述的“财务衡量指标”，都可作为平衡计分卡财务指标内容的选取对象。

（2）顾客指标。顾客指标用来衡量和反映企业在满足顾客需求、提高顾客价值方面的业绩。顾客指标的设定和选择取决于企业对目标市场的价值定位。常用的顾客指标有顾客满意度、顾客投诉率、投诉解决率、准时交货率、市场份额、客户保留率、新客户开发率、客户收益率等。

（3）内部流程指标。内部流程指标用于衡量和确认企业在哪些业务流程上表现优异，需要加强或改进哪些业务流程才能保证战略落地。常用的内部流程指标有数字化信息系统覆盖率、计划准确率、设备利用率、订单准时交付率、采购成本和周期、项目进度及完成率、废物减排及利用率、安全事故率、接待客户的时间和次数、对客户诉求的反应时间以及员工建议采纳率和员工收入等。内部流程指标的内容多数是驱动性或动因性指标，其改善和提升能够直接导致企业在财务、客户等业务领域的改进并产生积极成果。

（4）创新与学习指标。平衡计分卡的前三类指标展示了企业的实际能力及其与企业实现业绩增长和成功实施战略所必需的能力之间的差距。弥补这个差距的关键是通过提高员工素质和能力以及改善企业组织文化推进企业创新。创新与学习指标衡量和体现企业在人力资源管理以及建设创新型、学习型组织和文化方面的业绩，常用的指标有研发费用占销售额的比例、新产品销售额占总销售额的比例、专利等级和数量、数字化技术采用率、员工流动率、员工培训费用及次数、员工满意度等。创新与学习指标对驱动企业经营活动达到平衡计分卡其他三类指标的要求，使财务、客户、流程等方面得到持续改善并成为企业战略和企业长远成长的坚固支撑，起着重大作用。

坑点提示

本题的坑点在于：（1）多个常规客观题的考点第一次出现在主观题中，如第4问企业核心能力及其特征、第6问消费者市场细分依据、第8问平衡计分卡的业绩衡量指标；（2）往年考查频率较低的考点，首次出现即以主观题的形式考查，如第3问中战略创新类型、第6问中的产品策略，都是考查频率较低的知识点第一次出现在主观题中，得分有难度。

抢分秘籍

全面复习，以往真题中涉及的知识点，无论主观题、客观题都要以较高的标准掌握。

历年考情

同样有过主观题考查的知识点：

1. 基本竞争战略中，2021年综合题第3问、2020年简答题第2题第2问考查了差异化战略的实施条件，集中化战略第一次出现在主观题中；

2. 产品生命周期相关，2022年简答题第2题第一次考查产品生命周期阶段以及成功关键因素。

3. 研发的动力来源和研发定位，2020年综合题第3问有过类似考查，2022年简答题第2问涉及研发定位的考查；

4. 企业能力，2019年简答题第2题有过考查。

其余小问涉及的相关知识点，或为往年客观题考点，或第一次出现。2023年真题的考查更为全面、灵活，考生应引起足够重视。

2022年注册会计师全国统一考试《公司战略与风险管理》真题详解

一、单项选择题（本题型共26小题，每小题1分，共26分。每小题只有一个正确答案，请从每小题的备选答案中选出一个你认为正确的答案，用鼠标点击相应的选项。）

1. 2018年底，塔山投资公司对2019年的投资风险进行度量后宣称，在市场波动正常的情况下，该公司有90%的可能性最大投资损失为5 000万元。下列各项中，属于塔山投资公司采用的风险度量方法的特点的是（　　）。

A.适用的风险范围大

B.对数据要求不太严格

C.计算相对容易

D.通用、直观、灵活

审题要点

本题关键词是“风险度量方法”。常用的风险度量方法有六种，各有其特点和适用范围，需根据题干先判断属于哪一种方法，然后结合具体方法再确定其特点。

【本题答案】D

【本题解析】本题考查风险度量的方法及特点。“在市场波动正常的情况下，该公司有90%的可能性最大投资损失为5 000万元”，表明塔山投资公司采用了在险值的风险度量方法。在险值是指在正常的市场条件下，在给定的时间段和给定的置信区间内，预期可能发生的最大损失。在险值具有通用、直观、灵活的特点；其局限性是适用的风险范围小，对数据要求严格，计算困难，对肥尾效应无能为力，故选项D正确，选项A、B、C均错误。

思维拓展

常用的风险度量方法包括最大可能损失、概率值、期望值、波动性、在险值和直观方法六种，其适用范围和特点如下：

常用的风险度量指标和方法

方法	含义	特点
最大可能损失	指风险事件发生后可能造成的最大损失	一般在无法判断发生概率或无须判断概率时使用
概率值	指风险事件发生的概率或造成损失的概率	常常在只有两种对立的可能结果时使用，如好坏、对错、是否、输赢、生死等情况下使用

D.引领绿色科技，开启平安生活

【本题答案】AB

【本题解析】经营哲学是公司为其经营活动方式所确立的价值观、基本信念和行为准则，是企业文化的高度概括。经营哲学主要通过公司对利益相关者的态度、公司提倡的共同价值观、政策和目标以及管理风格等方面体现出来。经营哲学同样影响着公司的经营范围和经营效果。

思维拓展

公司的使命主要阐明企业组织的根本性质与存在理由，一般包括目的、宗旨、经营哲学三个方面。

公司使命的三个方面

三个方面	内涵	关键词
目的	企业组织的根本性质与存在理由的直接体现	营利、非营利
宗旨	说明公司目前和未来所要从事的经营业务的范围（产品、服务、市场份额、技术等）	经营范围
经营哲学	公司为其经营活动所确立的价值观、基本信念和行为准则，是企业文化的高度概括	价值观、信念、行为准则

坑点提示

经营哲学的关键词是：价值观、信念、准则、文化。

抢分秘籍

公司的使命及目标以及使命中三个方面的辨析属于高频考点，但通常难度不大，往往会给出明确的关键词或提示词。具体作答时，通常无需过于深入，只需根据给出的关键词或提示词即可作出正确的辨析。

历年考情

该知识点在2022年单项选择题第20题、2020年单项选择题第1题、2019年单项选择题第21题都考查过，2021年综合题中还出现过一问，可以进行对比复习。

审题要点

本题关键词是“退出障碍”。采用收缩战略面临的退出障碍：

（1）固定资产的专用性程度；

（2）退出成本，即付出的代价，如劳工协议、员工补偿、重新安置成本、备件维修能力等；

（3）内部战略联系；

（4）感情障碍，如管理人员和职工的反对和抵触等；

（5）政府与社会约束。

12.世友纺织集团拥有纺纱、纺织、印染、制衣等一体化业务。近期，该公司拟出售印染业务。根据上述情况，下列各项中，属于世友纺织集团出售印染业务所面临的**退出障碍**有（　　）。

A.染色机、印花机等固定资产的专用性程度

B.没有愿出合理价格的买主

（7）给企业造成损失的自然灾害等风险；

（8）对企业现有业务流程和信息系统操作运行情况的监管、运行评价及持续改进的能力不足可能引发的风险。

3. 运营风险的主要表现

（1）组织架构风险。

风险
①治理结构形同虚设，缺乏科学决策、良性运行机制和执行力，可能导致企业经营失败，难以实现发展战略。 ②组织机构设置不科学，权责分配不合理，可能导致机构重叠、职能交叉或缺失、推诿扯皮、运行效率低下等问题。

（2）人力资源风险。

风险
①人力资源缺乏或过剩、结构不合理、开发机制不健全，可能导致企业发展战略难以实现。 ②人力资源激励约束制度不合理、关键岗位人员管理不完善，可能导致人才流失、经营效率低下或关键技术、商业秘密和国家机密泄露。 ③人力资源退出机制不当，可能导致法律诉讼或企业声誉受损

（3）社会责任风险。

风险
①安全生产措施不到位，责任不落实，可能导致企业发生安全事故。 ②产品质量低劣，侵害消费者利益，可能导致企业巨额赔偿、形象受损，甚至破产。 ③环境保护投入不足，资源耗费大，造成环境污染或资源枯竭，可能导致企业巨额赔偿，缺乏发展后劲，甚至停业。 ④促进就业和员工权益保护不够，可能导致员工积极性受挫，影响企业发展和社会稳定

（4）企业文化风险。

风险
①缺乏积极向上的企业文化，可能导致员工丧失对企业的信心和认同感，企业缺乏凝聚力和竞争力。 ②缺乏开拓创新、团队协作和风险意识，可能导致企业发展目标难以实现，影响可持续发展。 ③缺乏诚实守信的经营理念，可能导致舞弊事件的发生，造成企业损失，影响企业信誉。 ④忽视企业间的文化差异和理念冲突，可能导致并购重组失败

（5）采购业务风险。

风险
①采购计划安排不合理，市场变化趋势预测不准确，造成库存短缺或积压，可能导致企业生产停滞或资源浪费。 ②供应商选择不当，采购方式不合理，招投标或定价机制不科学，授权审批不规范，可能导致采购物资质次价高，出现舞弊或遭受欺诈。 ③采购验收不规范，付款审核不严，可能导致采购物资和资金的损失或信用受损

的定制款，深受具有特殊需求的顾客欢迎和好评。近年来，**立康公司与两家智能家用医疗器械供应商形成紧密、持久的战略合作关系，自身经营特色的打造与供应商在产品和技术上的创新基本上同步进行、相互契合，极大地提升了双方的市场竞争力、开拓力和品牌优势**。

审题要点

关键词：供应商、战略合作、创新、同步。创新性联盟策略即企业为了产品、业务的创新并取得长期竞争优势而与供应商结成联盟的策略。企业采用这种策略时，往往从某种新产品概念的提出就开始与供应商合作，其产品的设计、试制、改进、定型、生产与供应商的产品和技术创新基本上同步进行、相互契合。

题目中，与两家智能家用医疗器械供应商形成紧密、持久的战略合作关系……同步进行、相互契合，符合创新性联盟策略的含义。

不同于业内其他企业主要通过开设分店或吸收加盟店进行扩张的做法，立康公司主要通过三种合作经营模式实现连锁经营和快速、稳健、持续的发展：（1）与药店合作经营。立康公司在成立后的三年内，与20余个省市的112家药店建立战略合作关系，或者在这些药店里打出立康公司品牌，销售立康公司产品，共同提升影响力，或者在药店内设立立康公司销售专区，由立康公司派人驻店负责经营。这种合作经营模式使立康公司支出的费用大大低于独自经营而进行店面选址、装修、维护所需要的费用，同时减少了各种运营风险，避免了招收加盟店容易造成的管理不易协调的弊端。（2）与著名大型连锁超市、购物中心合作经营。其内容和作用与第一种合作模式基本相同。（3）立康公司牵头与战略投资者、供应商及相关企业在居民生活聚集区共建“健康体验城”。如2018年立康公司与林江银行、楚奇药品旗舰店、锦山医疗器械公司、利民医院等12家企业合作建成“佑安健康体验城”，为居民提供从咨询、体检、诊断到家用医疗器械选购、调试、操作指导与培训的一站式体验服务，其中的家用医疗器械销售区由立康公司负责经

a.市场方面：保护自己的现有市场，渗入别人的市场。“初战告捷让李岩和青溪公司的员工们深受鼓舞，为了巩固并扩大战果，公司采取了5项措施”“这些措施实施后不到半年，20多种造型、结构、规格各异的青溪酸奶机就几乎独占了酸奶机市场”。

b.生产经营方面：加强和顾客的关系，降低成本。“经过广泛的市场调研和用户走访，李岩将目光瞄准家用酸奶机”“李岩率领开发团队，深入20家商场的家电柜台，与顾客进行面对面的交流，仔细了解和精心体验消费者的需求，对酸奶机作出细致入微的改进”“在设计中剔除了原有酸奶机中一切多余的部件……把酸奶机的容量确定为1L至1.5L，使得其生产成本比原有酸奶机降低至少20%”。

c.财力方面：控制成本。“生产成本比原有酸奶机降低至少20%”。

d.人力资源方面：提高生产效率。“加强员工技术培训，努力提高生产效率”。

e.研究开发方面：降低成本，开发新品种。“生产成本比原有酸奶机降低至少20%”“20多种造型、结构、规格各异的青溪酸奶机就几乎独占了酸奶机市场，满足不同类型的消费者在厨房、厅室及露天等不同场景下的需要”。

（3）青溪酸奶机的开发所体现的战略创新类型包括：

①产品创新，即组织提供的产品和服务的变化。“着眼于消除原有酸奶机存在的诸多‘痛点’……在设计中剔除了原有酸奶机中一切多余的部件”“对酸奶机作出细致入微的改进……一款外形可人、结构精巧、操作简单、性价比高的青溪酸奶机在市场上脱颖而出”“20多种造型、结构、规格各异的青溪酸奶机就几乎独占了酸奶机市场”。

②流程创新，即产品和服务的生产和交付方式的变化。“在设计中剔除了原有酸奶机中一切多余的部件”“进一步改进工艺……努力提高生产效率”。

③定位创新，即通过重新定位用户对既有产品和服务的感知来实现的创新。“以开发‘萌产品’为业务发展方向，使产品不仅具有实用功能，而且具有美学功能，能够给消费者带来视觉享受”“青溪公司提出把‘让每个消费者拥有轻松愉悦、健康绿色的品质生活’作为发展目标。此后，在这一目标的指引下，公司从3个方面推进产品的改进与创新”。

④范式创新，即影响组织业务的思维模式和实践规范的变化。“推出以‘分享健康未来’为主题的广告，在消费者心目中树立并强化青溪酸奶机与健康生活的紧密联系”“以开发‘萌产品’为业务发展方向，使产品不仅具有实用功能，而且具有美学功能，能够给消费者带来视觉享受”“青溪公司提出把‘让每个消费者拥有轻松愉悦、健康绿色的品质生活’作为发展目标。此后，在这一目标的指引下，公司从3个方面推进产品的改进与创新”。

（4）①企业核心能力是在具有重要竞争意义领域的经营活动中能够持续比其竞

续表

方法	含义	特点
期望值	指数学期望，即概率加权平均值，先将每一事件的发生概率乘以该事件的影响，然后将这些乘积累加	综合了概率值和最大损失两种方法
波动性	反映数据的离散程度，即该变量偏离其期望值的距离	一般用方差或均方差（即标准差）来描述
在险值	指在正常的市场条件下，在给定的时间段和置信区间内，预期可能发生的最大损失	优点：通用、直观、灵活。 缺陷：适用的风险范围小、对数据要求严格、计算困难、对肥尾效应无能为力
直观方法	指不依赖于概率统计结果的度量方法，即人们直观判断的方法，如专家意见法、层次分析法（AHP）等	统计数据不足或需要度量的结果包括人们的偏好时使用

坑点提示

本题要注意最大可能损失和在险值这两种方法的区别。题干有“该公司有90%的可能性最大投资损失为5 000万元”的表述，容易误判为“最大可能损失”。最大可能损失一般是在无法判断或无须判断发生概率时所使用的风险衡量方法。本题题干有明确的发生最大投资损失概率90%，故属于在险值这一风险度量方法。

抢分秘籍

本题考查在险值方法的特点。从形式上看，是单纯考知识点的记忆。如果对相关风险度量方法内容很熟悉，可以采用“直接法”选出正确答案为D，其他选项可以不用再考虑；如果对相关内容不熟悉，则可以通过推理得出正确答案。

思考逻辑如下：如果选项C“计算相对容易”正确，那么对数据要求肯定不会太严格，则选项B也正确；因本题为单项选择题，所以选项B、C均不能选，故该方法对数据要求高、计算不容易，从而适用的风险范围就小，选项A也错误，从而推断得出只有选项D才是正确答案。

历年考情

风险度量方法是近年来考试频率较高的一个知识点，如2021年单项选择题第15题考查了最大可能损失方法的判断、2019年单项选择题第14题考查了期望值方法的判断、2015年多项选择题第3题考查了“建立在概率基础上的风险度量方法”，正确选项包括期望值法和在险值法两种。

2.主营智能手机生产和销售的凯立公司采用平衡计分卡衡量业绩。下列各项中，适合凯立公司作为**平衡计分卡顾客指标**的是（　　）。

A.新型手机销售额占总销售额比例

B.市场份额

C.营业收入

D.生产计划准确率

【本题答案】B

【本题解析】本题考查平衡计分卡四个维度常用指标的辨析。常用的顾客指标有顾客满意度、顾客投诉率、投诉解决率、准时交货率、市场份额、客户保留率、新客户开发率、客户收益率等，故选项B正确。选项A属于创新和学习指标，选项C属于财务指标，选项D属于内部流程指标，故选项A、C、D均不正确。

审题要点

本题关键词是“平衡计分卡顾客指标”。平衡计分卡有四个维度，各有各的衡量指标。其中顾客指标主要是用来衡量和反映企业在满足顾客需求、提高顾客价值方面的业绩，因此要着眼于“顾客”两字。

思维拓展

平衡计分卡是一种从财务、客户、内部管理、创新与学习四个角度，将组织的战略转化为可操作的衡量指标和目标值，从而保证组织战略得到有效实施和控制的一种绩效管理体系。

平衡计分卡四个维度及其常用指标

角度	用途	常用指标	核心要素
财务	显示企业战略及其实施对提高企业盈利能力和股东价值作出的贡献	营业收入、销售增长率、利润增长率、资产回报率、股东回报率、现金流量、经济增加值等	盈利能力 股东价值
顾客	衡量和反映企业在满足顾客需求、提高顾客价值方面的业绩	顾客满意度、顾客投诉率、投诉解决率、准时交货率、市场份额、客户保留率、新客户开发率、客户收益率等	客户需求 客户价值
内部流程	衡量和确认企业表现优异的业务流程，或为保证战略落地而需要加强或改进的业务流程	数字化信息系统覆盖率、计划准确率、设备利用率、订单准时交付率、采购成本和周期、项目进度和完成率、废物减排及利用率、安全事故率、接待客户的时间和次数、对客户诉求的反应时间、员工建议采纳率、员工收入等	业务流程
创新与学习	衡量和体现企业在人力资源管理以及建设创新型、学习型组织和文化方面的业绩	研发费用占销售额的比例、新产品销售额占总销售额的比例、专利等级和数量、数字化技术采用率、员工流动率、员工培训费用及次数、员工满意度等	创新学习

坑点提示

平衡计分卡顾客角度的常用指标大多含有“客户”或“顾客”两个字，即使不含该字样也是紧密围绕客户来设定的，如（客户）投诉解决率、（客户）准时交货率、（客户）市场份额。其他三个角度的常用指标中，财务角度指标和创新与学习指标均不含“客户”字样。

容易混淆或搞错的是内部流程角度指标。它有两个指标含有“客户”字样，一个是“接待客户的时间和次数”，另一个是“对客户诉求的反应时间”。仔细辨析可以发现，顾客角度指标均为“率、度、份额”等相对指标，而内部流程角度含有“客户”字样的指标是“时间和次数”等绝对指标。

此外，内部流程角度和创新与学习角度两类指标之间涉及“员工”字样的指标也容易混淆或搞错，前者是员工建议采纳率和员工收入两个指标，属于需要加强或改进的业务流程范畴，后者是员工流动率、员工培训费用及次数和员工满意度三个指标，属于人力资源管理的内容。

抢分秘籍

本题只要掌握四个角度指标的核心要素，一般就能回答正确。可以用直接法选出正确答案B，因为市场份额是基于顾客购买行为计算选出的指标；也可以用排除法来选出正确答案，因选项A“新型”属于创新，选项C“营业收入”是衡量盈利能力的财务业绩，选项D“生产计划”是生产流程环节，故选项B才是正确答案，属于顾客角度指标。两种方法相比，单项选择题用直接法更加高效，而后可以用排除法进行验证，提高准确率。

历年考情

平衡计分卡属于高频考点，如2019年多项选择题第8题考查过根据常用指标判断平衡计分卡的角度，但四个角度的常用指标于2022年重新修订过，相比以前有了较大变动，故之前的考题参考意义不大。

审题要点

本题关键词是“风险管理职能部门”，风险管理组织职能体系中风险管理职能部门应履行的职责主要是研究提出、组织协调、指导监督与风险管理相关的工作。

3.东光航空公司坚持全面风险管理，不断加强风险管理职能部门的建设。下列各项中，属于该公司**风险管理职能部门应履行的职责**是（　　）。

A.督导“顾客至尊、安全至上”的企业文化的培育

B.提交公司全面风险管理年度报告

C.组织协调全面风险管理日常工作

D.研究提出全面风险管理监督评价体系

【本题答案】C

【本题解析】本题考查风险管理职能部门在风险管理工作中应履行的职责。风险管理职能部门对总经理或其委托的高级管理人员负责，主要履行以下职责:（1）研究提出全面风险管理工作报告;（2）研究提出跨职能部门的重大决策、重大风险、重大事件和重要业务流程的判断标准或判断机制;（3）研究提出跨职能部门的重大决策风险评估报告;（4）研究提出风险管理策略和跨职能部门的重大风险管理解决方案，并负责该方案的组织实施和对该风险的日常监控;（5）负责对全面风险管理有效性的评估，研究提出全面风险管理的改进方案;（6）负责组织建立风险管理信息系统;（7）负责组织协调全面风险管理日常工作;（8）负责指导、监督有关职能部门、各业务单位以及全资、控股子企业开展全面风险管理工作;（9）办理风险管理的其他有关工作。故选项C正确；选项A属于董事会的职责；选项B属于风险管理委员会的职责；进项D属于内部审计部门的职责。

思维拓展

风险管理的组织职能体系主要包括规范的公司法人治理结构、风险管理委员会、风险管理职能部门、审计委员会、企业其他职能部门及各业务单位、下属单位。通常可以构筑起三道风险管理防线，即各有关职能部门和业务单位为第一道防线；风险管理职能部门和董事会下设立的风险管理委员会为第二道防线；内部审计部门和董事会下设立的审计委员会为第三道防线。

风险管理组织职能体系各主体职责

主体	主要职责	关键词
董事会	（1）审议并向股东（大）会提交企业全面风险管理年度工作报告; （2）确定企业风险管理总体目标、风险偏好、风险承受度，批准风险管理策略和重大风险管理解决方案; （3）了解和掌握企业面临的各项重大风险及其风险管理现状，作出有效控制风险的决策; （4）批准重大决策、重大风险、重大事件和重要业务流程的判断标准或判断机制; （5）批准重大决策的风险评估报告; （6）批准内部审计部门提交的风险管理监督评价审计报告; （7）批准风险管理组织机构设置及其职责方案; （8）批准风险管理措施，纠正和处理任何组织或个人超越风险管理制度作出的风险性决定的行为; （9）督导企业风险管理文化的培育; （10）全面风险管理的其他重大事项	审议（一条） 督导（一条） 决策、批准

续表

主体	主要职责	关键词
风险管理委员会	（1）提交全面风险管理年度报告； （2）审议风险管理策略和重大风险解决方案； （3）审议重大决策、重大风险、重大事件和重要业务流程的判断标准或判断机制以及重大决策的风险评估报告； （4）审议内部审计部门提交的风险管理监督评价审计综合报告； （5）审议风险管理组织机构设置及其职责方案； （6）办理董事会授权的有关全面风险管理的其他事项	提交（一条） 审议
风险管理职能部门	（1）研究提出全面风险管理工作报告； （2）研究提出跨职能部门的重大决策、重大风险、重大事件和重要业务流程的判断标准或判断机制； （3）研究提出跨职能部门的重大决策风险评估报告； （4）研究提出风险管理策略和跨职能部门的重大风险管理解决方案，并负责该方案的组织实施和对该风险的日常监控； （5）负责对全面风险管理有效性的评估，研究提出全面风险管理的改进方案； （6）负责组织建立风险管理信息系统； （7）负责组织协调全面风险管理日常工作； （8）负责指导、监督有关职能部门、各业务单位以及全资、控股子企业开展全面风险管理工作； （9）办理风险管理的其他有关工作	研究提出 组织建立、协调 指导监督
审计委员会	研究提出全面风险管理监督评价体系，制定监督评价相关制度，开展监督与评价，出具监督评价审计报告	监督评价
其他职能部门及各业务单位	（1）执行风险管理基本流程； （2）研究提出本职能部门或业务单位重大决策、重大风险、重大事件和重要业务流程的判断标准或判断机制； （3）研究提出本职能部门或业务单位的重大决策风险评估报告； （4）做好本职能部门或业务单位建立风险管理信息系统的工作； （5）做好培育风险管理文化的有关工作； （6）建立健全本职能部门或业务单位的风险管理内部控制子系统； （7）办理风险管理其他有关工作	本职能部门或业务单位
下属单位	企业通过法定程序，指导和监督其全资、控股子企业建立与企业相适应或符合全资、控股子企业自身特点、能有效发挥作用的风险管理组织体系	接受指导和监督，建立自身体系

坑点提示

风险管理的组织职能体系主要考查董事会、风险管理委员会、风险管理职能部门三者的履行职责。董事会作为决策机构，主要履行与风险管理相关重大事项的决策职能，但全面风险管理年度工作报告需要股东大会批准，董事会只能审议。相应地，风险管理委员会主要履行与风险管理相关重大事项的审议职能，但全面风险管理年度工作报告没有审议权限，需要提交给董事会审议。

此外，风险管理职能部门和审计委员会的履行职责也容易混淆，两者均有“研究提出……”的职责，但审计委员会的职责均是与“监督评价”有关，“研究提出全面风险管理监督评价体系”属于审计委员会应履行的职责。

抢分秘籍

风险管理组织职能体系六大主体履行职责中，有两个特殊职责需单独记忆，一是全面风险管理的年度工作报告，是由风险管理职能部门研究提出、风险管理委员会提交、董事会审议、股东大会批准；二是企业风险管理文化的培育由董事会督导。其余职责可按“风险管理职能部门研究提出或组织协调、风险管理委员会审议、董事会决策或批准、审计委员会监督评价”这一逻辑顺序进行理解性记忆。

历年考情

2021年单项选择题第21题考查了风险管理委员会的职责范围。

4.青阳出版社主营少儿读物的出版和发行业务。为了摆脱少儿读物市场愈演愈烈的价格战，该出版社制定并执行了一项蓝海战略。下列各项中，属于青阳出版社**执行蓝海战略应遵循的原则**是（　　）。

> **审题要点**
> 本题关键词是“蓝海战略”。蓝海战略应遵循六项原则，分为制定和执行两类，其中执行原则有两项，为“克服关键组织障碍”和“将战略执行建成战略的一部分”。

A.重建少儿读物市场边界

B.超越少儿读物市场现有需求

C.遵循合理的战略顺序

D.克服关键组织障碍

【本题答案】D

【本题解析】本题考查蓝海战略应遵循的制定和执行两类原则的辨析。成功制定和实施蓝海战略应遵循的原则有六项，分为制定和执行两类，其中“克服关键组织障碍”属于战略执行原则，故选项D正确；“重建市场边界”“超越现有需求”“遵循合理的战略顺序”属于战略制定原则，故选项A、B、C错误。

思维拓展

蓝海战略应遵循的原则有六项，包括四项制定原则和两项实施或执行原则，且遵循这些原则可以对应降低六种风险，具体内容如下：

蓝海战略成功制定和实施六项原则

战略制定原则	各原则降低的风险因素
重建市场边界	搜寻的风险
注重全局而非数字	规划的风险
超越现有需求	规模的风险
遵循合理的战略顺序	商业模式风险
战略执行原则	各原则降低的风险因素
克服关键组织障碍	组织的风险
将战略执行建成战略的一部分	管理的风险

抢分秘籍

本题主要考核考生对蓝海战略遵循原则这一知识点掌握的熟练程度，得分的关键是要准确区分蓝海战略应遵循的四条制定原则和两条执行原则。

历年考情

蓝海战略近年来主观题考得较多，客观题考得相对较少，如2022年单项选择题第23题考查了蓝海战略重建市场边界的基本法则，可进行对比学习。

5.微电机生产商坤泰公司为正确评价并增强自身的核心能力，和所处行业中与其实力相近的两家公司在技术能力和客户满意度等方面进行了基准分析和比较。下列各项中，属于坤泰公司采用的**基准分析类型**是（　　）。

> **审题要点**
> 本题关键词是“基准分析”。基准分析类型有五种，包括内部基准、竞争性基准、过程或活动基准、一般基准和顾客基准。其中，直接以竞争对手为基准进行比较的是竞争性基准。

A.竞争性基准　　B.过程或活动基准

C.一般基准　　D.顾客基准

【本题答案】A

【本题解析】本题考查基准分析类型。“和所处行业中与其实力相近的两家公司在技术能力和客户满意度等方面进行了基准分析和比较”，表明该公司直接以竞争对手为基准进行比较，所以是竞争性基准，选项A正确；选项B、C、D错误。

思维拓展

基准分析是企业之间进行业绩比较的一种方法。一般来说，凡是能够衡量业绩的活动都可以成为基准对象。根据基准对象的不同，可以把基准分析分成五种类型，其含义和特点比较如下：

基准分析类型

类型	含义	特点	标志
内部基准	企业内部各部门之间互为基准进行学习与比较	同一集团内不同公司，或同一公司不同部门	企业内部
竞争性基准	直接以竞争对手为基准进行比较	同一行业直接竞争对手	竞争对手
过程或活动基准	以具有类似核心经营业务的企业为基准进行比较	不在同一行业，不存在直接竞争	过程或活动类似
一般基准	以具有相同业务功能的企业为基准进行比较	不在同一行业，或在同一行业但不在同一区域，不存在直接竞争	业务功能相同
顾客基准	以顾客的预期为基准进行比较	是否达到或满足顾客期望	顾客预期

由上表可知，基准分析有五种类型，内部基准是和自己比，顾客基准是和顾客预期比，其他三种都是和企业比，其中竞争性基准是和同一行业的企业比，过程或活动基准是和不同行业的企业比，一般基准是既可以和同一行业的企业比，也可以和不同行业的企业比，但只有竞争性基准和比较企业存在竞争关系，过程或活动基准、一般基准和比较企业均不存在竞争关系。

坑点提示

题干中有“客户满意度等方面”字样，容易误判为顾客基准。如果是公司考虑自己的顾客满意度，即自身的产品或服务是否达到顾客的预期，让顾客满意，则属于顾客基准。本题是“和所处行业中与其实力相近的两家公司在技术能力和客户满意度等方面进行了基准分析和比较”，属于同一行业的直接竞争对手，所以应是竞争性基准。

抢分秘籍

基准分析五种类型中只有竞争性基准才是和同一行业且存在竞争关系的企业进行比较。本题为单项选择题，题目中有“和所处行业中与其实力相近的两家公司在技术能力和客户满意度等方面进行了基准分析和比较”，故可以直接判定为竞争性基准。

历年考情

基准分析是近年来的高频考点，如2020年单项选择题第13题考查了一般基准的基准对象、2019年单项选择题第15题和2016年单项选择题第7题考查过一般基准分析类型。

审题要点

本题关键词是“战略稳定性与文化适应性矩阵”。根据组织要素变化的多少和与企业文化潜在的一致性两个维度，可以分成四个象限，其中组织要素变化大，且与企业文化潜在一致性大的，企业在实施该战略时，应以企业使命为基础。本题的关键就在于辨析组织要素变化是否大以及这种变化是否与企业文化保持了一致性。

6. 民天公司是一家经营连锁餐馆的企业。多年来该公司秉承“为顾客提供贴心服务”的宗旨，效益显著。2020年疫情期间，民天公司启动了一项新战略，在保留堂食业务的同时，抽调部分员工按照订单要求，走入顾客的厨房，提供家庭餐饮服务，同时对公司组织作出较大调整。根据**战略稳定性与文化适应性矩阵**的要求，该公司在实施上述新战略时应（　　）。

A. 以企业使命为基础　　　　B. 加强协同作用

C. 根据文化进行管理　　　　D. 重新制定战略

【本题答案】A

【本题解析】本题考查战略稳定性与文化适应性矩阵。“在保留堂食业务的同时，抽调部分员工按照订单要求，走入顾客的厨房，提供家庭餐饮服务”，表明公司秉承了“为顾客提供贴心服务”的宗旨；同时“对公司组织作出较大调整”，表明企业实施一个新的战略时，组织要素发生了很大变化；可见这些组织要素的变化与企业目前的文化具有着较大的潜在一致性。根据战略稳定性与文化适应性矩阵，各种组织要素变化大，与企业文化潜在一致性大，在第一象限，应以企业使命为基础，选项A正确，选项B、C、D错误。

思维拓展

战略稳定性与文化适应性矩阵有两个维度，战略的稳定性反映企业在实施一个新的战略时，企业的结构、技能、共同价值、生产作业程序等各种组织要素所发生的变化程度；文化适应性反映企业所发生的变化与企业目前文化相一致的程度。根据战略稳定性的高低与文化适应性的大小，可以把企业实施新战略时所采取的方式分成四种，其类型和特点如下表：

象限	组织要素变化	潜在一致性	特点	应对策略
第一	多	大	双高	以企业使命为基础
第二	少	大	一致性高	加强协同作用
第三	少	小	双低	根据文化进行管理
第四	多	小	要素变化大	重新制定战略

坑点提示

本题需要注意的是“与文化潜在一致性大小”的辨析。“在保留堂食业务的同时，抽调部分员工按照订单要求，走入顾客的厨房，提供家庭餐饮服务”，题干中这句话容易误判为“要素变化少”；但根据题干中“同时对公司组织作出较大调整”这句话，可以明确得出“组织要素变化多”的结论，从而可知，前面这句话其实是民天公司秉承“为顾客提供贴心服务”的宗旨，在2020年疫情期间为客户提供了更好的服务，实施的新战略“与文化潜在一致性大”，体现出“双高”的特点，因此在实施上述新战略时应“以企业使命为基础”。

抢分秘籍

本题考查考生对战略稳定性与文化适应性矩阵这一知识点的熟练程度。根据战略稳定性与文化适应性矩阵四个象限的特点，结合题干中“双高”的特点，可以直接选出正确答案为A，即“以企业使命为基础”。

历年考情

战略稳定性与文化适应性矩阵是近年来考试频率很高的一个知识点，如2021年单项选择题第7题考查了加强协同作用、2020年单项选择题第22题和2019年单项选择题第4题考查了以企业使命为基础、2018年单项选择题第4题考查了根据文化的要求进行管理。

7.健翔公司是一家农用无人机研发和制造行业的龙头企业，该公司拟通过加强对关键资源的控制来降低潜在进入者的威胁。根据产业五种竞争力分析理论，下列各项中，适合健翔公司采用的是（　　）。

> **审题要点**
>
> 本题关键词是“对关键资源的控制”。根据贝恩的分类，现有企业对关键资源的控制一般表现在对资金、专利或专有技术、原材料供应、分销渠道、学习曲线等资源及资源使用方法的积累与控制。

A.进一步扩大生产规模，提高规模经济

B.收购拥有农用无人机生产技术专利的企业

C.研发并制造性能、质量领先的农用无人机

D.提高产品质量，加强品牌优势

【本题答案】B

【本题解析】本题考查五力竞争模型之潜在进入者面临的结构性障碍。根据产业五种竞争力分析理论，由题干中“该公司拟通过加强对关键资源的控制来降低潜在进入者的威胁”，表明本题考查的知识点是“现有企业对关键资源的控制”。根据贝恩对结构性障碍的分类，企业对关键资源的控制一般表现在对资金、专利或专有技术、原材料供应、分销渠道、学习曲线等资源及资源使用方法的积累与控制。“收购拥有农用无人机生产技术专利的企业”，可以拥有和控制农用无人机生产技术专利，因此选项B正确；选项A是规模经济；选项C是产品差异化，其结果就是品牌优势；选项D是品牌现有企业市场优势的主要表现，属

于结构性障碍的另外两种类型，故均不正确。

思维拓展

根据贝恩的分类，潜在进入者的结构性障碍分为三类：规模经济、现有企业对关键资源的控制以及现有企业的市场优势。其中，规模经济是指在一定时期内，企业所生产的产品或劳务的绝对量增加时，其单位成本趋于下降，即表现为老企业对新进入者有成本优势。企业对关键资源的控制一般表现在对资金、专利或专有技术、原材料供应、分销渠道、学习曲线等资源及资源使用方法的积累与控制。现有企业的市场优势主要表现在品牌优势上，是产品差异化的结果；此外，现有企业的市场优势还可以表现在政府政策上。具体比较如下；

贝恩结构性障碍表现

类型	表现	形成原因
规模经济	成本低	产量增加导致单位成本降低
对关键资源的控制	资金、专利或专有技术、原材料供应、分销渠道、学习曲线	资源的积累与控制
市场优势	品牌、政府政策	产品差异化、政策法规限制

坑点提示

本题容易踩坑的是选项C“研发并制造性能、质量领先的农用无人机”。考生可能会认为这是企业拥有先进技术，从而误判为是企业“对关键资源的控制”。仔细研读会发现，该选项其实是企业研发并制造“差异化的产品”，而品牌优势是产品差异化的结果，所以属于“现有企业的市场优势”。

抢分秘籍

本题考查贝恩对结构性障碍分类这一知识点掌握的熟练程度。“收购拥有农用无人机生产技术专利的企业”，可以使企业拥有并控制相关专利技术，属于“企业对关键资源的控制”的典型表现，因此直接判定选项B为正确答案。也可以采用排除法，选项A属于规模经济，选项C是产品差异化，选项D是品牌优势，选项C、D均属于现有企业的市场优势。直接法和排除法可以相互验证，提高准确率。

历年考情

产业五种竞争力分析理论是非常重要的知识点，几乎每年必考。

如2020年多项选择题第6题和2017年单项选择题第14题均考查了给潜在进入者设置的进入障碍、2019年多项选择题第11题考查了进入新产业所面临的结构性障碍。此外，产业五种竞争力分析理论中购买商和供应商讨价还价能力大小的判断以及五种力量的综合辨析也是考核频率较高的知识点。

8.海晨公司是一家从事多元化经营的企业，于2021年开展水产品养殖业务，目前市场占有率位居行业第三。近年来水产品养殖行业进入高速增长阶段。根据波士顿矩阵原理，下列各项中，对海晨公司的水产品养殖业务表述正确的是（　　）。

审题要点

本题关键词是“波士顿矩阵原理”。根据波士顿矩阵原理，“市场占有率位居行业第三，近年来水产品养殖行业进入高速增长阶段”表明海晨公司水产品养殖业务处于“高增长—弱竞争”地位，属于“问题”业务，应选拔有规划能力、敢于冒风险的人负责。本题的关键在于准确判断海晨公司水产品养殖业务属于哪一类型的业务。

A.该业务应选拔有规划能力、敢于冒风险的人负责

B.该业务应由对生产技术和销售两方面都很内行的经营者负责

C.该业务应为企业提供大量资金，用以支持其他业务的发展

D.该业务的经营者最好是市场营销型人物

【本题答案】A

【本题解析】本题考查波士顿矩阵。根据波士顿矩阵原理，“目前市场占有率位居行业第三”，说明海晨公司水产品养殖业务属于“弱竞争”地位；“近年来水产品养殖行业进入高速增长阶段”，说明海晨公司水产品养殖业务属于“高增长”地位。因此，海晨公司水产品养殖业属于“问题”业务，该类业务应选拔有规划能力、敢于冒风险的人负责，因此选项A正确；选项B对应明星业务，选项C、D均对应现金牛业务，故选项B、C、D均错误。

思维拓展

波士顿矩阵是把企业的所有产品从市场增长率和市场占有率两个角度进行的组合分类。波士顿矩阵的纵轴表示市场增长率，它是指企业所在产业某项业务前后两年市场销售额增长的百分比。这一增长率表示每项经营业务所在市场的相对吸引力，通常以10%作为增长高、低的界限。波士顿矩阵的横轴表示企业在产业中的相对市场占有率，是指以企业某项业务的市场份额与这个市场上最大竞争对手的市场份额之比。这一市场占有率反映出企业在市场上的竞争地位。相对市场占有率的分界线为1.0，将市场占有率划分为高、低两个区域。

根据有关业务或产品的市场增长率和企业相对市场份额标准，波士顿矩阵把企业全部经营业务定位在四个区域，即：高增长—强竞争地位的“明星”业务、高增长—弱竞争地位的“问题”业务、低增长—强

竞争地位的“现金牛”业务和低增长—弱竞争地位的“瘦狗”业务。其各自的特征、适宜战略和管理组织形式比较如下：

波士顿矩阵业务类型比较

业务类型	明星	问题	现金牛	瘦狗
表现	高增长—强竞争	高增长—弱竞争	低增长—强竞争	低增长—弱竞争
特征	有极好的长期机会，是企业资源的主要消费者	处于最差的现金流量状态	现金流量状态最佳，市场地位有利，盈利率高，本身不需要投资，能提供大量资金	市场饱和，竞争激烈，可获利润较少，有较少或微弱的现金流
适宜战略	在短期内优先供给所需资源，支持其发展；扩大经济规模和市场机会，提高市场占有率，加强竞争地位	采取选择性投资战略，是否值得继续投资需进行分析，对可能成为明星的产品进行重点投资和扶持	采用收割战略，投入资源以达到短期收益最大化，如压缩投资、获取更多利润、维持增长率或延缓下降	收割或放弃
管理组织	事业部	智囊团或项目组	事业部	并入其他事业部
负责人	对生产技术和销售两方面都很内行的经营者	有规划能力、敢于冒风险的人	市场营销型人物	无

此外，还需要明确各项业务单位在公司中的不同地位，以进一步明确其适用的战略。具体见下表：

波士顿矩阵的运用

适用战略	含义	适用情况
发展	以提高相对市场占有率为目标，增加资金投入，甚至不惜放弃短期收益	“明星”业务；有希望发展成为“明星”的“问题”业务
保持	维持投资现状，目标是保持该项业务现有的市场占有率	较大的“现金牛”业务
收割	为减少成本、减少亏损和增加现金流而减少投资	处境不佳的“现金牛”业务；没有发展前途的“问题”业务和“瘦狗”业务
放弃	目标在于清理和撤销某些业务，减轻负担，以便将有限的资源用于效益较高的业务	无利可图的“瘦狗”和“问题”业务

坑点提示

本题的坑点在于竞争地位的判断。根据题干中“目前市场占有率位居行业第三”，容易把海晨公司水产品养殖业务误判为处于“强竞争”地位。根据波士顿矩阵原理，其业务竞争地位的强弱是由企业在产业中的“相对市场占有率”而不是“市场占有率”来衡量。企业在产业中的相对市场占有率，是指以企业某项业务的市场份额与市场上最大的竞争对手的市场份额之比，其分界线为1.0，将市场占有率划分为高、低两个区域，大于1表示处于“强竞争”地位，小于1表示处于“弱竞争”地位。本题海晨公司水产品养殖业务目前市场占有率虽然位居行业第三，但相对于其最大的竞争对手即该行业中老大的市场占有率来说，还是有所不如，即两者之比小于1，因此处于“弱竞争”地位。所以，海晨公司水产品养殖业务处于“高增长—弱竞争”地位，属于“问题”业务，应选拔有规划能力、敢于冒风险的人负责。

历年考情

波士顿矩阵原理是非常重要的知识点，几乎每年必考。如2021年单项选择题第1题考查了问题类业务的适宜战略、2020年多项选择题第1题考查了波士顿矩阵的运用视情况可以采取收割战略的业务类型、2019年单项选择题第2题考查了现金牛业务的负责人、2018年单项选择题第9题考查了问题类业务适宜的管理组织等。

9. 主营垃圾处理业务的广甸公司积极响应政府关于垃圾无害化、资源化处理的号召，综合运用计算机、光谱技术、化学计量技术等进行垃圾分拣，极大提高了垃圾分拣的精准率，使垃圾无害化、资源化处理率达到行业领先水平。根据**SWOT分析**，在上述情况下，广甸公司应采用（　　）。

> **审题要点**
>
> 本题关键词是“SWOT分析”。SWOT分析有四种可以采用的战略，分别是增长型（即SO）战略、扭转型（即WO）战略、防御型（即WT）战略和多种经营（即ST）战略。本题的关键在于准确判定企业内部环境是拥有优势还是劣势，外部环境是给企业带来威胁还是机会，从而选择出正确的战略。

A. 增长型战略　　B. 扭转型战略

C. 多种经营战略　　D. 防御型战略

【本题答案】A

【本题解析】本题考查SWOT分析模型。“极大提高了垃圾分拣的精准率，使垃圾无害化、资源化处理率达到行业领先水平”，属于内部优势（S）；“政府关于垃圾无害化、资源化处理的号召”属于外部机会（O）。因此，广甸公司既有内部优势，又面临外部机会，应采用SO战略，即增长型战略，选项A正确。

思维拓展

SWOT分析是一种通过综合考虑企业内部条件和外部环境的各种因素，进行系统评价，从而选择最佳经营战略的方法。其中S是指企业内部的优势（Strengths）；W是指企业内部的劣势（Weakness），O是指企业外部环境中的机会（Opportunities），也就是外部环境中对企业有利的因素；T是指企业外部环境中的威胁（Threats），也就是外部环境中对企业不利的因素。

SWOT分析中最核心的部分是评价企业的优势和劣势、判断企业所面临的机会和威胁并作出决策。相应地，企业可以采用的战略有四种，分别是增长型（即SO）战略、扭转型（即WO）战略、防御型（即WT）战略和多种经营（即ST）战略。

SWOT分析战略类型

项目	机会	威胁
优势	增长型战略（SO）	多种经营战略（ST）
劣势	扭转型战略（WO）	防御型战略（WT）

坑点提示

本题可能的坑点在于企业外部环境是机会还是威胁的判定，表现得并不十分明显，包含在“积极响应政府关于垃圾无害化、资源化处理的号召”这句话中。一般来说，考生还是能判断出这是给企业带来了机会。

历年考情

SWOT分析是非常重要的知识点，几乎每年必考。如2021年单项选择题第3题、2020年单项选择题第4题、2019年单项选择题第8题、2018年单项选择题第6题均考查了SWOT分析四种战略选择的判定。

审题要点

本题关键词是“财务战略”。根据“投资资本回报率-资本成本”是否大于0和“销售增长率-可持续增长率”是否大于0，可以把基于创造价值或增长率的财务战略矩阵划分成四个象限，分别为增值型现金短缺、增值型现金剩余、减损型现金剩余和减损型现金短缺四种业务，并各有对应采用的财务战略。本题的关键在于准确辨析业务类型，并与对应的财务战略联系起来。

10. 日丰公司是一家家电生产企业，该公司的投资资本回报率为8%，投资成本为5%，同时销售增长率为9%，可持续增长率为7%。日丰公司预计上述情况将持续较长时间，因此决定采用新的财务战略。下列各项中，适合日丰公司采用的财务战略是（　　）。

A. 增发股份，增加权益资本

B. 增加股利支付

C. 增加内部投资

D. 对家电业务进行彻底重组

【本题答案】A

【本题解析】本题考查“基于创造价值或增长率的财务战略选择”。由“该公司的投资资本回报率为8%，投资成本为5%”知“投资资本回报率-资本成本>0”，表明该公司业务能创造价值；由“销售增长率为9%，可持续增长率为7%”知“销售增长率-可持续增长率>0”，表明该公司业务处于高速增长、现金短缺状态。根据价值创造和增长率矩阵，可以判断该公司业务属于增值型现金短缺业务。此外，“日丰公司预计上述情况将持续较长时间”，表明这种高速增长是长期性的。长期性高速增长的资金短缺问题有两种解决途径：一是提高可持续增长率，二是增加权益资本，其中增加权益资本的方式有增发股份和兼并成熟企业，因此选项A正确。选项B、C属于增值型现金剩余业务所采用的财务战略，选项D属于减损型现金短缺业务所采用的财务战略，均不正确。

思维拓展

财务战略矩阵有四个指标，分别是投资资本回报率、资本成本、销售增长率和可持续增长率，其中“投资资本回报率－资本成本”用来作为评价企业的价值增长状态，大于0表示为企业创造价值，而小于0则表示减损企业价值；“销售增长率－可持续增长率”用来衡量企业资源耗费的状况，大于0表示现金短缺，小于0表示现金剩余。据此，可以把企业业务分为四种类型，即增值型现金短缺、增值型现金剩余、减损型现金剩余和减损型现金短缺。

基于创造价值或增长率的财务战略选择

业务类型	投资资本回报率－资本成本	销售增长率－可持续增长率	财务战略
增值型现金短缺	＞0	＞0	（1）短期高速增长：借款； （2）长期高速增长：①提高可持续增长率；②增加权益资本（增发股份、兼并成熟企业）
增值型现金剩余	＞0	＜0	（1）加速增长：内部投资、收购相关业务； （2）分配剩余现金：增加股利、回购股份
减损型现金剩余	＜0	＜0	（1）提高投资资本回报率； （2）降低加权平均资本成本； （3）出售业务单元（前两种无法做到时）
减损型现金短缺	＜0	＞0	（1）盈利能力低是本公司独有，并有能力扭转：彻底重组；否则选择出售。 （2）盈利能力低是整个行业衰退引起：尽快出售，以减少损失

抢分秘籍

本题的关键在于熟悉基于创造价值或增长率的财务战略矩阵，准确判断出日丰公司家电生产业务属于“增值型现金短缺”，就可以直接选出正确答案为选项A。也可以采用排除法，既然能创造价值就要好好发展，不能对家电业务进行彻底重组，故选项D错误；既然资金短缺，就要想办法筹集资金而不是花钱或给股东发钱，故选项B、C错误；因此，正确答案只能是选项A。

历年考情

基于创造价值或增长率的财务战略矩阵是重要的知识点，如2021年多项选择题第1题考查了财务战略的选择依据、2017年多项选择题第12题考查了增值型现金短缺的财务战略措施。

审题要点

本题关键词是“创新生命周期”。创新生命周期分为流变、过渡和成熟三个阶段，各有其对应的创新活动和驱动因素。其中，过渡阶段的创新活动主要是从根本概念的开发转向关注相关产品的差异化，以及更稳定、更廉价、更高质量和更多样的功能等，创新驱动因素是通过扩展内部的技术能力来创造机会。本题的关键是根据产业的主要创新活动准确判断其属于创新生命周期哪个阶段，然后从四个选项中选择出该阶段对应的创新驱动因素。

11. 目前，基因工程产业已从根本概念的开发转向关注相关产品的差异化，以及更稳定、更廉价、更高质量和更多样的功能等。根据阿伯内西和厄特巴克的**创新生命周期**模型，现阶段基因工程产业创新的驱动因素是（　　）。

A. 产品差异化

B. 通过扩展内部的技术能力来创造机会

C. 降低成本、提高质量等方面的压力

D. 关于客户需求的信息，技术投入

【本题答案】B

【本题解析】本题考查创新生命周期不同阶段的驱动因素。“基因工程产业已从根本概念的开发转向关注相关产品的差异化，以及更稳定、更廉价、更高质量和更多样的功能等”，表明现阶段基因工程产业处于创新生命周期的过渡阶段。过渡阶段创新的驱动因素是通过扩展内部的技术能力来创造机会，选项B正确。选项A属于过渡阶段的竞争重点，选项C属于成熟阶段创新的驱动因素，选项D属于流变阶段创新的驱动因素，三者均不正确。

思维拓展

创新的机会会随着时间的推移而改变，创新生命周期模型把产业的创新模式划分为流变、过渡和成熟三个不同的发展阶段，各自对应的主要元素对比如下：

创新生命周期各阶段的主要元素

创新特征	流变阶段	过渡阶段	成熟阶段
现象	大量实验和快速学习	模仿和开发	渐进性创新、注重价格
特征	新旧技术共存和两者的快速提高	实验转向排除缺陷和完善主导设计	定制化

续表

创新特征	流变阶段	过渡阶段	成熟阶段
标志	帆船效应，即成熟的技术加快自己的改进速度，以此作为对新的竞争技术的回应	创新的主要活动从根本概念的开发转向关注产品差异化，以及更稳定、更廉价、更高质量和更多样的功能等	创新的空间变得越来越小，最终出现新的技术
关键词	探索、不确定、灵活	主导设计	标准化、整合
竞争重点	功能性的产品性能	产品差异化	提高效率，降低成本
创新驱动因素	关于客户需求的信息，技术投入	通过扩展内部的技术能力来创造机会	降低成本，提高质量等方面的压力
创新主要类型	产品经常性的重要变化	随着生产规模扩大而出现重大流程创新	渐进性的产品和流程创新
产品线	多样性，通常包括定制的设计	包括至少一种稳定或主导设计	基本是无差异的标准化产品
生产流程	灵活但低效，目标带有实验性，而且经常变化	变得越来越严格和明确	高效，通常形成资本集约化

坑点提示

本题有可能踩坑的是选项A和选项C。根据题干“从根本概念的开发转向关注相关产品的差异化”，容易误选A“产品差异化”；根据题干“更稳定、更廉价、更高质量和更多样的功能等”，容易误选C“降低成本、提高质量等方面的压力”。

抢分秘籍

本题的关键在于对创新生命周期三个阶段的准确区分，同时熟悉各阶段的创新驱动因素。

历年考情

创新生命周期属于战略创新管理的一部分内容，是2021年新增加的知识点。近两年来考过的相关知识点较多，如2021年单项选择题第8题考查了创新管理四个阶段的辨析、2021年单项选择题第24题考查过创新型组织七个组成要素的辨析等。

12. 世界上第一款家用纯电动汽车于20世纪中后期在J国卡曼汽车制造公司问世，但当时受困于高储能电池、充电桩等研发的滞后，这款汽车无法产生用户价值并实现商业化生产。从技术活动过程所处的不同阶段考察，本案例中卡曼汽车制造公司所**面临的技术风险**属于（　　）。

A. 技术设计风险　　B. 技术研发风险

C. 技术选择风险　　D. 技术应用风险

审题要点

本题关键词是“技术风险”。从技术活动过程所处的不同阶段考察，技术风险可以划分为技术设计风险、技术研发风险和技术应用风险。

【本题答案】D

【本题解析】本题考查技术风险的类型。“世界上第一款家用纯电动汽车于20世纪中后期在J国卡曼汽车制造公司问世”，表明已经研发出相应的成果，该技术在设计和研发上不存在风险，选项A、B错误；“当时受困于高储能电池、充电桩等研发的滞后，这款汽车无法产生用户价值并实现商业化生产”，表明由于技术成果在产品化、产业化过程中所带来的一系列不确定性负面影响或效应，导致该成果在大规模商业化的过程中遭遇失败，因此属于技术应用风险，选项D正确。根据技术风险的分类，不存在所谓的技术选择风险，因此选项C错误。

本知识点在2023年教材中已被删除。

13. 近年来，射频识别设备逐渐进入人们的生活和越来越多的产业。随着市场的扩大，竞争者涌入，企业都以取得最大市场份额为战略目标。各个企业的产品在技术和性能上有较大差异。为了能在竞争中胜出，企业之间开始争夺人才和资源。下列各项中，属于目前射频识别设备生产企业所具有的经营特征是（　　）。

> **审题要点**
>
> 本题关键词是“经营特征”。产品生命周期划分为导入、成长、成熟和衰退四个阶段，其中成长阶段的经营特征包括经营风险和价格/盈余倍数高、财务风险低，资本结构主要是股东权益，资金来源是权益资本增加，股利分配率很低，股价增长并波动。本题的关键在于准确判断出目前射频识别设备产业处于“成长期”。

A. 经营风险低

B. 资金来源于保留盈余+债务

C. 价格/盈余倍数高

D. 财务风险高

【本题答案】C

【本题解析】本题考查基于产品生命周期的财务战略选择。“射频识别设备逐渐进入人们的生活和越来越多的产业。随着市场的扩大，竞争者涌入，企业都以取得最大市场份额为战略目标。各个企业的产品在技术和性能上有较大差异。为了能在竞争中胜出，企业之间开始争夺人才和资源”，表明企业产品生命周期处于成长期。根据基于产品生命周期的财务战略选择，成长期的经营特征表现为“经营风险和价格/盈余倍数高、财务风险低，资本结构主要是股东权益，资金来源是权益资本增加，股利分配率很低，股价增长并波动”，因此选项C正确，选项A、B、D错误。

思维拓展

本题涉及两个知识点，一是产品生命周期，二是基于产品生命周期的财务战略选择。

产品生命周期以产业销售额增长率曲线的拐点作为划分依据，可将大多数产业的发展划分为导入期、成长期、成熟期和衰退期四个阶段。其特点如下：

	导入期	成长期	成熟期	衰退期
标志	出现新产品	产品销量节节攀升	出现挑衅性的价格竞争	产能严重过剩
客户	产品用户很少	客户群扩大	新客户减少	对性价比要求高
产品质量	质量有待提高，尤其是可靠性	参差不齐	逐步标准化	差别小，可能会出现问题
目标市场	很小，不断发展变化	日益扩大	市场巨大，但基本饱和	日益萎缩
竞争者	很少	逐渐增多	稳中有降	减少
生产量	小	开始扩大	大	萎缩
销量	低	节节攀升	最大	下降
产能	过剩	不足	稳定，局部过剩	严重过剩
成本	高	单位成本下降	单位成本较低	低
价格	弹性小、价格高	最高	开始下降	很低
利润	较低	单位净利润最高	适中，利润率下降	毛利很低
企业规模	可能非常小	增大，出现兼并	最大	缩小
经营风险	非常高	较高	中等水平	进一步降低
战略目标	扩大市场份额	争取最大市场份额，坚持到成熟期到来	巩固市场份额，提高投资报酬率	防御，获取最后的现金流
战略路径	投资研究开发与技术改造，提升产品质量	市场营销，改变价格与质量形象	提高效率降低成本	控制成本，维持正的现金流

基于产品生命周期的财务战略选择认为，随着企业走过不同的生命周期阶段，其经营特征也会随之发生变化。

企业在产品生命周期不同发展阶段的经营特征

项目	产品生命周期不同发展阶段			
	导入期	成长期	成熟期	衰退期
经营风险	非常高	高	中等	低
财务风险	非常低	低	中等	高
资本结构	股东权益	主要是股东权益	股东权益+债务	股东权益+债务
资金来源	风险资本	权益投资增加	保留盈余+债务	债务
股利	不分配	分配率很低	分配率高	全部分配
价格/盈余倍数（市盈率）	非常高	高	中	低
股价	迅速增长	增长并波动	稳定	下降并波动

抢分秘籍

本题得分的关键在于准确辨析出目前射频识别设备处于产品生命周期哪一阶段，并熟悉企业在不同生命周期阶段的经营特征。

历年考情

企业在不同生命周期阶段的经营特征是近年来考试频率较高的一个知识点，如2020年单项选择题第19题考查了成熟期的经营特征辨析、2018年多项选择题第11题考查了导入期的经营特征辨析等。

14. 维生公司是一家从事医疗器械研发和制造的企业。近来，该公司拟投资进入尚处于产业导入期的智能癌症诊疗仪产业。从**新兴产业常见的发展障碍**角度看，下列各项中，属于维生公司进入智能癌症诊疗仪产业须克服的障碍是（　　）。

审题要点

本题关键词是“新兴产业”。新兴产业常见的发展障碍有：①专有技术选择、获取与应用的困难；②原材料、零部件、资金与其他供给的不足；③顾客的困惑与等待观望；④被替代产品的反应；⑤缺少承担风险的胆略与能力。

A. 不存在规模经济或难以达到规模经济

B. 智能癌症诊疗仪市场前景不明朗

C. 智能癌症诊疗仪产业现有企业对专有技术、学习曲线等资源的控制

D. 原材料、零部件、资金与其他供给的不足

【本题答案】D

【本题解析】本题考查新兴产业常见的发展障碍。由“尚处于产业导入期的智能癌症诊疗仪产业”可知，智能癌症诊疗仪产业属于新兴产业。企业进入新兴产业会面临一些常见的发展障碍，选项D，原材料、零部件、资金与其他供给的不足属于新兴产业五种发展障碍之一。选项A，不存在规模经济或难以达到规模经济属于造成产业零散的原因之一；选项B，智能癌症诊疗仪市场前景不明朗意味着目标市场在不断发展变化之中，体现的是产品生命周期导入期阶段的特征之一；选项C，智能癌症诊疗仪产业现有企业对专有技术、学习曲线等资源的控制是五力竞争分析理论中潜在进入者面临的结构性障碍之一，故选项A、B、C均不正确。

思维拓展

新兴产业是指新形成的或重新形成的产业。

新兴产业内部结构的共同特征有五个：①技术的不确定性；②战略的不确定性；③成本的迅速变化；④萌芽企业和另立门户企业较多；⑤客户大多为首次购买者。

源于这些产业本身的结构特征，新兴产业在不同程度上面临着产业发展的障碍。从产业的五种竞争力角度分析，这些障碍主要表现在新兴产业的供应者、购买者与被替代品三个方面。常见的发展障碍有五个：①专有技术选择、获取与应用的困难；②原材料、零部件、资金与其他供给的不足；③顾客的困惑与等待观望；④被替代产品的反应；⑤缺少承担风险的胆略与能力。

坑点提示

本题容易踩坑的是选项A“不存在规模经济或难以达到规模经济”。一般情况刚刚进入新兴产业的企业规模不大，没有形成规模经济，但这是造成产业零散的原因之一。另外，选项C“智能癌症诊疗仪产业现有企业对专有技术、学习曲线等资源的控制”也容易踩坑。因为现有企业对专有技术、学习曲线等资源的控制，刚进入智能癌症诊疗仪产业的企业自然不容易获得，需要克服这些困难，但这属于潜在进入者进入产业时需要克服的结构性障碍。两者有相通之处，需要注意分辨两者的差异。

历年考情

2021年单项选择题第17题考查了早期进入新兴产业需具备的条件，可以对比复习。

15.乌梁矿业公司主营稀土矿的开采业务。据有关监管机构查明，该公司存在“内部人控制”问题。下列乌梁矿业公司被查明的问题中，属于**经理人违背对股东的勤勉义务**的是（　　）。

审题要点

本题关键词是“内部人控制”“勤勉义务”。经理人违背对股东的勤勉义务常见的表现有：（1）信息披露不完整、不及时；（2）敷衍偷懒不作为；（3）财务杠杆过度保守；（4）经营过于稳健、缺乏创新等。本题的关键在于四个选项中哪一个符合上述表现的内容。

A.管理者在职消费水平过高

B.工资、奖金等收入增长过快，侵占利润

C.管理者敷衍偷懒不作为，致使员工矿井操作存在诸多安全隐患

D.盲目过度投资扩大稀土矿开采规模，经营行为短期化

【本题答案】C

【本题解析】本题考查内部人控制问题中经理人违背对股东的勤勉义务表现。经理人违背对股东的勤勉义务的表现有：（1）信息披露不完整、不及时；（2）敷衍偷懒不作为；（3）财务杠杆过度保守；（4）经营过于稳健、缺乏创新等。故选项C正确。选项A、B、D均属于经理人违背对股东的忠诚义务的表现，故均不正确。

思维拓展

内部人控制现象是指由于存在着目标利益不一致和信息不对称等问题，企业的外部成员（股东、债权人、主管部门等）无法实施有效的监督，从而使企业的内部成员（厂长、经理、工人等）能够直接参与企业的战略决策，并掌握企业大部分实际控制权，他们在公司战略决策中追求自身利益，甚至与内部各方面联手谋取各自的利益，从而架空所有者的有效控制，并以此来侵蚀作为外部人（股东）的合法权益。

内部人控制问题一般分为两类，即经理人违背对股东的忠诚和勤勉义务。

经理人违背忠诚义务导致的内部人控制问题表现有：（1）过高的在职消费；（2）盲目过度投资，经营行为短期化；（3）侵占资产，转移资产；（4）工资、奖金等收入增长过快，侵占利润；（5）会计信息作假、财务作假；（6）建设个人帝国。

经理人违背勤勉义务导致的内部人控制问题表现有：（1）信息披露不完整、不及时；（2）敷衍偷懒不作为；（3）财务杠杆过度保守；（4）经营过于稳健、缺乏创新等。

坑点提示

本题可能的坑点在于不能很好地辨析经理人违背对股东忠诚和勤勉义务两类不同的常见表现。

抢分秘籍

在理解内部人控制现象含义的基础上，牢记经理人违背对股东忠诚义务的六种表现和违背勤勉义务的四种表现，得分就很容易了。

历年考情

2021年多项选择题第10题考查了内部人控制问题的表现。

16.吉松公司是一家生产各种滑雪装备的企业。该公司规定：凡同时购买滑雪板、滑雪杖和滑雪衣的顾客，比分别购买上述产品的顾客享受一定价格优惠。下列各项中，属于吉松公司采用的定价策略是（　　）。

A.系列产品定价　　B.推广折扣

C.捆绑定价　　D.关联产品定价

【本题答案】C

审题要点

本题关键词是“定价策略”。主要的定价策略包括四种：（1）心理定价策略；（2）产品组合定价策略；（3）折扣与折让策略；（4）地理差价策略。其中产品组合定价策略又包括系列产品定价、副产品定价、关联产品定价和捆绑定价等。本题的关键是理解各种定价策略的含义，再根据题干准确判断出属于捆绑定价。

【本题解析】本题考查市场营销组合策略的定价策略。“该公司规定：凡同时购买滑雪板、滑雪杖和滑雪衣的顾客，比分别购买上述产品的顾客享受一定价格优惠”，表明把滑雪板、滑雪杖和滑雪衣组合起来的价格会低于三者的整体价格，体现了该公司采用的定价策略是捆绑定价，因此选项C正确。

思维拓展

企业主要的定价策略包括四种：（1）心理定价策略；（2）产品组合定价策略；（3）折扣与折让策略；（4）地理差价策略。其常见的细分类型如下：

企业主要的定价策略

定价策略	本质	细分策略表现
心理定价	适应消费者购买心理	尾数、整数、声望、招徕定价
产品组合定价	若干种产品一起或相互影响	系列产品、副产品、关联产品、捆绑定价
折扣与折让	减价，即在原价格基础上减收一定比例的货款	现金、数量、交易、季节性、推广折扣
地理差价	买卖双方地理位置的差异	产地价、目的地交货价、统一交货价、分区运送价、津贴运费定价

坑点提示

本题的坑点在于关联产品定价。因为滑雪板、滑雪杖和滑雪衣是彼此相关联的，均属于滑雪装备，因此有可能误认为选项D关联产品定价是正确答案。但本题重点在于“同时购买”比“分别购买”享受一定价格优惠，即将滑雪板、滑雪杖和滑雪衣捆绑在一起，定一个综合价格，比三个单独价格之和要优惠，因此选项C捆绑定价才是正确答案。

历年考情

定价策略属于非高频考点，近几年未曾考过。

17. 波利公司是一家在剃须刀行业占据主导地位的跨国企业。由于产品结构简单且标准化，该公司以简单的市场交易方式与分散在若干国家的供应商交换关于价格、规格和质量保证等商品或服务的信息，并且完成交易。上述事实表明，剃须刀行业全球价值链的分工模式属于（　　）。

A. 市场型价值链　　B. 俘获型价值链

C. 模块型价值链　　D. 关联型价值链

审题要点

本题关键词是“全球价值链分工”。全球价值链分工模式有科层型、市场型、俘获型、模块型和关联型价值链五种，其分类依据为企业国际化经营的三种基本方式和非股权方式采用的协调机制。本题的关键在于理解上述分类依据并熟悉五种模式。

【本题答案】A

【本题解析】本题考查全球价值链分工模式的辨析。全球价值链的分工模式有五种，分别是科层型、市场型、俘获型、模块型和关联型价值链。“由于产品结构简单且标准化，该公司以简单的市场交易方式与分散在若干国家的供应商交换关于价格、规格和质量保证等商品或服务的信息，并且完成交易”，表明剃须刀行业全球价值链的分工模式属于市场型价值链，选项A正确。

思维拓展

企业国际化经营的三种基本方式如下：（1）领先企业进行海外直接投资将部分生产环节转移到海外子公司或分支机构，海外子公司或分支机构与国内剩余的生产环节共同构成全球价值链分工形态；（2）领先企业通过正常的国际贸易市场机制获取其生产环节所需要的商品和服务；（3）领先企业通过非股权方式与分布在不同国家（地区）的供应商进行合作。其中，第三种方式根据领先企业和非股权供应商之间的协调机制，又可以分为俘获型价值链、模块型价值链、关联型价值链三种模式。其主要特点和适用情况如下表：

全球价值链分工模式特点及适用情况

分工模式	特点	适用情况
科层型	领先企业对外直接投资	产品规格不易编码、产品结构非常复杂、缺乏具有较强竞争力的供应商
市场型	领先企业采取市场交易（国际贸易）	标准化产品，产品规格编码容易、产品结构简单
俘获型	领先企业锁定一些自身核心能力不强的供应商	产品规格和结构的复杂度都很高
模块型	能够获得定制产品，协调成本最小化、选择和更换供应商便利化	产品标准化，信息流动数量和速度高
关联型	领先企业和供应商相互依赖，平等合作	产品规格非常复杂，难以编码，交易复杂且供应商的能力较强

坑点提示

本题的坑点在于模块型价值链。市场型价值链和模块型价值链均适用于结构简单、编码容易、标准化的产品，题干中有“由于产品结构简单且标准化”字样，容易误认为选项C模块型价值链是正确的。仔细比较发现，波利公司“以简单的市场交易方式与分散在若干国家的供应商交换关于价格、规格和质量保证等商品或服务的信息，并且完成交易”，可见是通过国际贸易方式即市场交易来实现采购方和供应商之间的交易，符合市场型价值链的含义和特点。而模块型价值链是领先企业通过定制来获得产品，并完成与非股权供应商之间的交易。

抢分秘籍

熟悉全球价值链分工的三种类型和五种模式，可以直接锁定正确答案为A。俘获型、模块型和关联型属于非股权方式衍生出来的三种分工模式，不属于市场型。

历年考情

全球价值链中的企业国际化经营是2022年教材新增加的知识点。

18. 主营水稻种植的金谷公司与从事数字化、智能化技术研发与应用的拓维公司建立战略联盟，共建“智慧农田”，将5G、物联网、人工智能等技术与水稻种植相结合，通过对周边气象、水文等信息进行采集、存储、分析，实现水稻种植过程的自动化管理，显著提高了水稻的产量、质量，给双方带来良好的效益。下列各项中，属于金谷公司与拓维公司建立**战略联盟的动因**的是（　　）。

> **审题要点**
>
> 本题关键词是“战略联盟动因”。战略联盟动因有六种：促进技术创新、避免经营风险、避免或减少竞争、实现资源互补、开拓新的市场、降低协调成本。本题的关键在于准确辨析出四个选项中哪一个最契合题意。

A. 促进技术创新　　B. 避免经营风险

C. 避免或减少竞争　　D. 实现资源互补

【本题答案】D

【本题解析】本题考查战略联盟动因。金谷公司主营水稻种植，拓维公司从事数字化、智能化技术研发与应用，“将5G、物联网、人工智能等技术与水稻种植相结合，通过对周边气象、水文等信息进行采集、存储、分析，实现水稻种植过程的自动化管理，显著提高了水稻的产量、质量，给双方带来良好的效益”，表明双方实现了资源互补，因此选项D正确。

思维拓展

战略联盟的动因可以归结为六种：促进技术创新、避免经营风险、避免或减少竞争、实现资源互补、开拓新的市场和降低协调成本。其特点比较如下：

战略联盟动因及效果

联盟动因	效果
促进技术创新	分担投入，开发费用日益增大
避免经营风险	加强信息传递和沟通，降低市场开发与技术创新的风险
避免或减少竞争	以合作取代竞争，降低竞争费用，避免过度竞争
实现资源互补	资源共享，优势互补
开拓新的市场	经营范围多样，经营地区扩张（产品增加，市场扩张）
降低协调成本	无需整合（相对于并购）

历年考情

2018年多项选择题第4题考查过战略合作动因的辨析，可以与本题对比学习。

19.百惠公司是一家家居用品生产企业。该公司秉承“简约、环保、舒适、方便”的产品设计和制造理念，精心打造每一款产品，使消费者在市场上以最低价格购买到设计独特、性能和质量优越的同类家居用品，也使百惠公司的市场占有率高居行业首位。下列各项中，属于百惠公司所采用的**竞争战略**的是（　　）。

审题要点

本题关键词是“竞争战略”。业务单位战略又叫竞争战略，根据企业的战略目标和拥有的竞争优势，可以把基本竞争战略划分为成本领先、差异化和集中化三种战略。以低成本取胜的是成本领先战略，以产品独特性取胜的是差异化战略，同时追求低成本和产品特色属于混合战略。

A.成本领先战略　　B.差异化战略

C.集中化战略　　D.混合战略

【本题答案】D

【本题解析】本题考查业务单位战略。“使消费者在市场上以最低价格购买”表明公司采用了成本领先战略，“购买到设计独特、性能和质量优越的同类家居用品”表明公司采用了差异化战略，两者同时采用，属于混合战略，因此选项D正确。

思维拓展

根据企业的战略目标和拥有的竞争优势，可以把基本竞争战略有三种，即成本领先、差异化和集中化，其中集中化战略又细分为集中成本领先和集中差异化两种战略。其特点比较如下：

基本竞争战略类型

类型	战略目标（竞争范围）		竞争优势	
	全产业范围	特定细分市场	被顾客觉察的独特性	低成本
成本领先	√	×	×	√
差异化	√	×	√	×
集中成本领先	×	√	×	√
集中差异化	×	√	√	×

坑点提示

本题的坑点在于考生可能只考虑竞争的一方面特性，如看到题干中“使消费者在市场上以最低价格购买”，就认为采用的是“成本领先战略”，或者注意到“购买到设计独特、性能和质量优越的同类家居用品”，就认为采用的是“差异化战略”。

抢分秘籍

根据题干可以迅速判断百惠公司既采用了成本领先竞争战略，也采用了差异化竞争战略，因本题是单项选择题，因此应选混合战略。

历年考情

竞争战略是非常重要的高频考点。如2021年单项选择题第11题以及2019年单项选择题第7题和本题类似、2021年单项选择题第10题考查了集中化竞争战略的实施条件。

20. 近年来，方红公司的**产品从洗衣液逐渐扩展到多种清洁剂和清洁设备**，公司使命也从“我们提供顾客最满意的洗衣液”变为“我们创造清洁的世界”。这种变化体现了该公司（　　）。

A. 目的的变化　　B. 宗旨的变化

C. 目标的变化　　D. 经营哲学的变化

【本题答案】B

【本题解析】本题考查公司使命的内容。“方红公司的产品从洗衣液逐渐扩展到多种清洁剂和清洁设备”，体现的是经营业务范围的调整，即公司宗旨的变化，因此选项B正确。

> **审题要点**
>
> 本题关键词是“公司使命”。公司使命包括目的、宗旨和经营哲学三个方面，其中公司宗旨的具体内容主要说明公司目前和未来所要从事的经营业务范围。题干中“产品从洗衣液逐渐扩展到多种清洁剂和清洁设备”，表明方红公司的经营业务范围发生了调整，体现了宗旨的变化。

思维拓展

公司的使命主要阐明企业组织的根本性质与存在理由，一般包括目的、宗旨、经营哲学三个方面。公司目的主要说明公司为什么存在，按其存在理由分为营利组织和非营利组织两种。公司宗旨旨在阐述公司长期的战略意向，即公司是做什么的，其具体内容主要说明公司目前和未来所要从事的经营业务范围。经营哲学说明公司具体是怎么做的，是公司为其经营活动方式所确立的价值观、基本信念和行为准则，是企业文化的高度概括。

历年考情

本题与2020年单项选择题第1题考查点相同，可以进行对比复习。

审题要点

本题关键词是“人力资源获取策略”。差异化战略的人力资源获取策略对于招聘新员工来说，其甄选标准强调与公司文化契合。

21.叶丰公司是一家农药生产企业，该公司率先采用生物技术生产的无毒级高效农药，深受种植企业欢迎。目前叶丰公司因业务发展需招聘新员工。下列关于叶丰公司人力资源获取策略的表述中，正确的是（　　）。

A.采用成本低、速度快的方法甄选新员工

B.由人力资源部负责新员工的招聘

C.新员工的甄选标准强调与叶丰公司文化契合

D.新员工的甄选方法以简历和面试为主

【本题答案】C

【本题解析】本题考查人力资源获取策略。题干中“率先采用”一词表明该公司采用的是差异化战略。从人力资源获取策略看，采用差异化战略的公司新员工的甄选标准强调与文化契合，因此选项C正确。选项A、B、D均属于成本领先战略的人力资源获取策略，故均不正确。

思维拓展

高效的招募、甄选与录用人才是企业获得持续竞争优势的关键。人力资源的获取与企业的基本竞争战略密切相关，具体比较如下：

与基本竞争战略相匹配的人力资源获取策略

人力资源获取策略	成本领先	差异化	集中化
关注点	成本低	较为严密	速度快
员工来源	外部	内部	两者兼顾
晋升阶梯	狭窄、不宜转换	广泛、灵活	狭窄、不宜转换
甄选决策	人力资源部	业务部门	结合两者
甄选方法	简历和面试为主	多重方法	心理测试
甄选标准	强调技能	强调与文化契合	结合两者
社会化过程	正式的雇佣和社会化过程	非正式的雇佣社会化过程	结合两者

抢分秘籍

差异化竞争战略的本质是提供特色产品或服务。本题根据“率先采用”一词即可迅速判断出叶丰公司采用的是差异化竞争战略。再根据与基本竞争战略相匹配的人力资源获取策略相关内容，就可以作出正确选择。

历年考情

2021年单项选择题第22题考查了采用差异化战略的公司甄选新员

工的方法，与本题基本类似，可以对比复习。

22.飞象公司是一家洁具生产企业，该公司以产品多样性和销售区域覆盖率为变量对所在产业的所有企业进行分组后，决定率先采取少品种、广覆盖的战略以获取竞争优势。下列关于飞象公司采用上述分析方法的目的的表述中，正确的是（　　）。

A.了解竞争对手的现行战略

B.了解组内企业竞争的主要着眼点

C.了解产业成功关键因素

D.分析和规划企业的业务组合

【本题答案】B

【本题解析】本题考查战略群组分析的目的。“该公司以产品多样性和销售区域覆盖率为变量对所在产业的所有企业进行分组后”，表明公司采用了企业外部环境分析中的战略群组分析方式。战略群组分析的目的或意义包含四个方面：（1）有助于很好地了解战略群组间的竞争状况，主动发现近处和远处的竞争者，也可以很好地了解某一群体与其他群组间的不同；（2）有助于了解各战略群组之间的“移动障碍”；（3）有助于了解战略群组内企业竞争的主要着眼点；（4）利用战略群组图还可以预测市场变化或发现战略机会。因此选项B正确。选项A是企业外部环境分析中的竞争对手分析，选项C是产业环境分析中的成功关键因素分析，选项D是企业内部环境中的业务组合分析，故选项A、C、D均不正确。

审题要点

本题关键词是“分组”。由“以产品多样性和销售区域覆盖率为变量对所在产业的所有企业进行分组”，表明飞象公司对所在产业的企业进行了战略群组划分，结合战略群组分析的四个目的或意义，根据“率先采取少品种、广覆盖的战略以获取竞争优势”可知，其分析目的是为了了解组内企业竞争的主要着眼点。

思维拓展

战略群组是指某一个产业中在某一战略方面采用相同或相似战略，或具有相同战略特征的各公司组成的集团。一般来说，必须选择2~3项相同的战略特征作为划分战略群组的依据。

战略群组分析的意义如下：（1）有助于很好地了解战略群组间的竞争状况，主动发现近处和远处的竞争者，也可以很好地了解某一群体与其他群组间的不同；（2）有助于了解各战略群组之间的“移动障碍”，即从一个战略群组转向另一个战略群组的障碍；（3）有助于了解战略群组内企业竞争的主要着眼点；（4）利用战略群组图还可以预测市场变化或发现战略机会。

抢分秘籍

根据“对所在产业的所有企业进行分组”可以迅速判断飞象公司采用的是战略群组分析的方法，而四个选项中只有B属于战略群组分析的作用之一，因此直接选择B为正确答案。

历年考情

2019年单项选择题第12题考查了“预测市场变化或发现战略机会”这一战略群组分析方法的思路，与本题类似。

23.紫云公司是一家经营连锁高档酒店的企业。2020年，该公司引入中低档酒店的一些经营方式，在不影响服务质量的前提下精简了设施和服务人员，降低了经营成本和收费。此举使紫云公司有效扩大了客户群，增加了收入和利润，为自身的发展开辟了一片蓝海。从蓝海战略重建市场边界的基本法则来看，本案例中紫云公司的做法属于（　　）。

审题要点

本题关键词是“重建市场边界”。蓝海战略重建市场边界有六条法则：（1）审视他择产业；（2）跨跃不同的战略群体看市场；（3）重新界定产业买方群体；（4）放眼互补性产品或服务；（5）重设产业的功能与情感导向；（6）跨跃时间参与塑造外部潮流。

A.审视他择产业

B.跨越战略群组

C.重新界定产业的买方群体

D.放眼互补性产品或服务

【本题答案】B

【本题解析】本题考查蓝海战略重建市场边界的基本法则。“紫云公司是一家经营连锁高档酒店的企业”，表明紫云公司原来提供的是“高价高值”的服务；“2020年，该公司引入中低档酒店的一些经营方式，在不影响服务质量的前提下精简了设施和服务人员，降低了经营成本和收费”，表明紫云公司进行了变革，现在提供的是“中价高值”的服务；“此举使紫云公司有效扩大了客户群，增加了收入和利润，为自身的发展开辟了一片蓝海”，表明紫云公司的变革非常成功。由“高价高值”到“中价高值”，说明是实现了战略群组的跨越，因此选项B正确。连锁高档酒店和中低档酒店属于同一行业的不同战略群组，彼此不属于他择产业，也不属于互补性产品或服务，题干也没有提到对买方群体的界定，故选项A、C、D均不正确。

思维拓展

蓝海战略应遵循六条原则，其中第一条原则就是重建市场边界，从而可以打破现有竞争局面，开创出蓝海。蓝海战略总结了六条重建市场边界的基本法则，被称为六条路径框架，可以概括为“两跨两看两重设”。具体比较如下：

从肉搏式竞争到开创蓝海战略的六条路径

六条路径	肉搏式竞争	开创蓝海战略
产业	专注于产业内的竞争者	审视他择产业
战略群体	专注于战略群体内部的竞争地位	跨跃不同的战略群体看市场
买方群体	专注于更好地为买方群体服务	重新界定产业买方群体
产品或服务范围	专注于在产业边界内将产品或服务的价值最大化	放眼互补性产品或服务
功能—情感导向	专注于产业既定功能—情感导向下性价比的改善	重设产业的功能与情感导向
时间	专注于适应外部发生的潮流	跨跃时间参与塑造外部潮流

坑点提示

本题可能的坑点在于选项D放眼互补性产品或服务。因题干中有“紫云公司是一家经营连锁高档酒店的企业。2020年，该公司，该公司引入中低档酒店的一些经营方式”，“连锁高档酒店”引入“中低档酒店的经营方式”，容易给人一种“互补”的感觉。但仔细探究，这两者依然是同一行业的替代产品或服务，而互补品是指彼此不同但又相互关联的产品，如汽车和维护等。

抢分秘籍

战略群组分析的作用之一是“利用战略群组图可以预测市场变化或发现战略机会”，也就是发现或开辟蓝海市场。本题明确指出“为自身的发展开辟了一片蓝海”，因此紫云公司的做法属于典型的跨越战略群组。

历年考情

海蓝战略是一个非常重要的知识点，但近五年主观题考得较多，客观题考得相对较少。2022年单项选择题第4题考查了执行蓝海战略应遵循的原则，可进行对比复习。

24. 克林医药科技公司拟投资开发一款新型人体健康体外试剂，并对该款试剂的前期研究、临床试验、成品生产、申请上市、市场推广等各个业务环节的潜在风险、风险产生的原因及可能造成的损失，逐一进行了调查分析。下列各项风险管理技术与方法中，属于克林医药科技公司采用的是（　　）。

审题要点

本题关键词是“风险管理技术与方法”。风险管理技术与方法常用的有11种，其特点和实施步骤各不相同。本题“对该款试剂的前期研究、临床试验、成品生产、申请上市、市场推广等各个业务环节的潜在风险、风险产生的原因及可能造成的损失，逐一进行了调查分析”，其做法符合流程图分析法的定义。

A.事件树分析法

B.风险评估系图法

C.流程图分析法

D.马尔科夫分析法

【本题答案】C

【本题解析】本题考查风险管理技术与方法。“对该款试剂的前期研究、临床试验、成品生产、申请上市、市场推广等各个业务环节的潜在风险、风险产生的原因及可能造成的损失，逐一进行了调查分析”，表明公司对该新型人体健康体外试剂流程的每一阶段、每一环节逐一进行了调查分析，从中发现潜在的风险，找出导致风险发生的因素，分析风险产生后可能造成的损失以及对整个组织可能造成的不利影响，这种方法是流程图分析法，因此选项C正确。

思维拓展

风险管理技术与方法有很多，教材中介绍了常见的11种，分成三大类:（1）定性分析方法，包括头脑风暴法、德尔菲法、流程图分析法、风险评估系图法四种;（2）定量分析方法，包括马尔科夫分析法、敏感性分析法、决策树法、统计推论法四种;（3）定性和定量分析方法，包括失效模式、影响和危害度分析法、情景分析法、事件树分析法三种。

抢分秘籍

流程图分析法是唯一一种对业务流程的每一阶段、每一环节逐一进行调查分析的方法。

历年考情

风险管理技术与方法是一个非常重要的高频考点，考查内容包括方法判定、优缺点辨析、适用范围判断等，几乎每年必考，有时候甚至一年考2道题。如2021年多项选择题第3题考查了流程图分析法的优点、2020年单项选择题第6题考查了马尔科夫分析法的判断、2019年单项选择题第5题考查了风险评估系图法的判断、2019年单项选择题第16题考查了敏感性分析法的判断、2018年单项选择题第19题考查了流程图分析法的优缺点和适用情况、2018年多项选择题第12题考查了事件树分析法的优点等，可以结合对比复习。

25. 联众公司是一家主营汽车租赁业务的企业，该公司近期建立了一套**卓越的汽车租赁信息系统**，使该公司服务的范围、效率、便捷与安全程度明显扩大和提高，市场份额增加15%。本案例涉及汽车租赁行业（　　）。

审题要点

本题关键词是“卓越的汽车租赁信息系统”。“卓越的汽车租赁信息系统”是与技能相关的成功关键因素之一。

A. 与分销相关的成功关键因素

B. 与制造相关的成功关键因素

C. 与技能相关的成功关键因素

D. 与市场营销相关的成功关键因素

【本题答案】C

【本题解析】本题考查与技能相关的成功关键因素。“公司近期建立了一套卓越的汽车租赁信息系统”，表明联众公司应用了卓越的信息系统，而卓越的信息系统是与技能相关的成功关键因素之一，因此选项C正确。

思维拓展

成功关键因素（KSF）是指公司在特定市场获得盈利必须拥有的技能和资产。它所涉及的是每一个产业成员所必须擅长的东西，或者说公司要取得竞争和财务成功所必须集中精力搞好的一些因素。

产业成功关键因素的确认必须考虑三个问题：（1）顾客在各个竞争品牌之间进行选择的基础是什么？（2）产业中的一个卖方厂商要取得竞争成功需要什么样的资源和竞争能力？（3）产业中的一个卖方厂商获取持久的竞争优势必须采取什么样的措施？

常见的几种行业关键成功因素

类型	行业关键成功因素
与技术相关	（1）科学研究技能；（2）工艺改进能力；（3）产品革新能力；（4）既定技术上的专有技能；（5）运用因特网发布信息、承接订单、送货或提高服务的能力
与制造相关	（1）低成本生产效率；（2）固定资产很高的利用率；（3）低成本的生产工厂定位；（4）能够获取足够的娴熟劳动力；（5）劳动生产率很高；（6）低成本的产品设计和产品工程（降低制造成本）；（7）能够灵活地生产一系列的模型和规格的产品照顾顾客的订单（柔性生产能力）
与分销相关	（1）强大的批发分销商、特定的经销商网络；（2）能够在零售商的货架上获得充足的空间；（3）拥有自己的分销渠道和网点；（4）分销成本低；（5）物流速度快
与市场营销相关	（1）快速准确的技术支持；（2）礼貌的客户服务；（3）顾客订单的准确满足；（4）产品线和可供选择的产品很宽；（5）商品推销技巧；（6）有吸引力的款式和包装；（7）顾客保修和保险；（8）精明的广告

续表

类型	行业关键成功因素
与技能相关	（1）劳动力拥有卓越的才能；（2）质量控制诀窍；（3）设计方面的专有技能；（4）在某一项具体的技术上专有技能；（5）能够开发出创造性的产品和取得创造性的产品改进；（6）能够使最近构想出来的产品快速地经过研究与开发阶段到达市场上的组织能力；（7）卓越的信息系统；（8）能够快速地对变化的市场环境作出反应；（9）能够娴熟地运用互联网和电子商务的其他侧面来做生意；（10）拥有比较多的经验和诀窍
其他类型	（1）在购买者中间拥有有利的公司形象和声誉；（2）总成本很低；（3）便利的设施选址；（4）公司的职员在与顾客打交道的时候都很礼貌、态度和蔼可亲；（5）能够获得财务资本；（6）专利保护

历年考情

成功关键因素属于考频较高的重要知识内容，如2021年单项选择题第14题考查了与技术相关的成功关键因素、2019年单项选择题第10题考查了产品生命周期成长阶段的成功关键因素等。

26. 良友公司是一家文具制造商，该公司秉承“一切从消费者角度考虑”的理念，不断优化产品设计、选材、工艺流程、包装等环节，打造出深受消费者喜爱的品牌，取得出色的经营业绩和竞争优势。从**决定企业竞争优势的企业资源判断标准**来看，良友公司的竞争优势来源于其拥有的资源的（　　）。

> **审题要点**
> 本题关键词是“决定企业竞争优势的企业资源判断标准”。决定企业竞争优势的企业资源判断标准有四条，分别是资源的稀缺性、不可模仿性、不可替代性和持久性。本题由“良友公司打造出深受消费者喜爱的品牌，取得出色的经营业绩和竞争优势”可知，其竞争优势来源于其拥有的资源的持久性。

A. 稀缺性　　B. 不可模仿性

C. 不可替代性　　D. 持久性

【本题答案】D

【本题解析】本题考查决定企业竞争优势的企业资源判断标准。“该公司秉承‘一切从消费者角度考虑’的理念，不断优化产品设计、选材、工艺流程、包装等环节，打造出深受消费者喜爱的品牌，取得出色的经营业绩和竞争优势”，说明良友公司的竞争优势是其打造的品牌，而品牌资源往往会随着时代的发展不断地升值，由此可见良友公司的竞争优势来源于其拥有的资源具有持久性，因此选项D正确。

思维拓展

决定企业竞争优势的企业资源判断标准有四条，分别是：（1）资源的稀缺性；（2）资源的不可模仿性；（3）资源的不可替代性，如建立在管理层与员工信任基础上的工作关系、一些旅游景点的独特优势很难被其他景点所代替；（4）资源的持久性，指有些资源的贬值速度慢，如百年老字号品牌，甚至一些品牌资源会随着时代的发展在不断升值。

其中，资源的不可模仿性主要有四种形式：①物理上独特的资源，如地理位置好的房产、拥有矿物开采权或拥有法律保护的专利生产技术等；②具有路径依赖性的资源，指那些必须经过长期的积累才能获得的资源，如海尔训练有素的售后服务队伍；③具有因果含糊性的资源，指企业对有些资源的形成原因并不能给出清晰的解释，如企业文化；④具有经济制约性的资源，指企业的竞争对手已具有复制其资源的能力，但因市场空间有限不能与其竞争的情况。

坑点提示

本题的坑点在于选项B不可模仿性。题干中有“公司秉承‘一切从消费者角度考虑’的理念”字样，这个理念容易误认为是“具有因果含糊性的资源”，而这是资源不可模仿性的四种形式之一。仔细辨析可以发现，本题的关键在于“打造出深受消费者喜爱的品牌，取得出色的经营业绩和竞争优势”，重点在“品牌”这一贬值速度较慢的资源上，所以应选D持久性。

抢分秘籍

仔细审题，抓住关键词“品牌”，品牌是具有持久性资源的典型形式。

历年考情

决定企业竞争优势的企业资源判断标准是近年来考试频率较高的一个知识点，如2020年单项选择题第14题和2018年单项选择题第3题均考查了具有路径依赖性这一资源不可模仿性的形式。

二、多项选择题（本题型共16小题，每小题2分，共32分。每小题均有多个正确答案，请从每小题的备选答案中选出你认为正确的答案。每小题所有答案选择正确的得分，不答、错答、漏答均不得分）

1.电脑制造商圣和公司根据生产需要对电脑零部件供应商瑞云公司下达订单，要求瑞云公司把适当数量、适当质量的电脑零部件在适当的时间送达适当的地点。下列各项中，属于圣和公司采用的采购模式的特点的有（　　）。

审题要点

本题关键词是“采购模式”。常用的采购模式有五种，分别为传统采购模式、MRP采购模式、JIT采购模式、VMI采购模式和数字化采购模式。本题的关键是需要根据题干先判断出具体的采购模式类型，然后再确定其相应的特点。

A.采购管理的科学性、便捷性、精细性、准确性空前提高，“降本增效”极为显著

B.企业与供应商之间按照利益共享、风险共担的原则，协商确定对相关管理费用的分担比例

C.企业与供应商建立长期稳定的合作关系

D.采购批量小，送货频率高

【本题答案】CD

【本题解析】本题考查JIT采购模式的特点。“要求瑞云公司把适当数量、适当质量的电脑零部件在适当的时间送达适当的地点”，表明圣和公司采用的是JIT采购模式。该模式的特点有：（1）供应商数量少甚至是单一供应商；（2）企业与供应商建立长期稳定的合作关系；（3）采购批量小，送货频率高；（4）企业与供应商都关心对方产品的改进和创新，并主动协调、配合；信息共享快速可靠。故选项C、D正确；选项A是数字化采购模式的特点，选项B是VMI采购模式的特点，故选项A、B不选。

思维拓展

采购模式类型有五种，分别为传统采购模式、MRP采购模式、JIT采购模式、VMI采购模式和数字化采购模式。采购模式经历了由传统到现代、由低级到高级的发展过程，其类型和特点如下：

采购模式的类型及特点

类型	特点	具体做法
传统采购模式	（1）双方信息沟通不够充分有效，甚至有意隐瞒信息； （2）双方只是简单的供需关系，缺少其他方面的合作； （3）以补充库存为目的，缺少对生产需求及市场变化的考虑，因而经常造成库存积压或供不应求，影响企业生产经营正常进行； （4）管理简单、粗放，采购成本居高不下	以期末库存为依据，采购部门制定采购计划，经审批后进行采购
MRP采购模式	（1）生产计划和采购计划十分精细； （2）采购计划的计算、编制非常复杂，计算量巨大，需要借助算机技术进行	以生产为导向，采购部根据生产计划制定采购计划，发出采购订单
JIT采购模式	（1）供应商数量少甚至是单一供应商； （2）企业与供应商建立长期稳定的合作关系； （3）采购批量小，送货频率高； （4）企业与供应商都关心对方产品的改进和创新，并主动协调配合；信息共享快速可靠	精准地满足生产需要—即按需要的数量、质量、地点、时间、规格型号采购

续表

类型	特点	具体做法
VMI采购模式	（1）双方建立了长期稳定的深层次合作关系； （2）打破了以往各自为政的采购和库存管理模式，供应商通过共享信息，及时制定并实施正确有效的补货策略，极大地节约了供货成本； （3）双方按照利益共享、风险共担的原则，协商确定对相关管理费用和意外损失的分担比例以及库存改善带来的新增利润的分成比例	供应商管理库存，确定最佳库存量，控制库存水平
数字化采购模式	（1）建立了自动识别、彼此认知、直接交易、高度契合的新型合作关系； （2）自动化技术淘汰了人工操作，创新并优化了流程； （3）采购管理的科学性、便捷性、精细性、准确性空前提高，“降本增效”极为显著	采购全流程智慧管理，各环节实现自动化、可视化、标准化和可控化

坑点提示

题干中有“根据生产需要”字样，容易和MRP采购模式混淆。两者均是根据生产需要制定的采购计划，但MRP采购模式是以生产为导向，根据生产计划中的产品数量、结构和库存情况，计算推导出需要购买的各种原材料、零部件数量以及进货时间，据此编制采购计划，按照采购计划向供应商发出订单。JIT采购模式又称准时化采购，是指企业根据自身生产需要对供应商下达订单，要求供应商把适当数量、适当质量的物品在适当的时间送达适当的地点。两者相比，JIT采购模式强调“在需要的时候，按需要的数量和质量，采购所需要的物品”，因而能使企业库存量降到最小，大大减少相关采购和仓储费用，加快企业资金周转。

抢分秘籍

本题单纯考知识点的识记。首先应判断出属于JIT采购模式，可以根据JIT采购模式的特点采用直接法选出正确答案为CD；也可以根据排除法选出正确答案，因JIT采购模式核心在于“精准地满足生产需要”，使企业库存量降到最小，降低采购、仓储费用和存货占用资金，所以不可能“与供应商之间利益共享、风险共担，协商相关管理费用的分担”；此外，JIT采购模式理念和应用时代较早（20世纪五六十年代），不可能做到“采购管理的科学性、便捷性、精细性、准确性空前提高”，这是应用了最新的人工智能、物联网、云端协同等技术的数字化采购模式才能实现的，所以选项A、B都不合适，只有选项C、D正确。

历年考情

采购战略的采购模式为2022年教材新增知识点。

2. 2022年受疫情影响，金属构件生产商青江公司员工出现短缺，面临向水泵生产商西陇公司供货延误的风险。青江公司以遭遇不可抗力为由请求西陇公司同意延期并免责，被西陇公司回绝。后经谈判，西陇公司派人与青江公司员工一起加班加点，所需费用由青江公司承担。此举保证了青江公司如期供货。本案例中，西陇公司处理矛盾与冲突所采用的行为模式有（　　）。

审题要点

本题关键词是“处理矛盾与冲突”。利益相关者在处理矛盾与冲突时的权力运用，根据坚定性程度的高低和合作性程度的大小两个变量表现特性的组合，结合形成五种行为模式。

A. 和解　　B. 协作

C. 规避　　D. 对抗

【本题答案】BD

【本题解析】本题考查利益相关者对待矛盾与冲突的行为模式。“青江公司以遭遇不可抗力为由请求西陇公司同意延期并免责，被西陇公司回绝”，体现的是西陇公司在处理矛盾与冲突时采取了“对抗”这一模式，选项D正确；“后经谈判，西陇公司派人与青江公司员工一起加班加点，所需费用由青江公司承担”，体现的是西陇公司采取了“协作”这一模式，选项B正确。故本题选B、D。

思维拓展

用坚定性和合作性两维坐标来描述某一利益相关者在企业战略决策与实施过程中的行为模式，可以把利益相关者对待矛盾与冲突的行为模式分为五种类型，即对抗、和解、协作、折中和规避。

利益相关者对待矛盾与冲突的行为模式

行为模式	含义	坐标	表现
对抗	不考虑对方要求，迫使对方彻底就范	坚定＋不合作	坚决抵抗，绝不妥协
和解	牺牲自己，设法满足对方的要求	不坚定＋合作	委屈求全，单方让步
折中	讨价还价，达成双方都能接受的协议	中等坚定＋中等合作	相互妥协，双方让步
协作	考虑双方利益，寻求利益最佳结合点	坚定＋合作	找共同点，皆大欢喜
规避	通过调整或撤出来躲避冲突	不坚定＋不合作	惹不起，躲得起

坑点提示

本题西陇公司在处理矛盾与冲突时先采取对抗模式，后采取协作模式。前一种行为模式没有歧义，但后一种行为模式因题干有“经谈判……”字样，容易和折中混淆。折中模式是通过各方利益相关者之间的讨价还价，相互作出让步，达成双方都能接受的协议，强调的是“双方相互作出让步”。本题虽经谈判，但达成的结果是“西陇公司派人与青江公司员工一起加班加点，所需费用由青江公司承担”，由此可见，西陇公司并未作出利益让步，仅是派人帮助清江公司，保证青江公司如期供货，所需费用由青江公司单方承担，故属于协作而不是折中模式。

抢分秘籍

利益相关者处理矛盾与冲突的行为模式有两个维度、五种类型。两个维度是坚定性程度的高低和合作性程度的大小。本题为多项选择题，从排除法来考虑，西陇公司一没有作出让步，二没有躲避冲突，故不能选A和C；从直接法来看，西陇公司态度很坚定，凭此一点可直接判定选项B、D为正确答案。

历年考情

利益相关者对待矛盾与冲突的行为模式是近年来考试频率较高的一个知识点，如2020年单项选择题第23题、2018年单项选择题第24题、2015年单项选择题第10题考查过战略决策与实施过程中的行为方式。

3.科晶公司原是国内一家实行纵向一体化的光伏企业，面对不断进入中国市场的跨国光伏巨头的巨大竞争压力，该公司于2019年与竞争优势明显的K国光伏企业曼威公司进行合作，采用对方的先进技术，专注于生产高效率光伏组件，并进军竞争激烈的国际市场，成为大部分购买者的首选品牌。从**新兴市场本土企业战略**选择的角度看，科晶公司实施的战略有（　　）。

审题要点

本题关键词是“新兴市场本土企业战略”。根据产业全球化程度的高低和本土企业的优势资源是否可以向海外移植两个变量特性的表现，可以把本土企业划分为四种角色，分别对应四种战略选择。

A.防御者战略　　B.躲闪者战略

C.抗衡者战略　　D.扩张者战略

【本题答案】BC

【本题解析】本题考查国际化经营战略之新兴市场的本土企业战略。“与竞争优势明显的K国光伏巨头曼威公司进行合作……专注于生产高效率光伏组件”，表明该公司采用了躲闪者战略，选项B正确；“采用对方的先进技术，专注于生产高效率光伏组件，并进军竞争激烈的国际市场，成为大部分购买者的首选品牌”，表明该公司来用了抗衡者战略，选项C正确。故本题正确答案为B、C。

思维拓展

新兴市场的本土企业一方面面临着全球化竞争压力，另一方面拥有着独特的本土优势资源。如果把这两个变量作为两个维度坐标，可以构建起一个战略选择矩阵，对应着本土企业的四种角色定位和四种战略选择。

新兴市场本土企业战略选择

角色	矩阵特点	战略选择	表现
防御者	全球化压力小+资源本土化	利用本土优势进行防御	守好本土市场
扩张者	全球化压力小+资源可移植海外	向海外延伸本土优势	谨慎出击海外
躲闪者	全球化压力大+资源本土化	避开跨国公司的冲击	合资合作、出售、专注细分市场、生产互补品
抗衡者	全球化压力大+资源可移植海外	在全球范围内对抗	寻标杆、定市场、找突破、学技能、获资源

坑点提示

题干中有“进军竞争激烈的国际市场”，容易误判为扩张者战略。抗衡者战略和扩张者战略均有向海外移植本土优势从而进军国际市场的做法，但前者在本土面临的国际化竞争压力大，后者在本土面临的国际化竞争压力小，前者有被动应对不得已而为之，后者则有积极进军国际市场主动参与竞争的意味，故根据题意应判定为抗衡者战略。

抢分秘籍

新兴市场的本土企业战略矩阵有两个维度，即产业的全球化程度高低和本土企业优势资源是否可以向海外移植。本题题干有“面对不断进入中国市场的跨国光伏巨头的巨大竞争压力”字样，说明该产业的全球化程度较高，本土企业面临的全球化竞争压力较大；又因本题为多项选择题，故可以直接选出正确答案为B、C。

历年考情

新兴市场的本土企业战略是近年来的高频考点，如2020年单项选择题第9题、2018年单项选择题第23题考查过新兴市场国家本土企业选择的战略类型，2019年单项选择题第9题、2016年单项选择题第5题考查过新兴市场国家本土企业的角色定位。

4.冠森公司是一家地板生产商，拟在K国投资建立生产基地，并对K国的相关情况作出下列分析，其中符合钻石模型分析要求的有（　　）。

A. K国森林资源丰富，木材加工业发达

B. K国政府积极鼓励外资进入该国

C. K国经济发展较快，消费结构不断升级

D. K国地板生产企业数量较多，价格战激烈

【本题答案】AD

【本题解析】本题考查钻石模型四要素。选项A属于生产要素，选项B属于PEST分析中的政治和法律因素，选项C属于PEST分析中的经济因素，选项D属于同业竞争，因此选项A、D正确，选项B、C错误。

审题要点

本题关键词是“钻石模型”。钻石模型包括四个要素：生产要素、需求条件、相关与支持性产业、企业战略、企业结构和同业竞争。本题的关键是正确判断四个选项中有哪些属于这四个要素，要能准确区分钻石模型四要素和PEST模型四因素。

思维拓展

钻石模型包括四个要素：生产要素、需求条件、相关与支持性产业、企业战略、企业结构和同业竞争。

坑点提示

本题的坑点在于选项C“K国经济发展较快，消费结构不断升级”，其属于PEST模型中的经济环境因素，但可能会误认为因经济发展较快，消费结构不断升级，对地板产生较强的需求，从而认为这是“需求条件”。

抢分秘籍

钻石模型四要素经常和PEST模型四因素放在一起考查，考生只要熟悉四要素和四因素，便能对两者加以准确辨析。

历年考情

钻石模型四要素是近年来考试频率较高的一个知识点，如2020年多项选择题第13题、2019年多项选择题第7题、2018年单项选择题第2题均考查了钻石模型四要素，与本题完全一致，可以对比复习。

5. 万丰公司是一家经营连锁汽车修理店的企业，自2017年起通过快速扩张将店面数量增加了一倍以上，市场份额一度跃居行业首位，同时将业务扩展到汽车零部件加工、二手车交易等领域，但由于管理滞后和相关技术人才短缺，该公司的业绩表现不佳。2021年，万丰公司入不敷出，被其竞争对手兼并。从零散产业谨防潜在的战略陷阱角度看，

审题要点

本题关键词是“零散产业”。零散产业谨防潜在的战略陷阱有五个，包括：（1）避免寻求支配地位；（2）保持严格的战略约束力；（3）避免过分集权化；（4）了解竞争者的战略目标与管理费用；（5）避免对新产品作出过度反应。由“通过快速扩张……市场份额一度跃居行业首位”“业务扩展到汽车零部件加工、二手车交易等领域”可知，万丰公司未能避免寻求支配地位，也未能保持严格的战略约束力。本题的关键在于根据题干识别出四个选项中的陷阱。

万丰公司在进行战略选择时未能（　　）。

A.避免寻求支配地位

B.保持严格的战略约束力

C.避免过分集权化

D.了解竞争者的战略目标

【本题答案】AB

【本题解析】本题考查零散产业谨防潜在的战略陷阱。万丰公司虽然通过快速扩张，使市场份额一度跃居行业首位，但由于管理滞后和相关技术人才短缺，后期业绩表现不佳乃至入不敷出，被竞争对手兼并，表明万丰公司未能避免寻求支配地位，选项A正确；万丰公司将业务扩展到汽车零部件加工、二手车交易等领域，表明万丰公司没有集中或专注于汽车修理业务，即未能保持严格的战略约束力，选项B正确。因此选A、B。

思维拓展

零散产业是指产业集中度很低的产业，在该产业中没有任何企业占有显著的市场份额，也没有任何一个企业能对整个产业的发展产生重大的影响。

1.造成产业零散的原因

产业零散主要来源于产业本身的基础经济特性，体现在以下四个方面：

（1）进入障碍低或存在退出障碍；

（2）市场需求多样导致高度产品差异化；

（3）不存在规模经济或难以达到经济规模；

（4）其他因素，如政府政策和地方法规对某些产业集中的限制以及一个新产业中还没有企业掌握足够的技能和能力以占据重要的市场份额等。

2.零散产业的战略选择

从三种基本竞争战略的角度出发，零散产业的战略选择可以分为三类：

（1）克服零散—获得成本优势。包括三条途径：①连锁经营或特许经营；②技术创新以创造规模经济；③尽早发现产业趋势。

（2）增加附加价值—提高产品差异化程度。

（3）专门化—目标集聚。包括：①产品类型或产品细分的专门化；

②顾客类型专门化，即专注于产业中一部分特定顾客；③地理区域专门化，即专注于小的地域范围。

3.谨防潜在的战略陷阱

（1）避免寻求支配地位；（2）保持严格的战略约束力；（3）避免过分集权化；（4）了解竞争者的战略目标与管理费用；（5）避免对新产品作出过度反应，即要慎重开发新产品。

历年考情

零散产业是近年来考试频率非常高的重要知识点，如2021年多项选择题第5题考查了零散产业的战略选择、2020年单项选择题第17题和2018年单项选择题第11题考查了零散产业谨防潜在的战略陷阱、2019年多项选择题第6题和2018年多项选择题第8题考查了产业零散的原因。

6.德康公司是一家主营大型港口设施研发和制造的企业，其内部治理结构采取双层董事会制。下列各项关于德康公司内部治理结构模式和相关经营活动的表述中，正确的有（　　）。

A.董事会和监事会共同作出公司重大决策

B.监事会、董事会分别行使监督、管理职能

C.董事会与监事会是平行机构

D.监事与董事不得兼任

审题要点

本题关键词是"公司内部治理结构"。公司内部治理结构有三种模式：单层董事会制、双层董事会制和复合结构制。三者的区别在于内部治理结构的四类主体即股东大会、董事会、监事会和经理层责权利的相互制衡。双层董事会制下股东大会是最高权力机构，监事会是决策和监督机构，董事会是执行机构，且监事与董事不得兼任。

【本题答案】BD

【本题解析】本题考查公司内部治理结构模式。双层董事会制一般设置一个由非执行董事会成员组成的监事会和完全由执行董事组成的管理董事会，且监事会的权力在董事会之上，监事会具有任命和监督董事会成员的权力。这种治理结构模式下，监事会、董事会分别行使监督、管理职能，监事与董事不得兼任。因此选项B、D正确。因单层董事会制不设监事会，复合结构制下董事会行使决策权，监事会行使监督权，因此选项A错误；复合结构制下董事会与监事会是平行机构，因此选项C错误。

思维拓展

公司内部治理结构是指主要涵盖股东大会、董事会（监事会）、高级管理团队以及公司员工之间责权利相互制衡的制度体系。

依据董事会权责特征和其他监督机构与董事会的权责关系，可将公司内部治理结构划分为单层董事会、双层董事会和复合结构制三种模

式。不同模式公司内部治理结构的股东会、董事会、监事会和经理层的设置、组成和功能有所不同。

公司内部治理结构模式

模式	特征	典型代表国家
单层董事会制	最高权力机关：股东大会 决策、监督机构：董事会 执行机构：经理人员	英国、美国
双层董事会制	最高权力机关：股东大会 决策、监督机构：监事会 执行机构：董事会（管理委员会）	德国
复合结构制	最高权力机构：股东大会 决策、监督机构：董事会 监督机构：独立监察人（监事会） 执行机构：经理人员	中国、日本、韩国

坑点提示

本题的坑点在于选项A董事会和监事会共同作出公司重大决策，本身就不正确，单层董事会制、双层董事会制、复合结构制三种模式均无此特征。

抢分秘籍

比较公司内部治理结构三种模式可以发现，只有双层董事会制下董事会是执行机构而不是决策机构，监事会既是决策机构又是监督机构，所以可以直接排除选项A、C，从而选出正确答案B、D。

历年考情

公司内部治理结构模式是2022年修订新增加的内容。

审题要点

本题关键词是“核心能力”。企业的能力主要有五种，即研发能力、生产管理能力、营销能力、财务能力和组织管理能力。辨别企业能力是否属于核心能力的关键性测试有三项：（1）它对顾客是否有价值？（2）它与企业竞争对手相比是否有优势？（3）它是否很难被模仿或复制？本题的关键是首先要明确四个选项是否属于企业的能力，其次才是判断是否符合三个关键性测试。

7. G国的尼克公司在动力机械研发和制造领域拥有多年积累起来的核心能力。依据辨别企业能力是否属于核心能力的关键性测试，下列各项中，能够体现尼克公司核心能力的有（　　）。

A. 尼克公司产品的市场占有率长期位居行业第一

B. 尼克公司通过持续的产品创新给客户带来超过预期的价值

C. 尼克公司生产的多种气压和液压动力机械品牌享誉世界

D. 尼克公司具有其他企业难以模仿或复制的多种技术组合创新能力

【本题答案】BD

【本题解析】本题考查核心能力的关键性测试。辨别企业能力是否属于核心能力的关键性测试有三项：（1）它对顾客是否有价值？（2）它与企业竞争对手相比是否有优势？（3）它是否很难被模仿或复制？选项B中“持续的产品创新”属于研发能力，“给客户带来超过预期的价值”符合“对顾客有价值”，选项D中“多种技术组合创新能力”也属于研发能力，“其他企业难以模仿或复制”符合“很难被模仿或复制”，因此选项B、D正确。选项A、C均不属于企业的能力，故不正确。

思维拓展

企业能力是指企业配置资源，发挥其生产和竞争作用的能力。它来源于企业有形资源、无形资源和人力资源的整合。企业能力主要由研发能力、生产管理能力、营销能力、财务能力和组织管理能力组成等。

企业的主要能力

类型	内容
研发	（1）研发计划；（2）研发组织；（3）研发过程；（4）研发效果
生产管理	（1）生产过程；（2）生产能力；（3）库存管理；（4）人力资源管理；（5）质量管理
营销	（1）产品竞争能力；（2）销售活动能力；（3）市场决策能力
财务	（1）资金筹集能力；（2）使用和管理资金的能力
组织管理	（1）职能管理体系的任务分工；（2）岗位责任；（3）集权和分权的情况；（4）组织结构；（5）管理层次和管理范围的匹配

辨别企业能力是否属于核心能力的关键性测试有三项：（1）它对顾客是否有价值？（2）它与企业竞争对手相比是否有优势？（3）它是否很难被模仿或复制？

坑点提示

本题的坑点在于选项A“尼克公司产品的市场占有率长期位居行业第一”。市场占有率长期位居行业第一，说明产品的市场地位强大，而产品的市场地位属于产品竞争能力的体现，产品竞争能力属于企业的营销能力，因此有可能认为选项A也是正确答案。但是否属于核心能力首先要看是否属于企业的能力，其次要看是否符合三个关键性测试。选项A并不满足或符合三个关键性测试，因此不是正确答案。

抢分秘籍

牢牢记住核心能力的关键性测试标准，对顾客有价值、比竞争对手有优势、难以被复制或模仿，即可直接选出正确答案。

历年考情

该知识点已在2023年教材中删除。

8.佳园公司是一家主营生鲜食品连锁超市的企业。该公司在采购中采用产地速冻、向供应商提供专用保鲜容器等技术与方法，有效降低了采购品在流通中的损耗，提高了销售品的质量，由此取得明显的竞争优势。从企业资源能力的价值链分析来看，下列各项表述中，符合佳园公司的上述做法的有（　　）。

审题要点

本题关键词是“价值链分析”。企业资源能力的价值链分析要明确以下三点：（1）确认那些支持企业竞争优势的关键性活动；（2）明确价值链内各种活动之间的联系；（3）明确价值系统内各项价值活动之间的联系。本题的关键在于辨析四个选项中有哪些符合这三点。

A.确认那些支持企业竞争优势的关键性活动

B.明确价值链内各种活动之间的联系

C.确认价值系统内基本活动与支持活动之间的联系

D.明确价值系统内各项价值活动之间的联系

【本题答案】ABD

【本题解析】本题考查企业资源能力的价值链分析。企业资源能力的价值链分析要明确以下三点：（1）确认那些支持企业竞争优势的关键性活动；（2）明确价值链内各种活动之间的联系；（3）明确价值系统内各项价值活动之间的联系。因此选项A、B、D正确。

思维拓展

企业资源能力的价值链分析要明确以下三点：

（1）确认那些支持企业竞争优势的关键性活动。价值链的每项活动，都是企业成功所必经的环节；但是这些活动给组织带来的竞争优势是不同的，在关键价值活动的基础上建立和强化这种优势很可能获得成功。事实上，该关键性活动就是企业独特能力的一部分。

（2）明确价值链内各种活动之间的联系。价值链中基本活动之间、支持活动之间、基本活动与支持活动之间选择或构筑最佳的联系方式对于提高价值创造和战略能力十分重要。

（3）明确价值系统内各项价值活动之间的联系。价值活动的联系不仅存在于企业价值链内部，而且存在于企业与企业的价值链之间。价值系统内包括供应商、分销商和客户在内的各项价值活动之间的许多联系，战略联盟的发展正是基于上述思路。

历年考情

近五年来，关于企业资源能力的价值链分析的考查较少，2022年是第一次考查。

9.东方保险公司制定了完善的风险管理制度。该公司制定的下列风险管理制度中，属于**风险管理策略组成部分**的有（　　）。

A.确定公司的风险偏好和风险承受度

B.主要采用风险规避、风险控制、风险转移、风险补偿等风险管理工具

C.重点管理承保、理赔等业务环节的风险

D.合理配置人、财、物等各类风险管理资源

【本题答案】ABD

【本题解析】本题考查风险管理策略组成部分。风险管理策略的组成部分包括四部分内容：（1）风险偏好和风险承受度（选项A符合）；（2）全面风险管理的有效性标准；（3）风险管理策略工具的选择（选项B符合）；（4）风险管理的资源配置（选项D符合）。因此选项A、B、D正确。

审题要点

本题关键词是“风险管理策略”。风险管理策略组成部分包括：（1）风险偏好和风险承受度；（2）全面风险管理的有效性标准；（3）风险管理策略工具的选择；（4）风险管理的资源配置。本题的关键在于辨析四个选项中有哪些符合上述四个组成部分内容。

思维拓展

风险管理策略是指企业根据自身条件和外部环境，围绕企业发展战略，确定风险偏好、风险承受度、风险管理有效性标准，选择风险承担、风险规避、风险转移、风险转换、风险对冲、风险补偿、风险控制等适合的风险管理工具，并确定风险管理所需人力和财力资源的配置原则的总体策略。

因此，风险管理策略的组成部分包括四部分内容：

（1）风险偏好和风险承受度。即明确公司要承担什么风险、承担多少风险。

（2）全面风险管理的有效性标准。即明确怎样衡量风险管理工作的成效。

（3）风险管理策略工具的选择。即明确怎样管理重大风险。

（4）风险管理的资源配置。即明确如何安排人力、财力、物资、外部资源等风险管理资源。

历年考情

风险管理策略是非常重要的高频考点，但考查的大多是风险管理策略工具，对于风险管理策略组成部分考查较少，近五年来2022年是第一次考查。

10.德宝公司是一家从事海洋石油勘探与开采的企业。该公司自筹

审题要点

本题关键词是"风险理财措施"。风险理财措施主要包括两大类：损失事件管理和套期保值。其中，损失事件管理包括风险资本、应急资本、保险和专业自保等措施。由"公司自筹资金成立了一家为母公司提供保险服务的子公司，该子公司也可以通过租借方式承保其他公司的保险"，这是专业自保。专业自保公司的优点包括：降低运营成本；改善公司现金流；保障项目更多；公平的费率等级；保障的稳定性；直接进行再保险；提高服务水平；减少规章的限制；国外课税扣除和流通转移。缺点包括：提高内部管理成本；增加资本投入；损失储备金不足；减少其他保险的可得性。本题的关键在于首先根据题干判断出德宝公司采用的是专业自保这种风险理财措施，其次辨析四个选项中哪些属于专业自保的优点和缺点。

资金成立了一家为母公司提供保险服务的子公司，该子公司也可以通过租借方式承保其他公司的保险。下列关于德宝公司采用的**风险理财措施**的表述中，正确的有（　　）。

A.降低运营成本　　　　B.保障项目少

C.减少规章的限制　　　D.提高内部管理成本

【本题答案】ACD

【本题解析】本题考查专业自保风险理财措施的优缺点。"该公司自筹资金成立了一家为母公司提供保险服务的子公司，该子公司也可以通过租借方式承保其他公司的保险"，表明该公司采用的是专业自保。专业自保公司的优点包括：降低运营成本；改善公司现金流；保障项目更多；公平的费率等级；保障的稳定性；直接进行再保险；提高服务水平；减少规章的限制；国外课税扣除和流通转移；缺点包括：提高内部管理成本；增加资本投入；损失储备金不足；减少其他保险的可得性。因此选项A、C、D正确，选项B错误。

思维拓展

风险理财是指用金融手段管理风险。风险理财措施主要包括两大类：损失事件管理和套期保值。其中，损失事件管理包括风险资本、应急资本、保险和专业自保等风险理财措施。

（1）特点：由被保险人所有和控制，要承保其母公司的风险，但可以通过租借的方式承保其他公司的保险，不在保险市场上开展业务。

（2）优点：降低运营成本、改善公司现金流、保障项目更多、公平的费率等级、保障的稳定性、直接进行再保险、提高服务水平、减少规章的限制、国外课税扣除和流通转移。

（3）缺点：提高内部管理成本、增加资本与投入、损失储备金不足、减少其他保险的可得性。

历年考情

风险理财措施是近年来考试频率较高的一个知识点，如2021年单项选择题第4题考查了套期保值、2020年单项选择题第24题和2019年单项选择题第19题考查了风险资本、2020年单项选择题第12题考查了专业自保的优点、2018年单项选择题第1题考查了应急资本等，可以结合起来对比复习。

11.宇森公司是一家机器人生产商，该公司于2019年宣布试制成功世界上首款可广泛用于航天探测、海洋打捞救援、森林灭火等领域的新型多功能机器人，但这款新型机器人的性能和可靠性还有待市场检验。从**探索战略创新的不同方面**来看，上述宇森公司宣布的内容涉及（　　）。

A.创新的新颖程度

B.创新的基础产品和产品家族

C.创新的层面

D.创新生命周期

【本题答案】ABCD

【本题解析】本题考查探索战略创新的不同方面。"试制成功世界上首款"，说明了创新的新颖程度，选项A正确；"可广泛用于航天探测、海洋打捞救援、森林灭火等领域的新型多功能机器人"，说明了创新的基础产品和产品家族（机器人是基础产品，多功能、广泛用于多种领域的机器人是产品家族），选项B正确，同时也说明了创新发生在架构层面，选项C正确；"性能和可靠性还有待市场检验"，说明了创新处于流变阶段，选项D正确。因此选项A、B、C、D均正确。

审题要点

本题关键词是"战略创新"。探索战略创新的不同方面包括四方面的内容：（1）创新的新颖程度—渐进性还是突破性；（2）创新的基础产品和产品家族；（3）创新的层面—在组件层面还是架构层面；（4）时机—创新生命周期，流变、过渡和成熟三个阶段。本题的关键在于根据题干逐一判断是否体现了四个选项的内容。

思维拓展

探索战略创新的不同方面

不同方面	具体类型	特点
创新的新颖程度	渐进性创新	渐进方式；持续、稳步变化；发生在某些时点，影响某些部分
	突破性创新	非连续方式；全面性变化；影响整个体系
创新的产品	基础产品	某个稳健的基础平台
	产品家族	可以扩展的产品家族
创新的层面	组件层面	只涉及单一技术的产品、服务的局部创新
	架构层面	涉及多种技术的产品、服务的整体性、系统性创新
创新的时机	流变阶段	探索、不确定、灵活；新旧技术共存，且两者快速提高
	过渡阶段	主导设计；侧重点转向模仿和开发；关注产品差异化
	成熟阶段	标准化、整合；注意力转向合理化、规模经济和流程创新；定制化

历年考情

战略创新是2021年新修订增加的内容，但近两年来考查较多，如2022年单项选择题第11题考查了创新生命周期各阶段的产业创新的驱动因素、2021年单项选择题第8题考查了创新管理的主要过程、2021年

审题要点

本题关键词是"衡量市场营销业绩"。"采用销售量及其年增长率、市场份额、主要客户数量及其年增长率等指标衡量该公司的市场营销业绩"，是用非财务衡量指标来衡量和评价市场营销业绩的方法。使用该方法原因有七条，同时有三条局限性。本题的关键在于首先要能根据相关指标正确判断出英利公司使用的是非财务衡量指标方法，其次要熟悉该方法的七个使用原因和三个局限性。

单项选择题第24题考查了创新型组织组成要素等，可以结合起来学习。

12. 建筑玻璃生产商英利公司采用销售量及其年增长率、市场份额、主要客户数量及其年增长率等指标**衡量该公司的市场营销业绩**。下列各项中，属于英利公司采用上述做法的原因的有（　　）。

A. 比使用财务衡量指标提供企业业绩信息更为及时

B. 有利于避免短期行为

C. 能够激励、控制对财务结果无任何责任的人员

D. 能够避免外部环境中某些因素的变化造成不能真实衡量和反映企业业绩

【本题答案】ABC

【本题解析】本题考查企业业绩的非财务衡量指标。"采用销售量及其年增长率、市场份额、主要客户数量及其年增长率等指标衡量该公司的市场营销业绩"，说明英利公司采用了非财务指标衡量、评价企业业绩。使用非财务衡量指标的主要原因有：①能够反映和监控非财务方面的经营业绩；②通常比使用财务衡量指标提供企业业绩信息更为及时（选项A正确）；③容易被非财务管理人员理解并使用；④有利于激励企业高管关注财务因素之外的因素甚至决定企业成败的战略因素；⑤一些衡量企业长期业绩的非财务指标有利于避免短期行为（选项B正确）；⑥往往需要同时采用定性和定量方法进行分析和衡量，因此能够更好地反映企业业绩的真实情况；⑦激励、控制的人员范围较广，覆盖了对财务结果无任何责任的人员（选项C正确）。因此选项A、B、C正确。使用非财务衡量指标"难以避免外部环境中某些因素的变化，造成不能客观、真实地衡量和反映企业业绩"，这是其局限性之一，因此选项D错误。

思维拓展

非财务衡量指标是基于非财务信息的业绩衡量指标。

1. 常用的非财务衡量指标

非财务衡量指标

评价领域	业绩计量指标
服务	诉讼数量、客户等待时间
人力资源	员工周转率、旷工时间、每位员工的培训时间
市场营销	销量增长、市场份额、客户数量
生产	工艺、流程先进性；质量标准

续表

评价领域	业绩计量指标
研发	技术专利数量和等级、设计创新能力
物流	设备利用能力、服务水平
广告	属性等级、成本水平
管理信息	及时性、准确度

2.使用非财务指标衡量、评价企业业绩的原因

（1）能够反映和监控非财务方面的经营业绩；（2）通常比使用财务衡量指标提供企业业绩信息更为及时；（3）容易被非财务管理人员理解并使用；（4）有利于激励企业高管关注财务因素之外的因素甚至决定企业成败的战略因素；（5）一些衡量企业长期业绩的非财务指标有利于避免短期行为；（6）往往需要同时采用定性和定量方法进行分析和衡量，因此能够更好地反映企业业绩的真实情况；（7）激励、控制的人员范围较广，覆盖了对财务结果无任何责任的人员。

3.使用非财务指标衡量、评价企业业绩的局限性

（1）不能使用统一的比率标准，因此不容易发现业绩变化或进行业绩比较；（2）指标通常产生于各个经营部门并被他们分别使用，不能作为所有部门的共同业绩目标，即企业整体性业绩目标；（3）难以避免外部环境中某些因素的变化，造成不能客观、真实地衡量和反映企业业绩。

历年考情

2020年多项选择题第6题考查了财务衡量指标方法的局限性，可与本题结合对比学习。

13.百利公司是一家生产以皮革、尼龙、合成革为材料的多种日用品的企业。面对人们消费结构的升级和市场趋冷，该公司采用收缩战略，将以皮革为材料的日用品生产业务出售给另一家企业，同时引进以生物提取合成物为材料的日用品生产线进行生产。下列各项中，属于百利公司采用的收缩战略的方式有（　　）。

A.紧缩与集中战略　　B.转向战略

C.放弃战略　　D.重组战略

【本题答案】BC

【本题解析】本题考查收缩战略的方式。“将以皮革为材料的日用

审题要点

本题关键词是“收缩战略”。收缩战略有三种方式：（1）紧缩与集中战略，包括：①机制变革；②调整财政和财务战略；③削减成本战略。（2）转向战略，包括：①重新定位或调整现有的产品或服务；②调整营销策略。（3）放弃战略，包括特许经营、分包、卖断、管理层杠杆收购、拆产为股/分拆。本题的关键在于准确判断百利公司的做法符合四个选项中哪些选项。

品生产业务出售给另一家企业”，表明采用了放弃战略中的卖断方式，选项C正确；“引进以生物提取合成物为材料的日用品生产线进行生产”，表明采用了转向战略中的重新定位或调整现有的产品和服务，选项B正确。因此正确答案为B、C。

思维拓展

收缩战略又称为撤退战略，是指企业从目前的经营领域和基础上收缩，在一定时期内缩小原有经营范围和规模的一种战略，通常是那些没有发展前途或发展潜力渺茫的企业采取。

1. 采用收缩战略的方式

收缩战略的主要方式

收缩方式	具体做法	实例或含义
紧缩与集中	机制变革	（1）调整管理层领导机构；（2）制定建立新的管理控制系统，以改善激励机制和约束机制等
	调整财政和财务战略	（1）建立有效的财务控制系统，严格控制现金流量；（2）债务重组；（3）债转股等
	削减成本战略	（1）削减人工成本、材料成本、管理费用；（2）削减资产；（3）缩小分部和职能部门的规模等
转向战略	重新定位或调整现有产品或服务	—
	调整营销策略	在价格、广告、渠道、促销等方面推出新举措
放弃	特许经营	指企业将其拥有的经营资源特许给被特许企业使用，收取一次性付清的特许经营费用
	分包	指公司采用招标方式让其他公司生产本公司的某种产品或者经营本公司的某种业务
	卖断	指母公司将其业务单位卖给另外一家企业，从而与该业务单位断绝一切关系，实现产权的彻底转移
	管理层杠杆收购	指企业管理层将收购目标即本企业的资产作为债务抵押进行融资，买断本企业股权，从而达到控制、重组企业并获得产权收益的目的
	拆产为股/分拆	指母公司通过将其在子公司所拥有的股份，按比例分配给母公司的股东，以多元持股的形式形成子公司的所有权，使子公司成为战略性的法人实体

2. 采用收缩战略面临的退出障碍

（1）固定资产的专用性程度；（2）退出成本，即付出的代价，如劳工协议、员工补偿、重新安置成本、备件维修能力等；（3）内部战略联系；（4）感情障碍，如管理人员和职工的反对和抵触等；（5）政府与社会约束。

坑点提示

选项D“重组战略”不属于收缩战略方式。

历年考情

收缩战略是非常重要的高频考点，几乎每年必考。如2021年单项选择题第18题考查了收缩战略的方式、2020年多项选择题第2题考查了收缩战略面临的退出障碍、2019年多项选择题第14题考查了收缩战略的方式，可以结合对比学习。

14.博通公司是一家橡胶轮胎生产商，该公司的主要竞争对手是某跨国公司旗下的艾菲公司。近来博通公司对艾菲公司未来竞争战略的目标进行了分析。下列各项中，属于博通公司在上述分析中应考虑的因素有（　　）。

A.艾菲公司的会计系统、控制和激励系统

B.艾菲公司如何看待橡胶轮胎行业的发展趋势

C.艾菲公司母公司对子公司及其业务的态度

D.艾菲公司母公司领导阶层的情况

【本题答案】AC

【本题解析】本题考查竞争对手的未来目标分析。选项A、C均属于博通公司对艾菲公司未来目标分析的内容，故A、C正确。选项B属于博通公司对艾菲公司假设的分析内容，故错误；选项D竞争对手母公司领导阶层的情况不属于竞争对手未来目标的分析内容，故错误。

审题要点

本题关键词是“未来竞争战略的目标”。对竞争对手的分析需要分析竞争对手的未来目标、竞争对手的现行战略、竞争对手的假设和竞争对手的能力四方面内容。其中，对竞争对手未来目标的分析通常包括以下内容：（1）竞争对手的财务目标；（2）竞争对手对于风险的态度；（3）竞争对手的价值观；（4）竞争对手的组织结构；（5）竞争对手的会计系统、控制与激励系统；（6）竞争对手领导阶层的情况；（7）对竞争对手行为的各种政府或社会限制。此外，如果竞争对手是某个较大公司的子公司，则还需考虑三方面：（1）母公司的总体目标和经营现状；（2）母公司对子公司及其业务的态度；（3）母公司招聘、激励、约束子公司经理人员的办法。本题的关键在于准确辨析四个选项中有哪些属于竞争对手未来目标分析十个方面的内容。

思维拓展

对竞争对手的分析需要分析竞争对手的未来目标、竞争对手的现行战略、竞争对手的假设和竞争对手的能力四方面内容。

1.竞争对手的未来目标

分析竞争对手的未来目标通常要考虑以下内容：

（1）竞争对手的财务目标；（2）竞争对手对于风险的态度；（3）竞争对手的价值观；（4）竞争对手的组织结构；（5）竞争对手的会计系统、控制与激励系统；（6）竞争对手领导阶层的情况；（7）对竞争对手行为的各种政府或社会限制。

此外，如果竞争对手是某个较大公司的子公司，则还需考虑：（1）母公司的总体目标和经营现状；（2）母公司对子公司及其业务的态度；（3）母公司招聘、激励、约束子公司经理人员的办法。

2.竞争对手的假设

竞争对手的假设包括两类：（1）竞争对手对自己的假设；（2）竞争对手对所处产业以及产业中其他企业的假设。

3.竞争对手的现行战略

对竞争对手现行战略的分析，目的在于揭示竞争对手正在做什么、能够做什么和想要做什么。

4.竞争对手的能力

需要分析竞争对手的核心能力、成长能力、快速反应能力、适应（外部环境）变化的能力和持久力等五种能力。

坑点提示

本题的坑点在于选项D。虽然竞争对手（艾菲公司）领导阶层的情况属于竞争对手未来目标的分析内容，但竞争对手母公司领导阶层的情况不属于竞争对手未来目标的分析内容。

历年考情

2020年单项选择题第3题考查了竞争对手的能力分析，可以与本题结合对比学习。

15.天澜公司是一家有机果蔬种植和销售企业。该公司采用温室种植和自然种植的方法向市场供应当季收获的果蔬，并在各种节假日期间推出有纪念或庆祝意义的果蔬篮；每年购买果蔬超过一定数量的客户自动成为贵宾客户，可享受价格优惠并定期免费参观该公司的果蔬种植园。上述天澜公司的**生产运营战略涉及的主要因素**有（　　）。

审题要点

本题关键词是“生产运营战略”。生产运营战略涉及的主要因素有批量、种类、需求变动和可见性四类。本题的关键在于根据题干判断对应四个选项属于哪种因素。

A.批量　　B.种类

C.需求变动　　D.可见性

【本题答案】ABCD

【本题解析】本题考查生产运营战略涉及的主要因素。“该公司采用温室种植和自然种植的方法”“每年购买果蔬超过一定数量的客户”体现了批量因素，选项A正确；“供应当季收获的果蔬，并在各种节假日期间推出有纪念或庆祝意义的果蔬篮”体现了种类因素，选项B正确；“在各种节假日期间推出有纪念或庆祝意义的果蔬篮”体现了需求变动因素，选项C正确；“定期免费参观该公司的果蔬种植园”体现了可见性因素，选项D正确。因此，选项A、B、C、D均正确。

思维拓展

生产运营战略涉及的主要因素有批量、种类、需求变动和可见性四类。其特点比较如下：

生产运营战略主要因素

因素类型	成本特征
批量	较高投入或产出—低成本（可实现专业化分工）；较低投入或产出—高成本（无法实现专业化分工）
种类	种类多—成本高（要求足够的灵活性）；种类少—成本低（标准化生产）
需求变动	需求波动—产能利用率低—成本高；需求稳定—产能利用率较高—成本低
可见性	可见性高（服务型行业）—员工技巧要求高—单位成本可能比较高；可见性较低（生产型行业）—员工技巧要求低—单位成本可能比较低

坑点提示

本题的坑点在于题干中“在各种节假日期间推出有纪念或庆祝意义的果蔬篮”这句话，同时体现了种类因素和需求变动因素。考生有可能只考虑到其中一个因素而忽略掉另外一个因素。

历年考情

2020年多项选择题第4题考查了生产运营战略所涉及的主要因素，和本题完全相同。

16.近年来，从事儿童布艺娃娃生产的艾贝公司相继开发、生产出类似真人肤质肤色、手感细腻、富有弹性的硅胶娃娃和具有一定表情、语言功能的智能娃娃。下列各项中，属于艾贝公司采用的**产品组合策略**有（　　）。

A.扩展产品组合的宽度

B.增加产品组合的长度

C.增加产品组合的深度

D.提高产品组合的关联度

【本题答案】ABD

【本题解析】本题考查产品组合策略。“儿童布艺娃娃、硅胶娃娃、智能娃娃”表明产品组合的宽度，选项A正确；“真人肤质肤色、手感细腻、富有弹性、一定表情、语言功能”表明产品组合的长度，选项B正确；都是儿童娃娃玩具，其生产和销售方面密切相关，表明产品的关

审题要点

本题关键词是“产品组合策略”。产品组合指某一企业所生产或销售的全部产品大类、产品项目的组合。产品项目指某一产品大类内由价格、功能及其他相关属性来区别的具体产品。产品组合有宽度、长度、深度和关联性四个要素。关联性指一个企业的各个产品大类在最终使用、生产条件、分销渠道等方面的密切相关程度。本题的关键在于理解这些概念的含义，从而能准确辨析题干内容对应体现了四个选项中的哪些要素。

联度，选项D正确。因此选项A、B、D为正确答案。

思维拓展

产品组合指某一企业所生产或销售的全部产品大类、产品项目的组合。其中，产品大类又称产品线，指产品类别中具有密切关系的一组产品；产品项目指某一产品大类内由价格、功能及其他相关属性来区别的具体产品。

产品组合有宽度、长度、深度和关联性四个要素，具体如下：

产品组合要素	含义
宽度	指一个企业有多少产品大类
长度	指一个企业的产品组合中所包含的产品项目的总数
深度	指产品大类中每种产品有多少花色、品种、规格
关联性	指一个企业的各个产品大类在最终使用、生产条件、分销渠道等方面的密切相关程度

历年考情

对产品组合的宽度、长度、深度和关联性考查较少，2022年是近五年来第一次考查。

三、简答题

1.（本小题5分）

从21世纪初起，三镇钢铁集团为了提高产品质量、降低成本、减少能源消耗、最大限度地满足客户个性化需求，使用先进的信息技术，实现了产品的优化设计、制造和管理。集团通过对钢铁生产过程中的原料运输、储存、投料到焦化、冶炼、连铸、轧钢等基础信息资源进行深度开发和利用，实现了管理高度集中、产销高度衔接、数据高度一致和信息高度安全。

> **审题要点**
>
> 关键词：信息技术、信息资源、信息安全。“使用先进的信息技术……”“对原料运输、储存……基础信息资源进行深度开发和利用，实现了管理高度集中、产销高度衔接、数据高度一致和信息高度安全”，均表明数字化技术处于信息化阶段。

精准的温度控制是钢铁生产中保障产品质量、降低能耗的关键环节。传统钢铁厂因各生产环节衔接不畅，导致温度不稳定。2016年，三镇钢铁集团引进并开发了数字监测和分析系统，实现了对高炉铁水、炼钢钢水、出钢钢坯等各工序温度情况的实时跟踪，并基于模型预测目标温度，为铁水指吊、出钢节奏、精炼加热升温提供指导。

> **审题要点**
>
> 关键词：数字监测和分析系统。表明数字化技术发展到了数字化阶段。

2018年，三镇钢铁集团在现有技术基础上引进5G专网技术，利用5G网络低时延、大带宽、广连接等优势，打通厂区内的信息孤岛，并与国内数据服务商和云服务商开展全方位合作，构建了钢铁工业数据收集平台和私有云监测平台，实现了数据双向互通、数据融合，在市场预判、交易节点、产品结构、硬件健康状态等方面提供全面实时的数据支撑和量化监测。2019年，集团建成三镇智慧中心，下设7个工作岛，实时收集分析生产区35万个互联设备

> **审题要点**
>
> 关键词：5G专网技术。“2018年，三镇钢铁集团在现有技术基础上引进5G专网技术，利用5G网络低时延、大带宽、广连接等优势，打通厂区内的信息孤岛”，表明数字化技术在移动互联网方面的应用。

> **审题要点**
>
> 关键词：数据服务商、云服务商、数据收集平台、私有云监测平台、数据支撑和量化监测，表明数字化技术在大数据和云计算方面得到了应用。

> **审题要点**
>
> 关键词：智慧中心。“集团建成三镇智慧中心，实时收集分析生产区35万个互联设备的数据，监测、调度8大工序、30个系统”“让400多名员工撤出操作现场”，表明数字化技术发展到了智能化阶段，同时也表明数字化技术在人工智能和物联网方面的应用。

的数据，监测、调度8大工序、30个系统，替代了原来的42个中控室，让400多名员工撤出操作现场。2020年，集团打造了全国钢铁行业首个智能环保无人原料场、无人码头系统、智慧铁水运输系统。2021年，集团在钢铁工业大数据平台基础上，打通基于分布式数据存储中心的管控架构，打造了一个具有去中心化、不可篡改、全程留痕、公开透明等特点的产业协同体系，实现了降本增效。

审题要点

关键词：智能环保。“集团打造了全国钢铁行业首个智能环保无人原料场、无人码头系统、智慧铁水运输系统”，进一步表明数字化技术发展到了智能化阶段，同时也表明数字化技术在人工智能方面的应用。

审题要点

关键词：去中心化、不可篡改、全程留痕、公开透明。这是区块链的典型特征，表明数字化技术在区块链方面的应用。

要求：

（1）简要分析三镇钢铁数字化技术的发展历程。

审题要点

数字化技术的发展历程包括信息化、数字化、智能化三个阶段。

（2）简要分析三镇钢铁数字化技术的应用领域。

审题要点

数字化技术的应用领域包括大数据、人工智能、移动互联网、云计算、物联网、区块链等。

【本题答案】

（1）三镇钢铁数字化技术经历了信息化、数字化、智能化的发展历程。

①信息化。“使用先进的信息技术，实现了产品的优化设计、制造和管理。集团通过对钢铁生产过程中的原料运输、储存、投料到焦化、冶炼、连铸、轧钢等基础信息资源进行深度开发和利用，实现了管理高度集中、产销高度衔接、数据高度一致和信息高度安全”。

②数字化。“2016年，三镇钢铁集团引进并开发了数字监测和分析系统，实现了对高炉铁水、炼钢钢水、出钢钢坯等各工序温度情况的实时跟踪，并基于模型预测目标温度，为铁水指吊、出钢节奏、精炼加热升温提供指导”。

③智能化。“2019年，集团建成三镇智慧中心”“2020年，集团打造了全

国钢铁行业首个智能环保无人原料场、无人码头系统、智慧铁水运输系统”。

（2）三镇钢铁数字化技术在大数据、人工智能、移动互联网、云计算、物联网、区块链等领域得到了应用。

①大数据。“与国内数据服务商和云服务商开展全方位合作，构建了钢铁工业数据收集平台和私有云监测平台，实现了数据双向互通、数据融合，在市场预判、交易节点、产品结构、硬件健康状态等方面提供全面实时的数据支撑和量化监测”。

②人工智能。“2019年，集团建成三镇智慧中心，下设7个工作岛，实时收集分析生产区35万个互联设备的数据，监测、调度8大工序、30个系统，替代了原来的42个中控室，让400多名员工撤出操作现场。2020年，集团打造了全国钢铁行业首个智能环保无人原料场、无人码头系统、智慧铁水运输系统”。

③移动互联网。“引进5G专网技术，利用5G网络低时延、大带宽、广连接等优势，打通厂区内的信息孤岛”。

④云计算。“与国内数据服务商和云服务商开展全方位合作，构建了钢铁工业数据收集平台和私有云监测平台，实现了数据双向互通、数据融合，在市场预判、交易节点、产品结构、硬件健康状态等方面提供全面实时的数据支撑和量化监测”。

⑤物联网。“2019年，集团建成三镇智慧中心，下设7个工作岛，实时收集分析生产区35万个互联设备的数据，监测、调度8大工序、30个系统，替代了原来的42个中控室，让400多名员工撤出操作现场”。

⑥区块链。“2021年，集团在钢铁工业大数据平台基础上，打通基于分布式数据存储中心的管控架构，打造了一个具有去中心化、不可篡改、全程留痕、公开透明等特点的产业协同体系，实现了降本增效”。

思维拓展

本题考查了数字化技术的发展历程和应用领域。

1.数字化技术的发展历程

数字化技术的发展先后经历了信息化、数字化和智能化的三个阶段，三者联系紧密，相互衔接。其中，数字化是信息化的高级阶段，是信息化的广泛深入运用，是从收集、分析数据到预测数据、经营数据的延伸；而智能化是信息化、数字化的最终目标。三者的含义和特点比较如下：

数字化技术的发展历程

发展历程	信息化	数字化	智能化
形式表现	现代信息技术的应用	数字数据技术的应用	智能的协同发展和应用
基本功能	开发信息资源	信息形式的统一化、信息表达的准确化、信息利用的高效化	在产品、工具和工作系统中的协同应用

续表

发展历程	信息化	数字化	智能化
主要任务	随时获得必要的信息	实现信息的增值	提升科技、经济和社会活动的功效

2.数字化技术的应用领域

数字化技术在大数据、人工智能、移动互联网、云计算、物联网、区块链等领域得到了应用。

大数据是指所涉及的资料规模巨大，无法通过目前常规的软件工具在合理时间内达到撷取、管理、处理、整理成为有用信息的数据集合。其主要特征为大量性、多样性、高速性、价值性。

人工智能是一门新兴的边缘学科，是自然科学和社会科学的交叉学科，以智能为核心，形成了具有自身研究特点的新的体系。

移动互联网将移动通信和互联网两者结合起来，成为一体，是互联网的技术、平台、商业模式和应用与移动通信技术结合并实践的活动的总称。

云计算是分布式计算的一种，指通过网络“云”将巨大的数据计算处理程序分解成无数个小程序，然后通过多部服务器组成的系统处理和分析这些小程序得到结果并返回给用户。

物联网即“万物相连的互联网”，是在互联网基础上延伸和扩展的网络。它将各种信息传感设备与互联网结合起来形成一个巨大的网络，实现在任何时间、任何地点，人、机、物的互联互通。

区块链是分布式数据存储、点对点传输、共识机制、加密算法等计算机技术的新型应用模式。

历年考情

数字化技术的发展历程和应用领域近年来在主观题中是第一次考查。

2.（本小题7分）

海新公司成立于1985年，是一家从事视频监控产品研发、生产和集成服务的企业。

公司**成立之初**，国内视频监控产品**用户寥寥**，主要限于公安、交通等管理部门；市场上产品虽然种类、数量较少，使用中**故障率较高**，但用户的**刚性需求使价格高企**；生产**企业不多，规模普遍较小**，都致力于**改进生产技术和开发性能、质量更高**的新一代产品，彼此为扩大市场份额展开竞争。海新公司为走出一条发展的新路，敏锐地**搜寻和捕捉市场机会**，以抢占正在受到越来越多的消费者关注的家庭安防用品细分市场为目标，组织人员攻克关键技术难关，研制出构成家庭安防系统的闭路监控电视子系统、门禁子系统、报警子系统。通过考察学习、吸收国外先进企业的技术与管理，几年后，海新公司的产品性能、质量达到国际先进企业同类产品的水平，同时通过不断改进工艺和生产流程使**价格比国外先进企业低20%~25%**。1990年，海新公司生产的家庭安防用品的市场占有率高达72%，海新公司随之成为国内视频监控行业的知名企业。凭

审题要点

关键词：成立之初、用户寥寥。产品用户很少是导入期的典型特征之一。

审题要点

关键词：故障率较高。导入期的产品质量有待提高，尤其是可靠性。

审题要点

关键词：刚性需求，价格高企。导入期产品的独特性和客户的高收入使得价格弹性较小，可以采用高价格、高毛利的政策。

审题要点

关键词：企业不多，规模较小。导入期只有很少的竞争对手，规模可能会非常小。

审题要点

关键词：改进生产技术、开发新一代产品、扩大市场份额。表明产业处于导入期。导入期的战略目标是扩大市场份额，战略路径是投资于研究开发和技术改进，提高产品质量。导入期的典型特征有：产品用户少、种类少、质量不可靠、单价高、竞争者数量少、规模小等。

审题要点

关键词：搜寻和捕捉市场机会、抢占细分市场、攻克关键技术难关。表明海新公司在导入期的研发动力来源是需求拉动，同时也表明其研发重点是掌握技术秘诀。

审题要点

关键词：价格低20%~25%。表明海新公司在导入期的研发定位是成功产品的低成本生产者。

借企业品牌的影响力，海新公司逐渐把业务范围扩展到机场、铁路枢纽及其他重要公共基础设施的视频监控设备研发、制造领域。

20世纪90年代后，国内视频监控产品的**市场需求迅速增加**并日益多元化，先后扩展到金融、IT、电信、家电、消防等领域，吸引**大量企业进入**视频监控行业；市场上产品虽然“鱼龙混杂”，**质量、性能参差不齐**，但由于供不应求，都能以比以往**更高的价格**售出，**销售量不断增加**；各个企业为分到“**最大一块蛋糕**”，纷纷对资金、原材料供应、技术等**展开争夺**。海新公司以创新的理念积极引进、培养图像数据摄取、处理、存储、传输、显示及相关技术人才，同时筹集资金并购了两家计算机、网络技术开发和设备生产企业，对原有生产体系进行**信息化升级改造**，一方面使产品的可靠性、安全性明显提升，另一方面使产品的功能得到改善和扩展，实现了视频监控系统、用户操作系统与相关管理、指挥系统的实时互联互通。海新公司首创的新型模式识别技术解决了困扰行业多年的图像处理与计算机视觉、语言语音信息处理兼容的难题，获得国家专利。进入21世纪后，数字城市、和谐社区的建设催生了对视频监控产品的**大量新需求**，同时，智能识别、分析和云计算的推广为视频监控技术和产品迭代**提供了动力**和工具。海新公司抓住机遇，以国际领先的产品为标杆，以自身多年积累的创新资源为基础，投入5亿多元研发、生产出能够适应更为

审题要点

关键词：市场需求迅速增加。表明产品需求增加，客户群扩大，进入了成长期。成长期的标志是产品销量节节攀升，其战略目标是争取最大市场份额，战略路径是市场营销，改变价格形象和质量形象。这也表明了海新公司在成长期的研发动力是需求拉动。

审题要点

关键词：大量企业进入。“吸引大量企业进入视频监控行业”，说明由于市场扩大，竞争者在涌入，属于成长期的典型特征之一。

审题要点

关键词：质量、性能参差不齐。说明各厂家的产品在技术和性能方面有较大差异，属于成长期的典型特征之一。

审题要点

关键词：高价格售出。说明由于需求大于供应，此时产品价格最高，是成长期典型特征之一。

审题要点

关键词：销售量增加。表明进入了成长期。

审题要点

关键词：最大一块蛋糕。说明企业在争取最大的市场份额，这是成长期的战略目标。

审题要点

关键词：展开争夺。说明此时企业之间开始争夺人才和资源。这是成长期的典型特征之一。

审题要点

关键词：信息化升级改造、实时互联互通、新型模式识别技术。表明海新公司在成长期的研发动力来源是需求拉动；同时也表明其研发重点是提高产品的质量和功能。

审题要点

关键词：大量新需求、提供动力。表明海新公司处于成长期，同时也说明其研发动力来源包括需求拉动和技术推动两种。

复杂和多变的场景、识别和分析更多的异常行为和事件的新型智能化产品，该产品的生物识别、目标检测与分析、自动跟踪识别等性能与国际领先产品**并驾齐驱**。

审题要点

关键词：标杆、新型智能化产品、并驾齐驱。表明海新公司在成长期采取的研发定位是成为成功产品的创新模仿者；同时也表明其研发重点是提高产品的质量和功能。

2015年以后，随着新技术的扩散和普及，市场上视频监控产品的品种、规格、质量逐渐**趋于一致**，企业之间为争取扩大市场份额而展开的价格战愈演愈烈，产品**价格趋降**。海新公司适应新形势和客户需求，通过招标采购、更新生产设施、改进工艺流程等，**提高了劳动生产率，降低产品成本**约15%。此外，海新公司还与著名大学、研究机构合作，开发、研制成功**高度智能化、性能优越**的太空视频监控产品，该产品的部分性能处于**国际领先水平**。

审题要点

关键词：趋于一致。说明产品逐步标准化，差异不明显，这是成熟期的典型特征之一。

审题要点

关键词：价格趋降。成熟期的典型特征有市场饱和、产品标准化、技术和质量改进缓慢、局部产能过剩等。

审题要点

关键词：提高生产率、降低成本、客户需求。说明进入了成熟期，成熟期的主要战略路径是提高效率，降低成本；同时也表明海新公司在成熟期的研发动力来源是需求拉动，其研发重点是降低成本，开发新品种。

审题要点

关键词：高度智能化、性能优越、国际领先水平。表明海新公司在成熟期采取的研发定位是成为向市场推出新技术产品的企业，同时也表明其成熟期的研发重点是降低成本，开发新品种。

要求：

（1）简要分析海新公司的发展所经历的**产业生命周期阶段**。

审题要点

产业生命周期以产业销售额增长率曲线的拐点作为划分依据，每个阶段的特征、标志、战略目标和战略路径均不相同，需要通过题干提供的相关细节才能加以准确判断。

（2）简要分析海新公司在产业生命周期不同阶段的**研发动力**和**研发定位**。

审题要点

研发定位有四种，分别是成为向市场推出新技术产品的企业、成为成功产品的创新模仿者、成为成功产品的低成本生产者、成为成功产品低成本生产者的模仿者。

审题要点

研发动力包括需求拉动和技术推动两种。本题关键是要分清是市场有了需求来拉动企业创新产品，还是市场上新技术的推广应用催生了新的产品。

（3）根据产业生命周期各阶段中的成功关键因素，简要说明海新公司在产业生命周期不同阶段的**研发重点**。

审题要点

产业生命周期各阶段中的成功关键因素可以从市场、生产经营、财力、人力资源和研究开发五个方面加以区别。

【本题答案】

（1）海新公司的发展所经历的产业生命周期阶段包括三个阶段：导入期、成长期和成熟期。

①导入期。其典型特征表现如下：

A.导入期的产品用户很少。“公司成立之初，国内视频监控产品用户寥寥，主要限于公安、交通等管理部门”。

B.产品质量有待提高，尤其是可靠性。“使用中故障率较高”。

C.产品的价格弹性较小，可以采用高价格。“用户的刚性需求使价格高企”。

D.只有很少的竞争对手，企业的规模可能会非常小。“生产企业不多，规模普遍较小”。

E.企业的战略目标是扩大市场份额。“生产企业……为扩大市场份额展开竞争”。

F.主要战略路径是投资于研究开发和技术改进，提高产品质量。“……都致力于改进生产技术和开发性能、质量更高的新一代产品”。

②成长期。其典型特征表现如下：

A.成长期的标志是产品销量节节攀升，产品的客户群已经扩大。“国内视频监控产品的市场需求迅速增加并日益多元化，先后扩展到金融、IT、电信、家电、消防等领域”“销售量不断增加”“数字城市、和谐社区的建设催生了对视频监控产品的大量新需求”。

B.各厂家的产品在技术和性能方面有较大差异。“市场上产品‘鱼龙混杂’，质量、性能参差不齐”。

C.由于市场扩大，竞争者涌入。“数字城市、和谐社区的建设催生了对视频监控产品的大量新需求”“市场需求迅速增加……吸引大量企业进入视频监控行业”。

D.此时产品价格最高。“产品由于供不应求，都能以比以往更高的价格售出”。

E.企业之间开始争夺人才和资源。“各个企业为分到‘最大一块蛋糕’，纷纷对资金、原材料供应、技术等展开争夺”“海新公司以创新的理念积极引进、培养图像数据摄取、处理、存储、传输、显示及相关技术人才，同时筹集资金并购了两家计算机、网络技术开发和设备生产企业”。

F.企业的战略目标是争取最大市场份额。“各个企业为分到‘最大一块蛋糕’”。

③成熟期。其典型特征表现如下：

A.成熟期开始的标志是竞争者之间出现挑衅性的价格竞争。“企业之间为争取扩大市场份额而展开的价格战愈演愈烈，产品价格趋降”。

B.产品逐步标准化，差异不明显。“市场上视频监控产品的品种、规格、质量逐渐趋于一致”。

C.成熟期的主要战略路径是提高效率，降低成本。“海新公司适应新形势和客户需求，通过招标采购、更新生产设施、改进工艺流程等，提高了劳动生产率，降低产品成本约15%”。

（2）①导入期。

A.研发动力是需求拉动。“海新公司为走出一条发展的新路，敏锐地搜寻和捕捉市场机会，以抢占正在受到越来越多的消费者关注的家庭安防用品细分市场为目标，投资研制出构成家庭安防系统的闭路监控电视子系统、门禁子系统、报警子系统”。

B.研发定位是成为成功产品的低成本生产者。“通过考察学习、吸收国外先进企业的技术与管理，几年后，海新公司的产品性能、质量达到国际先进企业同类产品的水平，同时通过不断改进工艺和生产流程使价格比国外先进企业低20%~25%”。

②成长期。

A.研发动力是需求拉动和技术推动。“市场需求迅速增加并日益多元化”“数字城市、和谐社区的建设催生了对视频监控产品的大量新需求”“海新公司以创新的理念积极引进、培养图像数据摄取、处理、存储、传输、显示及相关技术人才，同时筹集资金并购了两家计算机、网络技术开发和设备生产企业，对原有生产体系进行信息化升级改造……实现了视频监控系统、用户操作系统与相关管理、指挥系统的实时互联互通”“海新公司首创的新型模式识别技术解决了困扰行业多年的图像处理与计算机视觉、语言语音信息处理兼容的难题，获得国家专利”“智能识别、分析和云计算的推广为视频监控技术和产品迭代提供了动力和工具”。

B.研发定位是成为成功产品的创新模仿者。“海新公司抓住机遇，以国际领先的产品为标杆，以自身多年积累的创新资源为基础，投入5亿多元研发、生产出能够适应更为复杂和多变的场景、识别和分析更多的异常行为和事件的新型智能化产品，该产品的生物识别、目标检测与分析、自动跟踪识别等性能与国际领先产品并驾齐驱”。

③成熟期。

A.研发动力是需求拉动。“海新公司适应新形势和客户需求，通过招标采购、更新生产设施、改进工艺流程”。

B.研发定位是成为向市场推出新技术产品的企业。“海新公司还与著名大学、研究机构合作，开发、研制成功高度智能化、性能优越的太空视频监控产品，该产品的部分性能处于国际领先水平”。

（3）①导入期的研发重点是掌握技术秘诀。“海新公司以抢占正在受到越来越多的消费者关注的家庭安防用品细分市场为目标，通过组织人员攻克关键技术难关，研制出构成家庭安防系统的闭路监控电视子系统、门禁子系统、报警子系统”。

②成长期的研发重点是提高产品的质量和功能。“海新公司……对原有生产体系进行信息化升级改造，一方面使产品的可靠性、安全性明显提升，另一方面使产品的功能得到改善和扩展”“海新公司……研发、生产出能够适应更为复杂和多变的场景、识别和分析更多的异常行为和事件的新型智能化产品，该产品的生物识

别、目标检测与分析、自动跟踪识别等性能与国际领先产品并驾齐驱”。

③成熟期的研发重点是降低成本，开发新品种。“海新公司……降低产品成本约15%。此外，海新公司还与著名大学、研究机构合作，开发、研制成功高度智能化、性能优越的太空视频监控产品。”

思维拓展

本题以产品生命周期为主线，结合研究与开发职能战略和产业环境分析的成功关键因素，考查了产品生命周期导入期、成长期、成熟期的特征辨析和判定，考查了不同生命周期阶段的研发动力来源和研发定位以及产品生命周期各阶段中基于研究开发角度的成功关键因素。

1.产品生命周期

详见2022年单项选择题第13题。

2.研发的动力来源：一推一拉

类型	含义
需求拉动	市场的新需求拉动创新，以满足需求。
技术推动	创新来自发明的应用。

3.研发定位：四种

类型	含义	特点
推新者	成为向市场推出新技术产品的企业	风险较大
创新模仿者	成为成功产品的创新模仿者	启动风险和成本最小
低成本生产者	成为成功产品的低成本生产者	需投资厂房和设备，研发费用较低
低成本生产者的模仿者	成为成功产品低成本生产者的模仿者	有效率和成本优势

4.产品生命周期各阶段中的成功关键因素

成功关键因素是指公司在特定市场获得盈利必须拥有的技能和资产。确认产业的成功关键因素要考虑三方面因素：（1）顾客在各个竞争品牌之间进行选择的基础是什么？（2）产业中的一个卖方厂商要取得竞争成功需要什么样的资源和竞争能力？（3）产业中的一个卖方厂商获取持久的竞争优势必须采取什么样的措施？

此外，成功关键因素是企业取得产业成功的前提条件，需要注意三点：（1）成功关键因素随着产业的不同而不同，甚至在相同的产业中，也会因产业驱动因素和竞争环境的变化而变化；（2）随产品生命周期的演变，成功关键因素也发生变化；（3）即使是同一产业中的各个企业，对该产业的成功关键因素也有不同的侧重。简单来说，即企业不同、产业不同、生命周期阶段不同，成功关键因素也各不相同。

产品生命周期各阶段中的成功关键因素

	导入期	成长期	成熟期	衰退期
市场	广告宣传，争取了解、开辟销售渠道	建立商标信誉，开拓新销售渠道	保护现有市场，渗入别人的市场	选择市场区域，改善企业形象
生产经营	提高生产效率，开发产品标准	改进产品质量，增加花色品种	加强和顾客的关系，降低成本	缩减生产能力，保持价格优势
财力	利用金融杠杆	集聚资源以支持生产	控制成本	提高管理控制系统的效率
人力资源	使员工适应新的生产和市场	发展生产和技术能力	提高生产效率	面向新的增长领域
研究开发	掌握技术秘诀	提高产品的质量和功能	降低成本，开发新品种	面向新的增长领域

坑点提示

本题的坑点在于需要准确地判断海新公司的发展所经历产业生命周期的导入、成长和成熟三个阶段。如果判断失误，则后续各阶段的研发动力、研发定位及其基于研究开发角度的成功关键因素均会出错，可能把分丢光。

抢分秘籍

牢牢抓住产业生命周期各阶段的划分依据“产业销售额增长率曲线的拐点”，亦即其标志“出现新产品—产品销量节节攀升—出现挑衅性的价格竞争”，并结合各阶段的典型特征、战略目标、战略路径等，准确判断海新公司发展所经历的阶段。在此基础上研发动力和研发定位的判断就比较容易了。

至于产品生命周期各阶段中基于研究开发角度的成功关键因素，则可以遵循“掌握技术—提高质量—降低成本”的逻辑思路进行记忆。

历年考情

近五年来第一次考查产品生命周期阶段的主观题。2020年综合题第三小问考查了研发的动力来源和研发定位，可与本题对比学习。2022年是第一次在主观题中考产品生命周期各阶段中基于研究开发角度的成功关键因素。

3.（本小题7分）

云博公司成立于2015年，致力于智能机器人的研发和制造，其产品广泛应用于冶金、医疗、金融、物流等领域。

云博公司的销售业务由一位主管副总经理负责，**主管副总经理根据业务能力选拔、任用多名分别负责不同类别产品的销售经理**。每位销售经理管理一个由5~8位销售人员组成的销售组，负责某一类产品的销售。销售组的年度销售计划由销售经理提出，经主管副总经理批准后实施。**公司员工包括销售人员的薪酬取决于对公司确定的各项业绩目标所作出的贡献，“唯业绩”观念被公司员工普遍接受**。因此，**销售经理们往往制定较高的年度销售目标，并把该目标按月分解并分配给组内每一位销售人员**。截至2019年底，智能机器人市场一直供不应求，销售计划完成比较顺利，因此，主管副总经理对销售经理提出的销售计划往往**不经仔细审核就签字通过**。根据业绩目标完成情况，主管副总经理对销售经理进行季度考核和奖罚、销售经理对组内销售人员进行月度考核和奖罚。**考核时间的短期化**使销售人员时时感受到压力，彼此之间为完成业绩指标争夺客户的现象时有发生。在价格与合同管理上，公司为更快、更多地获取订单采用灵活的做法，赋予销售经理和销售人员可按最低8折价格与客户签订产品销售合同的权力。虽然公司制度规定销售合同须事先经财务、法务部门审核方能签订，但**未得到严格执**

审题要点

关键词：根据业务能力选拔、任用。不符合“企业应当将职业道德修养……不断提升员工素质”的要求。

审题要点

关键词：唯业绩观念不符合“企业应当加强文化建设，培育积极向上的价值观和社会责任感”的要求。

审题要点

关键词：制定较高的年度销售目标。表明销售政策和策略不当。

审题要点

关键词：不经仔细审核。不符合“企业应当结合业务特点……正确行使职权”的要求。

审题要点

关键词：考核短期化、压力、争夺客户。表明销售渠道管理不当；也不符合“企业应当制定和实施有利于企业可持续发展的人力资源政策”的要求。

审题要点

关键词：未得到严格执行。表明不符合“企业应当结合业务特点……正确行使职权”的要求。

行。公司建立了对销售人员每半年进行一次职业规范、业务技能和相关法律法规培训的制度，但面对销售经理们销售任务重、抽不出时间参加培训的抱怨始终未能落实。

2020年初，由于疫情爆发，云博公司的产品订单急剧减少。但销售经理们和主管副总经理一致认为，疫情不会持久，市场需求会很快转旺，因此要求生产部门生产并储备比疫情发生前更多的产品。一年后，疫情并未缓解，市场仍然低迷，云博公司的大量产品滞销、积压。有的销售经理未进行资信调查就向新客户赊销产品，造成大量货款至今没有收回。还有个别销售经理与客户合谋，擅自突破公司规定的产品价格折扣底线，以极低的价格出售产品并从对方收取“报酬”。公司内部控制和审计部门对销售过程中的失控和混乱现象未能及时发现和纠正。这些原因导致公司销售业务走入困境。半年后，云博公司由于巨额亏损濒临破产。

要求：

（1）依据《企业内部控制应用指引第9号——销售业务》，简要分析云博公司的销售业务存在的风险。

（2）依据我国《企业内部控制基本规范》的要求，简要分析云博公司的内部环境要素存在的内部控制缺陷。

【本题答案】

（1）①销售政策和策略不当，市场预测不准确，销售渠道管理不当，可能导致销售不畅、库存积压、经营难以为继。“销售组的年度销售计划由销售

审题要点

关键词：未能落实。不符合“企业应当制定和实施有利于企业可持续发展的人力资源政策”“企业应当将职业道德修养和专业胜任能力作为选拔和聘用员工的重要标准，切实加强员工培训和继续教育，不断提升员工素质”“企业应当加强文化建设，培育积极向上的价值观和社会责任感”的要求。

审题要点

关键词：市场低迷、滞销、积压。表明市场预测不准确。

审题要点

关键词：未进行资信调查、大量货款没有收回。表明客户信用管理不到位，结算方式选择不当，账款回收不力；同时也不符合“企业应当结合业务特点……正确行使职权”的要求。

审题要点

关键词：合谋、突破底线、极低价格出售、收取报酬。表明销售过程存在舞弊行为，导致企业利益受损；同时也不符合“企业应当结合业务特点……正确行使职权”的要求。

审题要点

关键词：未能及时发现和纠正。不符合“企业应当结合业务特点……正确行使职权”“企业应加强内部审计工作……对内部控制的有效性进行监督检查”的要求。

审题要点

关键词：巨额亏损濒临破产。表明企业利益受损。

审题要点

销售业务主要关注风险如下：（1）销售政策和策略不当等；（2）客户信用管理不到位等；（3）销售过程存在舞弊行为。

审题要点

我国《企业内部控制基本规范》关于内部环境要素方面的要求有九条。

经理提出……销售经理们往往制定较高的年度销售目标”“主管副总经理对销售经理提出的销售计划往往不经仔细审核就签字通过”“由于疫情爆发，云博公司的产品订单急剧减少。但销售经理们和主管副总经理一致认为，疫情不会持久，市场需求会很快转旺，因此要求生产部门生产并储备比疫情发生前更多的产品。一年后，疫情并未缓解，市场仍然低迷，云博公司的大量产品滞销、积压”“考核时间的短期化使销售人员时时感受到压力，彼此之间为完成业绩指标争夺客户的现象时有发生”。

②客户信用管理不到位，结算方式选择不当，账款回收不力等，可能导致销售款项不能收回或遭受欺诈。“有的销售经理未进行资信调查就向新客户赊销产品，造成大量货款至今没有收回”。

③销售过程存在舞弊行为，可能导致企业利益受损。“个别销售经理与客户合谋，擅自突破公司规定的产品价格折扣底线，以极低的价格出售产品并从对方收取‘报酬’”“云博公司由于巨额亏损濒临破产”。

（2）①不符合我国《企业内部控制基本规范》关于“企业应当结合业务特点和内部控制要求设置内部机构，明确职责权限……正确行使职权”的要求。“主管副总经理对销售经理提出的销售计划往往不经仔细审核就签字通过”“有的销售经理未进行资信调查就向新客户赊销产品”“个别销售经理与客户合谋，擅自突破公司规定的产品价格折扣底线”“虽然公司制度规定销售合同须事先经财务、法务部门审核方能签订，但未得到严格执行”“公司内部控制和审计部门对销售过程中的失控和混乱现象未能及时发现和纠正。这些原因导致公司销售业务走入困境”。

②不符合我国《企业内部控制基本规范》关于“企业应加强内部审计工作……对内部控制的有效性进行监督检查”的要求。“审计部门对销售过程中的失控和混乱现象未能及时发现和纠正。这些原因导致公司销售业务走入困境”。

③不符合我国《企业内部控制基本规范》关于“企业应当制定和实施有利于企业可持续发展的人力资源政策”的要求。“考核时间的短期化使销售人员时时感受到压力，彼此之间为完成业绩指标争夺客户的现象时有发生”“公司建立了对销售人员每半年进行一次职业规范、业务技能和相关法律法规培训的制度，但面对销售经理们销售任务重、抽不出时间参加培训的抱怨始终未能落实。”

④不符合我国《企业内部控制基本规范》关于“企业应当将职业道德修养和专业胜任能力作为选拔和聘用员工的重要标准，切实加强员工培训和继续教育，不断提升员工素质”的要求。“主管副总经理根据业务能力选拔、任用多名分别负责不同类别产品销售的销售经理”“公司建立了对销售人员每半年进行一次职业规范、业务技能和相关法律法规培训的制度，但面对销售经理们销售任务重、抽不出时间

参加培训的抱怨始终未能落实”。

⑤不符合我国《企业内部控制基本规范》关于“企业应当加强文化建设，培育积极向上的价值观和社会责任感”的要求。“‘唯业绩’观念被公司员工普遍接受”“公司建立了对销售人员每半年进行一次职业规范、业务技能和相关法律法规培训的制度，但面对销售经理们销售任务重、抽不出时间参加培训的抱怨始终未能落实”。

⑥不符合我国《企业内部控制基本规范》关于“企业应当加强法制教育”的要求。“公司建立了对销售人员每半年进行一次职业规范、业务技能和相关法律法规培训的制度，但面对销售经理们销售任务重、抽不出时间参加培训的抱怨始终未能落实”。

思维拓展

本题以企业面对的主要风险为主线，结合风险管理体系，考查了从内部控制角度展开的主要运营风险之销售业务风险以及风险管理体系中的内部控制系统关于内部环境要素。

1.我国《企业内部控制应用指引第9号——销售业务》需要关注的主要风险如下：

（1）销售政策和策略不当，市场预测不准确，销售渠道管理不当等，可能导致销售不畅、库存积压、经营难以为继。

（2）客户信用管理不到位，结算方式选择不当，账款回收不力等，可能导致销售款项不能收回或遭受欺诈。

（3）销售过程存在舞弊行为，可能导致企业利益受损。

2.我国《企业内部控制基本规范》关于内部环境要素有如下要求：

（1）企业应当根据国家有关法律法规和企业章程，建立规范的公司治理结构和议事规则，明确决策、执行、监督等方面的职责权限，形成科学有效的职责分工和制衡机制。

（2）董事会负责内部控制的建立健全和有效实施；监事会对董事会建立与实施内部控制进行监督；经理层负责组织领导企业内部控制的日常运行；企业应当成立专门机构或者指定适当的机构具体负责组织协调内部控制的建立实施及日常工作。

（3）企业应当在董事会下设立审计委员会。审计委员会负责审查企业内部控制，监督内部控制的有效实施和内部控制自我评价情况，协调内部控制审计及其他相关事宜等。审计委员会负责人应当具备相应的独立性、良好的职业操守和专业胜任能力。

（4）企业应当结合业务特点和内部控制要求设置内部机构，明确职责权限，将权利与责任落实到各责任单位。企业应当通过编制内部管理手册，使全体员工掌握内部机构设置、岗位职责、业务流程等情况，明确权责分配，正确行使职权。

（5）企业应当加强内部审计工作，保证内部审计机构设置、人员配备和工作的独立性。内部审计机构应当结合内部审计监督，对内部控制的有效性进行监督检查。内部审计机构对监督检查中发现的内部控制缺陷，应当按照企业内部审计工作程序进行报告；对监督检查中发现的内部控制重大缺陷，有权直接向董事会及其审计委员会、监事会报告。

（6）企业应当制定和实施有利于企业可持续发展的人力资源政策。人力资源政策应当包括下列内容：①员工的聘用、培训、辞退与辞职；②员工的薪酬、考核、晋升与奖惩；③关键岗位员工的强制休假制度和定期岗位轮换制度；④掌握国家秘密或重要商业秘密的员工离岗限制性规定；⑤有关人力资源管理的其他政策。

（7）企业应当将职业道德修养和专业胜任能力作为选拔和聘用员工的重要标准，切实加强员工培训和继续教育，不断提升员工素质。

（8）企业应当加强文化建设，培育积极向上的价值观和社会责任感，倡导诚实守信、爱岗敬业、开拓创新和团队协作精神，树立现代管理理念，强化风险意识。董事、监事、经理及其他高级管理人员应当在企业文化建设中发挥主导作用。企业员工应当遵守员工行为守则，认真履行岗位职责。

（9）企业应当加强法制教育，增强董事、监事、经理及其他高级管理人员和员工的法制观念，严格依法决策、依法办事、依法监督，建立健全法律顾问制度和重大法律纠纷案件备案制度。

坑点提示

本题的坑点在于：

（1）题干中有些做法或表现既涉及销售业务风险，又不符合内部环境要素相关要求。如“考核时间的短期化使销售人员时时感受到压力，彼此之间为完成业绩指标争夺客户的现象时有发生”，体现销售渠道管理不当，同时也不符合内部环境要素中关于“企业应当制定和实施有利于企业可持续发展的人力资源政策”的要求；“有的销售经理未进行资信调查就向新客户赊销产品，造成大量货款至今没有收回”，表明客户信用管理不到位，结算方式选择不当，账款回收不力，同时也不符合内部环境要素中关于“企业应当结合业务特点和内部控制要求设置内部机构，明确职责权限，将权利与责任落实到各责任单位”的要求；“个别销售经理与客户合谋，擅自突破公司规定的产品价格折扣底线，以极低的价格出售产品并从对方收取报酬”，表明销售过程存在舞弊行为，导致企业利益受损，同时也不符合内部环境要素中关于“企业应当结合业务特点和内部控制要求设置内部机构，明确职责权限，将权利与责任落实到各责任单位”的要求。

（2）题干中有些做法或表现同时违反多项内部环境要素相关要求。①“公司内部控制和审计部门对销售过程中的失控和混乱现象未能及时发现和纠正”，同时违反了两项内部环境要素要求，既不符合关于“企业应当结合业务特点和内部控制要求设置内部机构，明确职责权限，将权利与责任落实到各责任单位”的要求，也不符合关于“企业应加强内部审计工作，保证内部审计机构设置、人员配备和工作的独立性。内部审计机构应当结合内部审计监督，对内部控制的有效性进行监督检查”的要求。②“公司建立了对销售人员每半年进行一次职业规范、业务技能和相关法律法规培训的制度，但面对销售经理们销售任务重、抽不出时间参加培训的抱怨始终未能落实”，同时违反了四项内部环境要素：a.不符合关于“企业应当制定和实施有利于企业可持续发展的人力资源政策”的要求；b.不符合关于“企业应当将职业道德修养和专业胜任能力作为选拔和聘用员工的重要标准，切实加强员工培训和继续教育，不断提升员工素质”的要求；c.不符合关于“企业应当加强文化建设，培育积极向上的价值观和社会责任感”的要求；d.不符合关于“企业应当加强法制教育”的要求。

抢分秘籍

本题得高分不易，需要熟记销售业务涉及的三类风险，熟悉内部环境要素的九条相关规定。

历年考情

近五年来，虽然2022年是第一次考查《企业内部控制应用指引第9号——销售业务》存在的主要风险，但《企业内部控制应用指引》需关注的主要风险是非常重要的高频考点。如2021年简答题第2题考查了《企业内部控制应用指引第14号——财务报告》存在的主要风险以及《企业内部控制应用指引第1号——组织架构》存在的主要风险；2020年综合题考查了《企业内部控制应用指引第1号——组织架构》需关注的主要风险、《企业内部控制应用指引第3号——人力资源》需关注的主要风险以及《企业内部控制应用指引第7号——采购业务》需关注的主要风险；2019年简答题第3题考查了《企业内部控制应用指引第6号——资金活动》需关注的主要风险；2019年综合题考查了《企业内部控制应用指引第4号——社会责任》需关注的主要风险；2018年简答题第4题考查了《企业内部控制应用指引第6号——资金活动》存在的主要风险。本题可与上述试题结合起来对比复习。

近五年来，2022年第一次考查了我国《企业内部控制基本规范》关于内部环境要素的要求，其他四要素尚未考查过。

4.（本小题7分）

2013年，毕业于国内医学院的高晗与李宏分别出资60%、40%共同创立了研发和生产医疗试剂的安迪公司。2016年安迪公司在香港证券交易所挂牌上市。经多次增发股票，第一大股东高晗和第二大股东李宏分别持股25%和15%；高晗任董事长，李宏任总经理。公司上市后，李宏未能严格遵守资本市场的规则和港交所的规定，经常**违反财务制度**，**随意使用**公司资金，购买供李宏**个人使用**的**高档**家具和消费类电子产品；甚至与供应商签订**虚假**采购**合同套取现金**，与经销商签订**虚假**销售**合同**，**虚增收入和利润**，并且**未如实发布**真实财务报表。港交所对李宏的行为提出**公开谴责**，同时港监会对李宏和安迪公司实施了**处罚**。2017年1月，李宏获得高晗1.2亿元股权转让费后退出安迪公司，留下的总经理职位由高晗**兼任**。

2017年3月，经高晗提议并经股东大会批准决定，安迪引入战略投资者富通公司，使后者成为仅次于高晗的第二大股东。富通公司的创始人和实际控制人张凯是高晗多年的朋友，高晗向其他股东**隐瞒**了与张凯的私人关系，并与张凯成为**一致行动人**。同年5月，高晗辞去公司总经理职务，由张凯**接任**。随后几年里，高晗**暗中指使**张凯在招标采购环节**越过**相关规章制度，与自己控制的多家公司签订长期供应协议；**绕开**董事会和股东大会，为高晗控股的其他公司

审题要点

关键词：违反制度、随意使用。属于侵占公司资产的行为，表明违背了对股东的忠诚义务，属于经理人对于股东的“内部人控制”问题；还说明未能遵守相关法律法规。

审题要点

关键词：个人使用、高档。属于过高的在职消费行为，表明违背了对股东的忠诚义务，属于经理人对于股东的“内部人控制”问题。

审题要点

关键词：虚假合同、套取现金。属于侵占公司资产的行为；同时也反映了企业与供应商的关系，属于企业与其他利益相关者之间的关系问题；还说明公司信息披露制度没有得到执行。

审题要点

关键词：虚假合同、虚增收入和利润、未如实发布。属于会计信息作假、财务作假的行为；同时也反映了企业与经销商的关系，属于企业与其他利益相关者之间的关系问题。

审题要点

关键词：公开谴责、处罚。说明政府监管发挥了作用。

审题要点

关键词：兼任。说明董事会（董事长）与总经理之间没有发挥制衡作用。

审题要点

关键词：隐瞒、一致行动人、接任。说明董事会（董事长）与总经理之间没有发挥制衡作用。

审题要点

关键词：暗中指使、越过。表明发生了关联性交易；同时也反映了企业与供应商的关系；还说明董事会（董事长）与总经理之间没有发挥制衡作用。

审题要点

关键词：绕开、提供大额担保。利用公司为终极股东违规担保属于直接占用资源的行为；也说明董事会（董事长）与总经理之间以及股东大会与董事会（董事长）、总经理之间均没有发挥制衡作用。

借款提供大额担保；未经董事会审批，擅自决定延长一家关联公司的安迪商标使用期限；违反人力资源招聘流程，直接安插家族成员担任安迪公司的监事、部门高管等职位，由安迪公司支付高额薪酬、奖金、在职消费费用等，引发员工强烈不满。高晗和张凯的行为触犯了相关法律法规底线，损害了公司、员工和供应商的利益。这些行为被媒体曝光后，主要供应商和员工采取一致行动，要求罢免张凯和高晗。2020年6月，安迪的员工举行罢工，主要供应商停止供货。面对生产经营停滞的困局，2020年9月，安迪董事会成立了运营委员会以维持公司的日常管理，同时宣布第三大股东王东担任该委员会负责人。同年11月，港交所对高晗和张凯的行为提出公开谴责。一个月后，安迪公司召开股东大会，经多数股东联名提议和出席大会的股东投票作出决议：罢免高晗和张凯的职务。不久，高晗和张凯因涉嫌挪用资金罪遭到检方起诉。

要求：

（1）简析三大公司治理问题在本案例中的主要表现。

（2）简析2017年及以后公司内部治理结构在本案例中的主要表现。

（3）简析公司治理的基础设施在本案例中的主要表现。

【本题答案】

（1）①经理人对于股东的“内部人控制”问题。该问题在本案例中表现为经理人违背对股东的忠诚义务。违背忠诚义务的主要表现有：A.过高的在职消

审题要点

关键词：未经审批、擅自决定。表明发生了关联性交易；同时说明董事会（董事长）与总经理之间没有发挥制衡作用。

审题要点

关键词：违反流程、直接安插。属于随意分摊费用的行为；同时也反映了企业与员工的关系，属于企业与其他利益相关者之间的关系问题。

审题要点

关键词：员工强烈不满。反映了企业与员工的关系，属于企业与其他利益相关者之间的关系问题。

审题要点

关键词：触犯法律法规。说明未能遵守相关法律法规。

审题要点

关键词：媒体曝光、一致行动、要求罢免。说明媒体的舆论监督发挥了作用。

审题要点

关键词：公开谴责。说明政府监管发挥了作用。

审题要点

关键词：联名提议、作出决议、罢免。说明事件曝光后股东大会与董事会（董事长）、总经理之间发挥了制衡作用。

审题要点

关键词：起诉。说明未能遵守相关法律法规，受到法律制裁。

审题要点

三大公司治理问题分别是经理人对于股东的“内部人控制”问题、终极股东对于中小股东的“隧道挖掘”问题、企业与其他利益相关者之间的关系问题。

审题要点

公司内部治理结构是指主要涵盖股东大会、董事会、监事会、高管团队以及公司员工之间责权利相互制衡的制度体系。

审题要点

公司治理基础设施主要包括：公司披露制度、评价公司财务信息和治理水平的信用中介机构、保护投资者利益的法律法规、政府监管以及媒体人和专业人士的舆论监督等。

费。“购买供李宏个人使用的高档家具和消费类电子产品”。

B.侵占资产。“经常违反财务制度，随意使用公司资金……甚至与供应商签订虚假采购合同套取现金”。

C.会计信息作假、财务作假。“与经销商签订虚假销售合同，虚增收入和利润，并且未如实发布真实财务报表”。

②终极股东对于中小股东的“隧道挖掘”问题。该问题在案例中表现为终极股东占用公司资源，分为：

A.直接占用资源。“绕开董事会和股东大会，为高晗控股的其他公司借款提供大额担保”。

B.关联性交易。“高晗暗中指使张凯在招标采购环节越过相关规章制度，与自己控制的多家公司签订长期供应协议”“未经董事会审批，擅自决定延长一家关联公司的安迪商标使用期限”。

C.费用分摊活动。“违反人力资源招聘流程，直接安插家族成员担任安迪公司的监事、部门高管等职位，由安迪公司支付高额薪酬、奖金、在职消费费用等。”

③企业与其他利益相关者之间的关系问题。在本案例中，企业与其他利益相关者之间的关系主要有：A.企业与供应商的关系。“李宏……与供应商签订虚假采购合同套取现金”“高晗暗中指使张凯在招标采购环节越过相关规章制度，与自己控制的多家公司签订长期供应协议……损害了……供应商的利益”。

B.企业与经销商的关系。“李宏……与经销商签订虚假销售合同，虚增收入和利润”。

C.企业与员工的关系。“高晗暗中指使张凯……违反人力资源招聘流程，直接安插家族成员担任安迪公司的监事、部门高管等职位，由安迪公司支付高额薪酬、奖金、在职消费费用等，引发员工强烈不满……损害了……员工……的利益”。

（2）①董事会（董事长）与总经理之间的制衡作用。“留下的总经理职位由高晗兼任”“高晗辞去公司总经理职务，由张凯接任。随后几年里，高晗暗中指使张凯在招标采购环节越过相关规章制度……绕开董事会和股东大会……未经董事会审批……”。董事会（董事长）与总经理之间没有发挥制衡作用。

②股东大会与董事会（董事长）、总经理之间的制衡作用。“随后几年里，高晗暗中指使张凯……绕开董事会和股东大会……”“安迪公司召开股东大会，经多数股东联名提议和出席大会的股东投票作出决议：罢免高晗和张凯的职务”。最初股东大会与董事会（董事长）、总经理之间没有发挥制衡作用，事件曝光后股东大会与董事会（董事长）、总经理之间发挥了制衡作用。

（3）①信息披露制度。“李宏……与供应商签订虚假采购合同套取现金”“李宏……与经销商签订虚假销售合同，虚增收入和利润，并且未如实发布真实财务报表”。公司未遵循信息披露制度的要求，信息披露制度没有得到执行。

②法律法规。“李宏未能严格遵守资本市场的规则和港交所的规定，经常违反财务制度”“高晗和张凯的行为触犯了相关法律法规底线”“高晗和张凯因涉嫌挪用资金罪遭到检方起诉”。公司未能遵守相关法律法规，受到法律制裁。

③政府监管。“港交所对李宏的行为提出公开谴责，同时港监会对李宏和安迪公司实施了处罚”“港交所对高晗和张凯的行为提出公开谴责”。政府监管发挥了作用。

④媒体的舆论监督。“这些行为被媒体曝光后，主要供应商和员工采取一致行动”。媒体的舆论监督发挥了作用。

思维拓展

本题考查了公司治理问题、公司内部治理结构和公司治理基础设施三方面内容。

1.公司治理问题

公司治理问题主要包括三大问题：经理人对于股东的“内部人控制”问题、终极股东对于中小股东的“隧道挖掘”问题、企业与其他利益相关者之间的关系问题。

（1）经理人对于股东的“内部人控制”问题。内部人控制现象是指由于存在着目标利益的不一致与信息的不对称，企业的外部成员（如股东、债权人、主管部门等）无法实施有效的监督，从而使企业内部成员（如厂长、经理或工人）能够直接参与企业的战略决策，并掌握大部分的企业实际控制权，他们在公司战略决策中追求自身利益，甚至与内部各方面联手谋取各自的利益，架空所有者的有效控制，并以此来侵蚀作为外部人（股东）的合法权益。

内部人控制问题分为两类，一类是经理人在经营管理中违背对股东的忠诚义务，另一类是违背对股东的勤勉义务。其主要表现如下：

内部人控制问题常见表现

类型	常见表现
违背忠诚义务	过高的在职消费；盲目过度投资，经营行为短期化；侵占资产，转移资产；工资、奖金等收入增长过快，侵占利润；会计信息作假，财务造假；建设个人帝国
违背勤勉义务	信息披露不完整、不及时；敷衍偷懒不作为；财务杠杆过度保守；经营过于稳健，缺乏创新

（2）终极股东对于中小股东的“隧道挖掘”问题。终极股东对于中小股东的“隧道挖掘”现象是指许多公司都存在一个或几个具有绝对影响力的大股东，第一大股东和其他大股东之间通常具有关联关系或形成控制联盟，而数量上占绝大多数

的中小股东，只拥有名义上的控制权，与其所承担的实际风险并不对等，大股东往往利用他们对公司的控制权，以牺牲广大中小股东的利益为代价，通过追求自利目标而非公司价值目标来实现自身利益最大化。

隧道挖掘问题的常见表现可以分为两类，一类是滥用公司资源，另一类是占用公司资源。

滥用公司资源是指并非以占有公司资源为目的，但也未按照公司整体目标为行动导向的行为。滥用公司资源偏离了股东财富最大化的目标，违背了其作为代理人的勤勉义务。

占用公司资源是指终极股东通过各种方法将公司的利益输送至自身的行为。这种行为违背了其作为代理人的忠诚义务。占用公司资源的利益输送行为，又可以分为直接占用资源、关联性交易和掠夺性财务活动三类。直接占用资源是指终极股东直接从公司将利益输送给自己，关联性交易是指终极股东以非市场价格交易将利益输送给自己，掠夺性财务活动具有则更为复杂和隐蔽。其常见表现如下：

占用公司资源的常见表现

类型	常见表现
直接占用资源	直接借款、利用控制的企业借款、代垫费用、代偿债务、代发工资、利用公司为终极股东违规担保、虚假出资、预付账款、占用公司商标、品牌、专利等无形资产，以及抢占公司的商业机会等
关联性交易	商品服务交易活动、资产租用和交易活动、费用分摊活动等
掠夺性财务活动	掠夺性融资（包括通过财务造假骗取融资资格、虚假包装、过度融资、向终极股东低价定向增发股票等）、内部交易、掠夺性资本运作、超额股利等

（3）企业与其他利益相关者之间的关系问题。传统的股东价值理论认为，企业归股东所有，因此企业的首要职责是为股东创造价值，所对应的公司治理模式是以股东利益最大化为核心。其缺陷是过度关注投资者利益而忽略了债权人、员工、供应商、社区、顾客等其他利益相关者的利益。

大量的公司治理实践证明，公司发展离不开各种利益相关者的投入与参与。只有各利益相关者的利益得到合理的配置与满足时，才能建立更有利于企业长远可持续发展的外部环境，有利于实现企业价值最大化和股东财富积累增加的目标。因此，需要重视把利益相关者融入企业的治理模式中，让外部与企业利益相关的主体共同参与公司治理。

2. 公司内部治理结构

公司内部治理结构是指主要涵盖股东大会、董事会、监事会、高管团队以及公司员工之间责权利相互制衡的制度体系。

依据董事会权责特征和其他监督机构与董事会的权责关系，可将公司内部治理结构划分为单层董事会、双层董事会和复合结构制三种模式。不同模式公司内部治理结构的股东会、董事会、监事会和经理层的设置、组成和功能有所不同。

公司内部治理结构模式

模式	特征	典型代表国家
单层董事会制	最高权力机关：股东大会；决策、监督机构：董事会；执行机构：经理人员	英国、美国
双层董事会制	最高权力机关：股东大会；决策、监督机构：监事会；执行机构：董事会（管理委员会）	德国
复合结构制	最高权力机构：股东大会；决策、监督机构：董事会；监督机构：独立监察人（监事会）；执行机构：经理人员	中国、日本、韩国

3.公司治理基础设施

公司治理基础设施主要包括五类：

（1）信息披露制度。信息披露制度，是上市公司为保障投资者利益、接受社会公众的监督而依照法律规定必须将自身的财务变化、经营状况等信息和资料向证券管理部门和证券交易所报告，并向社会公开或公告，以便使投资者充分了解情况的制度。

信息披露质量评估内容：①财务信息；②审计信息；③披露的公司治理信息是否符合相关规定；④信息披露的及时性。

（2）中介机构。①通过信用中介机构让公司利益相关者相信公司所提供信息的真实性和可靠性。②信用中介机构需要保持足够的独立性，对公司披露的信息出具客观公正的评估，为公司的利益相关者负责，避免公司利益相关者的利益受到损害。③主要的信用中介机构包括：会计师事务所、投资银行和律师事务所等。

（3）法律法规。①对公司治理产生重大影响的主要法律有：公司法、银行法、证券法、破产法、劳工法等。②投资者法律保护主要是指一个国家的法律法规对投资者的保护条款及这些条款的执行情况。③对中小投资者法律保护越好，公司价值越高。

（4）政府监管。①政府监管的必要性和重要性在于：一是信息不对称问题导致市场失灵，从而需要政府监管；二是由于法律的不完备性，需要通过政府监管加以弥补。②有效的政府监管体系包括以下四个方面：法律监管、行政监管、市场环境监管和信息披露监管。

（5）媒体、专业人士的舆论监督。①舆论监督的实施主体主要分为两个层次，即公众和媒体层次。②公众作为舆论监督的主体，是舆论话题的发现者与提供者。公众监督对公司治理的影响主要来自公司治理、公司财务等方面的专家和学者等专业人士的作用。③媒体一方面是公众舆论监督的实现途径和输出管道；另一方面也是舆论监督话题的发现者与供应者。

坑点提示

本题的坑点在于公司治理问题、公司内部治理结构、公司治理基础设施在本案例中的表现有多处交叉或重合，即题干中同一种行为或做法同时属于上述两种或三种表现。

抢分秘籍

公司治理的考点相对集中，本题抢分的关键在于建立公司治理的完整框架，即“三类问题、三种结构、三个机制、五项基础设施、六项原则”；然后在理解的基础上，对相关内容适当记忆，特别是内部人控制和隧道挖掘的常见表现、内部治理结构四种主体、五项基础设施的具体内容。

历年考情

公司治理是个重要的考点，2021年简答题考查了公司内部治理结构存在的主要缺陷、2018年简答题第4题考查了公司治理问题的类型与主要表现，可与本题一起对比复习。

四、综合题（本题共24分）

资料一：1978年，高先生集资8 000元在南方某乡创办了一家占地不足200平方米、仅有12名员工的企业——金峰。创业初期，金峰的业务是代加工风扇。金峰凭借较低的土地租金、员工工资和高先生的精心管理，逐渐把代加工费用降至**行业最低水平**。因此客户和订单逐年增加，资产和经营规模不断扩大。

1981年，高先生将企业更名为金峰家用电器公司，生产自主申请注册的“金峰牌”风扇。此后三年中，在金峰**专注**于风扇业务的同时，国内生产风扇的厂家如雨后春笋迅速增加，竞争日趋激烈。由于短期内各个厂家的生产技术和产品性能都**难以有明显特色和质的提升**，因而消费者在市场上众多品牌的风扇之间**有很大选择余地**，用户选购风扇的关注点以及厂家之间**竞争的焦点主要是价格**。金峰公司凭借以往从事代加工风扇业务积累的技术、管理经验和实干、严谨、精进的作风，对每一项设计、工艺、流程进行微小的改进以**提升生产效率**；随着**生产规模的扩大**，适时调整优化生产组织和管理组织，改进生产设施，使生产能力得到最大限度的利用和发挥；精干销售队伍，完善和优化客户服务以节省相关费用。金峰还把自己不擅长的一些业务环节如零部件的电镀外包给其他企业，**有效降低了成本**。1983年，金峰牌风扇的成本降到行业平均成本的80%以下，成为无人企及的行

审题要点

关键词：行业最低水平。表明金峰公司采用的竞争战略的类型是成本领先战略；同时也说明金峰公司在努力降低各种要素成本，这属于实施成本领先战略应具备的资源和能力之一。

审题要点

关键词：专注。说明金峰公司在实施重点集聚。

审题要点

关键词：难以有明显特色和质的提升。表明风扇产业中所有企业的产品都是标准化的产品，产品难以实现差异化。

审题要点

关键词：有很大选择余地。说明消费者的转换成本较低，属于实施成本领先战略的外部市场条件。

审题要点

关键词：竞争的焦点主要是价格。表明风扇产品具有较高的价格弹性，同时也表明购买者不太关注品牌，还表明价格竞争是市场竞争的主要手段。

审题要点

关键词：提升生产效率。说明金峰公司在努力提高生产率，不断改进产品工艺设计，这两者均属于实施成本领先战略应具备的资源和能力。

审题要点

关键词：生产规模扩大、生产能力得到利用和发挥、有效降低成本。说明金峰公司在规模经济显著的产业中装备了相应的生产设施来实现规模经济，并在努力提高生产能力利用程度，还选择了适宜的交易组织形式。

审题要点

关键词：提升生产效率、降低成本。表明金峰公司采用的竞争战略的类型是成本领先战略。

业标杆。成本的大幅降低为金峰带来显著的竞争优势，使金峰牌风扇以良好的品质、低廉的价格成为市场热销的名牌商品。

资料二：1985年，国内风扇市场**趋于饱和**，行业**利润率开始大幅下滑**，金峰公司的销售额和利润额增长也开始趋缓。为了**避免单一经营的风险**并给企业持续发展开辟新的空间，高先生果断决定压缩风扇生产规模，同时进入刚刚兴起的空调、电冰箱、电饭煲等市场需求和企业利润率迅速攀升的**相关行业**。5月，金峰公司利用积累的自有资金投资建成“金峰空调设备厂”；8月，收购国内两家电冰箱制造企业，组建“金峰电冰箱制造厂”；12月，与J国森田公司合资成立“金峰电饭煲制造有限公司”。1986年10月，金峰公司转制成立金峰电器企业集团。此后10年，金峰集团经过不懈奋斗，使各类产品的质量、性能和制造技术逐渐达到行业领先水平，到20世纪90年代中期，金峰集团生产的空调、电冰箱、电饭煲均登上国内名牌商品榜单，在国内市场占有举足轻重的地位，其中电饭煲的市场占有率连续数年位居第一，金峰集团成为该领域公认的行业领导者和最受消费者信赖的企业。金峰集团的上述突出业绩、良好形象及品牌声誉，在其以后发展过程中，无论在进入**新领域**、**推广新产品**方面，还是在**获得资本市场青睐与融资**方面，都发挥了重要作用。

1995~1996年，金峰集团先后三次从国内外著名投资公司融到共计约5亿

审题要点

关键词：饱和、利润率大幅下滑、增长趋缓、避免单一经营风险。说明与现有产品或市场中的扩张相比，多元化战略意味着更高的利润；还说明金峰公司实施多元化战略可以分散风险，并且当企业在原产业无法增长时可以找到新的增长点。

审题要点

关键词：相关行业。说明金峰公司实施了以现有业务或市场为基础进入相关产业或市场的战略，属于总体战略类型中的相关多元化战略。

审题要点

关键词：进入新领域、推广新产品、获得资本市场青睐与融资。说明金峰公司运用了企业在某个产业或某个市场中的形象和声誉来进入另一个产业或市场，这是多元化战略的优点之一。

元人民币资金，用这笔资金分别收购了国内丽光制冷设备有限公司、G国沃克电器有限公司、J国春立厨具公司等，产品范围扩展到微波炉、饮水机、洗碗机、洗衣机等新品类，**覆盖了当时所有的家电产品领域**。1997年，金峰集团在深圳证券交易所挂牌上市，高先生任集团董事长。此后三年内，金峰集团的各类产品业务都**迅猛发展**，集团的销售收入增长近四倍，资产增长近三倍，成为当时国内最大的家电生产基地之一。

> **审题要点**
>
> 关键词：覆盖所有家电产品领域。说明金峰公司实施的总体战略类型是多元化战略中的相关多元化战略；同时说明金峰公司实施多元化战略获得了资金。

> **审题要点**
>
> 关键词：迅猛发展、增长、最大的家电生产基地。说明金峰公司实施多元化战略获得了其他财务利益，属于实施多元化战略的优点之一。

2000年，金峰集团在完成家电行业全品类布局后，开始跨行业投资、经营，利用自己多年成功经营家电产品积累的**盈余资金**，启动并完成对云海汽车制造有限公司、晨光污水处理设备厂和荣达机器人有限公司的收购和整合，经营范围得到极大扩展，形成家电、汽车、环保设备、机器人四大业务板块。同年，集团改革组织结构，成立了分别主营上述四类业务的四个公司，每个公司下设若干事业部分别管理多个不同的产品生产线，必要时把一些管理**职权下放**到各个产品线，集团总部则**摆脱繁杂的具体事务**，集中精力制定集团战略规划、协调和安排资源以及采用销售额增长率、销售利润增长率、资本回报率等指标对各事业部进行考核。新的组织结构进一步释放、激发了集团活力，促进了此后十年集团业务和效益**持续增长**。

> **审题要点**
>
> 关键词：跨行业投资、积累的盈余资金、四大业务板块。说明金峰公司进入了与当前产业和市场均不相关的领域；同时也说明由于以前在现有产品或市场中成功经营而保留下来的资金超过了其在现有产品或市场中的财务扩张所需要的资金；还说明金峰公司通过实施多元化战略，充分利用了盈余资金以及未被充分利用的资源。

> **审题要点**
>
> 关键词：管理多个产品生产线、职权下放、摆脱具体事务、集中精力、考核。说明金峰集团通过改革组织结构所形成的新的组织结构的类型是M型组织结构。

> **审题要点**
>
> 关键词：持续增长。进一步说明金峰集团通过改革组织结构所形成的新的组织结构的类型是M型组织结构。

2001年，金峰集团在经济发展较快的发展中国家Y国建立了第一个生产基地，利用该国较便宜的土地、水、电、劳动力等资源，生产已在国内市场显示竞争优势、技术成熟的家用空调、洗衣机、电冰箱等，大部分产品**就地销售**，其余产品销往邻国。2003年，金峰集团收购非洲K国温美公司，根据该国气候炎热、水源及电力不足的情况，集团技术人员与温美公司的技术人员合作，对金峰集团原有产品进行改进，开发出**深受该国消费者欢迎**的高效节能的空调、电冰箱等产品。此后两年，金峰集团在多个国家**因地制宜**开发、生产**适合当地居民需求**的产品。2005~2009年，金峰集团为了直面欧美发达国家家电制造商的竞争，获取更大的市场份额，采用了新的经营策略：在欧美发达国家建立研发机构，以便于学习、吸收先进技术；在亚非一些生产要素便宜的发展中国家生产标准化的产品，以**降低生产成本**；由金峰集团多年打造、训练有素的营销团队把产品推广、销售到**全球市场**。四年里，金峰集团在这些国家的销售额增长了两倍以上，市场份额增加了15%。2010年起，金峰集团在五大洲40多个国家建立了60多个子公司，雇用1万多名员工，子公司之间、子公司与母公司之间可以**互相提供**产品和技术，各个**子公司负责制定**在经营区域内的发展战略，经集团**总部审批**后实施，保证它们在全球范围内合理、协调运作。

资料三：2013年3月，金峰集团启动向数字化智慧家居领域进军的战略，开始从传统家电制造商向数字化智慧家居创造商转变。2014年5月，金峰集团与J国达川公司**合资成立**家用机器人制造公司，同年8月以20亿美元**收购**了在

审题要点

关键词：建立生产基地、利用便宜资源、国内竞争优势及技术成熟、就地销售。说明金峰集团所采用的国际化经营战略是国际战略。

审题要点

关键词：深受该国消费者欢迎、因地制宜、适合当地居民需求。说明金峰集团所采用的国际化经营战略是多国本土化战略。

审题要点

关键词：降低成本、全球市场。说明金峰集团所采用的国际化经营战略是全球化战略。

审题要点

关键词：互相提供、子公司制定、总部审批。说明金峰集团所采用的国际化经营战略是跨国战略。

审题要点

关键词：合资成立、收购、全球领先。说明金峰集团数字化战略转型的主要方面包含有技术变革。

伺服系统和自动化管理解决方案等方面全球领先的S国尼可公司，不仅完善了机器人产业的布局，同时为将机器人用于智能家电制造领域，助推数字化智慧家居战略落地起到重要作用。

金峰集团于2013年7月投资近50亿元人民币搭建**全球数字化智慧家居研究院**，随后以该院为平台，先后与国内外多家著名数字化智能设备企业和互联网企业建立**跨界合作**关系，推动金峰集团数字化智慧家居平台从云到端的建设。此后5年中，集团将总收入的4%左右投入智慧家居的**数字化研发、基础设施建设和相关人才培养**，累计投入超过500亿元人民币。此外，为适应数字化管理的需要，金峰集团对**组织结构做了大刀阔斧的改革**，将原来的集团总部—二级集团—事业部—产品公司四个管理层级改造为集团总部—大事业部—产品线三个层级，其中，各大事业部以产品线为中心，独立经营，独立核算。新的组织结构显著提高了集团内部信息沟通的速度、对市场变动的响应能力、管理的灵活性和整体效率。

> **审题要点**
> 关键词：全球数字化智慧家居研究院、跨界合作、数字化研发、基础设施建设和相关人才培养。说明金峰集团数字化战略转型的主要方面包含有技术变革。

> **审题要点**
> 关键词：组织结构变革。说明金峰集团数字化战略转型的主要方面包含有组织变革，并且很成功。

2016年3月，金峰集团以数字化为基础的智能家电制造和以产业互联网为依托的供应链基本建成，主要表现为：第一，在人才队伍建设方面，技术和管理岗位的**数字化人才**数量占70%以上，操作岗位的数字化人才数量占50%以上。第二，在业务管理方面，以软件、数据驱动的管理活动完整覆盖订单、计划、采购、研发、柔性制造、品质跟踪、仓储物流、客服等各个环节。**订单**

> **审题要点**
> 关键词：数字化人才。数字化人才是推动企业数字化转型的关键要素之一，也属于组织变革的内容。

准时交付率达到98%以上；电子商务采购金额占总采购金额的比例达85%以上；数字化仓储物流设备占比达90%以上。第三，实现了数字化生产作业计划的编制、生产过程的控制以及所有生产设备的互联互通。通过对生产过程中的各种数据进行收集、分析与处理，优化生产方案，进行柔性生产，满足客户群体乃至个体多样化的需求。第四，通过数字化技术，用“T+3”模式代替传统的分层分销模式，凭借数字化媒介，实现以销定产，从而消除渠道的库存积压。第五，采用ERP系统打通生产与管理全流程数据，为经营决策提供了数据支持，有效加快了资金周转率；通过交易核算自动化实现集团及各事业部核算及时可视，大大缩短了月度及年度财务报告的完成周期。第六，依托原有机器人业务，深化、拓展芯片、传感器等相关新兴技术领域，赋予产品、机器及系统感知、识别、理解和决策的能力，实现集团旗下40多个品类家电的互通互联。第七，围绕“人与家庭”构建物联网全价值链，涵盖用户数据保护、绿色家居建设、智能语言语音服务等方面，针对不同用户的特殊需求，提供完整的智能低碳家居生活解决方案。

要求：

（1）简要分析金峰从创立到1984年所采用的竞争战略的类型及其实施条件。

（2）简要分析金峰从1985年到2000年所采用的总体战略的类型及采用该战略的原因和优点。

审题要点

关键词：订单准时交付率、电子商务采购金额占总采购金额的比例、数字化仓储物流设备占比。说明金峰集团实施了业务数字化管理，属于数字化战略转型的管理变革。

审题要点

关键词：数字化生产作业计划编制、生产过程控制、生产设备互联互通。说明金峰集团实施了生产数字化管理，属于数字化战略转型的管理变革；同时也说明金峰集团的产品理念在向定制化、个性化和多样性转型，属于数字化技术对产品和服务的个性化影响。

审题要点

关键词：“T+3”模式、数字化媒介、以销定产、消除积压。说明金峰集团实施了营销数字化管理，属于数字化战略转型的管理变革。

审题要点

关键词：交易核算自动化、核算及时可视、大大缩短周期。说明金峰集团实施了财务数字化管理，属于数字化战略转型的管理变革。

审题要点

关键词：感知、识别、理解和决策能力、互通互联。说明金峰集团的产品理念在向智能化和连接性转型，属于数字化技术对产品和服务的智能化和连接性影响。

审题要点

关键词：物联网全价值链、绿色家居、不同用户特殊需求、智能低碳。说明金峰集团的产品理念在向定制化、个性化和多样性以及智能化、生态化转型，属于数字化技术对产品和服务的个性化、智能化、生态化影响。

（3）简要分析2000年金峰集团通过改革组织结构所形成的新的组织结构的类型及其优点。

（4）依据资料二，简要分析金峰集团所采用的国际化经营战略的类型。

（5）依据资料三，简要分析金峰集团数字化战略转型的主要方面。

（6）依据资料三，简要分析数字化技术对金峰集团产品和服务的影响。

【本题答案】

（1）①金峰从创立到1984年所采用的竞争战略的类型是成本领先战略，即通过在内部加强成本控制，在研究开发、生产、销售、服务和广告等领域把成本降到最低限度，成为产业中的成本领先者的战略。“金峰……逐渐把代加工费用降至行业最低水平”“金峰公司凭借以往从事代加工风扇业务积累的技术、管理经验和实干、严谨、精进的作风，对每一项设计、工艺、流程进行微小的改进以提升生产效率；随着生产规模的扩大，适时调整优化生产组织和管理组织，改进生产设施，使生产能力得到最大限度的利用和发挥；精干销售队伍，完善和优化客户服务以节省相关费用。金峰还把自己不擅长的一些业务环节如零部件的电镀外包给其他企业，有效降低了成本。1983年，金峰牌风扇的成本降到行业平均成本的80%以下，成为无人企及的行业标杆”。

②实施成本领先战略的条件有：

A.市场情况。a.产品具有较高的价格弹性，市场中存在大量的价格敏感用户。“用户选购风扇的关注点……主要是价格”。

b.产业中所有企业的产品都是标准化的产品，产品难以实现差异化。“短期内各个厂家的生产技术和产品性能都难以有明显特色和质的提升”。

c.购买者不太关注品牌，大多数购买者以同样的方式使用产品。“用户选购风扇的关注点……主要是价格”。

d.价格竞争是市场竞争的主要手段，消费者的转换成本较低。“厂家之间竞争的焦点主要是价格”“消费者在市场上众多品牌的风扇之间有很大选择余地”。

B.资源和能力。a.在规模经济显著的产业中装备相应的生产设施来实现规模经济。“随着生产规模的扩大……改进生产设施……有效降低了成本”。

b.降低各种要素成本。“凭借较低的土地租金、员工工资……”。

c.提高生产率。“对每一项设计、工艺、流程进行微小的改进以提升生产效率”。

d.改进产品工艺设计。“对每一项设计、工艺、流程进行微小的改进以提升生产效率”。

e.提高生产能力利用程度。“随着生产规模的扩大，适时调整优化生产组织和管理组织，改进生产设施，使生产能力得到最大限度的利用和发挥”。

f.选择适宜的交易组织形式。“金峰还把自己不擅长的一些业务环节如零部件的电镀外包给其他企业，有效降低了成本”。

g.重点集聚。“金峰专注于风扇业务”。

（2）①金峰1985年到2000年所采用的总体战略的类型是多元化战略。

A.相关多元化战略，即企业以现有业务或市场为基础进入相关产业或市场的战略。“高先生果断决定压缩风扇生产规模，同时进入刚刚兴起的空调、电冰箱、电饭煲等市场需求和企业利润率迅速攀升的相关行业”“金峰集团……收购了国内丽光制冷设备有限公司、G国沃克电器有限公司、J国春立厨具公司等，产品范围扩展到微波炉、饮水机、洗碗机、洗衣机等新品类，覆盖了当时所有的家电产品领域”。

B.非相关多元化战略，即企业进入与当前产业和市场均不相关的领域的战略。“金峰集团开始跨行业投资、经营……经营范围得到极大扩展，形成家电、汽车、环保设备、机器人四大业务板块”。

②采用多元化战略的原因有：

A.在现有产品或市场中持续经营不能达到目标。“国内风扇市场趋于饱和，行业利润率开始大幅下滑，金峰公司的销售额和利润额增长也开始趋缓。为了避免单一经营的风险并给企业持续发展开辟新的空间，高先生果断决定压缩风扇生产规模，同时进入刚刚兴起的空调、电冰箱、电饭煲等市场需求和企业利润率迅速攀升的相关行业”。

B.企业由于以前在现有产品或市场中成功经营而保留下来的资金超过了其在现有产品或市场中的财务扩张所需要的资金。“金峰集团在完成家电行业全品类布局后，开始跨行业投资、经营，利用自己多年成功经营家电产品积累的盈余资金启动并完成对云海汽车制造有限公司、晨光污水处理设备厂和荣达机器人有限公司的收购和整合。至此，金峰集团的经营范围得到极大扩展，形成家电、汽车、环保设备、机器人四大业务板块”。

C.与在现有产品或市场中的扩张相比，多元化战略意味着更高的利润。“国内风扇市场趋于饱和，行业利润率开始大幅下滑，金峰公司的销售额和利润额增长也开始趋缓。为了避免单一经营的风险并给企业持续发展开辟新的空间，高先生果断决定压缩风扇生产规模，同时进入刚刚兴起的空调、电冰箱、电饭煲等市场需求和企业利润率迅速攀升的相关行业”。

③企业采用多元化战略的优点有：

A.分散风险。“为了避免单一经营的风险并给企业持续发展开辟新的空间……”。

B.能更容易地从资本市场中获得融资。“金峰集团生产的空调、电冰箱、电饭煲均登上国内名牌商品榜单……在获得资本市场青睐与融资方面，都发挥了重要作用。”“先后三次从国内外著名投资公司融到共计约5亿元人民币资金”。

C.当企业在原产业无法增长时找到新的增长点。“国内风扇市场趋于饱和，行业利润率开始大幅下滑，金峰公司的销售额和利润额增长也开始趋缓。……高先生果断决定压缩风扇生产规模，同时进入刚刚兴起的空调、电冰箱、电饭煲等市场需求和企业利润率迅速攀升的相关行业”。

D.利用未被充分利用的资源。“利用自己多年成功经营家电产品积累的盈余资金启动并完成对云海汽车制造有限公司、晨光污水处理设备厂和荣达机器人有限公司的收购和整合……形成家电、汽车、环保设备、机器人四大业务板块”。

E.运用盈余资金。“利用自己多年成功经营家电产品积累的盈余资金启动并完成对云海汽车制造有限公司、晨光污水处理设备厂和荣达机器人有限公司的收购和整合……形成家电、汽车、环保设备、机器人四大业务板块”。

F.获得资金或其他财务利益。“金峰集团生产的空调、电冰箱、电饭煲均登上国内名牌商品榜单……在获得资本市场青睐与融资方面……发挥了重要作用”“金峰集团的各类产品业务都迅猛发展，集团的销售收入增长近四倍，资产增长近三倍”“先后三次从国内外著名投资公司融到共计约5亿元人民币资金”。

G.运用企业在某个产业或某个市场中的形象和声誉来进入另一个产业或市场。“金峰集团的上述突出业绩、良好形象及品牌声誉……在进入新领域、推广新产品方面……发挥了重要作用”。

（3）①2000年金峰集团通过改革组织结构所形成的新的组织结构的类型是M型组织结构。“集团改革组织结构，成立了分别主营上述四类业务的四个公司，每个公司下设若干事业部分别管理多个不同的产品生产线，必要时把一些管理职权下放到各个产品线，集团总部则摆脱繁杂的具体事务，集中精力制定集团战略规划、协调和安排资源以及采用销售额增长率、销售利润增长率、资本回报率等指标对各事业部进行考核”。

②M型组织结构的优点有：

A.便于企业的持续成长。“新的组织结构进一步释放、激发了集团活力，促进了此后十年集团业务和效益持续增长”。

B.总部员工的工作量会有所减轻。“集团总部则摆脱繁杂的具体事务”。

C.职权被分派到总部下面的每个事业部，并在每个事业部内部进行再次分派。“每个事业部都负责多个产品线的运营，必要时把一些管理职权下放到各个产品线”。

D.能够通过诸如资本回报率等方法对事业部的绩效进行财务评估和比较。“集团……采用销售额增长率、销售利润增长率、资本回报率等指标对各事业部进行考核”。

（4）从2001年起金峰集团所采用的国际化经营战略的类型有：①国际战略。国际战略是指企业将其具有价值的产品与技能转移到国外的市场，以创造价值的举措。“在经济发展较快的发展中国家Y国建立了第一个生产基地……生产已在国内市场显示竞争优势、技术成熟的家用空调、洗衣机、电冰箱等，大部分产品就地销售，其余产品销往邻国”。

②多国本土化战略。多国本土化战略是根据不同国家的不同的市场，提供更能满足当地市场需要的产品和服务。“金峰集团收购非洲K国温美公司，根据该国气候炎热、水源及电力不足的情况……对金峰集团原有产品进行改进，开发出深受该国消费者欢迎的高效节能的空调、电冰箱等产品。此后两年，金峰集团在多个国家因地制宜开发、生产适合当地居民需求的产品”。

③全球化战略。全球化战略是向全世界的市场推销标准化的产品和服务，并在较有利的国家集中地进行生产经营活动，由此形成经验曲线和规模经济效益，以获得高额利润。“金峰集团……采用了新的经营策略：在欧美发达国家建立研发机构，以便于学习、吸收先进技术；在亚非一些生产要素便宜的发展中国家生产标准化的产品，以降低生产成本；由金峰集团……把产品推广、销售到全球市场”。

④跨国战略。跨国战略是在全球激烈竞争的情况下，形成以经验为基础的成本效益和区位效益，转移企业的核心竞争力，同时注意当地市场的需要。为了避免外部市场的竞争压力，母公司与子公司、子公司与子公司的关系是双向的，不仅母公司向子公司提供产品与技术，子公司也可以向母公司提供产品与技术。“金峰集团……在五大洲40多个国家建立了60多个子公司，雇用1万多名员工，子公司之间、子公司与母公司之间可以互相提供产品和技术，各个子公司负责制定在经营区域内的发展战略，经集团总部审批后实施，保证它们在全球范围内合理、协调运作”。

（5）金峰集团数字化战略转型的主要方面有：

①技术变革。

A.数字化基础设施建设。“金峰集团……先后与国内外多家著名数字化智能设备企业和互联网企业建立跨界合作关系，推动金峰集团数字化智慧家居平台从云到端的建设”“集团将总收入的4%左右投入智慧家居的数字化研发、基础设施建设和相关人才培养”。

B.数字化研发。“金峰集团……搭建全球数字化智慧家居研究院……将总收入的4%左右投入智慧家居的数字化研发、基础设施建设和相关人才培养”。

C.数字化投入。“以20亿美元收购了在伺服系统和自动化管理解决方案等方面全球领先的S国尼可公司”“合资成立家用机器人制造公司”“投资近50亿元人民币搭建全球数字化智慧家居研究院……集团将总收入的4%左右投入智慧家居的数字化研发、基础设施建设和相关人才培养，累计投入超过500亿元人民币”。

②组织变革。

A.组织架构。“为适应数字化管理的需要，金峰集团对组织结构做了大刀阔斧的改革，将原来的集团总部—二级集团—事业部—产品公司四个管理层级改造为集团总部—大事业部—产品线三个层级，其中，各大事业部以产品线为中心，独立经营，独立核算。新的组织结构显著提高了集团内部信息沟通的速度、对市场变动的响应能力、管理的灵活性和整体效率”。

B.数字化人才。“在人才队伍建设方面，技术和管理岗位的数字化人才数量占70%以上，操作岗位的数字化人才数量占50%以上”。

③管理变革。

A.业务数字化管理。“以软件、数据驱动的管理活动完整覆盖订单、计划、采购、研发、柔性制造、品质跟踪、仓储物流、客服等各个环节。订单准时交付率达到98%以上；电子商务采购金额占总采购金额的比例达85%以上；数字化仓储物流设备占比达90%以上”。

B.生产数字化管理。“实现了数字化生产作业计划的编制、生产过程的控制以及所有生产设备的互联互通。通过对生产过程中的各种数据进行收集、分析与处理，优化生产方案，进行柔性生产，满足客户群体乃至个体多样化的需求”。

C.财务数字化管理。“采用ERP系统打通生产与管理全流程数据，为经营决策提供了数据支持，有效加快了资金周转率；通过交易核算自动化实现集团及各事业部核算及时可视，大大缩短了月度及年度财务报告的完成周期”。

D.营销数字化管理。“通过数字化技术，用‘T+3’模式代替传统的分层分销模式，凭借数字化媒介，实现以销定产，从而消除渠道的库存积压”。

（6）数字化技术对金峰集团产品和服务的影响有：①个性化。“通过对生产过程中的各种数据进行收集、分析与处理，优化生产方案，进行柔性生产，满足客户群体乃至个体多样化的需求”“围绕‘人与家庭’构建物联网全价值链……针对不同用户的特殊需求，提供完整的智能低碳家居生活解决方案”。

②智能化。“赋予产品、机器及系统感知、识别、理解和决策的能力”“围绕‘人与家庭’构建物联网全价值链，涵盖用户数据保护、绿色家居建设、智能语言语音服务等方面”。

③连接性。“赋予产品、机器及系统感知、识别、理解和决策的能力，实现集团旗下40多个品类家电的互通互联”。

④生态化。“围绕‘人与家庭’构建物联网全价值链，涵盖用户数据保护、绿色家居建设……提供完整的智能低碳家居生活解决方案”。

思维拓展

综合题考查的内容非常多。本题考查的知识点包括：（一）包括多元化总体战略的类型、采用原因及优点；（二）成本领先竞争战略及其实施条件；（三）M型组织结构的类型及其优点；（四）国际化经营战略的四种类型；（五）数字化战略在技术变革、组织变革、管理变革等方面的转型；（六）数字化技术对产品和服务在个性化、智能化、连接性、生态化等方面的影响。

（一）多元化战略

1. 含义： 多元化战略是指企业进入与现有产品和市场不同的领域，属于总体战略的一种。

总体战略常见类型

总体类型	具体类型或特征	细分类型
发展战略	一体化	纵向（前向、后向）、横向
	密集型	市场渗透、市场开发、产品开发
	多元化	相关、非相关
稳定战略	维持不变	—
收缩战略	紧缩与集中	机制变革、调整财政和财务、削减成本
	转向	重新定位或调整现有的产品或服务、调整营销策略
	放弃	特许经营、分包、卖断、管理层或杠杆收购、拆产为股/分拆

2. 实施时机： 当现有产品或市场不存在期望的增长空间时，通常会考虑多元化战略。

3. 实施原因： 目标、资金、利润。（1）在现有产品或市场中持续经营不能达到目标；（2）以前在现有产品或市场中成功经营而保留下来的资金超过了其在现有产品或市场中的财务扩张所需要的资金，即资金有富余；（3）与在现有产品市场中的扩张相比，多元化战略意味着更高的利润，即企业追求更高的利润（逐利）。

4. 类型

比较项目	相关（同心）多元化	非相关（离心）多元化
含义	指企业以现有业务或市场为基础进入相关产业或市场的战略	指企业进入与当前产业和市场均不相关的领域的战略
优势	有利于企业利用原有优势来获得融合优势，即两种业务或两个市场同时经营的盈利能力大于各自经营时的盈利能力	有利于企业从财务上考虑平衡现金流或者获取新的利润增长点，规避产业或市场的发展风险
适用条件	当企业在产业或市场内具有较强的竞争优势，而该产业或市场成长性或吸引力逐渐下降时，适宜采用相关多元化战略	当前所处的产业或市场缺乏吸引力，而企业也不具备较强的能力和技能转向相关产品或市场，适宜采用非相关多元化战略

5. 优点

企业采用多元化战略有七个优点：（1）分散风险；（2）能更容易地从资本市场

中获得融资；（3）当企业在原产业无法增长时找到新的增长点；（4）利用未被充分利用的资源；（5）运用盈余资金；（6）获得资金或其他财务利益，例如累计税项亏损；（7）运用企业在某个产业或某个市场中的形象和声誉来进入另一个产业或市场，而在另一个产业或市场中要取得成功，企业形象和声誉是至关重要的。

（二）成本领先战略

1. 含义

企业通过在内部加强成本控制，在研究开发、生产、销售、服务和广告等领域把成本降到最低限度，成为产业中的成本领先者的战略。

2. 优势

（1）形成进入障碍；（2）增强讨价还价能力；（3）降低替代品的威胁；（4）保持领先的竞争地位。

3. 实施条件

（1）市场情况。

①产品具有较高的价格弹性，市场中存在大量的价格敏感用户；②产业中所有企业的产品都是标准化的产品，产品难以实现差异化；③购买者不太关注品牌，大多数购买者以同样的方式使用产品；④价格竞争是市场竞争的主要手段，消费者的转换成本较低。

（2）企业所需要的资源和能力。

①在规模经济显著的产业中装备相应的生产设施来实现规模经济；②降低各种要素成本；③提高生产率；④改进产品工艺设计；⑤提高生产能力利用程度；⑥选择适宜的交易组织形式；⑦重点集聚，即集中相关资源用于某一经营领域。

（三）M型组织结构

1. 含义

M型企业组织结构，即多部门结构，即将企业划分为若干个事业部，每一个事业部负责一个或多个产品线。

2. 优点

（1）便于企业的持续成长；（2）由于每一个事业部都有其自身的高层战略管理者，首席执行官所在的总部员工的工作量有所减轻；（3）职权被分派到总部下面的每个事业部，并在每个事业部内部进行再次分派；（4）能够通过诸如资本回报率等方法，对事业部的绩效进行财务评估和比较。

3. 缺点

（1）为事业部分配企业的管理成本比较困难并略带主观性；（2）事业部之间可能会为争夺企业资源而产生功能性失调的竞争和摩擦；（3）当一个事业部生产另一

事业部所需的部件或产品时，确定内部转移价格也会产生冲突。

（四）国际化经营战略

国际化经营战略类型判断

类型	全球协作程度	本土独立性和适应能力
国际战略	低	小
多国本土化战略	低	大
全球化战略	高	小
跨国战略	高	大

国际化经营战略的特点比较

战略类型	特点	
国际	含义	指企业将其具有价值的产品与技能转移到国外的市场，以创造价值的举措
	做法	（1）产品开发的职能大多留在母国，而在东道国建立制造和营销职能；（2）总部严格控制产品与市场战略的决策权，对海外子公司采取集权式管理
	优点	母公司集权决策，更好地保障企业整体目标的实现
	缺点	（1）适应性较差；（2）重复建设，加大经营成本
	适用	在国外市场上拥有竞争优势，而且在该市场上降低成本的压力较小
多国本土化	含义	根据不同国家的不同市场，提供更能满足当地市场需要的产品和服务
	做法	在不同国家的不同市场，采用不同的营销策略，提供不同的产品和服务
	优点	适应当地市场的需求，满足个性化的需要
	缺点	（1）重复建设，成本结构较高，无法获得经验曲线效益和区位效益；（2）高度分权，海外子公司过于独立
	适用	当地市场强烈要求根据当地需求提供产品和服务并降低成本时
全球化	含义	向全世界的市场推销标准化的产品和服务，并在较有利的国家集中地进行生产经营活动，由此形成经验曲线和规模经济效益，以获得高额利润
	做法	采用相同的营销策略，销售同一种产品或服务
	优点	生产和营销成本较低，效率较高
	缺点	（1）适应性较差；（2）高度集权，海外子公司没有决策权
	适用	成本压力大且当地特殊要求小
跨国	含义	在全球激烈竞争的情况下，形成以经验为基础的成本效益和区位效益，转移企业的特殊竞争力，同时注意满足当地市场的需要
	做法	母公司与子公司、子公司与子公司之间相互提供产品和技术
	优点	兼顾了全球效率、国别反应和全球性学习效果
	缺点	难以确定地区适应性和全球化效率的平衡点
	适用	理想化而非现实的战略

（五）数字化战略转型

数字化战略转型的主要方面

转型体现	具体表现	评价指标
技术变革	数字化基础设施建设	主干网与互联网接口带宽、主干网网络覆盖率、数据安全措施应用率
	数字化研发	新产品产值率、R&D投入强度、员工人均专利数
	数字化投入	数字化投入占比、数字化设备投入占比、数字化运维投入占比、数据安全投入占比
组织变革	组织架构	数字化部门领导者地位、企业管理层级数量
	数字化人才	数字化人才比重、数字化技能员工覆盖率、初级数字化技能人才培训支出比
管理变革	业务数字化管理	电子商务采购比率、数字化仓储物流设备占比、订单准时交付率、数据可视化率
	生产数字化管理	作业自动化编制及优化排程比例、与过程控制系统（PCS）或生产执行系统（MES）直接相连的数字化设备占比、数字化检测设备占比、在线设备管理与运维比例
	财务数字化管理	ERP系统覆盖率、资金周转率、库存资金占有率
	营销数字化管理	①凭借多种数字化媒介，企业可以整合不同渠道为客户提供线上和线下全面的无缝式体验，打造全渠道营销的服务模式； ②通过大数据技术对海量客户信息进行挖掘和利用，将结果数据转化为改进营销方式的切入点，有利于企业实现精准营销； ③要利用数字化技术有效拓展客群范围，实现客户多元化； ④运用客户管理系统CRM、数据仓库DW和商业智能BI技术，获取全面完整的客户信息，实现整合营销和交叉销售； ⑤在数字化客户管理的基础上，通过大数据分析实现精准营销、内容营销、数字化的客户生命周期管理等

（六）数字化技术对产品和服务的影响

数字化技术对公司战略的影响

影响内容	具体影响	特征
组织结构	组织结构向平台化转型	组织形态趋于柔性化、扁平化和网络化，并呈现出大平台、小前端的特征
	构建传统与数字的融合结构	（1）包含传统和新兴的两类人才、观念、技术、流程和传播渠道；（2）是一种过渡性结构，非最终形式
	以新型组织结构为主要形式	团队结构、虚拟组织等
经营模式	互联网思维	依托数字技术，企业能以更好的产品和服务满足消费者的个性化需求，且价格更低、速度更快
	多元化经营	线上线下融合，020模式下的实体零售企业，打破了线下店铺传统经营模式的时空限制，促进跨界经营融合
	消费者参与	企业借助数字网络平台形成与消费者的互动关系，了解主要客户对于现有产品和服务的改进建议，找到真实的市场需求，提供更高质量的产品和服务

续表

影响内容	具体影响	特征
产品和服务	个性化	(1)消费者功能性诉求向体验性诉求转变;(2)对产品和服务的需求由被动接受向主动要求转变;(3)企业可以发现消费者的隐性需求和个性化需求;(4)企业产品理念向定制化、个性化和多样化转型
	智能化	(1)企业可通过智能产品实现对使用数据的实时抓取,为消费者提供更好的使用体验;(2)配套的操作系统和应用软件,使得消费者能够自行完成最后的定制环节,从而可以按照个性化需求控制和使用智能化产品
	连接性	通过智能产品之间的连接,将看似不相关的活动主体连接起来,能够创造出更多的商业机会
	生态化	(1)通过依靠科技促进低碳化发展,实现数字化赋能生态发展;(2)通过数字化赋能,提高效率、节约资源,实现降低能耗,加快重铸产业结构、生产方式、生活方式、空间格局
业务流程	服务理念	从人工服务转为智能服务
	服务重组	将原来重复的人工行为转化为半智能或全智能服务的形式

坑点提示

本题的坑点在于:

(1)成本领先战略的适用条件包括四项市场情况和七项企业应拥有的资源和能力。题干中有多处做法或行为同时体现了其中的两到三项条件,需要仔细辨析。如“对每一项设计、工艺、流程进行微小的改进以提升生产效率”,同时体现了“提高生产率”和“改进产品工艺设计”两项资源和能力;“用户选购风扇的关注点以及厂家之间竞争的焦点主要是价格”,同时体现了“产品具有较高的价格弹性,市场中存在大量的价格敏感用户”“购买者不太关注品牌,大多数购买者以同样的方式使用产品”“价格竞争是市场竞争的主要手段”三项实施成本领先战略应具备的外部市场情况,等等。

(2)多元化战略有三项实施原因和七条优点。题干中有多处做法或行为同时体现了两条以上的原因和优点,有的既体现了原因,还体现了优点,需要仔细辨析。如“国内风扇市场趋于饱和,行业利润率开始大幅下滑,金峰公司的销售额和利润额增长也开始趋缓。为了避免单一经营的风险并给企业持续发展开辟新的空间,高先生果断决定压缩风扇生产规模,同时进入刚刚兴起的空调、电冰箱、电饭煲等市场需求和企业利润率迅速攀升的相关行业”,既表明金峰公司实施了相关多元化战略,还说明金峰公司“在现有产品或市场中持续经营不能达到目标”以及“与在现有产品或市场中的扩张相比,多元化战略意味着更高的利润”,这两者均是采用多元化战略的原因;此外,还说明“实施多元化战略可以分散风险”,并且“当企业在原产业无法增长时可以找到新的增长点”,这两者均是多元化战略的优点,等等。

抢分秘籍

本题主要考查对相关知识点的熟悉程度。比如实施成本领先竞争战略的四项市场情况和七项资源和能力、实施多元化战略的三条原因和七个优点、M型组织结构的四个优点、国际化经营战略的四种类型、数字化战略转型的三个主要方面及其九个具体方面、数字化技术对产品和服务的四方面影响，这些都需要考生记得很熟。因此想要拿高分，需要对一些重要的高频考点内容深入理解和熟练背诵。

历年考情

1.竞争战略是很重要的高频考点，如2021年综合题第三小问考查了差异化战略的辨析和采用该战略在市场情况、资源和能力两方面的实施条件；2020年简答题第二题第二小问考查了差异化战略实施的资源和能力条件。考生可与本题结合进行对比复习。

2.总体战略特别是其三种发展战略，是非常重要高频考点，几乎每年必考。如2021年综合题第五小问考查了市场渗透、市场开发、产品开发三种密集型发展战略和纵向、横向两种一体化发展战略；2020年简答题第一题第二小问考查了总体战略中收缩战略的紧缩与集中和转向战略；2020年简答题第四小题第一小问考查了发展战略中的横向一体化和前向、后向两种纵向一体化战略的辨析及其适用条件；2019年简单题第四题第一小问考查了包括前向一体化和后向一体化在内的纵向一体化战略及其优势；2018年简答题第二题第一小问考查了市场渗透、市场开发、产品开发三种密集型发展战略和后向一体化发展战略的辨析及其适用条件；2018年简答题第三题第二小问考查了实施发展战略所采用的并购、新建和战略联盟三种主要途径；2018年综合题第五小问考查了总体战略中的收缩战略，包括紧缩与集中战略中的机制变革、转向战略中的调整营销策略的主要方式；2018年综合题第六小问考查了相关多元化（同心多元化）这一发展战略的优点、实施途径及其动因。考生可与本题结合起来进行对比复习，牢固掌握这部分内容。

3.组织结构的类型及其优点主要是在客观题里进行考查，近五年来是第一次在主观题里进行考查。

4.国际化经营战略的类型主要是在客观题里进行考查，近五年来是第一次在主观题里进行考查。

5.数字化战略转型是近五年来第一次考查主观题。

6.数字化技术对公司战略的影响近两年连续进行了考查，2021年简答题第3题第三小问考查了数字化技术对企业经营模式的影响，可与本题结合起来复习。

2021年注册会计师全国统一考试《公司战略与风险管理》真题详解

一、单项选择题（本题型共26小题，每小题1分，共26分。每小题只有一个正确答案，请从每小题的备选答案中选出一个你认为正确的答案，用鼠标点击相应的选项。）

审题要点

本题关键词是“波士顿矩阵原理”。波士顿矩阵纵轴以产业市场增长率代表市场吸引力，以10%为分界点，划分为高、低两档；横轴以相对市场占有率代表企业竞争地位，以1.0为分界点，划分为强、弱两档。其中，“问题类”业务应采取“选择性投资”战略。本题的关键在于“相对市场占有率”的理解，然后据此判定东光公司数据网络传输业务的类型，从而选择适宜的战略。

1. 东光公司是国内一家从事多元化经营的高科技企业，主要产品有电子测量仪器、智能医疗器械、数据网络传输设备和光伏发电器件等，其中数据网络传输设备的市场占有率位居行业第五。近年来国内数据网络传输产业增速均在10%以上，市场呈现供不应求。根据**波士顿矩阵原理**，东光公司对其数据网络传输业务应（　　）。

A. 在短期内优先供给它们所需的资源

B. 采取选择性投资战略

C. 采用收获性战略

D. 采用撤退战略

【本题答案】B

【本题解析】本题考查波士顿矩阵。根据波士顿矩阵原理，“数据网络传输设备的市场占有率位居行业第五”，说明其相对市场占有率（相对于该业务市场上最大竞争对手的市场份额）低于1，处于弱竞争地位；“近年来国内数据网络传输产业增速均在10%以上，市场呈现供不应求”，说明该产业处于高速增长状态，因此东光公司的数据网络传输业务的相属于“高增长—弱竞争地位”的“问题”业务，宜采取选择性投资战略，所以选项B正确。选项A是“明星”业务应采取的战略，选项C是“现金牛”业务应采取的战略，选项D是“瘦狗”业务应采取的战略，因此选项A、C、D错误。

思维拓展

详见2022年单项选择题第9题。

坑点提示

本题的坑点在于竞争地位的判断。由“市场占有率位居行业第五”，可能会认为东光公司数据网络传输业务的市场占有率很高，从而把东光公司的数据网络传输业务误判为处于“强竞争”地位。但是，波士顿矩阵的横坐标是相对市场占有率而非绝对市场占有率，相对市场占有率是自己某项业务的市场份额与市场上最大竞争对手的市场份额的比值，以1.0为分界点，将相对市场占有率划分为高、低两档，大于1表示处于“强竞争”地位，小于1表示处于“弱竞争”地位。本题中东光公司的数据网络传输业务目前市场占有率虽然位居行业第五，但相对于其最大的竞争对手来说，两者市场份额的比值小于1，意味着虽然其绝对市场占有率处于较高水平，但是相对市场占有率处于较低水平，因此处于“弱竞争”地位。

抢分秘籍

本题得分的关键在于要理解竞争地位强弱的判断依据是“相对市场占有率”，即自身的市场占有率和产业中最大竞争对手的市场占有率两者的比值，而不是绝对市场占有率。绝对市场占有率高，不一定意味着其相对市场占有率就高。由此可推出一个结论：依据波士顿矩阵原理，只有产业中的龙头老大才处于“强竞争”地位，其他企业均处于“弱竞争”地位。

历年考情

波士顿矩阵原理是非常重要的高频考点，几乎每年必考。如2020年多项选择题第1题考查了波士顿矩阵的运用中可以视情况采取收割战略的业务类型、2019年单项选择题第2题考查了现金牛业务的负责人、2018年单项选择题第9题考查了问题类业务适宜的管理组织、2018年单项选择题第1题考查了波士顿矩阵业务类型的判断及适宜战略等。

2.兆兴公司是一家提供基因检测解决方案的初创公司，其资金主要来源于专业投资机构的投资。经过管理和研发团队不懈的努力，该公司近期开始与几家医疗机构开展尝试性合作，但其终端客户的接受程度与潜在市场规模等因素尚存在不确定性。从财务战略角度看，目前兆兴公司**经营风险与财务风险的搭配**是（　　）。

A.高经营风险与高财务风险搭配

B.高经营风险与低财务风险搭配

C.低经营风险与高财务风险搭配

D.低经营风险与低财务风险搭配

【本题答案】B

审题要点

本题关键词是“初创公司”“专业投资机构投资”。“初创公司”表明兆兴公司处于生命周期的“导入期”阶段，从而根据“基于产品生命周期的财务战略选择”可知，其经营风险非常高而财务风险非常低。此外，还可以由“资金主要来源于专业投资机构的投资”可知，其资金主要来源于权益资本，因此财务风险非常低；由“终端客户的接受程度与潜在市场规模等因素尚存在不确定性”可知，其经营风险非常高。总之，经营风险和财务风险一定是反向搭配。本题的关键在于准确判断兆兴公司所属的生命周期阶段，熟悉企业在产品生命周期不同发展阶段的经营特征。

【本题解析】本题考查基于产品生命周期的财务战略选择。“兆兴公司是一家提供基因检测解决方案的初创公司”，说明其处于产品生命周期的导入期；“其资金主要来源于专业投资机构的投资”，说明兆兴公司主要使用权益筹资，财务风险很低；“其终端客户的接受程度与潜在市场规模等因素尚存在不确定性”，说明其经营风险很高。综上可知，兆兴公司具有高经营风险与低财务风险的特征，故选项B正确。

思维拓展

2022年单项选择题第13题。

抢分秘籍

如果熟悉“基于产品生命周期的财务战略”内容，则由“兆兴公司是一家提供基因检测解决方案的初创公司”即可判断其处于导入期，导入期的经营风险非常高，而财务风险非常低，可以直接选出正确答案为B。

本题也可采用排除法。根据经营风险与财务风险反向搭配的原则，首先排除选项A和D；再根据“其资金主要来源于专业投资机构的投资”，说明资金来源于负债较少，财务风险较低，可进一步排除选项C。因此，选项B正确。

历年考情

企业在不同生命周期阶段的财务战略选择是近年来考试频率较高的一个知识点，如2020年单项选择题第19题考查了成熟期的经营特征辨析、2018年多项选择题第11题考查了导入期的经营特征辨析等。

审题要点

本题关键词是“成功经营”“行业第一”“普遍下降”“很大影响”。“成功经营多年、营业收入和利润率长期位居行业第一”表明麦迪公司在行业内具有较强的竞争优势，“盈利水平普遍下降，经营也受到很大影响”表明麦迪公司受到了外部环境的威胁。根据SWOT分析原理，麦迪公司应采用ST战略，即多种经营战略。本题的关键在于准确判断出麦迪公司是拥有优势还是劣势，面临外部环境的机会还是威胁，从而选出相应的战略。

3. 麦迪公司是Z国一家成功经营多年的连锁快餐企业，营业收入和利润率长期位居行业第一。2018年，Z国劳动力、水电、食材价格大幅上涨造成餐饮企业盈利水平普遍下降，麦迪公司的经营也受到很大影响。根据**SWOT分析**，麦迪公司应采用（　　）。

A. 增长型战略　　B. 扭转型战略

C. 多种经营战略　　D. 防御型战略

【本题答案】C

【本题解析】本题考查SWOT分析模型。“麦迪公司是Z国一家成功经营多年的连锁快餐企业，营业收入和利润率长期位居行业第一”，说明麦迪公司拥有内部环境的优势（S）；“Z国劳动力、水电、食材价格大幅上涨”，说明麦迪公司面临外部环境的威胁（T）。根据SWOT分析原理，麦迪公司应采用ST战略，即多种经营战略。因此选项C正确。

思维拓展

详见2022年单项选择题第9题。

抢分秘籍

理解S、W、O、T四个字母代表的含义，熟记两两结合对应形成的四种战略。

历年考情

SWOT分析是非常重要的知识点，几乎每年必考。如2020年单项选择题第4题、2019年单项选择题第8题、2018年单项选择题第6题、2017年单项选择题第4题均考查了SWOT分析四种战略的判定。

4.甲公司签订合同承诺10月份向客户出售20吨白糖，并以5 600元人民币/吨的价格购入现货白糖20吨，同时在期货交易所以5 700元/吨的价格卖出10月份到期的白糖期货20吨。10月份合同到期时，白糖现货和当月期货市场价格均为5 500元人民币/吨，甲公司以该价格向客户售出白糖20吨，并买入当月期货20吨。甲公司的上述风险理财策略是（　　）。

A.买方期权套期保值　　B.卖方期权套期保值

C.期货空头套期保值　　D.期货多头套期保值

【本题答案】C

【本题解析】本题考查套期保值风险理财策略。本知识点内容已于2023年删除。

5.蓝星公司是一家大型信息设备制造企业。该公司依据对公司目标作出的贡献评价各种职能和活动，并根据员工的专长给他们安排相应的岗位和职权。蓝星公司企业文化的类型是（　　）。

> **审题要点**
>
> 本题关键词是“员工专长”。任务导向型文化中，管理者关心的是不断地和成功地解决问题，对不同职能和活动的评估完全是依据对企业目标作出的贡献，员工专长是其个人权力和职权的主要来源。本题的关键在于准确理解任务导向型文化类型的含义和特点。

A.权力导向型　　B.角色导向型

C.任务导向型　　D.人员导向型

【本题答案】C

【本题解析】本题考查企业文化类型。“蓝星公司依据对公司目标职能的贡献评价职能的活动，并根据员工的专长给员工安排相应的职位和职能”，说明是为了实现或达到公司目标，符合“任务导向型”企业文化描述，因此，蓝星公司企业文化的类型为“任务导向型”，选项C正确。

思维拓展

企业文化有四种类型：权力导向型、角色导向型、任务导向型、人员导向型。

企业文化四种类型

文化类型	特点	适用企业
权力导向型	（1）掌权人试图对下属保持绝对控制；（2）决策迅速，但质量取决于经理人员的能力；（3）企业变革主要由中心权力来决定；（4）忽视人的价值和一般福利；（5）中层人员士气低、流失率高	家族式企业 刚开创企业
角色导向型	（1）追求理性和秩序；（2）重视合法性、忠诚和责任；（3）围绕限定的工作规章和程序建立；（4）注重理性和逻辑、稳定和体面；（5）权力仍在上层，强调等级和地位；（6）稳定、持续，可能导致高效率，但缺乏弹性，行动迟缓，不太适合动荡的环境	国有企业、公务员机构、历史悠久的银行和保险机构、企业集团
任务导向型	（1）管理者关心的是不断地和成功地解决问题，对不同职能和活动的评估依据其对企业目标作出的贡献；（2）组织结构往往是矩阵式，无连续性；（3）主导思想是实现目标；（4）强调速度和灵活性，专长是个人权力和职权的主要来源；（5）适应性强，在十分动荡或经常变化的环境中会很成功，也会带来很高的成本	新兴产业中的企业，特别是一些高科技企业，以及公关公司、房地产经纪公司、销售公司
人员导向型	（1）企业存在的目的主要是为其成员的需要服务，企业是其员工的下属，企业的生存也依赖于员工；（2）无需职权；（3）员工通过示范和助人精神来互相影响；（4）企业需要决策中的意见一致，角色分配的依据是个人的爱好及学习和成长的需要；（5）人员不易管理，企业能给他们施加的影响很小	俱乐部、协会、专业团体和小型咨询公司

坑点提示

本题容易踩坑的是选项D“人员导向型”。因为“任务导向型”和“人员导向型”都涉及对员工的论述，需要对这两种企业文化类型的原文表述很熟悉才能作出正确判断。

抢分秘籍

四种文化类型的权力来源不同，权力导向型是因“个人”而有权力，角色导向型是因“角色或职位”而有权力，任务导向型是因“员工专长”而有权力，人员导向型没有权力，企业是为成员的需要服务。

历年考情

企业文化类型是重要的高频考点，如2020年单项选择题第21题和2018年单项选择题第5题均考查了人员导向型企业文化类型，可与本题结合对比学习。

6.诺力公司曾是一家著名的手机及相关设备制造企业，其生产的手机曾是世界第一品牌，占据将近一半的市场份额。2013年该公司启动战略转型，将业务聚焦于模拟机业务上，而越来越多的消费者更青睐不断改进的智能手机。后来在智能手机制造巨头的竞争挤压下，诺力公司的经营跌入谷底并一蹶不振，最终在手机市场上被淘汰出局。诺力公司实施**战略转型失效的原因**是（　　）。

> **审题要点**
> 本题关键词是“战略转型”“跌入谷底”“淘汰出局”。战略失效的原因有六条，诺力公司“将业务聚焦于模拟机业务上，而越来越多的消费者更青睐不断改进的智能手机”，符合“外部环境出现了较大变化，现有战略一时难以适应”这一条原因。本题的关键在于根据题干判断出诺力公司的战略转型“将业务聚焦于模拟机业务上”并不符合“消费者更青睐智能手机”这一外部环境变化。

A.战略实施过程中各种信息的传递和反馈受阻

B.战略实施所需要资源条件与现实存在资源条件间出现了较大缺口

C.企业外部环境出现了较大变化，现有战略一时难以适应

D.企业内部缺乏沟通，企业成员之间缺乏协作共事的愿望

【本题答案】C

【本题解析】本题考查战略失效的原因。“2013年该公司启动战略转型，将业务聚焦于模拟机业务上”，这句话说明诺力公司启动了战略转型；“诺力公司的经营跌入谷底并一蹶不振，最终在手机市场上被淘汰出局”，这句话说明诺力公司的战略转型失效了；而“智能手机制造巨头的竞争挤压”“越来越多的消费者更青睐不断改进的智能手机”这两句话则指出了诺力公司战略转型失效的原因，是因为企业所处的外部环境发生了较大的变化，包括企业竞争加剧和消费者偏好发生转换，导致诺力公司的现有战略一时难以适应这种变化。因此，选项C正确。

思维拓展

战略失效，是指企业战略实施的结果偏离了预定的战略目标或战略管理的理想状态。导致战略失效的原因主要有六种：

（1）企业内部缺乏沟通，企业战略未能成为全体员工的共同行动目标，企业成员之间缺乏协作共事的愿望；（2）战略实施过程中各种信息的传递和反馈受阻；（3）战略实施所需的资源条件与现实的资源条件之间出现较大缺口；（4）用人不当，主管人员、作业人员不称职或玩忽职守；（5）公司管理者决策错误，使战略目标本身存在严重缺陷或错

误；（6）企业外部环境出现较大变化，现有战略一时难以适应。

抢分秘籍

本题可以采用直接法，根据题干可以迅速判断是“外部环境发生了巨大变化，导致现有战略一时难以适应”，直接选出正确答案为C。也可以采用排除法，题干中并没有提到信息、资源和沟通等，可以直接排除选项A、B、D，从而选项C正确。

历年考情

近五年来，战略失效是第一次考查。

7.汉阳公司是国内一家经营多年的广告公司，在业内以鼓励员工个人对公司目标作出贡献闻名。近年来，国外著名广告公司的不断进入和本土竞争对手的成长给汉阳公司的业务增长带来越来越大的威胁，因此该公司管理层最近决定在维持现有组织架构的前提下推出新的更为严格的员工薪酬与绩效挂钩制度，以刺激业绩增长，该决定受到公司员工的拥护。汉阳公司在**实施新的绩效考核制度**时，应（　　）。

审题要点

本题关键词是“维持现有组织架构”“受到拥护”。本题考查战略稳定性与文化适应性矩阵，关键在于判断组织要素变化的多少，以及这种变化和企业文化潜在一致性的大小，从而选出相应的做法。

A.以企业使命为基础　　B.加强协同作用

C.根据文化进行管理　　D.重新制定战略

【本题答案】B

【本题解析】本题考查战略稳定性与文化适应性矩阵。“在维持现有组织架构的前提下”体现了组织要素变化较少；“该决定受到公司员工的拥护”体现了其变化与现有文化潜在的一致性较大。根据战略稳定性与文化适应性矩阵原理，此时应该“加强协同作用”，因此选项B正确。选项A对应组织要素变化大、变动与现有文化一致性大的情况；选项C对应组织要素变化不大，但与组织目前的文化不大一致的情况；选项D对应组织要素变化大，且与当前文化不一致的情况。

思维拓展

详见2022年单项选择题第6题。

坑点提示

本题的坑点在于组织要素变化多还是少的判断。有同学会根据“推出新的更为严格的员工薪酬与绩效挂钩制度”认为是“组织要素变化较多”，但这是在“维持现有组织架构的前提下”所推出来的，只是对部分要素做了一些修正和调整，应属于“组织要素变化较少”。

抢分秘籍

根据战略稳定性与文化适应性矩阵四个象限的特点，结合题干中“一高一低”且“与文化潜在一致性高”的特点，可以迅速判断储应“加强协同作用”。

历年考情

详见2022年单项选择题第6题。

8.通恒公司是一家主营工程设计与施工业务的企业，其创新管理的重点是利用其首创的多项绿色环保施工技术和数字化、智能化等“新基建”带来的市场机会，大力拓展业务种类和规模，并利用在业务拓展过程中获得的新知识巩固目前的创新。从创新管理的主要过程来看，通恒公司的创新管理处于（　　）。

A.搜索阶段　　B.选择阶段

C.实施阶段　　D.收获阶段

【本题答案】C

【本题解析】本题考查战略创新管理的主要过程。创新管理一般经历“搜索—选择—实施—获取”四个阶段，在不同阶段其创新管理重点不同。由“利用其首创的多项绿色环保施工技术和数字化、智能化等‘新基建’带来的市场机会，大力拓展业务种类和规模，并利用在业务拓展过程中获得的新知识巩固目前的创新”可知，通恒公司已经将创新落实到业务开拓中了，即其创新管理已经进入到实施阶段。因此，选项C正确。

审题要点

本题关键词是“创新管理重点”。创新管理一般经历“搜索—选择—实施—获取”四个阶段，在不同阶段，企业创新管理的重点不同，搜索阶段的重点是找到创新的机会，选择阶段的重点是通过研究，在第一阶段发现的潜在创新机会中作出选择，实施阶段的重点是实现创新，获取阶段的重点是从创新中获得利益。题干中有“利用施工技术和市场机会，拓展业务种类和规模”，表明通恒公司已抓住机会并付诸行动了，因此属于实施阶段。本题的关键在于熟悉各阶段的创新管理重点，从而准确判断所处的创新管理阶段。

思维拓展

战略创新管理一般经历“搜索—选择—实施—获取”四个阶段，其任务和创新管理重点各不相同。

战略创新管理四阶段比较

阶段	创新管理重点
搜索	找到创新的机会
选择	作出选择（做什么）
实施	实现创新
获取	获得收益

坑点提示

本题要注意对选项C和选型D的辨析。在战略创新管理的实施和获取阶段，企业均在实施战略创新，区别在于实施阶段强调“创新的实现”，即将创新落实到业务的开拓中，而获取阶段强调“收益的实现”，即通过创新实现利益。本题并没有提及“实现利益”，因此不属于获取阶段。

抢分秘籍

战略创新管理不同阶段的创新管理重点不同：搜索阶段是“找机会”，选择阶段是“做什么”，实施阶段是“怎么干”，获取阶段是“赚收益”。

历年考情

战略创新管理是2021年新修订增加的内容。

审题要点

本题关键词是“专营”“私人定制”“并购”“各具特色”。并购动机有三种，“专营私人定制国内外自由行项目的旅行社”并购“多家规模较小但经营各具特色的旅行社”，体现了“协同效应”。此外，本题四个选项中只有选项B属于并购动机。本题的关键在于熟悉并购的三大动机。

9.方舟公司是国内首家专营私人定制国内外自由行项目的旅行社。近年来，该社先后并购了多家规模较小但经营各具特色的旅行社，有效拓展了业务种类和范围，取得高于其他旅行社的经济效益。方舟公司并购多家旅行社的动机是（　　）。

A.容易从企业资源获得财务支持

B.获得协同效应

C.降低协调成本

D.保持统一的管理风格和企业文化

【本题答案】B

【本题解析】本题考查并购的动机。“该社先后并购了多家规模较小但经营各具特色的旅行社”，说明方舟公司实施发展战略的途径是外部发展—并购，其目的是为了获得协同效应，因此选项B正确。选项A、D为内部发展—新建的动因，选项C为战略联盟形成的动因，所以选项A、C、D均不正确。

思维拓展

企业的并购动机有三点：（1）避开进入壁垒，迅速进入，争取市场机会，规避各种风险；（2）获得协同效应；（3）克服企业负外部性，减少竞争，增强对市场的控制力。

坑点提示

本题的坑点在于选项A、C、D均不属于并购的动机，属于干扰选项。

抢分秘籍

并购动机是主观题的高频考点，考生需要熟练背诵。在此基础上，可以发现本题四个选项中，只有“获得协同效应”属于并购的动机，因此就很容易选出正确答案。

历年考情

并购动机一直是主观题的高频考点，但客观题考得相对较少。2020年单项选择题第16题考查了并购的动机，和本题类似，可以进行对比学习。

10.福门公司是R国一个专为老年人提供洗澡、理发等上门清洁服务的企业，建立了遍布全国城镇的服务网络，在R国老年人清洁服务市场占有90%以上的份额。下列各项中，属于福门公司所采用的竞争战略实施条件的是（　　）。

审题要点

本题关键词是“专为”。集中化竞争战略有四个实施条件，分别为：（1）购买者群体之间在需求上存在着差异；（2）目标市场在市场容量、成长速度、获利能力、竞争强度等方面具有相对的吸引力；（3）在目标市场上，没有其他竞争对手采用类似的战略；（4）企业的资源和能力有限。本题的关键在于根据题干“专为老年人提供洗澡、理发等上门清洁服务”准确判断出该公司采用了“集中化竞争战略”，并熟悉其四个适用条件。

A.老年人清洁服务市场容量有限

B.在目标市场上，成长速度缺乏吸引力

C.在老年人清洁服务市场上没有其他竞争对手采取类似的战略

D.老年人清洁服务的需求与其他群体差异不大

【本题答案】C

【本题解析】本题考查集中化竞争战略。“专为老年人提供洗澡、理发等上门清洁服务”说明福门公司是主攻老年人清洁服务这个细分市场，实施的竞争战略是集中化战略。“在目标市场上没有其他竞争对手采取类似的战略”是集中化战略的实施条件之一，因此选项C正确。此外，实施集中化战略需要“目标市场应在市场容量、成长速度、获利能力、竞争强度等方面要具有相对的吸引力”，而不是市场容量有限、成长速度缺乏吸引力，因此选项A、B均错误；实施集中化战略还需要“购买者群体之间在需求上存在着差异”，而不是需求与其他群体差异不大，因此选项D错误。

思维拓展

集中化战略的实施条件包括：（1）购买者群体之间在需求上存在着差异；（2）目标市场在市场容量、成长速度、获利能力、竞争强度等方面具有相对的吸引力；（3）在目标市场上，没有其他竞争对手采用类似的战略；（4）企业的资源和能力有限。

坑点提示

本题可能的坑点在于选项A“老年人清洁服务市场容量有限”。因为集中化战略是在范围较小的细分市场上开展业务，考生有可能误认为“市场容量有限”。但企业既然选择细分市场作为自己的目标市场，该市场就需要“在市场容量、成长速度、获利能力、竞争强度等方面具有相对的吸引力”，以保证公司获得一定的收益。

抢分秘籍

企业采用的竞争战略实施条件包括相应的外部市场情况及企业所应具有的资源和条件，其实质就是在什么样的条件下，企业实施这样的战略容易获取较好的利益或好处。选项A“市场容量有限”、选项B“成长速度缺乏吸引力”均表明这个老年人清洁服务细分市场缺乏吸引力，不值得进入；选项D“需求与其他群体差异不大”则表明该细分市场没有明显的特色，企业将其作为目标市场缺乏致胜的基础。因此，可以排除选项A、B、D。选项C表明在该细分市场上竞争并不激烈，体现了采用该战略带来的好处。

历年考情

2018年单项选择题第11题考查了集中化战略的判断，可与本题结合对比复习。

审题要点

本题关键词是“最低价格”“顶级口味”。根据“战略钟”理论，同时追求低价格和高价值的战略属于“混合战略”。本题的关键在于判断出北星咖啡馆同时在追求低价格和高价值。

11. 北星咖啡馆通过精选原料和优化操作、服务流程，使顾客只需付出同种咖啡最低的价格就能享受顶级口味的咖啡。根据“战略钟”分析，北星咖啡馆采取的**竞争战略**是（　　）。

A. 低价战略　　　　B. 混合战略

C. 高值战略　　　　D. 集中差异化战略

【本题答案】B

【本题解析】本题考查战略钟。“最低的价格”体现低价；“顶级口味”体现为顾客提供可感知的高附加值。北星咖啡馆在为顾客提供更高认可价值的同时保持了最低的价格，属于典型的“低价高值”战略，即混合战略，因此选项B正确。

思维拓展

鲍曼的“战略钟”模型将产品的价格作为横坐标，将顾客对产品认可的价值作为纵坐标，然后将企业可能的竞争战略选择在同一个平面上用八种途径表现出来。具体如下图：

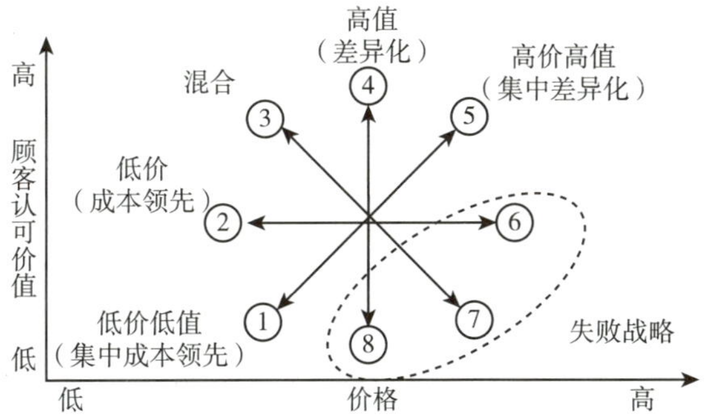

战略钟—竞争战略的选择

途径序号	战略类型	价格	顾客认可价值	特点	性质
1	集中成本领先	低	低	低价低值	成功
2	成本领先	低	中	低价（中值）	成功
3	混合战略	低	高	低价高值	成功
4	差异化	中	高	（中价）高值	成功
5	集中差异化	高	高	高价高值	成功
6	高价	高	中	高价（中值）	失败
7	高价低值	高	低	高价低值	失败
8	低值	中	低	（中价）低值	失败

坑点提示

本题可能的坑点在于只关注到题干中的“最低价格”而忽略掉“顶级口味”，从而误认为选项A正确。

抢分秘籍

通过仔细审题迅速抓住问题的本质“低价高值”，就能正确判断属于“混和战略”。

历年考情

2019年单项选择题第7题和本题基本一致，考核了混合战略的辨析。

12.传统汽车制造企业华阳公司实施数字化战略转型，提高电子商务采购金额与总采购金额的比例以及ERP系统的覆盖率。根据上述情况，属于华阳公司**数字化转型主要方面**的是（　　）。

A.技术变革　　B.组织变革

审题要点

本题关键词是“数字化战略转型”“电子商务采购金额与总采购金额的比例”“ERP系统的覆盖率”。题干中两个指标“电子商务采购金额与总采购金额的比例”属于业务数字化管理；“ERP系统的覆盖率”属于财务数字化管理，两者均属于数字化战略转型中管理变革的内容。本题的关键是根据指标要能判断出属于数字化战略转型的哪一方面。

C.管理变革　　　　　　　　　　D.流程变革

【本题答案】C

【本题解析】本题考查数字化战略转型的体现。“提高电子商务采购金额与总采购金额的比例”属于管理变革中的业务数字化管理；“提高ERP系统的覆盖率”属于管理变革中的财务数字化管理，因此选项C正确。

思维拓展

数字化战略就是全面评估企业数字资产，制定持续改进计划并积极服务于企业业务增长目标的战略举措。数字化战略转型主要体现在技术变革、组织变革和管理变革等方面，各有其具体表现，比较如下：

数字化战略转型的主要方面

转型体现	具体表现	评价指标
技术变革	数字化基础设施建设	主干网与互联网接口带宽、主干网网络覆盖率、数据安全措施应用率
	数字化研发	新产品产值率、R&D投入强度、员工人均专利数
	数字化投入	数字化投入占比、数字化设备投入占比、数字化运维投入占比、数据安全投入占比
组织变革	组织架构	数字化部门领导者地位、企业管理层级数量
	数字化人才	数字化人才比重、数字化技能员工覆盖率、初级数字化技能人才培训支出比
管理变革	业务数字化管理	电子商务采购比率、数字化仓储物流设备占比、订单准时交付率、数据可视化率
	生产数字化管理	作业自动化编制及优化排程比例、与过程控制系统（PCS）或生产执行系统（MES）直接相连的数字化设备占比、数字化检测设备占比、在线设备管理与运维比例
	财务数字化管理	ERP系统覆盖率、资金周转率、库存资金占有率
	营销数字化管理	①凭借多种数字化媒介，企业可以整合不同渠道为客户提供线上和线下全面的无缝式体验，打造全渠道营销的服务模式； ②通过大数据技术对海量客户信息进行挖掘和利用，将结果数据转化为改进营销方式的切入点，有利于企业实现精准营销； ③要利用数字化技术有效拓展客群范围，实现客户多元化； ④运用客户管理系统CRM、数据仓库DW和商业智能BI技术，获取全面完整的客户信息，实现整合营销和交叉销售； ⑤在数字化客户管理的基础上，通过大数据分析实现精准营销、内容营销、数字化的客户生命周期管理等

坑点提示

本题可能的坑点在于选项A，考生有可能会根据题干中“电子商务”和“ERP系统”误判为属于技术变革。

抢分秘籍

熟悉数字化战略转型在技术、组织、管理变革方面的常见表现，即可作出正确的选择。

历年考情

数字化转型是2021年新修订增加的内容。

13.太奇公司是一家从事饮料生产的外资企业，该公司的薪酬结构由基本工资、奖金、津贴和福利构成，其薪酬水平是国内饮料行业平均薪酬的3倍左右。太奇公司采取的**薪酬水平策略**是（　　）。

A.领先型策略　　B.匹配型策略

C.拖后型策略　　D.混合型策略

【本题答案】A

【本题解析】本题考查人力资源薪酬水平策略。“薪酬水平是国内饮料行业平均薪酬的3倍左右”，说明太奇公司的薪酬水平远高于同行业市场平均薪酬水平，属于领先型策略，因此选项A正确。

审题要点

本题关键词是“行业平均薪酬的3倍”。人力资源薪酬水平策略有领先型、匹配型、拖后型和混合型四种。“太奇公司的薪酬水平是国内饮料行业平均薪酬的3倍左右”，可见是遥遥领先于同行业平均水平，应属“领先型策略”。

思维拓展

薪酬管理是指在组织经营战略和发展规划指导下，综合考虑内外部各种因素的影响，确定薪酬体系、薪酬水平、薪酬结构、薪酬构成，明确员工所应得的薪酬，并进行薪酬调整和薪酬控制的过程。

1.薪酬的组成及公平性原则

（1）薪酬的组成。员工的薪酬一般由三部分组成，即基本薪酬、可变薪酬和间接薪酬。①基本薪酬是指根据员工所承担的工作或者所具备的技能而支付给他们的较为稳定的经济收入。②可变薪酬是指根据员工、部门或团队、组织自身的绩效而支付给他们的具有变动性质的经济收入。③间接薪酬是指给员工提供的各种福利。

（2）有效的薪酬管理必须坚持公平性原则。公平性包含三个层次的含义：①外部公平性，指在不同企业中，类似职位或者员工的薪酬应当基本相同。②内部公平性，指在同一企业中，不同职位或者员工的薪酬应当与各自对企业贡献成正比。③个体公平性，指在同一企业中，相同或类似职位上的员工，薪酬应当与其能力、贡献成正比。

2.薪酬水平策略

薪酬水平指内部各职位、各部门以及组织整体平均薪酬的高低状况，反映了企业所支付薪酬的外部竞争性与薪酬成本。通常有四种薪酬水平策略：（1）领先型策略，即薪酬水平高于市场平均水平的策略。（2）匹配型策略，即薪酬水平与市场平均水平保持一致。（3）拖后型策略，即薪酬水平要明显低于市场平均水平。（4）混合型策略，即针对企业内部的不同职位采用不同的策略。

抢分秘籍

根据“行业平均薪酬的3倍”，即可判断遥遥领先于行业平均水平，属于领先型策略。

历年考情

人力资源薪酬水平策略是2021年新修订增加的内容。

14. 近年来，越来越多的消费产品生产企业采用互联网与大数据分析技术及时准确地了解消费者的需求，承接客户订单，发布新产品信息，建立高效、完善的物流配送和售后服务平台，取得良好的经营业绩。上述行为涉及**消费产品行业**（　　）。

> **审题要点**
> 本题关键词是“互联网与大数据分析技术”“承接”“发布”。“采用互联网与大数据分析技术”是前提，在此基础上“了解需求、承接订单、发布信息、建立平台”，结果是取得良好的经营业绩，由此可见是“与技术相关的成功关键因素”。本题的关键在于熟悉常见的几种行业关键成功因素。

A. 与技术相关的成功关键因素

B. 与市场营销相关的成功关键因素

C. 与技能相关的成功关键因素

D. 与分销相关的成功关键因素

【本题答案】A

【本题解析】本题考查成功关键因素。由“采用互联网与大数据分析技术及时准确地了解消费者的需求，承接客户订单，发布新产品信息，建立高效、完善的物流配送和售后服务平台，取得良好的经营业绩”表明，与技术相关的因素帮助消费产品生产企业获得了经营上的成功，这属于与技术相关的成功关键因素中的“运用因特网发布信息、承接订单、送货或提供服务的能力”，因此选项A正确。

思维拓展

详见2022年单项选择题第25题。

坑点提示

需要注意的是，题干中“及时准确地了解消费者的需求，承接客户订单，发布新产品信息，建立高效、完善的物流配送和售后服务平台”，和市场营销密切相关，有可能被认为是“与市场营销相关”的成功关键因素。仔细审题发现，之所以出现这种情况，是因为企业“采用互联网与大数据分析技术”所达成的结果，所以属于“与技术相关”而非“与市场营销相关”的成功关键因素，因此选项B错误。

抢分秘籍

搞清楚“取得良好的经营业绩”这一成果是因为“采用了互联网与大数据分析”这一技术实现的，即可作出正确选择。

历年考情

2019年多项选择题第10题考查了产品生命周期成长阶段的成功关键因素，可以与本题进行对比学习。

15.亚星公司是一家生产、销售化工产品的企业。由于各类风险发生的可能性难以预测且风险一旦发生危害巨大，因而该公司实施了极为严格的风险管理制度。亚星公司采取的**风险度量方法**应是（　　）。

> **审题要点**
>
> 本题关键词是“可能性难以预测”。“各类风险发生的可能性难以预测”，表明风险事件发生的概率无法判断，而最大可能损失适合在无法判断或无须判断发生概率的时候使用。本题的关键在于判断风险事件发生的概率无法判断。

A.最大可能损失　　B.概率值

C.期望值　　D.在险值

【本题答案】A

【本题解析】本题考查风险度量的方法。企业一般在无法判断或无须判断发生概率的时候，可使用最大可能损失方法衡量风险。本题由于“各类风险发生的可能性难以预测”，说明风险事件发生的概率是无法判断的，因此选项A正确。

思维拓展

详见2022年单项选择题第1题。

抢分秘籍

本题既可以用直接选定法，也可以采用排除法。根据题干“由于各类风险发生的可能性难以预测”说明风险事件发生的概率是无法判断的，可直接选定正确答案为“最大可能损失”，因为这种方法一般在无法判断或无需判断发生概率的时候使用；也可排除概率值、期望值、在险值这三种方法，因为这三种方法都是基于概率计算的风险度量方法，其中期望值是概率的加权平均值，在险值是在给定的时间段和置信区间内，预期可能发生的最大损失。

历年考情

2019年单项选择题第14题考查了期望值方法的判断、2015年多项

审题要点

本题关键词是“开辟国内销售业务”。“国外市场环境趋紧、订单大幅减少”表明国外经营风险较大，因而“开辟了国内销售业务，两年多来取得良好的业绩”，表明引入了新的风险，使得国外和国内销售业务风险互相抵减对冲，属于“风险对冲”这种风险管理工具，而风险管理工具属于风险管理策略的组成部分。本题的关键在于准确判断出丰源公司的做法属于“风险对冲”管理策略工具。

选择题第3题考查了“建立在概率基础上的风险度量方法”。

16. 丰源公司是一家多年从事制氧设备出口业务的国有企业。2019年初，面对国外市场环境趋紧、订单大幅减少造成的风险，该公司开辟了国内销售业务，两年多来取得良好的业绩。本案例中丰源公司的做法体现了《中央企业全面风险管理指引》中的（　　）。

A. 风险管理策略　　B. 风险管理组织职能体系

C. 风险管理信息系统　　D. 风险管理理财措施

【本题答案】A

【本题解析】本题考查风险管理体系。风险管理策略工具有七种，其中风险对冲是指采取各种手段，引入多个风险因素或承担多个风险，使得这些风险能够互相冲抵，也就是使这些风险的影响互相抵消。题干中“面对国外市场环境趋紧、订单大幅减少造成的风险，该公司开辟了国内销售业务”，表明丰源公司引入了“国内销售业务”这一新的风险因素，使其与国外销售业务的风险互相冲抵，属于风险对冲这种风险管理策略工具。而风险管理策略工具属于风险管理策略四个组成部分的内容之一，因此选项A正确。

思维拓展

风险管理策略是指企业根据自身条件和外部环境，围绕企业发展战略，确定风险偏好、风险承受度、风险管理有效性标准，选择风险承担、风险规避、风险转移、风险转换、风险对冲、风险补偿、风险控制等适合的风险管理工具，并确定风险管理所需人力和财力资源配置原则的总体策略。

风险管理策略的组成部分包括四部分内容：（1）风险偏好和风险承受度。即明确公司要承担什么风险、承担多少风险。（2）全面风险管理的有效性标准，即明确怎样衡量风险管理工作的成效。（3）风险管理策略工具的选择，即明确怎样管理重大风险。（4）风险管理的资源配置。即明确如何安排人力、财力、物资、外部资源等风险管理资源。

其中，常用的风险管理策略工具有七种，包括风险承担、风险规避、风险转移、风险转换、风险对冲、风险补偿和风险控制。

（1）风险承担，也叫风险保留、风险自留，是指企业对所面临的风险采取接受的态度，从而承担风险带来的后果。（2）风险规避，是指企业回避、停止或退出蕴含某一风险的商业活动或商业环境，避免成为风险的所有人。（3）风险转移，是指企业通过合同将风险转移到第三方，企业对转移后的风险不再拥有所有权。（4）风险转换，是指企业通过战略调整等手段将企业面临的风险转换成另一个风险。（5）风险对冲，是指采取各种手段，引入多个风险因素或承担多个风险，使得这些风险能够互相对冲，也就是使这些风险的影响互相抵销。（6）风险补偿，是指企业对风险可能造成的损失采取适当的措施进行补偿。（7）风险控制，是指控制风险事件发生的动因、环境、条件等，来达到减轻风险事件发生时的损失或降低风险事件发生的概率的目的。

历年考情

风险管理策略工具是个非常重要的高频考点，如2020年单项选择题第11题考查了风险控制、2019年单项选择题第1题考查了风险规避、2018年单项选择题第8题考查了风险控制等。

17.伊峰公司是一家从事光学仪器研发和制造的企业。该公司拟投资进入尚处于产业导入期的新型显示技术产业。从新兴产业战略选择角度看，下列各项中，属于该公司**近期进入新型显示技术产业需具备的条件**是（　　）。

A.新型显示技术的变化比较迅速

B.为了塑造新型显示技术产业结构，需付出开辟市场较高的代价

C.顾客忠诚的重要性在早期不显著

D.企业的形象与声望对顾客至关重要

【本题答案】D

【本题解析】本题考查新兴产业战略选择。“选择适当的进入时机与领域”是新兴产业战略选择之一。“该公司拟投资进入尚处于产业导入期的新型显示技术产业”，说明伊峰公司准备在新兴产业发展的早期阶段进入这一产业。新兴产业适宜早期进入的条件有四条，“企业的形象和声望对顾客至关重要，企业可因先驱者而发展和提高声望”属于其中的一条，因此选项D正确。“新型显示技术的变化比较迅速”是新兴产业内部结构的共同特征之一，不是需具备的条件，选项A错误；“为了塑造新型显示技术产业结构，需付出开辟市场较高的代价”，但是开辟市场的利益无法成为企业专有，则不适宜早期进入，选项B错误；如果顾客忠诚的重要性在早期显著，那些首先对顾客销售的企业将获得较高的收益，那么早期进入是有利的，但是如果顾客忠诚的重要性在早期并不显著，那么早期进入的企业无法在顾客忠诚上获得优势，则不易早期进入，因此选项C错误。

审题要点

本题关键词是“导入期”“新兴产业战略选择”。新兴产业战略选择有一条是“选择适当的进入时机与领域”。题干中“进入尚处于产业导入期”表明伊峰公司是在新兴产业早期进入，适宜早期进入的条件涉及企业形象和声望、学习曲线、顾客忠诚和供应、分销的合作关系四方面。本题的关键在于熟悉适宜早期进入新兴产业的四个条件。

思维拓展

1.新兴产业的战略选择需要注意以下几条：

（1）塑造产业结构；（2）正确对待产业发展的外在性；（3）注意产业机会与障碍的转变，在产业发展变化中占据主动地位；（4）选择适当的进入时机与领域。

2.适宜早期进入的条件有四个：

（1）企业的形象和声望对顾客至关重要，企业可因先驱者而发展和提高声望。（2）产业中的学习曲线很重要，经验很难模仿，并且不会因持续的技术更新换代而过时，早期进入企业可以较早地开始这一学习过程。（3）顾客忠诚非常重要，那些首先对顾客销售的企业将获得较高的收益。（4）早期与原材料供应、分销渠道建立的合作关系对产业发展至关重要。

3.在下列情况下，早期进入将是非常危险的：

（1）早期竞争的细分市场与产业发展成熟后的情况不同，早期进入的企业建立了竞争基础后，面临过高的转换成本。（2）为了塑造产业结构，需付出开辟市场的高昂代价，其中包括顾客教育、法规批准、技术开拓等，而开辟市场的利益无法成为企业专有。（3）技术变化使早期投资过时，并使晚期进入的企业因拥有最新产品和工艺而获益。

抢分秘籍

题干明确指出伊峰公司拟投资进入尚处于导入期的产业，表明是在该产业的早期阶段进入。题目问的是“早期进入需具备的条件”，其实质就是问早期进入能获得哪些好处或利益。基于此，可以直接锁定正确答案为D，因为选项A属于新兴产业共同的结构特征，选项B、C表述的都是对伊峰公司早期进入不利的地方。

历年考情

新兴产业是非常重要的主观题高频考点，包括新兴产业共同的结构特征、新兴产业面临的发展障碍以及新兴产业的战略选择等，但客观题考查较少，近五年来本题是第一次考查。

审题要点

本题关键词是“调整管理层领导班子”“采用具有激励作用的薪酬制度”。收缩战略有紧缩与集中、转向和放弃三种方式，“调整管理层领导机构”和“制定新的管理政策和制度”均属于紧缩与集中战略中的“机制变革”。本题的关键在于熟悉收缩战略的三种方式及其具体表现。

18.泰瑞公司原是一家提供管理咨询服务的企业。2020年以来，该公司采用收缩战略以应对利润下滑局面，调整了管理层领导班子，采用了更具有激励作用的薪酬制度。泰瑞公司采用的**收缩战略的方式**是（　　）。

A. 机制变革　　B. 拆产为股

C. 削减成本战略　　D. 财政和财务战略

【本题答案】A

【本题解析】本题考查收缩战略的方式。收缩战略的方式有紧缩与集中、转向和放弃三种。"调整了管理层领导班子，采用了更具有激励作用的薪酬制度"属于紧缩与集中战略中的"机制变革"，具体来说是"调整管理层领导机构"和"制定新的管理政策和制度"两种做法。因此选项A正确。

思维拓展

详见2022年多项选择题第13题。

抢分秘籍

本题在熟悉收缩战略三种方式及其具体表现的情况下可直接选定A，也可采用排除法，因题干中未涉及分拆、成本和财务因素，故可排除选项B、C、D。

历年考情

2019年多项选择题第14题考查了收缩战略的方式，可以与本题对比学习。

19. G国的戴维公司是一家技术领先的数码马达研发和生产企业。该公司把生产基地设在制造业发达的X国，每年生产超过5 000万台标准化的数码马达销往世界近百个国家和地区。戴维公司**国际化经营的战略类型**属于（　　）。

> **审题要点**
> 本题关键词是"标准化"。生产标准化的产品，并销往世界近百个国家和地区，意味着全球协作程度高、本土独立性和适应能力弱，符合全球化战略的含义和特点。

A. 国际战略　　B. 多国本土化战略

C. 全球化战略　　D. 跨国战略

【本题答案】C

【本题解析】本题考查国际化经营的战略类型。"该公司把生产基地设在制造业发达的X国，每年生产超过5 000万台标准化的数码马达销往世界近百个国家和地区"，表明戴维公司向全世界的市场推销标准化的产品和服务，并在较有利的国家集中地进行生产经营活动，因此其采用的国际化经营战略类型为全球化战略，选项C正确。

思维拓展

依据全球协作程度的高低及本土独立性和适应能力的大小，可以将企业国际化经营战略分成四种类型：国际战略、多国本土化战略、全球化战略和跨国战略。其判断和特点比较如下：

国际化经营战略类型判断

类型	全球协作程度	本土独立性和适应能力
国际战略	低	小
多国本土化战略	低	大
全球化战略	高	小
跨国战略	高	大

国际化经营战略的特点比较

战略类型	特点	
国际	含义	指企业将其具有价值的产品与技能转移到国外的市场，以创造价值的举措
	做法	（1）产品开发的职能大多留在母国，而在东道国建立制造和营销职能；（2）总部严格控制产品与市场战略的决策权，对海外子公司采取集权式管理
	优点	母公司集权决策，更好地保障企业整体目标的实现
	缺点	（1）适应性较差；（2）重复建设，加大经营成本
	适用	在国外市场上拥有竞争优势，而且在该市场上降低成本的压力较小
多国本土化	含义	指根据不同国家的不同市场，提供更能满足当地市场需要的产品和服务
	做法	在不同国家的不同市场，采用不同的营销策略，提供不同的产品和服务
	优点	适应当地市场的需求，满足个性化的需要
	缺点	（1）重复建设，成本结构较高，无法获得经验曲线效益和区位效益；（2）高度分权，海外子公司过于独立
	适用	当地市场强烈要求根据当地需求提供产品和服务并降低成本时。
全球化	含义	向全世界的市场推销标准化的产品和服务，并在较有利的国家集中地进行生产经营活动，由此形成经验曲线和规模经济效益，以获得高额利润
	做法	采用相同的营销策略，销售同一种产品或服务
	优点	生产和营销成本较低，效率较高
	缺点	（1）适应性较差；（2）高度集权，海外子公司没有决策权
	适用	成本压力大且当地特殊要求小
跨国	含义	指在全球激烈竞争的情况下，形成以经验为基础的成本效益和区位效益，转移企业的特殊竞争力，同时注意满足当地市场的需要
	做法	母公司与子公司、子公司与子公司之间相互提供产品和技术
	优点	兼顾了全球效率、国别反应和全球性学习效果
	缺点	难以确定地区适应性和全球化效率的平衡点
	适用	理想化而非现实的战略

坑点提示

本题的坑点在于选项A“国际战略”。国际战略的做法是：（1）产品开发的职能大多留在母国，而在东道国建立制造和营销职能；（2）总部严格控制产品与市场战略的决策权，对海外子公司采取集权式管理。由此可见，国际战略一般是母国总部研发、总部决策、在东道国制造就在东道国销售。本题题干提到了“生产基地设在制造业发达的X国”，但是“销往世界近百个国家和地区”，并不是“在X国制造就在该国进行销售”，故选项A错误。

抢分秘籍

根据“标准化的数码马达”就可排除选项B“多国本土化战略”和选项D“跨国战略”，因这两者均需考虑不同国家和地区的差异性需求；再根据“销往近百个国家”可进一步排除选项A“国际战略”，因国际战略一般是国际化经营早期所采用的战略，此时规模不会很大，海外市场区域有限，且“在某国制造就在某国销售”。

历年考情

国际化经营战略是很重要的高频考点，如2020年单项选择题第8题考查了跨国战略、2019年单项选择题第22题考查了国际战略、2018年单项选择题第10题考查了全球化战略、2017年单项选择题第8题考查了跨国战略等，可与本题一起进行对比学习。

20. L公司是H国一家主营智能照明系统研发和制造的企业，在全球20多个国家设有分部。每个分部都凭借母公司先进的电磁调压及电子感应技术，独立设计、生产和销售各种智能灯具、光源等产品，以满足所在国的市场需求。L公司**国际化经营组织结构的类型**应是（　　）。

A. 国际部结构　　B. 全球区域分部结构

C. 全球产品分部结构　　D. 跨国结构

【本题答案】B

【本题解析】本题考查国际化经营组织结构的类型。根据题干“每个分部都凭借母公司先进的电磁调压及电子感应技术，独立设计、生产和销售各种智能灯具、光源等产品，以满足所在国的市场需求”，说明L公司的全球协作程度低，但本土独立性和适应能力高，因此采用的是多国本土化战略，与之对应的国际化经营组织结构的类型是全球区域分部结构，因此选项B正确。

审题要点

本题关键词是“独立设计、生产和销售”“满足所在国的市场需求”。根据题干即可判断L公司“全球协作程度低而本土独立性和适应能力强”，属于多国本土化战略，对应的组织结构为全球区域分部结构。本题的关键在于熟悉国际化经营组织结构和国际化经营战略的对应性。

思维拓展

依据全球协作程度的高低及本土独立性和适应能力的大小，可以将企业国际化经营战略分成四种类型：国际战略、多国本土化战略、全球化战略和跨国战略。与之相对应的组织结构分别为国际部结构、全球区域分部结构、全球性产品分部结构和跨国结构。其判断和特点比较如下：

国际化经营战略类型及其组织结构判断

类型	对应组织结构	全球协作程度	本土独立性和适应能力	结构本质
国际战略	国际部结构	低	小	事业部制
多国本土化战略	全球区域分部结构	低	大	事业部/战略业务单位
全球化战略	全球性产品分部结构	高	小	事业部/战略业务单位
跨国战略	跨国结构	高	大	矩阵结构

如下图所示：

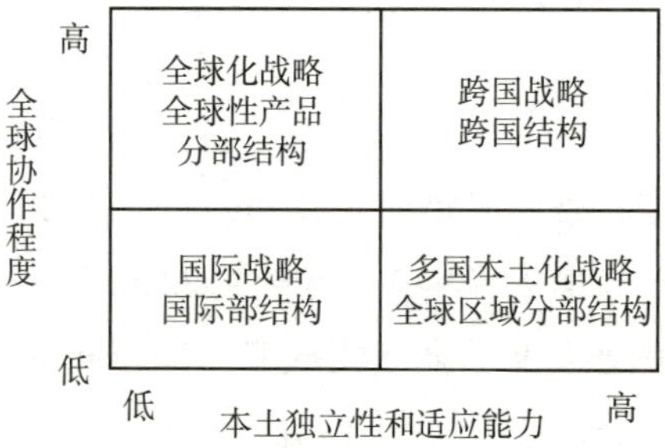

抢分秘籍

根据关键词“独立设计、生产和销售”“满足所在国的市场需求”即可迅速判断采用的是“多国本土化战略”，其对应的组织结构为“全球区域分部结构”。

历年考情

近五年来第一次考核国际化经营组织结构。

审题要点

本题关键词是“风险管理委员会”。风险管理委员会的职责除了“一个提交”外，其他均是“审议”。本题的关键在于熟悉风险管理委员会和风险管理职能部门的主要职责。

21.雅莱公司主营化妆品的研发、生产与销售。该公司董事会下设风险管理委员会。下列各项中，属于雅莱公司风险管理委员会职责范围的是（　　）。

A.研究提出公司全面风险管理工作报告

B.研究提出化妆品研发、生产、销售等业务部门和各个职能部门

的重大决策风险评估报告

C.组织协调公司全面风险管理日常工作

D.审议公司及各个部门的风险管理策略和重大风险管理解决方案

【本题答案】D

【本题解析】本题考查风险管理委员会的职责。"审议公司及各个部门的风险管理策略和重大风险管理解决方案"为风险管理委员会的职责范围，因此选项D正确。选项A、B、C为风险管理职能部门的职责范围，因此选项A、B、C均错误。

思维拓展

详见2022年单项选择题第3题。

抢分秘籍

记住风险管理委员会的职责范围除了"一个提交"之外，其余均为"审议"与风险管理相关的重大和重要事项，即可作出正确选择。

历年考情

近五年来第一次考核风险管理委员会的职责范围。

22.贝康公司是一家生产婴幼儿奶粉的企业，该公司近期率先推出一种营养成分最接近母乳且比其他奶粉更易于婴幼儿消化吸收的产品，深受消费者欢迎。目前贝康公司因业务发展需招聘新员工。从人力资源获取策略看，该公司甄选新员工的方法应是（　　）。

> **审题要点**
>
> 本题关键词是"率先推出"。与差异化战略相匹配的人力资源获取策略甄选新员工方法是"多重方法"。本题的关键在于根据"率先推出"准确判断出贝康公司采用的是"差异化竞争战略"，此外还需要熟悉与基本竞争战略相匹配的人力资源获取策略内容。

A.面试　　B.简历审查

C.心理测试　　D.多重方法

【本题答案】D

【本题解析】本题考查人力资源获取策略。"该公司近期率先推出一种营养成分最接近母乳且比其他奶粉更易于婴幼儿消化吸收的产品"，说明贝康公司采取的基本竞争策略是差异化战略，与这一基本竞争战略相匹配的人力资源获取策略采用的甄选新员工方法是"多重方法"，因此选项D正确。选项A、B为成本领先战略下甄选新员工的方法；选项C为集中化战略下甄选新员工的方法，故选项A、B、C均错误。

思维拓展

详见2022年单项选择题第21题。

抢分秘籍

差异化竞争战略的本质是提供特色产品或服务。本题根据“率先推出”一词即可迅速判断出贝康公司采用的是差异化竞争战略。再根据与基本竞争战略相匹配的人力资源获取策略相关内容，就可以作出正确选择。

历年考情

与基本竞争战略相匹配的人力资源获取策略是2021年新修订增加的内容。

审题要点

本题涉及的知识点现已删除。

23.经过多年的发展，中浩公司成为一家从事冶金、机械制造、化工、保险、外贸等多种业务的大型企业。从企业发展阶段与组织结构的关系看，该公司的组织结构类型应为（　　）。

A.从简单结构到职能结构

B.从职能结构到事业部结构

C.从事业部结构到矩阵结构

D.从事业部结构到战略业务单位结构

【本题答案】D

【本题解析】本题考查企业发展阶段与组织结构的关系。本知识点已于2022年删除，只保留了企业发展阶段与组织结构的变化。

思维拓展

企业发展阶段与组织结构的变化：企业成长模式一般先通过数量，然后到地域，再进行整合（纵向的），最后通过产品或业务的多元化，即企业的成长历程决定其组织结构。

不同发展阶段的战略和结构均有所不同：

（1）市场渗透战略（数量扩大阶段）：一般采用简单的结构或形式；

（2）市场开发战略（地区扩散阶段）：一般采用职能制部门结构；

（3）纵向一体化战略（整合阶段）：一般采用事业部制结构；

（4）多元化经营战略：一般采用战略业务单位结构、矩阵结构或H型组织结构。

审题要点

本题关键词是“每一个员工”。建立创新型组织包含七个要素，其中“全员参与创新”有五个阶段。本题的关键在于熟悉建立创新型组织七个要素的关键特征以及全员参与创新的五个阶段表现。

24.知立公司是一家致力于游戏软件研发的创新型企业，该公司通过组织授权和培训，帮助每一个员工去挑战自己和团队成长的极限，成就其对事业的追求。下列各项中，属于知立公司作为创新型组织组成要素的是（　　）。

A.有效的团队合作　　　　B.合适的组织结构

C.全员参与创新　　　　　D.关键个体

【本题答案】C

【本题解析】本题考查创新型组织组成要素。“通过组织授权和培训，帮助每一个员工去挑战自己和团队成长的极限，成就其对事业的追求”，体现的是创新型组织组成要素中的全员参与创新，其中“每一个员工去挑战自己”表明属于全员参与创新，“组织和培训”表明开始组织动员全员创新的正式尝试，即为了结构化和系统化地发现和解决问题，建立起一种正式程序，并培训和鼓励员工来使用它，属于全员参与创新的阶段2；“组织和授权”表明是对个体和小组的授权，属于全员参与创新的阶段4，因此选项C正确。题干虽然涉及了“团队”这一字眼，但并没有提及团队合作相关的内容，因此选项A错误；此外，题干没有涉及组织结构的信息，也没有涉及关键人物的信息，因此选项B和D均错误。

思维拓展

建立创新型组织包含七个要素，各有其关键特征：

（1）共同使命、领导力和创新的意愿。明确阐述共同的使命；高管层的承诺及领导力。（2）合适的组织结构。（3）关键个体。（4）全员参与创新：①阶段1：无意识的全员创新；②阶段2：组织动员全员创新的正式尝试；③阶段3：创新习惯与组织战略目标联系起来；④阶段4：对个体和小组的“授权”；⑤阶段5：每个人都充分参与。（5）有效的团队合作：团队会经历形成、震荡、规范化和执行四个发展阶段。（6）创造性的氛围。（7）跨越边界。

建立创新型组织的七个组成要素及其关键特征

组成要素	关键特征
共同使命、领导力和创新的意愿	明确阐述共同的使命感；延伸战略目标——“高管层的承诺”
合适的组织结构	组织设计使得创造力、学习和互动成为可能；关键问题是在有机的和机械的模式之间找到恰当的平衡
关键个体	发明者、组织发起者、把关人员和其他角色赋予创新活力或促进创新
全员参与创新	参与整个组织的持续改进活动
有效的团队合作	适当地使用团队（在本部门、跨职能和组织间）来解决问题，需要在团队选择和建设上给予投入
创造性的氛围	使用积极的方法来获得创造性的想法，得到相关激励系统的支持
跨越边界	内部和外部的顾客导向；广泛的网络

坑点提示

本题可能的坑点在于选项A“有效的团队合作”。题干中有提及“团队”二字，容易误选A为正确答案。仔细审题可以发现，题干中并没有提及团队合作相关的内容，即如何在本部门、跨职能和组织间适当地使用团队来解决问题，并需要在团队选择和建设上给予一定的投入。因此选项A不正确。

抢分秘籍

根据“每一个员工去挑战自己”即可直接判断为“全员参与创新”。

历年考情

战略创新管理是2021年新修订增加的内容。

> **审题要点**
> 本题关键词是“信息网络”“联盟体”“网络联系”“共享”。“以信息网络为基础的企业联盟体”是“虚拟组织”。虚拟组织是以信息流管理为核心的新型组织结构形式，其灵活性较强。本题的关键在于根据题干准确判断出该组织结构是虚拟组织，并熟悉其特点。

25.斯威公司是一家休闲服装生产企业。近期该公司与其他具有不同资源与优势的企业建立了以信息网络为基础的企业联盟体，通过网络来联系设计创意、制作人员和资产设备，共同开拓市场，共享技术与信息，费用分担。**从组织结构角度看，上述企业联盟体**（　　）。

A.是传统组织结构与新型组织结构的结合

B.是组织扁平化在企业之间的形式

C.是以资金流管理为核心的组织形式

D.具有灵活性较差的局限性

【本题答案】B

【本题解析】本题考查数字化技术对组织结构的影响。“该公司与其他具有不同资源与优势的企业建立了以信息网络为基础的企业联盟体，通过网络来联系设计创意、制作人员和资产设备，共同开拓市场，共享技术与信息，费用分担”体现的是虚拟组织，即建立在信息网络基础上的共享技术与信息、分担费用、联合开发、互利的企业联盟体。虚拟组织是“新型组织结构的主要形式”之一，选项A错误；是“组织扁平化在企业之间的形式”，选项B正确；虚拟组织是依托于强有力的计算机网络，以信息流管理为核心能力的组织形式，选项C错误；虚拟组织的优点在于灵活性强，选项D错误。

思维拓展

企业数字化技术对组织结构变革的影响体现在三个方面：

（1）组织结构向平台化转型。在数字经济时代，组织形态趋于柔性化、扁平化和网络化，并呈现出大平台、小前端的特征。

（2）构建传统与数字的融合结构。这是现阶段的核心变革举措。

（3）以新型组织结构为主要形式。其中最为重要的是团队结构和虚拟组织。

团队结构和虚拟组织是将具有不同技能的员工组合在一起共同完成多环节任务或工作的人员组合形式，它的优势在于不同专业技能的员工之间可以进行充分的协作与沟通；结构扁平化能够实现信息的保真和快速流通；较高的决策权能够为团队快速回应环境变化提供条件；充足的资源能够保障创新的成功率；相对较低的试错成本，也适宜于对新领域和新项目的探索。

团队结构，是以团队作为协调组织活动的主要方式，团队成员在动机、价值取向和目标追求上具有高度的一致性，要求成员既是全才又是专才。团队具有高度的自主性，对大多数操作性工作负全部责任。

虚拟组织，是组织扁平化在企业之间的形式，是当市场出现新机遇时，具有不同资源与优势的企业为了共同开拓市场，共同对付其他的竞争者而组织、建立在信息网络基础上的共享技术与信息，分担费用，联合开发的、互利的企业联盟体。虚拟企业运用网络来联系人员、资产和创意，不受传统组织边界或地理位置的限制，制造产品，提供服务。虚拟组织只有依托于强有力的计算机网络，这种以信息流管理为核心能力的组织形式才可能存在，其优点在于灵活性强。

历年考情

数字化技术是2021年新修订增加的内容。

26.主营茶叶生产和销售的云梦公司自创立以来，秉承绿色发展理念，逐渐建立起一套科学、严密的管理体系和经营机制，从一个默默无闻的小茶厂，成长为全国最受消费者信赖的优质有机茶叶供应商之一。从企业价值链分析角度看，以上表述所涉及的企业活动是（　　）。

A.内部后勤　　B.外部后勤

C.基础设施　　D.服务

【本题答案】C

【本题解析】本题考查价值链活动分类。“秉承绿色发展理念”体现了企业文化，“逐渐建立起一套科学、严密的管理体系和经营机制”体现了控制系统，而企业文化和控制系统均属于价值链支持活动中的“企业基础设施”，因此选项C正确。

审题要点

本题关键词是“绿色发展理念”“管理体系”“经营机制”。企业基础设施是指企业的组织结构、惯例、控制系统以及文化等，包括企业高层管理人员、公共关系、各种管理制度等。“绿色发展理念”属于企业文化，和“管理体系”“经营机制”均属于企业基础设施。本题的关键在于熟悉企业基础设施相关活动的具体体现。

思维拓展

价值链活动分为基本活动和支持活动两大类，其中基本活动又称主体活动，是指生产经营的实质性活动，一般可以分为内部后勤、生产经营、外部后勤、市场销售和服务五种。支持活动又称辅助活动，是指用以支持基本活动而且内部之间又相互支持的活动，包括采购管理、技术开发、人力资源管理和企业基础设施。

价值链五项基本活动

名称	含义	本质	具体形式
内部后勤	又称进货物流，指与产品投入有关的进货、仓储和分配等活动	生产输入	原材料的装卸、入库、盘存、运输以及退货等
生产经营	指将投入转化为最终产品的活动	输入向输出转化	加工、装配、包装、设备维修、检测等
外部后勤	又称出货物流，指与产品的库存、分送给购买者有关的活动	产品输出	最终产品的入库、接受订单、送货等
市场销售	指促进和引导购买者购买企业产品的活动	产品价值实现	广告、定价、销售渠道等
服务	指与保持和提高产品价值有关的活动	产品价值保证和增值	培训、修理、零部件的供应和产品的调试等

价值链四项支持活动

名称	含义及形式
采购管理	采购是广义的，既包括生产原材料的采购，也包括其他资源投入的购买与管理，如聘请咨询和设计
技术开发	指可以改进企业产品和工序的一系列技术活动。也是广义的概念，既包括生产性技术，也包括非生产性技术（如领导决策技术）
人力资源管理	指企业对职工的招聘、雇用、培训、提拔和退休等各项管理活动
企业基础设施	指企业的组织结构、惯例、控制系统以及文化等，包括企业高层管理人员、公共关系、各种管理制度等

抢分秘籍

抓住关键词“管理体系和经营机制”，是典型的企业控制系统，属于支持性活动的企业基础设施。

历年考情

2020年单项选择题第15题和2017年单项选择题第16题考查了价值链活动的辨析，和本题基本类似，可以对比学习。

二、多项选择题（本题型共16小题，每小题1.5分，共24分。每小题均有多个正确答案，请从每小题的备选答案中选出你认为正确的答案，用鼠标点击相应的选项。每小题所有答案选择正确的得分，不答、错答、漏答均不得分。）

1.维力公司管理层根据该公司的经营业绩决定采用新的财务战略，该战略包括使用内部资金进行前向一体化并购、增加股利支付和回购部分股东股份等。下列各项中，属于维力公司管理层采用新财务战略根据的有（　　）。

> **审题要点**
> 本题关键词是“内部资金”“并购”“股利支付”“回购股份”。由题干知，维力公司在使用内部资金做两件事：一是并购以求得进一步发展；二是把多余的钱还给股东。这符合“增值型现金剩余”战略的做法。本题的关键在于熟悉“基于创造价值或增长率的财务战略选择”，能准确判断维力公司所采用新财务战略的类型。

A.投资资本回报率为8%，资本成本为6%

B.投资资本回报率为7%，资本成本为10%

C.销售增长率为11%，可持续增长率为8%

D.销售增长率为9%，可持续增长率为10%

【本题答案】AD

【本题解析】本题考查基于创造价值或增长率的财务战略选择。“该战略包括使用内部资金进行前向一体化并购、增加股利支付和回购部分股东股份等”，说明维力公司正在通过并购以实现加速增长，并且公司在充分增长后还有现金剩余用来增加股利支付、回购股份，因此维力公司采用的是“增值型现金剩余”的财务战略，其特点是投资资本回报率大于资本成本，销售增长率低于可持续增长率，选项A、D正确。

思维拓展

详见2022年单项选择题第10题。

抢分秘籍

本题的关键在于熟悉基于创造价值或增长率的财务战略矩阵。由题干知维力公司正在加速增长的同时在分配剩余资金，因此可迅速判断为“增值型现金剩余”财务战略，由此推出其投资资本回报率大于资本成本且销售增长率为大于可持续增长率。

历年考情

2017年多项选择题第12题考查了增值型现金短缺的财务战略措施，可与本题进行对比学习。

2.松涛广告公司建立了比较完善的内部控制系统。根据COSO《内部控制框架》关于控制环境要素的要求与原则，下列各项中，属于该公

审题要点

本题关键词是"控制环境要素"。控制环境要素应坚持的原则有五项，主要涉及员工的诚信度及职业道德和才能、管理哲学和经营风格、权责分配方法、人事政策、董事会的经营重点和目标等。本题的关键在于熟悉控制环境要素应坚持的五项原则。

司控制环境要素的有（　　）。

A. 员工践行诚信为本、客户至上的价值观

B. 董事会对内部控制的制定及其绩效施以监控

C. 公司致力于吸引、发展、留任从事广告策划、设计、制作和营销等业务的优秀人才

D. 公司在内部控制全过程的各个环节实行透明、对等的权责分配方法

【本题答案】ABCD

【本题解析】本题考查内部控制环境要素应坚持的原则。内部控制环境要素应当坚持以下原则：（1）企业对诚信和道德价值观作出承诺；（2）董事会独立于管理层，对内部控制的制定及其绩效施以监控；（3）管理层在董事会的监控下，建立目标实现过程中所涉及的组织架构、报告路径以及适当的权利和责任；（4）企业致力于吸引、发展和留任优秀人才，以配合企业目标达成；（5）企业根据其目标，使员工各自担负起内部控制的相关责任。因此，选项A、B、C、D均正确。

思维拓展

内部控制环境要素应当坚持以下原则：

（1）企业对诚信和道德价值观作出承诺；（2）董事会独立于管理层，对内部控制的制定及其绩效施以监控；（3）管理层在董事会的监控下，建立目标实现过程中所涉及的组织架构、报告路径以及适当的权利和责任；（4）企业致力于吸引、发展和留任优秀人才，以配合企业目标达成；（5）企业根据其目标，使员工各自担负起内部控制的相关责任。

抢分秘籍

控制环境要素应坚持的原则包括员工的诚信度及职业道德和才能、管理哲学和经营风格、权责分配方法、人事政策、董事会的经营重点和目标等。熟悉内部控制环境要素应坚持的五条原则即可正确作答。

历年考情

控制环境要素应坚持的原则和应遵循的相关要求属于重要的高频考点，如2019年单项选择题第6题、2018年多项选择题第10题、2017年单项选择题第6题均考查了内部控制要素的辨析，可与本题进行对比学习。

3.美邦公司是一家建筑装修企业，该公司的采购总监为了防范原材料和设备采购过程中可能发生的风险，梳理了从采购计划制定、供应商筛选、询议价格、制作订单、部门领导审核、采购合同签订、产品验收入库直到结算等各个环节的潜在风险，并找出导致风险发生的因素，分析风险发生后可能造成的损失。下列各项中，属于该公司采用的上述风险分析方法优点的有（　　）。

A.使用效果较少依赖专业人员的水平

B.风险识别定量分析准确率高

C.组织规模越大，流程越复杂，越能体现出优越性

D.清晰明了，易于操作

审题要点

本题关键词是“各个环节”。题干描述符合“流程图分析法”的定义，该方法的优点是“清晰明了，易于操作，且组织规模越大，流程越复杂，流程图分析法就越能体现出优越性”。本题的关键在于熟悉流程图分析法的含义、优点、缺陷及适用范围。

【本题答案】CD

【本题解析】本题考查流程图分析法的优点。首先根据题干“梳理了从采购计划制定、供应商筛选、询议价格、制作订单、部门领导审核、采购合同签订、产品验收入库直到结算等各个环节的潜在风险，并找出导致风险发生的因素，分析风险发生后可能造成的损失”，判断其采用的风险管理方法是流程图分析法；然后找到选项中属于流程图分析法的优点即可。流程图分析法的主要优点是：清晰明了，易于操作，且组织规模越大，流程越复杂，流程图分析法就越能体现出优越性。因此选项C、D正确。流程图分析法的局限性是使用效果依赖于专业人员的水平，因此选项A错误；流程图分析法适用于对企业生产或经营中的风险及其成因进行定性分析，因此选项B错误。

思维拓展

流程图分析法是对流程的每一阶段、每一环节逐一进行调查分析，从中发现潜在风险，找出导致风险发生的因素，分析风险产生后可能造成的损失以及对整个组织可能造成的不利影响。它适用于对企业生产或经营中的风险及其成因进行定性分析。

流程图分析法的主要优点是：（1）清晰明了，易于操作；（2）组织规模越大，流程越复杂，流程图分析法就越能体现出优越性。

流程图分析法的局限性是使用效果依赖于专业人员的水平。

抢分秘籍

熟悉流程图分析法的含义、适用范围、两个优点和一个缺点即可轻松作答。

历年考情

风险管理技术与方法是一个非常重要的高频考点，考查内容包括方法判定、优缺点辨析、适用范围判断等，几乎每年必考，有时候甚至一年考2道题。如2020年单项选择题第6题考查了马尔科夫分析法的判断、2019年单项选择题第5题考查了风险评估系图法的判断、2019年单项选择题第16题考查了敏感性分析法的判断、2018年单项选择题第19题考查了流程图分析法的优缺点和适用情况、2018年多项选择题第12题考查了事件树分析法的优点、2017年单项选择题第18题考查了决策树方法的判断等，可以结合对比复习。

4. 德勒公司是一家研发和制造大型游乐设施的企业。从风险管理基本流程来看，下列各项中，属于该公司为**分析其所面临的运营风险需要收集的重要初始信息**有（　　）。

A. 与主要竞争对手相比，该公司实力与差距

B. 产品结构、新型游乐设施的研发情况

C. 公司风险管理的现状与能力

D. 替代品情况

【本题答案】BC

【本题解析】本题考查风险管理基本流程中的收集风险管理初始信息。本知识点已于2023年教材删除。

审题要点

本题关键词是“专注于”“增加门店”“率先增加”。零散产业的战略选择有克服零散——获得成本优势、增加附加价值——提高产品差异化程度和专门化——目标集聚三类。本题的关键在于熟悉零散产业的三种战略选择及其细分途径，并理解“技术创新以创造规模经济”的含义。

5. 国豪旅行社专注于为老年人提供旅游服务。近年来，该社除通过增加门店扩大实地旅游业务外，还借助互联网在业内率先增加“坐地游天下”的线上服务项目，实现线上与线下互动，有效扩大了顾客群体。从**零散产业的战略选择**角度看，该旅行社战略选择的类型有（　　）。

A. 克服零散——获得成本优势

B. 增加附加价值——提高产品差异化程度

C. 技术创新以创造规模经济

D. 专门化——目标集聚

【本题答案】ABD

【本题解析】本题考查零散产业的战略选择。“增加门店扩大实地旅游业务”属于克服零散——获得成本优势中的连锁经营或特许经营，选项A正确；由“在业内率先增加‘坐地游天下’的线上服务项目，实现线上与线下互动，有效扩大了顾客群体”中的“率先”两字表明国豪旅行社提供了区别于其他旅行社的增加附加价值的服务，即提高产品差

异化程度，选项B正确；“专注于为老年人提供旅游服务”体现了专门化——目标聚集，选项D正确。“技术创新创造规模经济”属于克服零散的一种途径，但题干中虽然涉及互联网技术，却并不属于技术创新，更没有涉及技术创新所带来的规模经济，因此选项C错误。

思维拓展

详见2022年多项选择题第5题。

坑点提示

本题可能的坑点在于选项C“技术创新以创造规模经济”。因为技术创新以创造规模经济，属于克服零散的一种途径，属于题干中提到了借助“互联网”技术，增加了线上服务项目，实现线上与线下互动，有效扩大了顾客群体，因此有考生会认为选项C正确。但仔细辨析会发现，题干中虽然涉及到了互联网技术，但只是“借助互联网技术”，没有体现技术创新，更未涉及技术创新所带来的规模经济，因此选项C错误。

抢分秘籍

熟悉零散产业的三种战略选择及其细分途径，即可轻松得分。

历年考情

零散产业是近年来考试频率非常高的重要知识点，如2020年单项选择题第17题和2018年单项选择题第11题考查了零散产业谨防潜在的战略陷阱、2019年多项选择题第6题和2018年多项选择题第8题考查了产业零散的原因、2017年多项选择题第6题考查了零散产业的战略选择。

6.奥本钢铁公司近期兼并了本国的两家钢铁企业，其钢铁产量增加了将近一倍，生产成本随之降到行业最低水平。根据波特的**产业五种竞争力理论**，奥本钢铁公司的上述兼并有利于该公司（　　）。

> **审题要点**
>
> 本题关键词是“兼并”“产量增加一倍”“生产成本降到最低”。奥本钢铁公司通过横向并购实现了规模经济，生产成本降到行业最低水平，以低成本取胜，可以有效应对产业五种竞争力量。本题的关键在于熟悉产业五种竞争力量大小的影响因素。

A.应对潜在进入者的进入威胁

B.增强对供应者讨价还价的能力

C.增强对购买者讨价还价的能力

D.增强对其他钢铁企业的竞争力

【本题答案】ABCD

【本题解析】本题考查产业五种竞争力。“兼并了本国的两家钢铁企业，其钢铁产量增加了将近一倍，生产成本随之降到行业最低水平”，说明对于潜在进入者，奥本公司有成本优势与规模经济，可以形成结构性障碍，能有效应对潜在进入者的进入威胁，因此选项A正确；同时也说明该公司的集中程度和业务量相比于兼并前有显著提升，因而无论是作为买方还是卖方，其议价能力都得到了增强，因此选项B、C正确；此外还说明奥本公司在行业内的竞争力得到了大幅提升，因此选项D正确。

思维拓展

详见2022年单项选择题第7题。

抢分秘籍

熟悉产业五种竞争力量及其影响因素和成本领先战略可以有效应对五种竞争力量。

历年考情

产业五种竞争力分析是非常重要的高频考点，几乎每年必考，如2020年多项选择题第9题、2019年单项选择题第3题、2017年单项选择题第14题均考查了潜在进入者必须克服的进入障碍、2019年多项选择题第3题考查了讨价还价能力、2018年多项选择题第2题考查了企业面临的五种竞争压力。

审题要点

本题关键词是“3个管理层级”“充分授权”。扁平型组织结构采用了分权型决策模式，其优点是可以及时反映市场变化，并作出相应的反应；能够为决策提供更多的信息，并对员工产生激励效应。本题的关键在于根据“3 000多名员工设有3个管理层级，各层级被充分授权”判断出属于扁平型组织结构，采用了分权型决策模式。

7.建平公司专注于铁路、电力、矿产、石油、机场、港口等行业的工程总承包业务，拥有3 000多名员工，设有业务员、部门经理、总经理等3个管理层级，各层级被充分授权。下列各项中，属于该公司组织类型优点的有（　　）。

A.易于协调各职能间的决策

B.危急情况下能够作出快速决策

C.有利于减少信息沟通障碍，提高企业反应能力

D.有利于调动管理人员的积极性

【本题答案】CD

【本题解析】本题考查扁平型纵向分工组织结构的优点。从实际管理来看，拥有3 000名员工的企业平均的管理层次一般为7个层级。“拥有3 000多名员工，设有业务员、部门经理、总经理等3个管理层级，各层级被充分授权”，表明建平公司的纵向组织结构属于扁平型组织结构。其优点是：（1）管理层次较少，控制幅度较宽；（2）可以及时反映市场变化，并作出相应的反应；其缺点是容易造成管理失控。另外，“各层级被充分授权”，表明建平公司采用了分权型决策模式，分权能

够为决策提供更多的信息，并对员工产生激励效应。因此选项C、D正确。易于协调各职能间的决策、危急情况下能够作出快速决策均属于集权型决策的优点，故选项A、B错误。

思维拓展

1. 纵向分工结构

组织的分工结构分为纵向和横向两类结构，其中纵向分工结构有高长型和扁平型两种基本形式。

组织纵向分工结构类型

总体类型	具体类型	本质特征	优缺点
纵向	高长型	管理层次多，控制幅度窄	优点：有利于企业内部控制 缺点：对市场变化的反应较慢
	扁平型	管理层次少，控制幅度宽	优点：及时反映市场变化，并作出反应 缺点：容易造成管理失控

2. 集权

集权是指企业的高层管理人员拥有最重要的决策权力。

集权型企业一般拥有多级管理层，并将决策权分配给顶部管理层；其管理幅度比较窄，从而呈现出层级式结构。

（1）集权型决策优点。①易于协调各职能间的决策；②易于规范上下沟通的形式；③能与企业的目标达成一致；④危急情况下能够作出快速决策；⑤有助于实现规模经济；⑥比较适用于由外部机构（比如专业的非营利性企业）实施密切监控的企业，因为所有的决策都能得以协调。

（2）集权型决策缺点。①高级管理层可能不会重视个别部门的不同要求；②决策时需要通过集权职能的所有层级向上汇报，因此决策时间过长；③对级别较低的管理者而言，其职业发展空间有限。

3. 分权

分权是指将权力分配给事业部、职能部门以及较低层次的管理人员。分权型结构一般包含更少的管理层次，并将决策权分配到较低的层级，从而具有较宽的管理幅度并呈现出扁平型结构。分权型结构减少了信息沟通的障碍，提高了企业的反应能力，能够为企业决策提供更多的信息，并对员工产生激励效应。

抢分秘籍

熟悉属于扁平型结构的优点和分权型决策模式的特点即可。

历年考情

组织结构是非常重要的高频考点，但主要考核横向分工结构，纵向分工结构考核较少。如2020年多项选择题第11题考查了扁平型纵向结构的特征，与本题基本相似；2020年单项选择题第20题考查了H型组织结构的判断、2019年多项选择题第4题考查了事业部制组织结构的优点、2018年单项选择题第18题考查了职能制组织结构的判断、2017年单项选择题第7题考查了矩阵制组织结构等，可以结合对比学习。

8.科慧公司是一家在深圳证券交易所上市的企业。2017年5月，该公司实际控制人因散布虚假信息、操纵股票价格、扰乱股市交易秩序从而非法牟利，被证监会依据上市规则中的有关规定，开出巨额罚单并采取终身禁入证券市场措施，同时将其涉嫌犯罪行为移送公安机关。从公司治理基础设施角度看，本案例中，在科慧公司治理中发挥作用的政府监管体系包括（　　）。

审题要点

本题关键词是“散布虚假信息”“操纵股票价格”“扰乱股市交易秩序”“开出巨额罚单”“终身禁入”“移送公安机关”。公司治理基础设施中政府监管体系包括四类：（1）法律监管；（2）行政监管；（3）市场环境监管；（4）信息披露监管。本题的关键在于熟悉政府监管体系四个方面内容。

A.法律监管　　B.行政监管

C.市场环境监管　　D.信息披露监管

【本题答案】ABCD

【本题解析】本题考查公司治理基础设施之政府监管体系。公司治理基础设施中政府监管体系包括四类：（1）法律监管；（2）行政监管；（3）市场环境监管；（4）信息披露监管。“该公司实际控制人因散布虚假信息”被处罚，体现的是信息披露监管，选项D正确；该公司因“操纵股票价格、扰乱股市交易秩序从而非法牟利”被处罚，体现的是市场环境监管，选项C正确；“被证监会依据上市规则中的有关规定，开出巨额罚单并采取终身禁入证券市场措施”，体现的是行政监管，选项B正确；“将其涉嫌犯罪行为移送公安机关”体现的是法律监管，选项A正确。因此，选项A、B、C、D均正确。

思维拓展

公司治理基础设施主要包括五类：公司信息披露制度、评价公司财务信息和治理水平的信用中介机构（包括会计师事务所、投资银行、律师事务所等）、保护投资者利益的法律法规、政府监管（包括法律、行政、市场环境和信息披露四类监管）以及媒体和专业人士的舆论监督等。

其中，有效的政府监管体系包括以下四个方面内容：法律监管、行政监管、市场环境监管和信息披露监管。

抢分秘籍

熟悉政府监管体系四个方面内容即可。

历年考情

近五年来，公司治理基础设施是第一次考查。

9.天方出租汽车公司于2017年开始利用基于大数据的预测性分析系统，对其投入运营的10 000多辆出租车进行数据收集与分析，实时检测这些车辆的行驶车况，以便及时地进行预防性维修，杜绝安全事故发生。天方出租汽车公司的上述做法所体现的**数字化技术对产品和服务的影响**有（　　）。

A.个性化　　B.多样化

C.智能化　　D.连接性

审题要点

本题关键词是“大数据”“数据收集与分析”“实时检测”“预防性维修”。数字化技术对产品和服务的影响体现在四个方面：个性化、智能化、连接性和生态性。本题的关键在于熟悉数字化技术对产品和服务的四个方面影响和特征。

【本题答案】CD

【本题解析】本题考查数字化技术对产品和服务的影响。“利用基于大数据的预测性分析系统，对其投入运营的10 000多辆出租车进行数据收集与分析”，体现了数字化技术的连接性，选项D正确；“实时检测这些车辆的行驶车况，以便及时地进行预防性维修，杜绝安全事故发生”，体现了数字化技术的智能化，即通过数据的实时抓取进行分析和应用，选项C正确。因此，正确答案为选项C、D。本题没有涉及个性化，选项A错误；多样化不属于数字化技术对产品和服务的影响，选项B错误。

思维拓展

数字化技术对产品和服务的影响包括个性化、智能化连接性和生态化四个方面。具体比较如下：

数字化技术对产品和服务的影响

影响内容	具体影响	特征
产品和服务	个性化	（1）消费者功能性诉求向体验性诉求转变；（2）对产品和服务的需求由被动接受向主动要求转变；（3）企业可以发现消费者的隐性需求和个性化需求；（4）企业产品理念向定制化、个性化和多样化转型
	智能化	（1）企业可通过智能产品实现对使用数据的实时抓取，为消费者提供更好的使用体验；（2）配套的操作系统和应用软件，使得消费者能够自行完成最后的定制环节，从而可以按照个性化需求控制和使用智能化产品

续表

影响内容	具体影响	特征
产品和服务	连接性	通过智能产品之间的连接，将看似不相关的活动主体连接起来，能够创造出更多的商业机会
	生态化	（1）通过依靠科技促进低碳化发展，实现数字化赋能生态发展；（2）通过数字化赋能，提高效率、节约资源，实现降低能耗，加快重铸产业结构、生产方式、生活方式、空间格局

历年考情

数字化技术是2021年新修订增加的内容。

审题要点

本题关键词是"终极股东""内部人控制"。内部人控制问题的主要表现分为两类，经理人违背对股东的忠诚义务有两种表现，违背勤勉义务有四种表现。本题的关键在于准确辨析四个选项中有哪些属于这十种表现的内容。

10.亚奥公司是一家生产各类工程机械的上市公司，其终极股东为尚荣公司。2015~2016年，亚奥公司存在的"内部人控制"问题多次被媒体曝光。下列各项中，属于该公司"内部人控制"问题表现的有（　　）。

A.部分关联交易未向投资者和社会公众披露

B.为尚荣公司对外借款违规担保人民币2亿元

C.未经正常审批程序投资房地产业，造成巨额亏损

D.将其生产的挖掘机、起重机以低于市场价格的价格出售给尚荣公司

【本题答案】AC

【本题解析】本题考查内部人控制问题的主要表现。内部人控制问题的主要表现分为两类：经理人违背对股东的忠诚义务和违背勤勉义务。"部分关联交易未向投资者和社会公众披露"体现了违背勤勉义务中的信息披露不规范、不及时，选项A正确；"未经正常审批程序投资房地产业，造成巨额亏损"体现了违背忠诚义务中的盲目过度投资、经营行为短期化，选项C正确。"为尚荣公司对外借款违规担保人民币2亿元"，属于"隧道挖掘"问题中的"直接占用资源"，选项B错误；"将其生产的挖掘机、起重机以低于市场价格的价格出售给尚荣公司"，说明终极股东尚荣公司利用价格的"低买高卖"来转移利润，进行利益输送，属于"隧道挖掘"问题中的"关联性交易中的商品服务交易活动"，选项D错误。因此，正确答案为选项A、C。

思维拓展

详见2022年单项选择题第15题。

坑点提示

本题选项B、D属于隧道挖掘问题而非内部人控制问题。

抢分秘籍

如果涉及终极股东就是“隧道挖掘”问题，内部人控制问题跟终极股东无关。本题中尚荣公司为终极股东，因此可以直接排除选项B、D。

历年考情

公司治理问题属于重要的高频考点，如2020年单项选择题第5题、2019年单项选择题第24题均考查了隧道挖掘问题的掠夺性融资、2017年多项选择题第7题考查了隧道挖掘的表现形式等，可以结合对比学习。

11.燕州公司是一家肉鸭养殖、加工企业，该公司于2017年从国外引进著名的番鸭全面替代原有鸭种。由于番鸭的饲养成本是原有鸭种的3倍多，加上番鸭熟制品不太适合国内消费者的口味，因而该公司此后的经营持续入不敷出，逐渐陷入困境。本案例中，燕州公司面临的风险有（　　）。

A.战略风险　　B.运营风险

C.技术风险　　D.市场风险

【本题答案】ABD

【本题解析】本题考查企业风险的种类。本题的知识点已于2023年删除。

12.江湾公司是一家水产品生产和销售企业，该公司为提升在超市的销售业绩采取了一些措施：增加小包装产品在超市的销售比例；在超市中采用体现公司形象的销售车进行销售；在国内几个一线城市开设20余家自营水产品超市进行直销；对喜庆消费者如庆生日者赠送水产品礼盒。本案例中，江湾公司在超市销售中采取的营销组合策略有（　　）。

A.产品策略　　B.促销策略

C.分销策略　　D.价格策略

【本题答案】ABC

【本题解析】本题考查营销组合策略。“增加小包装产品在超市的销售比例”属于产品策略中的扩大产品组合，选项A正确；“在超市中采用体现公司形象的销售车进行销售”属于促销策略中的公关宣传，

审题要点

本题关键词是“增加小包装产品”“体现公司形象”“自营、直销”“赠送”。营销组合策略有产品、价格、促销、分销四要素。“增加小包装产品”属于产品策略中的扩大产品组合；“采用体现公司形象的销售车销售”属于促销策略中的公共关系；“开设20余家自营水产品超市进行直销”属于分销策略；“赠送水产品礼盒”属于促销策略中的营业推广。本题没有提及任何价格信息，因此不涉及价格策略。本题的关键在于熟悉营销组合策略四要素的具体活动形式或表现。

“对喜庆消费者如庆生日者赠送水产品礼盒”属于促销策略中的营业推广，选项B正确；“在国内几个一线城市开设20余家自营水产品超市进行直销”属于分销策略，选项C正确。题干中并未提及关于价格的任何措施，故选项D不选。

思维拓展

营销组合策略包含四个基本策略：产品、促销、分销、价格。

（一）产品策略

产品策略包括产品组合、品牌和商标和产品开发策略。

1.产品组合策略

产品组合指某一企业所生产或销售的全部产品大类、产品项目的组合。其中，产品大类又称产品线，指产品类别中具有密切关系的一组产品；产品项目指某一产品大类内由价格、功能及其他相关属性来区别的具体产品。

（1）产品组合有宽度、长度、深度和关联性。

产品组合有宽度、长度、深度和关联性四要素

产品组合要素	含义
宽度	指一个企业有多少产品大类
长度	指一个企业的产品组合中所包含的产品项目的总数
深度	指产品大类中每种产品有多少花色、品种、规格
关联性	指一个企业的各个产品大类在最终使用、生产条件、分销渠道等方面的密切相关程度

（2）产品组合策略类型。

①扩大产品组合。包括拓展产品组合宽度、长度和加强产品组合深度。前者是增加产品大类和在原有产品大类内增加新的产品项目；后者是增加每种产品项目的花色、品种、规格。②缩减产品组合。当市场不景气或原料、能源供应紧张时，剔除那些获利很小甚至亏损的产品大类或产品项目。③产品延伸。指全部或部分改变公司原有产品的市场定位，具体包括向下延伸、向上延伸、双向延伸三类。

2.品牌和商标策略

包括三种：单一的品牌名称、每个产品都有不同的品牌名称和自有品牌。

3. 产品开发策略

（二）价格策略

1. 基本的定价方法

基本的定价方法

定价方法	目的	具体类型
成本导向定价法	为实现投资的目标利润率	成本加成、收支平衡、目标利润及变动成本定价法
需求导向定价法	为实现利润最大化	高定价策略、低定价策略
竞争价格定价法	为增强市场竞争力	通行价格定价、密封投标定价

2. 主要定价策略

企业主要的定价策略包括四种：（1）心理定价策略；（2）产品组合定价策略；（3）折扣与折让策略；（4）地理差价策略。其常见的细分类型如下：

企业主要的定价策略

定价策略	本质	细分策略表现
心理定价	适应消费者购买心理	尾数、整数、声望、招徕定价
产品组合定价	若干种产品一起或相互影响	系列产品、副产品、关联产品、捆绑定价
折扣与折让	减价，即在原价格基础上减收一定比例的货款	现金、数量、交易、季节性、推广折扣
地理差价	买卖双方地理位置的差异	产地价、目的地交货价、统一交货价、分区运送价、津贴运费定价

3. 新产品定价策略

新产品定价策略

定价策略	做法	目的
渗透定价法	定低价	抢占销售渠道和消费者群体
撇脂定价法	定高价	在导入期获取较高的单位利润
满意定价策略	定适中价格	兼顾抢占市场和获取利润

（三）分销策略

1. 传统营销理论的分销渠道类型

传统营销理论的分销渠道类型包括直接分销和间接分销两种。直接分销是指产品不经过中间商，直接从生产商到消费者手中。间接分销是指经过中间商（批发商、零售商）的分销系统。根据中间商的数量多少，间接分销有三种类型：独家分销、选择性分销和密集分销。

2. 网络环境下的分销渠道类型

包括线上和线下两种类型。线上渠道通常指网络上的渠道，通过网上商城或其他网络方法传播产品、服务等。线下渠道指通过面对面或其他非网络方法交易或传播产品和服务等。

（四）促销策略

1. 促销组合有四要素：广告促销、营业推广、公关宣传、人员推销

促销组合四要素

促销组合要素	具体做法
广告促销	在媒体上投放广告
营业推广	非媒体促销，如试用品、折扣、礼品
公关宣传	宣传企业形象，建立良好的公众形象
人员推销	销售代表直接与预期客户接触

2. 促销组合策略

推式策略	将产品经过营销渠道“推”向最终消费者。制造商的市场活动（主要是人员推销和交易推广）大多面向渠道成员展开，激励他们购买产品并向最终消费者销售
拉式策略	依靠制造商直接开展的市场活动（主要是广告和消费者推广）指向最终消费者，激励他们购买产品。如果拉式策略奏效，消费者将向渠道成员索取产品，渠道成员转而向制造商索取产品
推拉结合策略	企业将推式策略和拉式策略配合起来使用，在向中间商进行大力促销的同时，通过广告刺激市场需求

抢分秘籍

熟悉营销组合策略四要素及其具体表现即可正确判断。

历年考情

营销组合策略是重要的高频考点，如2020年多项选择题第12题、2018年多项选择题第3题均考查了促销策略组合要素。

审题要点

本题关键词是“独辟蹊径”。虹光公司提供了创新服务，规避了同质化竞争，因此体现了“创造并攫取新需求”和“拓展非竞争性市场空间”两个特征。题干中没有提到关于“成本”的信息，因此没有体现选项C、D两个特征。本题的关键在于熟悉并理解蓝海战略的五个特征。

13. 经营电影院线的虹光公司面对不同电影院线之间同质化竞争异常激烈的局面，独辟蹊径将旗下的一部分影院改造成家庭影院，按照消费者预定的时间、影片乃至餐席提供服务，使他们在影院欣赏影片的同时享受亲友团聚和美味佳肴，结果大大提高了该公司的竞争力和市场占有率。依据红海战略与蓝海战略的关键性差异，本案例中虹光公司体现的**蓝海战略的特征**有（　　）。

A.拓展非竞争性市场空间　　B.创造并攫取新需求

C.打破价值与成本互替定律　D.同时追求差异化与低成本

【本题答案】AB

【本题解析】本题考查蓝海战略的特征。“面对不同电影院线之间同质化竞争异常激烈的局面，独辟蹊径将旗下的一部分影院改造成家庭影院”体现了该院线与其他院线的不同，表明虹光公司没有在已经存在的市场内竞争，而是拓展了“家庭影院”这一非竞争性市场空间，选项A正确；“按照消费者预定的时间、影片乃至餐席提供服务，使他们在影院欣赏影片的同时享受亲友团聚和美味佳肴”体现了该院线为消费者提供了新服务，表明虹光公司创造并攫取了新需求，选项B正确；题干中没有提到成本的降低，因此选项C、D错误。

思维拓展

蓝海战略指不局限于现有产业边界，而是极力打破这样的边界条件，通过提供创新产品和服务，开辟并占领新的市场空间的战略。它和红海战略有着极大的不同。

红海战略和蓝海战略比较

红海战略	蓝海战略
在已经存在的市场内竞争	拓展非竞争性市场空间
参与竞争	规避竞争
争夺现有需求	创造并攫取新需求
遵循价值与成本互替定律	打破价值与成本互替定律
根据差异化或低成本的战略选择，把企业行为整合为一个体系	同时追求差异化和低成本，把企业行为整合为一个体系

抢分秘籍

抓住关键词“独辟蹊径”“消费者预定”，就可以判断虹光公司创造并攫取了新需求，拓展了非竞争性市场空间。此外，本题有创新，但没有提及成本，故可以排除选项C、D。

历年考情

蓝海战略是非常重要的知识点，但是以主观题考查为主，客观题考查较少。本题是近五年来第一次考核。

14.奥优公司是一家生产水下摄影设备的企业。该公司以几十年的不懈探索和积累打造出自己的核心能力。依据辨别企业能力是否属

审题要点

本题涉及的知识点已修订删除。

于核心能力的关键性测试，下列各项中，体现奥优公司核心能力的有（　　）。

A.近年来奥优公司的市场占有率和销售增长率一直位居行业第一

B.奥优公司不断推出的创新型产品给消费者带来超过预期的价值

C.奥优公司生产的水下摄影机比其他企业的同类产品操作更简便，拍摄出的图片更清晰

D.奥优公司的技术研发和管理创新被公认为行业标杆，其他企业至今未能成功模仿或超越

【本题答案】BCD

【本题解析】本题考查核心能力的关键性测试。本题对应的知识点已于2023年修订删除。

审题要点

本题关键词是“联盟解体”。订立协议是战略联盟管控的主要措施，其内容包括：（1）严格界定联盟的目标；（2）周密设计联盟结构；（3）准确评估投入的资产；（4）规定违约责任和解散条款。富林公司与光裕公司结成的股权式战略联盟在这四方面均未得到很好的管控。本题的关键在于熟悉战略联盟管控之订立协议的四方面内容。

15.大型显示器制造商富林公司与光裕公司于2017年订立协议，双方结为股权式战略联盟。两年后，光裕公司以自己拥有独创的单元板制造技术为筹码要求提高在联盟的股权占比，遭到对方拒绝。此后，光裕公司在没有告知对方的情况下把股份转让给其他两家公司，致使联盟解体，富林公司的经营陷入困境。从订立协议角度看，富林公司与光裕公司战略联盟解体的原因有（　　）。

A.没有严格界定联盟的目标　　B.没有周密设计联盟结构

C.没有准确评估投入的资产　　D.没有规定违约责任和解散条款

【本题答案】ABCD

【本题解析】本题考查战略联盟的管控。战略联盟管控包括订立协议和建立合作信任的联盟关系两条措施。其中，订立协议需要明确的基本内容包括：（1）严格界定联盟的目标；（2）周密设计联盟结构；（3）准确评估投入的资产；（4）规定违约责任和解散条款。本题选项A、B、C、D均是企业在订立协议时需要明确的一些基本内容，因此均正确。

思维拓展

战略联盟管控包括订立协议和建立合作信任的联盟关系两条措施。

（1）订立协议。订立协议需要明确的基本内容包括：①严格界定联盟的目标；②周密设计联盟结构；③准确评估投入的资产；④规定违约责任和解散条款。

（2）建立合作信任的联盟关系。要求联盟企业之间必须相互信任，并且以双方利益最大化为导向。

历年考情

战略联盟的管控属于冷门知识点，近五年来第一次考查。

16. F国的天然气生产商尼克公司采用对外直接投资的国际经营方式，在其他多个拥有天然气资源优势的国家和地区建立并运营全资子公司。根据**邓宁的国际生产折中理论**，尼克公司具备（　　）。

审题要点

本题涉及的知识点内容已删除。

A. 所有权优势　　B. 内部化优势

C. 资源优势　　D. 区位优势

【本题答案】ABD

【本题解析】本题考查国际化经营动因的国际生产要素理论。本题知识点已于2023年删除。

三、简答题（本题型共4小题26分）

1.（本小题5分）

Q省地处QS高原腹地，具有发展太阳能产业的独特资源优势。近年来，随着国内外清洁能源需求的不断增长，Q省以电力企业为依托，抓住人才、技术、资金等关键资源，打造光伏一条龙全产业链，实现经济、生态保护和民生改善多赢。

作为Q省TL戈壁滩光伏产业园区的核心企业，河天水电公司将生态保护的理念融入产业园区的建设中。TL戈壁滩日照多，降水少，风沙大，几乎没有多少绿色植被，刮风沙时，经常有小石子被吹起来，造成光伏板破损率比较高。河天水电公司开展了光伏生态产业种植的研究试验工作，根据当地土壤、水质的特点，种植雪菊、紫苏、透骨草等高原生态作物。这些作物牢牢抓住土壤，解决了光伏电板易损、报废的问题。产业园区要定期清洗光伏板，而冲洗光伏板的水能灌溉作物，作物的生长又使水土更好地得到保持，光伏板下因此形成了小型绿色生态园。

由于植被长势太好，甚至会遮蔽光伏电板，而且冬季可能引发火灾。为解决这一问题，河天水电公司与附近几个村庄合作，发展小尾寒羊的养殖。为了避免羊吃草的随意性，公司规划出了放羊路线，请牧民按规划到光伏产业园区放羊，羊吃不到的地方就请牧民手动除草，工资另算。

光伏电站不仅带来了生态的良性循

审题要点

关键词：高原腹地、独特资源优势。表明其自然资源好，属于钻石模型四要素中的“生产要素”。

审题要点

关键词：需求不断增长。体现了钻石模型四要素中的“需求条件”。

审题要点

关键词：人才、技术、资金。这些关键资源属于钻石模型四要素中的“生产要素”。

审题要点

关键词：全产业链、多赢。“打造光伏一条龙全产业链，实现经济、生态保护和民生改善多赢”体现了社会效益，首先保证了企业利益相关者的基本利益要求，其次还保护了自然环境，最后还体现了赞助和支持社会公益事业中的“支援落后地区”。

审题要点

关键词：核心企业、生态保护理念。体现了钻石模型四要素中“企业战略、企业结构”，还体现了社会责任中的“保护自然环境”。

审题要点

关键词：高原生态作物。体现了钻石模型四要素中的“相关与支持性产业”。

审题要点

关键词：绿色生态园。体现了社会责任中的“保护自然环境”。

审题要点

关键词：解决问题、合作。体现了社会责任中“保证企业利益相关者的基本利益要求”，还体现了钻石模型四要素中的“相关与支持性产业”。

环，还发展了当地的养殖产业，对于实现当地牧民的脱贫目标，功不可没。

要求：

（1）依据钻石模型四要素，简要分析Q省打造光伏一条龙全产业链的优势。

（2）依据“企业利益与社会效益”的相互关系，简要分析Q省打造光伏一条龙全产业链过程中企业所承担的社会责任。

【本题答案】

（1）①生产要素。“Q省地处QS高原腹地，具有发展太阳能产业的独特资源优势……Q省以电力企业为依托，抓住人才、技术、资金等关键资源……”。

②需求条件。“随着国内外清洁能源需求的不断增长”。

③相关与支持性产业。“根据当地土壤、水质的特点，种植高原生态作物，这些作物牢牢抓住土壤，解决了光伏电板易损、报废的问题。产业园区要定期清洗光伏板，而冲洗光伏板的水能灌溉作物，作物的生长又使水土更好地得到保持，光伏板下因此形成了小型绿色生态园”“由于植被长势太好，甚至会遮蔽光伏电板，而且冬季可能引发火灾。为解决这一问题，河天水电公司与附近几个村庄合作，发展小尾寒羊的养殖”“光伏电站不仅带来了生态的良性循环，还发展了当地的养殖产业”。

④企业战略、企业结构和同业竞争。“作为Q省TL戈壁滩光伏产业园区的核心企业，河天水电公司将生态保护的理念融入产业园区的建设中”。

审题要点

关键词：生态良性循环、发展养殖产业。“带来了生态的良性循环”体现了社会责任中的“保护自然环境”；“发展了养殖产业”不仅体现了钻石模型四要素中的“相关与支持性产业”，同时还体现了社会责任中的“保证企业利益相关者的基本利益要求”；“实现当地牧民的脱贫目标”，体现了社会责任中的“赞助和支持社会公益事业”。

（2）①保证企业利益相关者的基本利益要求。“近年来，随着国内外清洁能源需求的不断增长，Q省以电力企业为依托，抓住人才、技术、资金等关键资源，打造光伏一条龙全产业链，实现经济、生态保护和民生改善多赢”“光伏电站不仅带来了生态的良性循环，还发展了当地的养殖产业，对于实现当地牧民的脱贫目标，功不可没”。

②保护自然环境。“……核心企业河天水电公司将生态保护的理念融入到产业园区的建设中”“光伏板下因此形成了小型绿色生态园”“光伏电站不仅带来了生态的良性循环……”。

③赞助和支持社会公益事业。“光伏电站发展了当地的养殖产业，对于实现当地牧民的脱贫目标，功不可没”。

思维拓展

本题考查的知识点包括“钻石模型四要素”和“企业利益与社会效益的矛盾与均衡”。

1.钻石模型四要素

钻石模型包括四个要素：生产要素、需求条件、相关与支持性产业、企业战略、企业结构和同业竞争。

2.企业利益与社会效益的矛盾与均衡

一般用社会效益代表所有企业外部利益相关者的共同利益。企业外部利益相关者对企业的共同期望是企业应承担一系列社会责任。包括三个方面：

（1）保证利益相关者的基本利益要求。常见表现：履行缴纳国家税金的义务、保证按时按量偿还债权人的债务、保护广大股民的基本权益、正确处理与供应者和购买者的利益分配等。

（2）保护自然环境。例如，处理好与企业生产有关的污水、有毒废料和一般废料；制定安全政策，减少可能引起的灾难性环境问题的事故；珍惜稀缺资源等。

（3）赞助和支持社会公益事业。例如，赞助慈善事业和非营利基金会或协会；积极支持公共卫生和教育事业；反对世界上存在的政治不平等，如种族隔离和独裁政治等；支援落后国家和地区等。

坑点提示

本题的坑点在于：

（1）题干中有些做法或表现既涉及钻石模型四要素，又涉及企业应承担的社会责任。如“作为Q省TL戈壁滩光伏产业园区的核心企业，河天水电公司将生态保护的理念融入到产业园区的建设中”，其中“核心企业”体现了钻石模型四要素中的“企业战略、企业结构和同业竞争”，“将生态保护的理念融入到产业园区的建设中”，体现了社会责任中的“保护自然环境”。再如，“光伏电站不仅带来了生态的良性循环，还发展了当地的养殖产业”，其中，“带来了生态的良性循环”体现了社会责任中的“保护自然环境”；“发展了养殖产业”不仅体现了钻石模型四要素中的“相关与支持性产业”，同时还体现了社会责任中的“保证企业利益相关者的基本利益要求”；“实现当地牧民的脱贫目标”，体现了社会责任中的“赞助和支持社会公益事业”。

（2）题干中有些做法或表现同时体现了企业应承担社会责任的三方面内容。如“打造光伏一条龙全产业链，实现经济、生态保护和民生改善多赢”体现了三项社会责任，“打造全产业链”和“多赢”体现了“保证企业利益相关者的基本利益要求”；“实现生态保护”体现了“保护自然环境”；“实现民生改善”体现了“赞助和支持社会公益事业中”的“支援落后地区”。

抢分秘籍

在理解的基础上熟记钻石模型四要素和企业应承担的社会责任三方面内容。

历年考情

钻石模型四要素是非常重要的主观题高频考点，如2019年简答题第3题第一小问考查了钻石模型四要素给W镇旅游业带来的优势、2017年简答题第3题第一小问考查了钻石模型四要素给G省葡萄酒产业带来的优势和劣势。

2.（本小题7分）

煌水乳业公司成立于2002年，2013年正式挂牌上市。2016年12月16日，一家国际著名调查机构发布做空煌水乳业的报告，指出煌水乳业在苜蓿草和产奶量等方面**数据造假**。随后数月，国内一家银行发现，煌水乳业大量**单据造假**，将账上30亿元资金转出投资房地产，无法收回。此外，业内人士也发现了煌水乳业多处编制财务报告的内控缺陷。

审题要点

关键词：数据造假、单据造假。"煌水乳业在苜蓿草和产奶量等方面数据造假""煌水乳业大量单据造假"，体现了财务报告相关风险主要表现中的"提供虚假财务报告，误导财务报告使用者，造成决策失误，干扰市场秩序"。

（1）煌水乳业在2016年3月报表中显示公司流动资金充足，并对企业的持续经营能力表示肯定。然而分析2016年度的财务报表后显示，煌水乳业2016年的经营活动在收入、成本、借款等方面存在**不实**问题，企业未来的持续经营能力存在**重大不确定性**，财务报表存在**重大错报风险**。

审题要点

关键词：不实、重大不确定性、重大错报风险。体现了财务报告相关风险主要表现中的"不能有效利用财务报告，难以及时发现企业经营管理中存在的问题，可能导致企业财务和经营风险失控"。

（2）煌水乳业在2014年4~6月向迪科种业公司累计购买约685万元的种子，这笔交易并未在中期报告中及时披露，而在后期发现执行董事于坤间接持有迪科种业公司的控股权，该购买行为被证明为**关联交易**。2014年12月23日，煌水乳业将其当年4月建立的子公司富

审题要点

关键词：未及时披露、关联交易。体现了财务报告相关风险主要表现中的"编制财务报告违反会计法律法规和国家统一的会计准则制度，可能导致企业承担法律责任和声誉受损"。

浩股份转让予新成立的兴旺畜牧公司，后者由刘冰个人100%控股。然而此次交易**不具有正当的商业理由**，且煌水乳业2015年财务报告并**未披露**此次处置子公司的作价，业内人士质疑煌水乳业建立富浩公司的目的很可能就是利用关联方转移资产。

> **审题要点**
>
> 关键信息：不具有正当商业理由、未披露处置作价。体现了财务报告相关风险主要表现中的“编制财务报告违反会计法律法规和国家统一的会计准则制度，可能导致企业承担法律责任和声誉受损”。

煌水乳业频繁出现财务报告虚假与不实问题，与其内部治理结构的缺陷不无关联。煌水乳业自上市以来，董事会主席兼CEO的张凯始终**维持公司最大股东身份**，对公司具有**绝对的控制和管理权力**，掌控公司所有的重大事项决策权，并直接负责公司所有业务的运营和管理。煌水乳业未设置监事会，监事会的职能主要由审计委员会以及独立董事履行。煌水乳业的独立董事中王光和李良都曾是BM会计师事务所的合伙人，而煌水乳业一直以来聘用BM事务所进行外部审计，会计师事务所的合伙人任职客户公司重要岗位，削弱了注册会计师的独立性，煌水乳业的独立董事及其聘用的会计师事务所都**没有严格履行**其对公司财务报告审核监督的责任。煌水乳业的审计委员会由3名独立非执行董事组成。年报公布的审计委员会两次会议显示，审计费用以及年度和半年度的财务报告审计均被顺利通过，并未发现财务报表和审计过程中存在的诸多问题，审计委员会并**没有尽到应尽的职责**。

> **审题要点**
>
> 关键信息：绝对控制和管理权力、维持最大股东身份、掌控所有重大事项决策权、直接负责所有业务的运营和管理。体现了组织架构管理相关风险主要表现中的“治理结构形同虚设，缺乏科学决策、良性运行机制和执行力，可能导致企业经营失败，难以实现发展战略”；同时体现了公司内部治理结构中股东大会（股东）、董事会和经理层方面存在的缺陷。

> **审题要点**
>
> 关键信息：未设置监事会、削弱独立性、没有严格履行。体现了组织架构管理相关风险主要表现中的“内部机构设计不科学，权责分配不合理，可能导致机构重叠、职能交叉或缺失、推诿扯皮，运行效率低下”；并且体现了公司内部治理结构中监事会方面存在的缺陷；还体现了公司内部治理结构中董事会方面存在的缺陷。

> **审题要点**
>
> 关键信息：未发现诸多问题、没有尽到应尽的职责。体现了公司内部治理结构中董事会方面存在的缺陷（审计委员会是董事会下设的专门委员会）。

要求：

（1）依据《企业内部控制应用指引第14号——财务报告》，简要分析煌水乳业财务报告存在的主要风险。

（2）依据《企业内部控制应用指引第1号——组织架构》，简要分析煌水乳业存在的主要风险。

（3）简要分析煌水乳业公司内部治理结构存在的主要缺陷。

【本题答案】

（1）依据《企业内部控制应用指引第14号——财务报告》，煌水乳业财务报告所存在的主要风险包括：

①编制财务报告违反会计法律法规和国家统一的会计准则制度，可能导致企业承担法律责任和声誉受损。“煌水乳业在2014年4~6月向迪科种业公司累计购买约685万元的种子，这笔交易并未在中期报告中及时披露，而在后期发现执行董事于坤间接持有迪科种业的控股权，该购买行为被证明为关联交易。2014年12月23日，煌水乳业有限公司将其当年4月建立的子公司富浩股份转让予新成立的兴旺畜牧公司，后者由刘冰个人100%控股。然而此次交易不具有正当的商业理由，且煌水乳业2015年财务报告并未披露此次处置子公司的作价，业内人士质疑煌水乳业建立富浩公司的目的很可能就是利用关联方转移资产”。

②提供虚假财务报告，误导财务报告使用者，造成决策失误，干扰市场秩序。“2016年12月16日，一家国际著名调查机构发布做空煌水乳业的报告，指出煌水乳业在苜蓿草和产奶量等方面数据造假。随后数月，国内一家银行审计发现，煌水乳业大量单据造假，将账上30亿元资金转出投资房地产，无法收回”。

③不能有效利用财务报告，难以及时发现企业经营管理中存在的问题，可能导致企业财务和经营风险失控。“煌水乳业在2016年3月报表中显示公司流动资金充足，并对企业的持续经营能力表示肯定。然而2016年度的财务报表显示，煌水乳业2016年的经营活动在收入、成本、借款等方面存在不实问题，企业未来的持续经营能力存在重大不确定性，公司财务报表存在重大错报风险”。

（2）依据《企业内部控制应用指引第1号——组织架构》，煌水乳业存在的主要风险包括：

①治理结构形同虚设，缺乏科学决策、良性运行机制和执行力，可能导致企业经营失败，难以实现发展战略。“煌水乳业自上市以来，董事会主席兼CEO的张凯始终维持公司最大股东身份，对公司具有绝对的控制和管理权力，掌控公司所有的重大事项决策权，并直接负责公司所有业务的运营和管理”。

②内部机构设计不科学，权责分配不合理，可能导致职能缺失。“煌水乳业公司未设置监事会，监事会的职能主要由审计委员会以及独立董事履行……煌水乳业的独立董事及其聘用的会计师事务所都没有严格履行其对公司财务报告审核监督的责任”。

（3）公司内部治理结构是指主要涵盖股东大会、董事会（监事会）、高级管理团队以及公司员工之间责权利相互制衡的制度体系。

①股东大会（股东）。煌水乳业存在的主要缺陷：“董事会主席兼CEO的张凯始终维持公司最大股东身份，对公司具有绝对的控制和管理权力，掌控公司所有的重大事项决策权，并直接负责公司所有业务的运营和管理”。

②董事会。煌水乳业存在的主要缺陷：“董事会主席兼CEO的张凯始终维持公司最大股东身份，对公司具有绝对的控制和管理权力（三者集中于一人，缺乏制衡）”“煌水乳业的独立董事中王光和李良都曾是BM会计师事务所的合伙人，而煌水乳业一直以来聘用BM事务所进行外部审计，会计师事务所的合伙人任职客户公司重要岗位，削弱了注册会计师的独立性”“煌水乳业的审计委员会由3名独立非执行董事组成。年报公布的审计委员两次会议显示，审计费用以及年度和半年度的财务报告审计均被顺利通过，并未发现财务报表和审计过程中存在的诸多问题，审计委员会并没有尽到应尽的职责（审计委员会是董事会下设的专门委员会）”。

③监事会。煌水乳业存在的主要缺陷：“煌水乳业公司未设置监事会，监事会的职能主要由审计委员会以及独立董事履行”。

④经理层。煌水乳业存在的主要缺陷：“董事会主席兼CEO的张凯始终维持公司最大股东身份，对公司具有绝对的控制和管理权力（三者集中于一人，缺乏制衡）”。

思维拓展

本题考核了三个知识点：财务报告存在的主要风险、组织架构存在的主要风险以及公司内部治理结构。

1.财务报告存在的主要风险表现

（1）编制财务报告违反会计法律法规和国家统一的会计制度，可能导致企业承担法律责任和声誉受损。

（2）提供虚假财务报告，误导财务报告使用者，造成决策失误，干扰市场秩序。

（3）不能有效利用财务报告，难以及时发现企业经营管理中存在的问题，可能导致企业财务和经营风险失控。

2.组织架构存在的主要风险表现

（1）治理结构形同虚设，缺乏科学决策、良性运行机制和执行力，可能导致企业经营失败，难以实现发展战略。

（2）组织机构设置不科学，权责分配不合理，可能导致机构重叠、职能交叉或缺失、推诿扯皮、运行效率低下等问题。

3. 公司内部治理结构

公司内部治理结构是指主要涵盖股东大会、董事会（监事会）、高级管理团队以及公司员工之间责权利相互制衡的制度体系。

坑点提示

本题的坑点在于：题干中有些做法或表现既涉及组织架构存在的主要风险，又涉及公司内部治理结构存在的2~3项目主要缺陷。

如“煌水乳业自上市以来，董事会主席兼CEO的张凯始终维持公司最大股东身份，对公司具有绝对的控制和管理权力，掌控公司所有的重大事项决策权，并直接负责公司所有业务的运营和管理”，体现了组织架构管理相关风险主要表现中的“治理结构形同虚设，缺乏科学决策、良性运行机制和执行力，可能导致企业经营失败，难以实现发展战略”；且“董事会主席兼CEO的张凯始终维持公司最大股东身份”，三者集于一身，对公司具有绝对的控制和管理权力，同时体现了公司内部治理结构中股东大会（股东）、董事会和经理层方面存在的缺陷。

再如，“煌水乳业公司未设置监事会，监事会的职能主要由审计委员会以及独立董事履行……煌水乳业的独立董事及其聘用的会计师事务所都没有严格履行其对公司财务报告审核监督的责任”，体现了组织架构管理相关风险主要表现中的“内部机构设计不科学，权责分配不合理，可能导致机构重叠、职能交叉或缺失、推诿扯皮，运行效率低下”；并且“未设置监事会，监事会的职能主要由审计委员会以及独立董事履行”，体现了公司内部治理结构中监事会方面存在的缺陷；此外，“独立董事是担任外部审计的会计师事务所合伙人，合伙人任职客户公司重要岗位，削弱了注册会计师的独立性”，体现了公司内部治理结构中董事会方面存在的缺陷。

抢分秘籍

熟记财务报告的三种风险表现、组织架构的两种风险表现、公司内部治理结构的四类主体。

历年考情

《企业内部控制应用指引》需关注的主要风险是非常重要的高频考点。如2020年综合题考查了《企业内部控制应用指引第1号——组织架构》需关注的主要风险、《企业内部控制应用指引第3号——人力资源》需关注的主要风险以及《企业内部控制应用指引第7号——采购业务》需关注的主要风险；2019年简答题第3题考查了《企业内部控制应用指引第6号——资金活动》需关注的主要风险；2019年综合题考查了《企业内部控制应用指引第4号——社会责任》需关注的主要风险；2018

年简答题第4题考查了《企业内部控制应用指引第6号——资金活动》存在的主要风险。本题可与上述试题结合起来对比复习。

2018年简答题第4题考查了公司治理问题的类型与主要表现，可与本题一起对比复习。

3.（本小题7分）

2015年成立的盟塑公司是国内一家工业电子商务服务平台，相对于国内综合性B2B（企业与企业之间交易）电商平台，盟塑公司专注于塑化行业，围绕塑化原材料贸易，运用数字化技术，为采购商和供应商提供专业的塑化材料采购和配套的供应链服务。具体运营模式如下：

审题要点

关键词：电子商务服务平台、专注于塑料行业、数字化技术。表明盟塑公司建立工业电子商务服务平台所依据的产业市场细分的变量是“用户的行业类别”；同时体现了数字化技术对经营模式影响中的“互联网思维的影响”。

（1）建立塑化原材料上下游对接通道。针对塑化原料贸易信息不透明、交易流程长、效率低下等关键行业痛点，盟塑平台提供大量供应商的信息数据，采购商通过专业搜索可以拿到大品牌厂家的直供原料，满足其专业化采购的需求；上游企业也因此获得大量消费者、提高了毛利、打造了品牌。

审题要点

关键词：上下游对接通道。体现了数字化技术对经营模式影响中的“互联网思维的影响”。

审题要点

关键词：关键行业痛点。体现了盟塑公司运用价值链分析构筑其竞争优势的第一条途径“确认那些支持企业竞争优势的关键性活动”。

审题要点

关键词：采购商、上游企业。体现了盟塑公司运用价值链分析构筑其竞争优势的第二条途径“明确价值链内各种活动之间的联系”。

（2）整合关联服务方，提供一站式互联网服务。针对塑化原材料贸易双方对于仓储公司、物流公司以及金融机构等关联服务方的需求问题，盟塑平台将这些关联服务方整合进来，贸易双方不需要再费时费力地去跟各个环节打交道，大大降低了贸易成本。而对于关联服务方而言，也因此增加了客源，并能通过盟塑平台积累的大量用户的数据，增加对用户信用的了解，降低了经营

审题要点

关键信息：整合关联服务方，一站式互联网服务。表明盟塑公司把关联服务方整合在一起，使大家都获得了收益，既体现了盟塑公司运用价值链分析构筑其竞争优势的第三条途径“明确价值系统内各项价值活动之间的联系”，同时又体现了数字技术对企业经营模式的影响中的“多元化经营的影响”。

风险。

（3）引入C端（消费者）参与贸易服务。盟塑平台引入包括行业的采购师、分销人员、司机车主等个人提供对应的贸易服务，有资源的其他消费者也能通过盟塑平台参与贸易服务，从而加速塑化产业的货物流通和货款流通，解决成本高企、效率低下的难题。

2019年，盟塑公司荣获“中国B2B电子商务平台50强”称号。

要求：

（1）简要分析盟塑公司建立工业电子商务服务平台所依据的产业市场细分的变量。

（2）简要分析盟塑公司是如何运用价值链分析构筑自身竞争优势的。

（3）简要分析盟塑电子商务平台的运营模式所体现的数字技术对企业经营模式的影响。

【本题答案】

（1）盟塑公司建立工业电子商务服务平台所依据的产业市场细分的变量是“用户的行业类别”“相对于国内综合性B2B（企业与企业之间交易）电商平台，盟塑公司专注于塑化行业，围绕塑化原材料贸易，运用数字化技术，为采购商和供应商提供专业的塑化材料采购和配套的供应链服务”。

（2）盟塑公司运用价值链分析构筑其竞争优势体现如下：

①确认那些支持企业竞争优势的关键性活动。“针对塑化原料贸易信息不透明、交易流程长、效率低下等关键行业痛点……”。

审题要点

关键词：C端（消费者）参与。体现了数字化技术对经营模式影响中的“互联网思维的影响”，同时还体现了数字化技术对经营模式影响中的“消费者参与的影响”。

审题要点

关键信息：消费者参与贸易服务。体现了数字化技术对经营模式影响中的“消费者参与的影响”。

②明确价值链内各种活动之间的联系。“盟塑平台提供大量供应商的信息数据，采购商通过专业搜索可以拿到大品牌厂家的直供原料，满足其专业化采购的需求；上游企业也因此获得大量消费者、提高了毛利、打造了品牌”。

③明确价值系统内各项价值活动之间的联系。“整合关联服务方，提供一站式互联网服务。针对塑化原材料贸易双方对于仓储公司、物流公司以及金融机构等关联服务方的需求问题。盟塑平台将这些关联服务方整合进来，贸易双方不需要再费时费力地去跟各个环节打交道，大大降低了贸易成本。而对于关联服务方而言，也因此增加了客源，并能通过盟塑平台积累的大量用户的数据，增加对用户信用的了解，降低了经营风险”。

（3）①互联网思维的影响。“围绕塑化原材料贸易，运用数字化技术，为采购商和供应商提供专业的塑化材料采购和配套的供应链服务”“建立塑化原材料上下游对接通道”“引入C端（消费者）参与贸易服务”“整合关联服务方，提供一站式互联网服务”。

②多元化经营的影响。“整合关联服务方，提供一站式互联网服务。针对塑化原材料贸易双方对于仓储公司、物流公司以及金融机构等关联服务方的需求问题。盟塑平台将这些关联服务方整合进来，贸易双方不需要再费时费力地去跟各个环节打交道，大大降低了贸易成本。而对于关联服务方而言，也因此增加了客源，并能通过盟塑平台积累的大量用户的数据，增加对用户信用的了解，降低了经营风险”。

③消费者参与的影响。“引入C端（消费者）参与贸易服务。盟塑平台引入包括行业的采购师、分销人员、司机车主等个人提供对应的贸易服务，有资源的其他消费者也能通过盟塑平台参与贸易服务，从而加速塑化产业的货物流通和货款流通，解决成本高企、效率低下的难题”。

思维拓展

本题考查了产业市场细分变量、企业资源能力的价值链分析和数字技术对企业经营模式的影响三个知识点。

1.产业市场细分变量

产业市场细分常用变量包括四类：①用户行业类别；②用户规模；③用户地理位置；④购买行为因素。

2.企业资源能力的价值链分析

详见2022年多项选择题第8题。

3.数字技术对企业经营模式的影响

数字化技术对公司战略的影响主要包括对组织结构、经营模式、产品和服务、业务流程的影响四个方面。其中，数字化技术对企业经营模式的影响分为互联网思维、多元化经营和消费者参与三类。

数字化技术对企业经营模式的影响

影响内容	具体影响	特征
经营模式	互联网思维	依托数字技术，企业能以更好的产品和服务满足消费者的个性化需求，且价格更低、速度更快
	多元化经营	线上线下融合，O2O模式下的实体零售企业，打破了线下店铺传统经营模式的时空限制，促进跨界经营融合
	消费者参与	企业借助数字网络平台形成与消费者的互动关系，了解主要客户对于现有产品和服务的改进建议，找到真实的市场需求，提供更高质量的产品和服务

坑点提示

本题的坑点在于：

（1）运用价值链分析构筑其竞争优势的第二条途径“明确价值链内各种活动之间的联系”。此处“价值链内的活动”指的是企业内部各种活动之间的关系，而本案例中提到了“塑化原材料上下游企业”即“塑化原材料的采购商和供应商”，容易误认为是产业链内的价值系统，从而可能把这作为第三条途径“明确价值系统内各项价值活动之间的联系”。由于盟塑公司不是制造业企业，而是一家从事B2B业务的企业，其服务对象是塑化行业，在运用价值链分析时，“塑化原材料的上下游企业”即塑化原材料的采购商和、供应商均是盟塑公司的服务对象，不是产业链条的上下游关系，因此属于“明确价值链内各种活动之间的联系”。

（2）题干中有些做法或表现同时涉及两到三方面内容的体现，需要仔细辨析。例如，“引入C端（消费者）参与贸易服务”，既体现了数字化技术对经营模式影响中的“互联网思维的影响”，又体现了数字化技术对经营模式影响中的“消费者参与的影响”。

“相对于国内综合性B2B（企业与企业之间交易）电商平台，盟塑公司专注于塑化行业，围绕塑化原材料贸易，运用数字化技术，为采购商和供应商提供专业的塑化材料采购和配套的供应链服务”，既体现了盟塑公司建立工业电子商务服务平台所依据的产业市场细分的变量是“用户的行业类别”，还体现了数字化技术对经营模式影响中的“互联网思维的影响”。

“盟塑平台将这些关联服务方整合进来，贸易双方不需要再费时费力地去跟各个环节打交道，大大降低了贸易成本。而对于关联服务方而言，也因此增加了客源，并能通过盟塑平台积累的大量用户的数据，增加对用户信用的了解，降低了经营风险”，既体现了盟塑公司运用价值链分析构筑其竞争优势的第三条途径“明确价值系统内各项价值活动之间的联系”，又体现了数字技术对企业经营模式的影响中的“多元化经营的影响”，还体现了数字化技术对经营模式影响中的“互联网思维的影响”。

抢分秘籍

熟记产业市场细分常用的四类变量、企业资源能力价值链分析的三条途径和数字技术对企业经营模式的三方面影响。

历年考情

1.产业市场细分常用变量是冷门的非高频考点，近五年来第一次考查。

2.企业资源能力的价值链分析是重要的高频考点，如2019年综合题第五小问、2018年简答题第3题第一小问均考查了运用价值链分析构筑企业竞争优势。

3.数字化战略转型是2021年新修订增加的内容。

4.（本小题7分）

2013年12月，红宝宝公司**以海外购物攻略为切入点**，建立了一个分享境外购物经验笔记和攻略的UGC（用户创造内容）**手机APP社区平台**。在这一阶段，平台围绕社区建设，注重培养跨境购物领域KOL（关键意见领袖），社区积累了大量优质内容，获得了第一批具有真实跨境购物需求的用户。

> **审题要点**
>
> 关键信息：以海外购物攻略为切入点、手机APP社区平台。表明红宝宝公司实现了从建设社区平台到上线电商渠道的转变，体现了开创生存与发展空间的途径为“审视他择产业或跨越产业内不同的战略群体”。

随着中国**经济的迅速发展**，消费者境外购物的**需求不断增加**。2014年7月**政府有关部门**相继出台两个关于规范和监管跨境贸易电子商务的公告，从**政策层面上**认可了跨境电商业务。2014年

> **审题要点**
>
> 关键词：经济迅速发展、需求不断增加。体现了PEST分析中的“经济因素环境”。

> **审题要点**
>
> 关键词：政府有关部门、政策层面。体现了PEST分析中的“政治和法律因素环境”。

12月，红宝宝公司正式上线电商渠道，结合社区和数据选品实现商业闭环。在这一阶段，公司着重加强电商板块，并充分发挥前期社区优质内容的深厚积累，社交功能与网购功能并行。经过对商业模式的摸索，公司找到了自己的定位——社交内容电商平台。借助迅猛发展的数字技术，公司实现了智能内容分发，通过个性化推荐提升转化率，电商品牌也从海外逐渐拓展到海外+本土。

红宝宝公司基于其目标人群的特征，即一、二线城市的年轻女性，将其内容定位为：标记自己的生活，把与生活息息相关的事物或经验传递他人。平台将内容细分为：时尚穿搭、护肤、发型、彩妆、动漫、音乐、食谱、运动健身、旅游、摄影、明星等30余个类别，以满足年轻女性日益增长的对于时尚、娱乐、情感交流以及精致生活的全方位需求。通过普通用户对这些内容的分享和传递，引起其他用户内心的共鸣，产生对该产品的购买欲，之后即可以直接在红宝宝商城进行购买。公司开创的社交内容电商平台，充分挖掘了消费者、商家、创造者和平台方的价值创造潜力，引领着价值共创共享的时代潮流。

截至2019年7月，红宝宝平台用户突破3亿人，未来依旧有较大发展空间。

要求：

（1）从宏观环境（PEST）角度分析红宝宝公司所抓住的发展机遇。

（2）简要分析红宝宝公司采用的消

审题要点

关键信息：上线电商渠道、社交功能与网购功能并行。表明红宝宝公司实现了从建设社区平台到上线电商渠道的转变，体现了开创生存与发展空间的途径为“审视他择产业或跨越产业内不同的战略群体”。

审题要点

关键词：并行、定位、社交内容电商平台。体现了开创生存与发展空间的途径为“放眼互补性产品或服务”。

审题要点

关键词：数字技术。体现了PEST分析中的“技术因素环境”。

审题要点

关键词：一、二线城市、年轻女性。同时体现了地理细分（一、二线城市）和人口细分（年轻女性）。

审题要点

关键词：内容定位。体现了开创生存与发展空间的途径为“重新界定产业的买方群体”；“平台将内容细分为”，还体现了“重设产业的功能与情感导向”这一途径。

审题要点

关键词：年轻女性、时尚、娱乐、情感交流、精致生活。体现了PEST分析中的“社会和文化因素环境”；还体现了人口细分、心理细分和行为细分。

审题要点

关键词：分享和传递、引起共鸣、产生购买欲。体现了开创生存与发展空间的途径为“重新界定产业的买方群体”。

审题要点

关键词：引领时代潮流。体现了开创生存与发展空间的途径为“跨越时间参与塑造外部潮流”。

费者市场细分变量。

（3）依据蓝海战略重建市场边界的基本法则（开创蓝海战略的路径），简要分析红宝宝公司开创生存与发展空间的主要路径。

【本题答案】

（1）①政治和法律环境。“2014年7月政府有关部门相继出台两个关于规范和监管跨境贸易电子商务的公告，从政策层面上认可了跨境电商业务”。

②经济因素环境。“随着中国经济的迅速发展，消费者境外购物的需求不断增加”。

③社会和文化环境。“以满足年轻女性日益增长的对于时尚、娱乐、情感交流以及精致生活的全方位需求”。

④技术环境。“借助迅猛发展的数字技术……”。

（2）①地理细分。“一、二线城市的年轻女性”。

②人口细分。“一、二线城市的年轻女性”。

③心理细分。“以满足年轻女性日益增长的对于时尚、娱乐、情感交流以及精致生活的全方位需求”。

④行为细分。“以满足年轻女性日益增长的对于时尚、娱乐、情感交流以及精致生活的全方位需求”。

（3）依据蓝海战略重建市场边界的基本法则（开创蓝海战略的路径），红宝宝公司开创的生存与发展空间的主要路径如下：

①审视他择产业或跨越产业内不同的战略群体。“2013年12月，红宝宝公司以海外购物攻略为切入点，建立了一个分享境外购物经验笔记和攻略的UGC（用户创造内容）手机APP社区平台……2014年12月，红宝宝公司正式上线电商渠道，结合社区和数据选品实现商业闭环，在这一阶段，红宝宝公司着重加强电商板块……”。

②重新界定产业的买方群体。“将其内容定位为：标记自己的生活，把与生活息息相关的事物或经验传递他人。通过普通用户对这些内容的分享和传递，引起其他用户内心的共鸣，产生对该产品的购买欲，之后即可以直接在红宝宝商城进行购买”。

③放眼互补性产品或服务。“社交功能与网购功能并行，经过对商业模式的摸索，红宝宝找到了自己的定位——社交内容电商平台”。

④重设产业的功能与情感导向。“将其内容定位为：标记自己的生活，把与生活息息相关的事物或经验传递他人。平台将内容细分为：时尚穿搭、护肤、发型、彩妆、动漫、音乐、食谱、运动健身、旅游、摄影、明星等30余个类别，以满足年轻女性日益增长的对于时尚、娱乐、情感交流以及精致生活的全方位需求”。

⑤跨越时间参与塑造外部潮流。“公司开创的社交内容电商平台，充分挖掘了消费者、商家、创造者和平台方的价值创造潜力，引领着价值共创共享的时代

潮流”。

思维拓展

本题考查了宏观环境（PEST）分析模型、消费者市场细分变量和蓝海战略重建市场边界的六条路径。

1.PEST分析模型

PEST分析包括四个因素：政治和法律环境、经济环境、社会和文化环境、技术环境。

2.消费者市场细分变量

消费者市场细分包括地理细分、人口细分、心理细分和行为细分四个变量。

消费者市场细分变量

变量类型	含义
地理细分	按照消费者所在的地理位置以及其他地理变量（包括城市农村、地形气候、交通运输等）来细分消费者市场
人口细分	按照人口变量（包括年龄、性别、收入、职业、教育水平、家庭规模、家庭生命周期阶段、宗教、种族、国籍等）来细分消费者市场
心理细分	按照消费者的生活方式、个性等心理变量来细分消费者市场
行为细分	按照消费者购买或使用某种产品的时机、消费者所追求的利益、使用者情况、消费者对某种产品的使用率、消费者对品牌（或商店）的忠诚程度、消费者待购阶段和消费者对产品的态度等行为变量来细分消费者市场

3.蓝海战略重建市场边界的基本法则

详见2022年单项选择题第23题。

坑点提示

本题坑点在于：

1.题干中同一种做法或行为体现了两种蓝海战略开创生存与发展空间的两条途径。如“2013年12月，红宝宝公司以海外购物攻略为切入点，建立了一个分享境外购物经验笔记和攻略的UGC（用户创造内容）手机APP社区平台”，和后文“红宝宝公司正式上线电商渠道，结合社区和数据选品实现商业闭环。在这一阶段，公司着重加强电商板块，并充分发挥前期社区优质内容的深厚积累，社交功能与网购功能并行”结合，表明红宝宝公司实现了从建设社区平台到上线电商渠道的转变，体现了开创生存与发展空间的途径为“审视他择产业或跨越产业内不同的战略群体”。

2.题干中同一种做法或行为体现了两种消费者市场细分变量。如“一、二线城市的年轻女性”，其中“一、二线城市”体现了地理细分，“年轻女性”体现了人口细分。

3.题干中同一种做法或行为同时体现了PEST分析要素、消费者市场细分变量和蓝海战略开创生存与发展空间的途径。如“将其内容定位为：标记自己的生活，把与生活息息相关的事物或经验传递他人。平台将内容细分为：时尚穿搭、护肤、发型、彩妆、动漫、音乐、食谱、运动健身、旅游、摄影、明星等30余个类别，以满足年轻女性日益增长的对于时尚、娱乐、情感交流以及精致生活的全方位需求”，其中“年轻女性”体现了人口细分，“以满足年轻女性日益增长的对于时尚、娱乐、情感交流以及精致生活的全方位需求”一方面体现了PEST分析中的“社会和文化因素环境”，另一方面还体现了心理细分和行为细分；此外，这一段话还体现了开创生存与发展空间的“重设产业的功能与情感导向”这一途径。

抢分秘籍

熟记宏观环境（PEST）分析四因素、消费者市场细分四类变量和蓝海战略重建市场边界的六条路径，并熟悉其常见表现。

历年考情

1.宏观环境（PEST）分析近五年来第一次考查主观题。

2.消费者市场细分变量近五年来第一次考查主观题。

3.蓝海战略重建市场边界的基本法则或六条路径是非常重要的主观题高频考点，2020年综合题第四小问、2019年简答题第1题第二小问、2018年简答题第二小问、2017年简答题第4题第二小问均考查了蓝海战略开创新的生存与发展空间的重建市场边界基本法则或路径。

四、综合题（本题共24分）

资料一：翔鹤乳业公司创建于1962年，2003年成为中国乳品行业第一家境外上市企业。2008年国内乳业质量事件爆发后，由于翔鹤公司产品的宣传定位是“一贯让消费者放心的好奶粉”，其产品也始终保持安全零事故的纪录，因而迅速获取了更多的市场份额，营收突破了20亿元大关。然而，随着消费者对国产奶粉整体的信任丧失，一批质量上乘、技术创新能力高的外资品牌奶粉乘虚而入，占据了婴幼儿奶粉的绝大部分市场份额，国产奶粉陷入前所未有的低谷期。

> **审题要点**
>
> 关键词：宣传定位。“翔鹤公司产品的宣传定位是‘一贯的让消费者放心的好奶粉’”，这是翔鹤公司战略调整前的经营哲学。

> **审题要点**
>
> 关键信息：质量上乘、技术创新能力高、占据绝大部分市场份额。体现了差异化战略实施条件中市场情况方面的“企业所在产业技术变革较快，创新成为竞争的焦点”。

通过市场调研，翔鹤公司认识到，伴随着消费升级，奶粉市场呈现出多样化的需求，翔鹤公司亟待调整战略定位，实现与外资品牌“错位经营”，在外资品牌经营的薄弱环节开辟新的生存发展空间。翔鹤公司将产品的宣传定位调整为“更适合中国宝宝体质”，并强化“一方水土养一方人”的观点，以此作为价值理念持续教育消费者。经过几年的努力，这一理念逐步在消费者心中形成了翔鹤品牌独特优势的认知。

> **审题要点**
>
> 关键词：消费升级、多样化需求。“伴随着消费升级，奶粉市场呈现出多样化的需求”，体现了差异化战略实施条件中市场情况方面的“顾客的需求是多样化的”。

> **审题要点**
>
> 关键词：调整战略定位、错位经营。体现了翔鹤公司与外资品牌“错位经营”的主要着眼点是“产品：每个细分市场中，用户眼中产品的地位”；同时还体现了翔鹤公司在企业文化、品牌等无形资源方面具备竞争优势。

外资品牌在国内的优势在于一、二线城市的线上市场。早在2013年，翔鹤公司就发现母婴店可以为年轻妈妈们提供各类服务和咨询，具备非常高的消费黏性，预测到未来线下的婴幼儿奶粉渠道会逐步向母婴店靠拢，因此，翔鹤公司提早布局，成为最早布局母婴店的品牌。此外，翔鹤公司加大在三、四线城市的渠道布局，其业务人员扎根市场，结合当地实际情况开展各类工作，而很多外资品牌对三、四线城市的渠道布局却完全浮于表面。

审题要点

关键信息：线下、三四线城市渠道布局。体现了翔鹤公司与外资品牌“错位经营”的主要着眼点是“代理商/分销渠道：渠道的覆盖面和质量”；同时表明翔鹤公司把现有产品销售到新的市场中去，体现了翔鹤公司实施的是“密集型”发展战略中的“市场开发战略”。

资料二：婴幼儿奶粉是乳品中科技含量最高的品类，年轻妈妈们对产品质量与品牌的敏感度远远高于产品价格。翔鹤奶粉在采用高端定价的同时，采取多项战略举措，不断提升产品竞争力。

审题要点

关键信息：科技含量最高、对质量与品牌的敏感度远高于价格。体现了差异化战略实施条件中市场情况方面的“产品能够充分地实现差异化，且为顾客所认可”；同时体现了差异化战略实施条件中市场情况方面的“企业所在产业技术变革较快，创新成为竞争的焦点”。

审题要点

关键词：高端定价、多项战略举措。表明翔鹤公司所采用的竞争战略的类型是差异化战略。

（1）扎根于北纬47度黄金奶源带，实现牧草种植、奶牛养殖、生产加工全产业链一体化管理和经营。翔鹤公司将全产业链安置于有着“地球之肾”美誉的丹顶鹤的故乡——ZL湿地旁，堪称“丝毫不逊于海外最优质牧场条件”的得天独厚的自然条件为牧草和奶牛提供了绝佳的生长环境，保证了奶源的天然优质，也成为翔鹤公司吸引崇尚国际品牌的年轻妈妈们回归国产品牌的主要优势。

审题要点

关键词：扎根、全产业链、一体化管理和经营。这段话属于翔鹤公司的有形资源，具有物理上独特的不可模仿性，表明翔鹤公司在“有形资源”方面具备竞争优势；此外，“全产业链一体化管理和经营”表明翔鹤公司实施了纵向一体化战略。

（2）坚持科技创新，专注于研究母乳营养和中国宝宝的体质。翔鹤公司研发投入占比处于行业前列。翔鹤公司联合国内科研单位共建创新中心，承接国家重大科研项目。公司凭借其优质奶源优势、采用湿法工艺（即用鲜奶直接制成）开发生产的新产品，已经连续5年获得了世界品质评鉴大会金奖，这个奖项堪称食品界的诺贝尔奖。

审题要点

关键信息：科技创新。这段话体现了创新中心属于翔鹤公司的有形资源，具有稀缺性；同时实施的是“密集型”发展战略中的“产品开发战略”。

（3）高标准质量把控和精细化管理

贯穿翔鹤公司产业链一体化全过程。翔鹤公司以产品质量为最优先级大事，质检部和生产部属于平行部门，质检部不仅仅是对生产出来的产品进行检测，还要对上下游产业链整体进行监控和把关。

（4）投重金铸造品牌形象和强大的营销能力。翔鹤公司每年花费十几亿元广告宣传费用；举办数十万场“妈妈班”，宣传品牌优势；在全国各地设置10万多家网点，3万多家门店配备导购；公司拥有1 100余名经销商，通过单层经销模式对经销商进行扁平结构管理，经销商资金周转率高于其代理的其他内资和外资品牌。

审题要点

关键词：品牌形象、强大的营销能力。这段话体现了差异化战略实施条件中资源和能力方面的“具有很强的市场营销能力”；同时表明翔鹤公司在有形资源方面具备竞争优势。

（5）构建坚守使命、专注专一的企业精神。翔鹤公司80%以上的中层人员都是自己培养的，公司以健全的激励体制和良好的企业文化造就强大的团队凝聚力。翔鹤公司基层员工、销售人员节假日还在奔走忙碌是家常便饭。

审题要点

关键词：企业精神。这段话体现了差异化战略实施条件中资源和能力方面的“有能够确保激励员工创造性的激励体制、管理体制和良好的创造性文化”；同时还体现了翔鹤公司在“人力资源”方面具备竞争优势。

（6）加快海外布局，获取更多的自然资源和现有资产。2018年，翔鹤乳业公司完成了对U国第三大营养健康补充剂公司VW公司的收购，实现其在大健康产业新的拓展。2020年在自然条件极其优质的J国JS地区建造牛奶及羊奶婴幼儿配方奶粉生产设施并投产。

审题要点

关键词：收购、大健康产业。表明翔鹤公司实施了纵向一体化战略；同时体现了翔鹤公司海外布局国际化经营的动因是“寻求现成资产”；海外布局所采用的发展战略途径是“外部发展——并购”。

审题要点

关键信息：自然条件极其优质。表明翔鹤公司实施了“横向一体化”战略；并且表明翔鹤公司海外布局国际化经营的动因是“寻求资源”；海外布局所采用的发展战略途径是“内部发展——新建”。

自2016年，翔鹤公司在中国婴幼儿配方奶粉市场份额连续三年保持高速增长，2020年公司在国内婴幼儿配方奶粉公司中排名第一，市场占有率为17.2%。

资料三：2019年11月13日，翔鹤

乳业公司在港交所重新上市，以发行价计市值超过670亿港元。翔鹤公司保持着良好的财务状况：公司的毛利率显著高于其他品牌；存货周转期显著低于同行平均值；翔鹤采取保守的财务管理政策，取得较高水平的速动比率，公司负债率一直保持稳定的状态，能够保证公司的持续经营能力；公司资本报酬率ROCE也明显高于行业平均水平。

然而，始料未及的是，翔鹤公司仅上市一个星期，一家海外沽空机构在其官网发布了针对翔鹤的做空报告，认为翔鹤公司自2014年以来成倍地增长，存在诸多不确定性，质疑其未来发展可持续性。翔鹤公司立刻紧急停盘并作出了回应，次日，针对该机构的报告质疑一一作出了回复。随后复盘，翔鹤股票大涨。

审题要点

关键词：做空、不确定性、质疑。这句话体现了翔鹤公司2019年在港交所重新上市后面临“税收政策和利率、汇率、股票价格指数的变化带来的风险”这一市场风险。

这一事件让翔鹤公司领导层更加清醒地意识到国产乳业品牌与外资品牌的较量仍然任重道远。除了要应对在资本市场上各类不怀好意的做空外，未来行业可能还面临更为激烈的竞争。

审题要点

关键词：较量、任重道远、激烈的竞争。这句话体现了翔鹤公司2019年在港交所重新上市后面临“潜在进入者、竞争者、与替代品的竞争带来的风险”这一市场风险。

（1）尽管国内迎来了“二孩”政策，但出生人口仍然持续下滑，并没有给乳业奶粉市场带来人们期盼的更大的发展空间。

审题要点

关键信息：出生人口持续下滑。体现了翔鹤公司2019年在港交所重新上市后面临“产品或服务的价格及供需变化带来的风险”这一市场风险。

（2）国内婴幼儿奶粉市场前五名仍然被外资品牌占据，外资品牌相对于国产品牌的强势地位还没有根本改变。翔鹤公司近年来的发展主要是抢占了国内其他中小品牌的市场份额，下一步要夺回被外资品牌占领的份额难度不可低估。

审题要点

关键信息：前五名仍然被外资品牌占据。这段话体现了翔鹤公司2019年在港交所重新上市后面临“潜在进入者、竞争者、与替代品的竞争带来的风险”这一市场风险。

（3）新生代孕产妇大多是“90后”的新妈妈，这个群体相对更有品牌意识，习惯网购，在一、二线城市的消费者尤其明显。这对于前期致力于打造三、四线城市线下渠道优势的翔鹤等国内品牌而言，如果不能努力在一、二线城市消费者心中树立优质的线上品牌形象，也难以开拓新的市场空间。

审题要点

关键词：品牌意识、习惯网购、难以开拓。这段话体现了翔鹤公司2019年在港交所重新上市后面临“产品或服务的价格及供需变化带来的风险”这一市场风险。

专注深耕于乳制品业、历经59年重重考验的翔鹤乳业，仍旧秉承着其踏踏实实的长期主义精神，迎接新的竞争洗礼。

审题要点

关键词：专注深耕、秉承长期主义精神、竞争洗礼。体现了差异化战略实施条件中资源和能力方面的“有能够确保激励员工创造性的激励体制、管理体制和良好的创造性文化”；同时还体现了翔鹤公司实施的是“密集型”发展战略中的“市场渗透战略”。

要求：

（1）简要分析翔鹤公司战略调整前后其经营哲学的变化。

（2）从竞争对手能力（优势与劣势）分析角度，简要分析翔鹤公司与外资品牌“错位经营”的主要着眼点。

（3）从市场情况和资源能力两个方面，简要分析翔鹤公司所采用的竞争战略的类型及其实施条件。

（4）依据企业资源的主要类型，简要分析翔鹤公司所具备的竞争优势。

（5）简要分析翔鹤公司所实施的发展战略的主要类型。

（6）简要分析翔鹤公司国际化经营的动因；说明其海外布局所采用的发展战略的途径。

（7）依据“企业业绩衡量指标”，简述衡量翔鹤公司“保持着良好的财务状况”的几个主要指标的具体内涵。

（8）简要分析翔鹤公司2019年在港交所重新上市后面临的市场风险。

【本题答案】

（1）经营哲学是公司为其经营活

动方式所确立的价值观、基本信念和行为准则，是企业文化的高度概括。翔鹤公司战略调整前“产品的宣传定位是‘一贯让消费者放心的好奶粉’”，为了实现“与外资品牌‘错位经营’，在外资品牌经营的薄弱环节开辟新的生存发展空间，翔鹤公司将产品的宣传定位调整为‘更适合中国宝宝体质’，并强化‘一方水土养一方人’的观点，以此作为价值理念持续教育消费者”。

（2）从竞争对手能力分析考察，翔鹤公司与外资品牌“错位经营”的主要着眼点有两个：

①“产品”：每个细分市场中，用户眼中产品的地位。“在外资品牌经营的薄弱环节开辟新的生存发展空间，翔鹤公司将产品的宣传定位调整为‘更适合中国宝宝体质’，并强化‘一方水土养一方人’的观点，以此作为价值理念持续教育消费者”。

②“代理商/分销渠道”：渠道的覆盖面和质量。“外资品牌在国内的优势在于一、二线城市的线上市场……翔鹤公司提早布局，成为最早布局母婴店的品牌……翔鹤公司加大在三、四线城市的渠道布局，其业务人员扎根市场，结合当地实际情况开展各类合作，而很多外资品牌对三、四线城市的渠道布局却完全浮于表面”。

（3）翔鹤公司所采用的竞争战略的类型是差异化战略。“翔鹤奶粉在采用高端定价的同时，采取多项战略举措，不断提升产品竞争力”。

实施条件。

①市场情况。

a.产品能够充分地实现差异化，且为顾客所认可。“婴幼儿奶粉是乳品中科技含量最高的品类，年轻妈妈们对产品质量与品牌的敏感度远远高于产品价格”。

b.顾客的需求是多样化的。“伴随着消费升级，奶粉市场呈现出多样化的需求”。

c.企业所在产业技术变革较快，创新成为竞争的焦点。“婴幼儿奶粉是乳品中科技含量最高的品类”“一批质量上乘、技术创新能力高的外资品牌奶粉乘虚而入，占据了婴幼儿奶粉的绝大部分市场份额”。

②资源和能力。

a.具有强大的研发能力和产品设计能力。“坚持科技创新，专注于研究母乳营养和中国宝宝的体质。翔鹤公司研发投入占比处于行业前列。翔鹤公司联合国内科研单位共建创新中心，承接国家重大科研项目。公司凭借其优质奶源优势、采用湿法工艺（即用鲜奶直接制成）开发生产的新产品，已经连续5年获得了世界品质评鉴大会金奖，这个奖项堪称食品界的诺贝尔奖”。

b.具有很强的市场营销能力。“投重金铸造品牌形象和强大的营销能力。翔鹤公司每年花费十几亿元广告宣传费用；举办数十万场‘妈妈班’，宣传品牌优势；在全国各地设置10万多家网点，3万多门店配备导购；公司拥有1 100余名经销商，通过单层经销模式对经销商进行扁平结构管理，经销商资金周转率高于其代理的其他内资和外资品牌”。

c.有能够确保激励员工创造性的激励体制、管理体制和良好的创造性文化。“构建坚守使命、专注专一的企业精神。翔鹤公司80%以上的中层人员都是自己培养的，公司以健全的激励体制和良好的企业文化造就强大的团队凝聚力。翔鹤公司基层员工、销售人员节假日还在奔走忙碌是家常便饭”。

d.具有从总体上提高某项经营业务的质量、树立产品形象、保持先进技术和建立完善分销渠道的能力。“翔鹤奶粉在采用高端定价的同时，采取多项战略举措，不断提升产品竞争力……扎根于北纬47度黄金奶源带，实现牧草种植、奶牛养殖、生产加工全产业链一体化管理和经营”“专注深耕于乳制品业、历经59年重重考验的翔鹤乳业，仍旧秉承着其踏踏实实的长期主义精神，迎接新的竞争洗礼”。

（4）①有形资源。“扎根于北纬47度黄金奶源带，实现牧草种植、奶牛养殖、生产加工全产业链一体化管理和经营”“翔鹤公司研发投入占比处于行业前列。翔鹤公司联合国内科研单位共建创新中心，承接国家重大科研项目”“2020年在自然条件极其优质的J国JS地区建造牛奶及羊奶婴幼儿配方奶粉生产设施并投产”“翔鹤公司每年花费十几亿元广告宣传费用……在全国各地设置10万多家网点，3万多门店配备导购；公司拥有1 100余名经销商”。

②无形资源。“公司凭借其优质奶源优势、采用湿法工艺（即用鲜奶直接制成）开发生产的新产品，已经连续5年获得了世界品质评鉴大会金奖，这个奖项堪称食品界的诺贝尔奖”“翔鹤公司将产品的宣传定位调整为‘更适合中国宝宝体质’，并强化‘一方水土养一方人’的观点，以此作为价值理念持续教育消费者。经过几年的努力，这一理念逐步在消费者心中形成了翔鹤品牌独特优势的认知”。

③人力资源。“翔鹤公司80%以上的中层人员都是自己培养的，公司以健全的激励体制和良好的企业文化造就强大的团队凝聚力。翔鹤公司基层员工、销售人员节假日还在奔走忙碌是家常便饭”。

（5）①密集型战略。

a.市场渗透——现有产品和现有市场。“专注深耕于乳制品业、历经59年重重考验的翔鹤乳业，仍旧秉承着其踏踏实实的长期主义精神，迎接新的竞争洗礼”。

b.市场开发——现有产品和新市场。“翔鹤公司加大在三、四线城市的渠道布局”。

c.产品开发——新产品和现有市场。“公司凭借其优质奶源优势、采用湿法工艺（即用鲜奶直接制成）开发生产的新产品，已经连续5年获得了世界品质评鉴大会金奖，这个奖项堪称食品界的诺贝尔奖”。

②一体化战略。

a.纵向一体化战略。“扎根于北纬47度黄金奶源带，实现牧草种植、奶牛养殖、生产加工全产业链一体化管理和经营”“2018年，翔鹤乳业公司完成了对U国第三大营养健康补充剂公司VW公司的收购，实现其在大健康产业新的拓展”。

b.横向一体化战略。“2020年在自然条件极其优质的J国JS地区建造牛奶及羊奶婴幼儿配方奶粉生产设施并投产”。

（6）翔鹤公司海外布局国际化经营的动因：

①寻求资源。“2020年在自然条件极其优质的J国JS地区建造牛奶及羊奶婴幼儿配方奶粉生产设施并投产”。

②寻求现成资产。“2018年，翔鹤乳业公司完成了对U国第三大营养健康补充剂公司VW公司的收购，实现其在大健康产业新的拓展”。

翔鹤公司海外布局所采用的发展战略的途径：

①外部发展（并购）。“2018年，翔鹤乳业公司完成了对U国第三大营养健康补充剂公司VW公司的收购”。

②内部发展（新建）。“2020年在自然条件极其优质的J国JS地区建造牛奶及羊奶婴幼儿配方奶粉生产设施并投产”。

（7）①毛利率=［（营业收入－销售成本）/营业收入］×100%

②存货周转期=存货×365/销售成本

③速动比率=（流动资产－存货）/流动负债×100%

④负债率=有息负债/股东权益×100%

⑤资本报酬率（ROCE）=（息税前利润/当期平均已动用资本）×100%

（8）①产品或服务的价格及供需变化带来的风险。“尽管国内迎来了‘二孩’政策，但出生人口仍然持续下滑，并没有给乳业奶粉市场带来人们期盼的更大的发展空间”“新生代孕产妇大多是‘90后’的新妈妈，这个群体相对更有品牌意识，习惯网购，在一、二线城市的消费者尤其明显。这对于前期致力于打造三、四线城市线下渠道优势的翔鹤公司等国内品牌而言，如果不能努力在一、二线消费者心中树立优质的线上品牌形象，也难以开拓新的市场空间”。

②税收政策和利率、汇率、股票价格指数的变化带来的风险。“一家海外沽空机构在其官网发布了针对翔鹤的做空报告，认为翔鹤自2014年以来成倍地增长，存在诸多不可确定性，因而质疑其未来发展可持续性”。

③潜在进入者、竞争者、与替代品的竞争带来的风险。“翔鹤公司领导层更加清醒地意识到国产乳业品牌与外资品牌的较量仍然任重道远。除了要应对在资本市场上各类不怀好意的做空外，未来行业可能还面临更为激烈的竞争”“国内婴幼儿奶粉市场前五名仍然被外资品牌占据，外资品牌相对于国产品牌的强势地位还没有根本改变。翔鹤公司近年来的发展主要是抢占了国内其他中小品牌的市场份额，下

一步要夺回被外资品牌占领的份额难度不可低估”。

思维拓展

本题考核的知识点非常多，包括公司经营哲学、竞争对手能力（优势与劣势）分析、差异化竞争战略及其实施条件、企业资源分析、密集型发展战略和一体化发展战略的主要类型、国际化经营的动因、发展战略的实现途径、企业财务业绩衡量指标、市场风险的主要表现。

（一）经营哲学

经营哲学是公司使命的一部分内容，主要说明公司具体是怎么做的，是公司为其经营活动方式所确立的价值观、基本信念和行为准则，是企业文化的高度概括。

（二）竞争对手能力（优势与劣势）分析

对竞争对手的分析有四个方面的主要内容，竞争对手的能力分析是其中之一。

1. 竞争对手的未来目标

分析竞争对手的未来目标通常要考虑以下内容：

（1）竞争对手的财务目标；（2）竞争对手对于风险的态度；（3）竞争对手的价值观；（4）竞争对手的组织结构；（5）竞争对手的会计系统、控制与激励系统；（6）竞争对手领导阶层的情况；（7）对竞争对手行为的各种政府或社会限制。

此外，如果竞争对手是某个较大公司的子公司，则还需考虑：（1）母公司的总体目标和经营现状；（2）母公司对子公司及其业务的态度；（3）母公司招聘、激励、约束子公司经理人员的办法。

2. 竞争对手的假设

竞争对手的假设包括两类：（1）竞争对手对自己的假设；（2）竞争对手对所处产业以及产业中其他企业的假设。

3. 竞争对手的现行战略

对竞争对手现行战略的分析，目的在于揭示竞争对手正在做什么、能够做什么和想要做什么。

4. 竞争对手的能力

需要分析竞争对手的核心能力、成长能力、快速反应能力、适应（外部环境）变化的能力和持久力等五种能力。

竞争对手优势与劣势分析框架

关键业务领域	具体表现
产品	每个细分市场中，用户眼中产品的地位；产品系列的宽度和深度
代理商/分销渠道	渠道的覆盖面和质量；渠道关系网的实力；为销售渠道服务的能力

续表

关键业务领域	具体表现
营销与销售	营销组合诸方面要素的技能水平；市场调查与新产品开发的技能；销售队伍的培训及其技能
运作	生产成本情况——规模经济性、经验曲线、设备新旧情况等；设施与设备的先进性；设施与设备的灵活性；专有技术和专利或成本优势；生产能力扩充、质量控制、设备安装等方面的技能；工厂所在地，包括当地劳动力和运输的成本；劳动力状况，工会情况；原材料的来源和成本；纵向整合程度
研究和工程能力	专利及版权；企业内的研究与开发能力（产品研究、工艺研究、基础研究、开发、仿造等）；研究及开发人员在创造性、简化能力、素质、可靠性等方面的技能；与外部研究和工程技术的接触（如供方、客户、承包商）
总成本	总相对成本；与其他业务单位分担的成本或活动；竞争对手在何处正形成规模或其他对其成本状况至关重要的因素
财务实力	现金流；短期和长期借贷能力（相对债务/权益比例）；在可预见的将来获取新增权益资本的能力；财务管理能力，包括谈判、融资、信贷、库存以及应收账目等
组织	组织中价值观的统一性和目标的明确性；对组织的近期要求所带来的负担；组织安排与战略的一致性
综合管理能力	首席执行官的领导素质和激励能力；协调具体职能部门或职能集团间关系的能力（如生产制造与研究部门间的协调）；管理阶层的年龄、所受培训及职能方向；管理深度；管理的灵活性和适应性
公司业务组合	公司在财务和其他资源方面对所有业务单位的有计划变动提供支持的能力；公司补充或加强业务单位的能力
其他	政府部门的特惠待遇及其获取的途径；人员流动

（三）差异化战略

1. 含义

差异化战略指企业向顾客提供的产品和服务在产业范围内独具特色，这种特色可以给产品带来额外的加价，如果一个企业的产品或服务的溢出价格超过因其独特性所增加的成本，那么拥有这种差异化的企业将获得竞争优势。

2. 优势

差异化战略可以很好地帮助企业防御产业中的五种竞争力量，获得超过平均水平的利润：（1）形成进入障碍；（2）降低顾客敏感程度；（3）增强讨价还价能力；（4）抵御替代品威胁。

3. 实施条件

（1）市场情况。①产品能够充分地实现差异化，且为顾客所认可；②顾客的需求是多样化的；③企业所在产业技术变革较快，创新成为竞争的焦点。

（2）资源和能力。①具有强大的研发能力和产品设计能力；②具有很强的市场营销能力；③有能够确保激励员工创造性的激励体制、管理体制和良好的创造性文化；④具有从总体上提高某项经营业务的质量、树立产品形象、保持先进技术和建立完善分销渠道的能力。

4. 采用差异化战略的风险

（1）企业形成产品差别化的成本过高。

（2）市场需求发生变化。

（3）竞争对手的模仿和进攻使已建立的差异缩小甚至转向。

（四）企业资源的主要类型

企业资源主要分为三种：有形资源、无形资源和人力资源。

企业资源的主要类型

资源类型	常见表现
有形资源	物质资源（实物资源）：土地、厂房、生产设备、原材料等； 财务资源：资金，包括应收账款、有价证券等
无形资源	品牌、商誉、技术、专利、商标、企业文化、组织经验等
人力资源	组织成员向组织提供的技能、知识以及推理和决策能力

（五）密集型发展战略

密集型发展战略又叫“产品——市场战略组合”矩阵，具体如下：

产品——市场战略组合矩阵

市场	产品	
	现有产品	新产品
现有市场	市场渗透：在单一市场，依靠单一产品，目的在于大幅度增加市场占有率	产品开发：在现有市场上推出新产品；延长产品寿命周期
新市场	市场开发：将现有产品推销到新地区；在现有实力、技能和能力基础上发展，改变销售和广告方法	多元化：对新技术或市场而言的相关多元化；与现有产品或市场无关的非相关多元化

（六）一体化发展战略

1. 纵向一体化

纵向一体化战略有利于：节约上下游购买或销售的交易成本；控制稀缺资源；保证关键投入的质量；获得新客户。其缺点是会增加企业的内部管理成本。

（1）采用前向一体化战略的适用条件包括：①销售商销售成本较高或可靠性较差，难以满足销售需要；②所在产业增长潜力较大；③具备前向一体化所需的资金、人力资源等；④销售环节的利润率较高。

（2）采用后向一体化战略的适用条件包括：①企业现有的供应商供应成本较高或可靠性较差，难以满足企业对原材料、零部件等的需要；②企业所在产业的增长潜力较大；③企业具备后向一体化所需的资金、人力资源等；④供应环节的利润率较高；⑤供应商数量少而需求方竞争者众多；⑥企业产品价格的稳定对企业而言十分关键，后向一体化有利于控制原材料成本，从而确保产品价格的稳定。

2.横向一体化

采用横向一体化战略的适用条件包括：①企业所在产业竞争较为激烈；②企业所在产业的规模经济较为显著；③企业所在产业的增长潜力较大；④企业具备横向一体化所需的资金、人力资源等；⑤企业的横向一体化符合反垄断法律法规，能够在局部地区获得一定的垄断地位。

（七）国际化经营的动因

企业国际化经营动因有四个：寻求市场、寻求效率、寻求资源和寻求现成资产。

企业国际化经营动因

国际化经营动因	主要表现
寻求市场	形成区域内和发展中国家内部的外国直接投资
寻求效率	相对较先进的发展中国家到跨国公司进行对外直接投资
寻求资源	获取战略性资产，主要是自然资源
寻求现成资产	获取发达国家企业的品牌、先进技术与管理经验等现成资产

（八）发展战略途径

发展战略一般可以采用三种途径：外部发展——并购、内部发展——新建和战略联盟。

发展战略的主要途径

主要途径	表现
外部发展	通过取得外部经营资源谋求发展的战略，即并购
内部发展	企业利用自身内部资源谋求发展的战略，即新建
战略联盟	两个或两个以上经营实体之间为了达到某种战略目的而建立的一种合作关系

（九）企业业绩衡量指标

企业业绩衡量指标包括财务衡量指标和非财务衡量指标。

1.财务衡量指标

（1）盈利能力和回报率指标。

①毛利率=[（营业收入－营业成本）/营业收入]×100%

②净利率=[（营业收入－营业成本－期间费用－所得税）/营业收入]×100%

③已动用资本报酬率（ROCE）=息税前利润/当期平均已动用资本×100%

（2）股东投资指标。

①每股盈余=净利润/普通股数量

②每股股利＝股利/普通股数量

③市净率＝每股市价/每股净资产

④股息率＝每股股利/每股市价×100%

⑤市盈率＝每股市价/每股盈余

（3）流动性指标。

①流动比率＝流动资产/流动负债

②速动比率＝（流动资产－存货）/流动负债

③存货周转期＝存货×365/销售成本

④应收账款周转期＝应收账款借方余额×365/销售收入

⑤应付账款周转期＝应付账款贷方余额×365/购买成本

（4）综合负债和资金杠杆作用。

①负债率＝有息负债/股东权益×100%

②现金流量比率＝经营现金净流量/（流动负债＋非流动负债）

2. 非财务衡量指标

常用的非财务衡量指标

评价领域	业绩计量指标
服务	诉讼数量、客户等待时间
人力资源	员工周转率、旷工时间、每位员工的培训时间
市场营销	销量增长、市场份额、客户数量
生产	工艺、流程先进性；质量标准
研发	技术专利数量和等级、设计创新能力
物流	设备利用能力、服务水平
广告	属性等级、成本水平
管理信息	及时性、准确度

（十）市场风险

市场风险是指企业所面对的外部市场的复杂性和变动性所带来的与经营相关的风险。

分析市场风险的来源应主要考虑以下因素：

（1）产品或服务的价格及供需变化带来的风险；

（2）能源、原材料、配件等物资供应的充足性、稳定性和价格变化带来的风险；

（3）主要客户、主要供应商的信用风险；

（4）利率、汇率、股票价格指数的变化带来的风险；

（5）潜在进入者、竞争者、替代品的竞争带来的风险。

坑点提示

本题的坑点在于：

1. 考查了非常冷门的知识点如“竞争对手能力的优势与劣势分析”“企业业绩财务衡量指标”中几个主要指标的具体内涵等，这几个知识点几乎从未考过。

2. 有些词语或文字体现的相关知识点比较隐晦，不是那么明确。例如“价值理念”属于翔鹤公司长期积累的、没有实物形态的无形资源；“联合国内科研单位共建的创新中心”“北纬47度黄金奶源带”和“网点、导购、经销商”等，属于有形资源；“婴幼儿奶粉是乳品中科技含量最高的品类”体现了“企业所在产业技术变革较快，创新成为竞争的焦点”等。

3. 有些词语或句子同时体现了多个知识点，需要考生细心揣摩。例如，“2020年在自然条件极其优质的J国JS地区建造牛奶及羊奶婴幼儿配方奶粉生产设施并投产”这句话，说明了翔鹤公司具备有竞争优势的有形资源、表明其实施了横向一体化战略、翔鹤公司海外布局国际化经营的动因是“寻求资源”，还说明翔鹤公司海外布局所采用的发展战略途径是“内部发展——新建”。

抢分秘籍

对于几乎每年必考的知识点需要熟练背诵，如竞争对手的五种能力、差异化战略的实施条件、企业资源的三种类型、一体化战略的类型和适用条件、多元化战略的类型及其优点、发展战略的三种途径、国际化经营动因、市场风险的五种表现等；对于一些冷门考点做到理解即可，如公司的经营哲学、企业业绩财务衡量指标等。

历年考情

1. 经营哲学属于主观题的冷门考点，近五年来是第一次考查。

2. 竞争对手的能力是重要的主观题考点，如2019年简答题第2题第二小问、2018年综合题第七小问均考查了竞争对手的能力；但竞争对手能力的优势与劣势分析是冷门考点，近五年来第一次考查。

3. 2020年简答题第2题第二小问考查了差异化战略的实施条件，可以与本题对比学习。

4. 企业资源的主要类型是重要的主观题考点，如2020年简答题第3题第二小问、2019年简单题第2题第一小问均考查了企业资源带来的竞争优势。

5. 发展战略是非常重要的主观题考点，几乎每年必考。如2020年简单题第4题第一小问考查了纵向一体化（包括前向、后向一体化）和横向一体化发展战略类型及其适用条件、2019年简单题第4题第一小问考查了前、后向纵向一体化发展战略类型及其实施动因、2018年简单题第2题第一小问考查了密集型发展战略三种类型和后向一体化发展战略类型及其实施条件、2018年综合题第六小问考查了相关多元化发展战略及其优点、2017年综合题第三小问考查了多元化战略的动因，可以进行对比学习。

6.2019年综合题第二小问考查了国际化经营动因，与本题类似。

7.发展战略途径是非常重要的主观题考点，几乎每年必考。如2019年简单题第4题第二小问、2018年简答题第3题第二小问和2017年综合题第二小问均考查了实施发展战略的三种途径；2018年综合题第六小问考查了战略联盟这一途径及其动因，可以与本题结合对比学习。

8.企业业绩衡量指标是主观题的冷门考点，近五年来第一次考查。

9.市场风险主要表现是重要的主观题考点，如2019年简答题第3题第一小问考查了市场风险的五种表现、2018年综合题第四小问考查了市场风险的两种表现，可以与本题对比学习。

2020年注册会计师全国统一考试《公司战略与风险管理》真题详解

一、单项选择题（本题型共24小题，每小题1分，共24分。每小题只有一个正确答案，请从每小题的备选答案中选出一个你认为正确的答案，用鼠标点击相应的选项。）

1. 天鸣公司是全球领先的通信基础设施和智能终端提供商，该公司在网站上显著位置有如下说明：致力于把数字科技带入每个人、每个家庭、每个组织，构建万物互联的智能世界。**天鸣公司的上述说明体现了该公司**的（　　）。

A. 目的　　B. 目标

C. 宗旨　　D. 经营哲学

审题要点

本题关键词是“致力于”“构建”。公司宗旨旨在阐述公司长期的战略意向，其具体内容主要说明公司目前和未来所从事的经营业务范围，即公司目前和未来是做什么的。题干符合公司宗旨的含义。本题的关键在于理解公司宗旨的具体内容。

【本题答案】C

【本题解析】本题考查公司宗旨。公司宗旨旨在阐述公司长期的战略意向，其具体内容主要说明公司目前和未来所从事的经营业务范围，即公司目前和未来主要提供什么样的产品或服务。“致力于把数字科技带入每个人、每个家庭、每个组织，构建万物互联的智能世界”，说明天鸣公司的经营业务范围是“做互联网设施建设”，体现了公司宗旨。因此选项C正确。

思维拓展

详见2022年单项选择题第20题。

抢分秘籍

公司目的是公司的存在理由，即为什么存在；公司宗旨是公司具体的经营业务领域即公司是做什么的；公司经营哲学是公司确立的价值观、基本信念和行为准则，即公司是怎么做的。辨析清楚为什么存在、做什么、怎么做三者的区别，就不会出错。

历年考情

本题与2019年单项选择题第21题考查点相同，可以进行对比学习。

2. 宝灵公司是一家牙膏生产企业。目前牙膏行业的销售额达到前所未有的规模，各个企业生产的不同品牌的牙膏在质量和功效等方面差别不大，

审题要点

本题关键信息是"销售额规模前所未有""质量和功效等方面差别不大""价格竞争十分激烈"。上述关键信息表明牙膏处于生命周期的成熟期阶段。成熟期的划分依据是产业销售额达到最大，其标志是出现"挑衅性的价格竞争"，其适宜的战略是"巩固市场份额，同时提高投资报酬率"。本题的关键在于准确判断出牙膏处于成熟期，并熟悉成熟期的战略重点。

价格竞争十分激烈。在上述情况下，宝灵公司的战略重点应是（　　）。

A.扩大市场份额

B.争取最大市场份额

C.在巩固市场份额的同时提高投资报酬率

D.提高投资报酬率

【本题答案】C

【本题解析】本题考查产品生命周期成熟阶段的战略重点。"目前牙膏行业的销售额达到前所未有的规模。各个企业生产的不同品牌的牙膏在质量和功效等方面差别不大。价格竞争十分激烈"表明宝灵公司目前处于成熟期。成熟期的战略重点是在巩固市场份额的同时提高投资报酬率，故选项C正确。

思维拓展

产品生命周期以产业销售额增长率曲线的拐点作为划分依据，可将大多数产业的发展划分为导入期、成长期、成熟期和衰退期四个阶段。其特点如下：

	导入期	成长期	成熟期	衰退期
标志	出现新产品	产品销量节节攀升	出现挑衅性价格竞争	产能严重过剩
客户	产品用户很少	客户群扩大	新客户减少	对性价比要求高
产品质量	质量有待提高，尤其是可靠性	参差不齐	逐步标准化	差别小，可能会出现问题
目标市场	很小，不断发展变化	日益扩大	市场巨大，基本饱和	日益萎缩
竞争者	很少	逐渐增多	稳中有降	减少
生产量	小	开始扩大	大	萎缩
销量	低	节节攀升	最大	下降
产能	过剩	不足	稳定，局部过剩	严重过剩
成本	高	单位成本下降	单位成本较低	低
价格	弹性小、价格高	最高	开始下降	很低
利润	较低	单位净利润最高	适中，利润率下降	毛利很低
企业规模	可能非常小	增大，出现兼并	最大	缩小
经营风险	非常高	较高	中等水平	进一步降低
战略目标	扩大市场份额	争取最大市场份额，坚持到成熟期到来	巩固市场份额，提高投资报酬率	防御，获取最后的现金流
战略路径	投资研究开发与技术改造，提升产品质量	市场营销，改变价格与质量形象	提高效率降低成本	控制成本，维持正的现金流

抢分秘籍

熟记产品生命周期四个阶段的战略目标，导入期、成长期和成熟期的战略目标均涉及“市场份额”，但三者是由“扩大”到“争取最大”再到“巩固”这样层层递进的关系。

历年考情

产品生命周期四个阶段是非常重要的高频考点。如2019年单项选择题第10题考查了产品生命周期四个阶段的划分依据、2018年单项选择题第1题和2017年单项选择题第2题均考查了成熟期的特点，可与本题结合对比学习。

3. T公司是国际著名汽车制造商，该公司2019年预计随着环保理念的普及和相关技术的进步，Z国的新能源汽车产业将进入快速发展期，其竞争对手Z国的汽车制造商S公司将减少传统燃油汽车的生产量，增加电动汽车和混合动力汽车的生产量。**T公司对S公司的上述分析**属于（　　）。

> **审题要点**
> 本题关键词是“竞争对手”。适应变化的能力分析主要分析的是其竞争对手在面对外部环境发生变化时所作出的反应。本题的关键在于理解面对外部环境变化，竞争对手作出了反应。

A.财务能力分析　　B.成长能力分析

C.适应变化的能力分析　　D.快速反应能力分析

【本题答案】C

【本题解析】本题考查竞争对手的能力。适应变化的能力分析主要分析的是其竞争对手在面对外部环境发生变化时所作出的反应。S公司在面对“环保理念的普及和相关技术的进步”这个环境下，将“减少传统燃油汽车的生产量，增加电动汽车和混合动力汽车的生产量”，体现了T公司的竞争对手S公司在面对外部环境发生变化时作出了反应，因此属于适应变化的能力分析，选项C正确。

思维拓展

详见2022年多项选择题第14题。

坑点提示

本题的坑点在于选项D“快速反应能力分析”。快速反应能力与适应变化能力都有“外部环境变化而作出反应”的意思，但两者的区别在于：“适应变化的能力”体现了竞争对手对外部事件作出的反应速度较慢、过程较长，主要强调竞争对手“作出反应”的能力；而“快速反应能力”强调竞争对手“迅速作出反应”的能力，突出其反应速度“快”。

抢分秘籍

理解“适应变化的能力”和“快速反应能力”两者的区别，“将减少……”意味着作出反应的速度不是很快，故属于“适应变化的能力”。

历年考情

2017年单项选择题第3题考查了竞争对手适应变化的能力，与本题完全相同。

审题要点

本题关键词是“SWOT分析”。SWOT分析把企业拥有的竞争优势或劣势，和外部环境带来的机会或威胁进行两两结合，形成四种可供选择的战略。本题的关键在于判断企业拥有的是优势还是劣势，面临的是外部环境机会还是威胁。

4.飞牛公司是一家农用无人机研发和制造企业。下列各项中，符合飞牛公司**SWOT分析要求**的是（　　）。

A.农用无人机市场需求旺盛，飞牛公司有较强的研发和制造能力，应加快业务发展。此为ST战略

B.农用无人机市场竞争日趋激烈，飞牛公司缺乏精通业务的营销人员，应加大相关人才的招聘和培养力度。此为WT战略

C.农用无人机市场需求旺盛，飞牛公司缺乏精通业务的营销人员，应与有实力的公司合作。此为SO战略

D.农用无人机市场竞争日趋激烈，飞牛公司有较强的研发和制造能力，应加大技术和产品创新力度。此为WO战略

【本题答案】B

【本题解析】本题考查SWOT分析原理。“农用无人机市场需求旺盛”属于外部环境提供的机会（O），“农用无人机市场竞争日趋激烈”属于外部环境带来的威胁（T），“有较强的研发和制造能力”表明企业拥有优势（S），“缺乏精通业务的营销人员”表明企业拥有劣势（W）。因此选项B正确，选项A、C、D均错误。

思维拓展

详见2022年单项选择题第9题。

抢分秘籍

熟练掌握S代表企业的优势、W代表企业的劣势、O代表外部环境的机会、T代表外部环境的威胁，即能作出正确选择。

历年考情

SWOT分析是非常重要的知识点，几乎每年必考。如2019年单项选择题第8题、2018年单项选择题第6题、2017年单项选择题第4题、

2016年单项选择题第9题均考查了SWOT分析战略选择的判定。

5.建安集团是一家上市公司，公开信息显示该公司2016年实现净利润3.8亿元。当年该公司股价波动区间为12~22元，市盈率波动区间为6~11倍，公司以每股5元的价格向控股股东定向增发1 000万股。从掠夺性财务活动角度分析，建安集团的上述定向增发行为属于（　　）。

> **审题要点**
>
> 本题关键词是"控股股东""定向增发"。掠夺性财务活动属于隧道挖掘问题主要表现，而向终极股东低价定增是掠夺性融资行为。本题的关键在于熟悉隧道挖掘问题的主要表现。

A.内幕交易　　B.掠夺性融资

C.超额股利　　D.掠夺性资本运作

【本题答案】B

【本题解析】本题考查隧道挖掘问题的主要表现。公司向终极股东低价定向增发股票属于掠夺性融资行为。"该公司股价波动区间为12~22元，市盈率波动区间为6~11倍，公司以每股5元的价格向控股股东定向增发1 000万股"，表明建安集团向终极股东低价增发了股票，属于掠夺性融资行为，因此选项B正确。

思维拓展

详见2022年简答题4（2）。

抢分秘籍

定向增发是融资行为，故直接选B。

历年考情

公司治理问题属于重要的高频考点，如2019年单项选择题第24题考查了隧道挖掘问题的掠夺性融资、2017年多项选择题第7题考查了隧道挖掘的表现形式等，可以结合对比学习。

6.龙泉啤酒公司为了应对气候变化对产品销售的影响，对过去3年中气温与该公司啤酒销售量的变化进行了统计分析，找出其中气温炎热、温和及寒冷等不同状态下产品销量变动的规律，并依据此规律和气象部门的预测，计算、推测出该公司下一年应实现的产品销售量。龙泉啤酒公司采用的风险管理方法属于（　　）。

> **审题要点**
>
> 本题关键词是"不同状态下产品销量变动的规律"。本题关键在于理解马尔科夫分析法的含义和特点。

A.敏感性分析法　　B.情景分析法

C.马尔科夫分析法　　D.统计推论法

【本题答案】C

【本题解析】本题考查风险管理技术与方法。如果系统未来的状况仅取决于其现在的状况，那么就可以使用马尔科夫分析法。"对过去3

年中气温与该公司啤酒销售量的变化进行了统计分析，找出其中气温炎热、温和及寒冷等不同状态下产品销量变动的规律，并依据此规律和气象部门的预测，计算、推测出该公司下一年应实现的产品销售量”，说明该风险管理技术与方法是围绕状态展开的，符合马尔科夫分析法的应用场景。因此选项C正确。

思维拓展

详见2022年单项选择题第24题。

坑点提示

本题的坑点在于选项D。“对过去3年中气温与该公司啤酒销售量的变化进行了统计分析”，容易误判为“统计推论法”。统计推论法分为前推、后推和旁推三种类型，其中前推就是根据历史的经验和数据推断出未来事件发生的概率及其后果。本题题干中“计算、推测出该公司下一年应实现的产品销售量”，不涉及“概率和后果”，因此不能选“统计推论法”。

抢分秘籍

本题需要准确理解和把握各种风险管理技术与方法的含义、特点和应用场景。

历年考情

详见2022年单项选择题第24题。

7.灵川公司是一家汽车制造商，原先只从一家公司购买其所需的轴承，后来改为分别从3家公司购买。下列各项中，属于灵川公司**增加轴承供应商的目的**的是（　　）。

A.容易设计出有效的质量保证计划

B.利用供应商之间的竞争对供应商压价

C.与轴承供应商建立更稳定的关系

D.产生规模经济

【本题答案】B

【本题解析】本题考查多货源少批量策略的优点。灵川公司同时从3家公司进货，属于多货源少批量策略。“供应商之间的竞争使企业的议价能力增强”属于多货源策略的优点，因此选项B正确。选项A、C、

审题要点

本题关键词是“增加供应商”。增加轴承供应商的目的指的是增加供应商所能带来的好处，即多货源少批量策略的优点。本题的关键在于熟悉多货源少批量策略的优点。

D均属于少数或单一货源策略的优点，故均错误。

思维拓展

货源策略是采购战略的重要内容，包括以下三种：

1.少数或单一货源策略

（1）优点：

①采购方能与供应商建立较为稳固的关系；②有利于信息的保密；③能产生规模经济并使企业享受价格优惠；④随着与供应商关系的加深，企业可能获得高质量的供应品。

（2）缺点：

①若无其他供应商，该单一供应商的议价能力就会增强；②采购方容易受到供应中断的影响。

2.多货源少批量策略

（1）优点：

①有利于获得更多的知识和技术；②可以与较多的供应商联系，以保证稳定的供应；③供应商之间的竞争使企业的议价能力增强。

（2）缺点：

①企业与供应商联系不够稳固，相互信任程度较低；②没有规模经济，不能享受大批量购买的价格优惠；③不利于企业获得质量和性能不断提高改进的供应品。

3.平衡货源策略

在以上两种货源策略之间寻求一个比较均衡的点，使企业既能获得集中于少数货源的好处，又能充分利用多货源的优点。

抢分秘籍

熟悉三种货源策略的优缺点，理解少数或单一货源策略的优点正好克服了多货源少批量策略的缺点，同时少数或单一货源策略的缺点正好被多货源少批量策略的优点克服。

历年考情

货源策略是重要的考点，如2019年多项选择题第5题考查了由一个供应商负责一个完整的子部件（该货源策略现已删除）货源策略优点、2016年单项选择题第24题考查了多货源少批量策略的优点，可与本题进行对比学习。

8. 贝恩公司是著名的电子商务企业，下设5大商务区和分布在100多个国家的子公司。商务区经理负责为各自商务区制定国际化经营战略，各国子公司经理则根据所在国市场需求对该子公司的经营活动行使经营权和管理权。商务区经理需要各国子公司经理的合作，当商务区经理和子公司经理的意见或决策发生冲突时，可提交总公司裁决。贝恩公司采用的国际化经营的战略类型是（　　）。

A. 国际战略　　B. 多国本土化战略

C. 全球化战略　　D. 跨国战略

审题要点

本题关键词是“所在国市场需求”“合作”“提交总公司裁决”。由题干知，该战略既考虑了本土独立性和适应能力强，又考虑了全球协作性，此外，还体现了母子公司之间有双向关系，应属于“跨国战略”。本题的关键在于熟悉跨国战略的特征。

【本题答案】D

【本题解析】本题考查国际化经营的战略类型。“各国子公司经理则根据所在国市场需求对该子公司的经营活动行使经营权和管理权”说明“本土独立性和适应能力强”；“商务区经理需要各国子公司经理的合作”说明“全球协作程度高”，符合跨国战略的特征。此外，“商务区经理负责为各自商务区制定国际化经营战略”“当商务区经理和子公司经理的意见或决策发生冲突时，可提交总公司裁决”，说明母子公司之间的关系是双向的，也符合跨国战略的特征。因此，选项D正确。

思维拓展

详见2021年单项选择题第19题。

坑点提示

本题坑点在于选项B。考生有可能根据题干中“各国子公司经理则根据所在国市场需求对该子公司的经营活动行使经营权和管理权”表述而认定贝恩公司采用了“多国本土化战略”。这就忽略了题干中“商务区经理需要各国子公司经理的合作”体现的全球协作性以及母子公司之间的双向关系。

抢分秘籍

熟悉国际化经营战略四种类型的含义和特征，特别是跨国战略同时追求全球协作程度及本土独立性和适应能力以及母子公司之间的双向关系等特征。

历年考情

详见2021年单项选择题第19题。

9.金力公司是国内一家风力发电设备制造企业。2015年，金力公司取得世界最大的风力发电机组制造商麦尔公司的叶轮生产外包项目，并从对方引进一整条先进生产线，成为麦尔公司唯一的叶轮供应商。之后，金力公司通过引进麦尔公司的先进技术，不断提高产品性能和生产效率，并把引进的新技术移植到核心业务齿轮增速器的生产中，成为欧美多家相关企业的齿轮增速器供应商。作为新兴市场国家本土企业，金力公司采用的战略类型是（　　）。

A.防御者战略　　B.躲闪者战略

C.抗衡者战略　　D.扩张者战略

【本题答案】C

【本题解析】本题考查新兴市场本土企业的战略选择。根据所处产业全球化程度的高低和本土企业优势资源能否向海外转移，把新兴市场本土企业划分为四种角色，对应着四种战略定位。如果全球化压力大，而企业优势资源可以转移到海外市场，则企业有可能与发达国家跨国公司在全球范围内展开正面竞争。这种情况下的本土企业被称为“抗衡者”，对应的战略定位为“通过全球发动竞争发动进攻”，即抗衡者战略。“金力公司通过引进麦尔公司的先进技术，不断提高产品性能和生产效率，并把引进的新技术移植到核心业务齿轮增速器的生产中，成为欧美多家相关企业的齿轮增速器供应商”，属于抗衡者战略中“学习从发达国家获取资源，以克服自身技能不足和资本的匮乏”的做法。因此选项C正确。

审题要点

本题关键词是“引进”“不管提高”“移植”。由题干知，金力公司先是引进先进生产线，并移植到核心产品上，取得了较强的国际竞争力，体现了金力公司“学习从发达国家获取资源，以克服自身技能不足和资本的匮乏”。本题的关键在于理解新兴市场国家本土企业的四种角色，并熟悉其四种战略的常见表现。

思维拓展

详见2022年多项选择题第3题。

坑点提示

本题的坑点在于题干中没有涉及全球化竞争压力大小的信息，且因题干中有“金力公司取得世界最大的风力发电机组制造商麦尔公司的叶轮生产外包项目，并从对方引进一整条先进生产线，成为麦尔公司唯一的叶轮供应商”，有可能被认为是“根据自身的本土优势专注于细分市场，将业务重心转向价值链中的某些环节”而把金立公司当成“躲闪者”；也有可能因“不断提高产品性能和生产效率……成为欧美多家相关企业的齿轮增速器供应商”，而被当成是“扩张者”。仔细分析可以发现，本题的关键信息在于“金立公司通过引进麦尔公司的先进技术，不断提高产品性能和生产效率，并把引进的新技术移植到核心业务齿轮增速器的生产中，成为欧美多家相关企业的齿轮增速器供应商”，这属于典型的抗衡者战略中的“学习从发达国家获取资源，以克服自身技能不足和资本的匮乏”。

历年考情

新兴市场的本土企业战略是近年来的高频考点，如2019年单项选择题第9题和2016年单项选择题第5题均考查了新兴市场国家本土企业的角色定位；2018年单项选择题第23题和2017年单项选择题第20题均考查了新兴市场国家本土企业的战略选择等。

10. 圣元公司是一家智能家居用品制造商。该公司在技术开发和行政管理上具有很大的灵活性，由技术、营销等人员组成的项目组拥有产品开发的自主选择权。近年来该公司适应不断变化的市场需求，陆续开发出智能音响、智能手环、智能电视、扫地机器人等产品。圣元公司组织结构的战略类型是（　　）。

审题要点

本题关键词是“灵活性”“自主选择权”“陆续开发”。开拓型战略组织追求一种更为动态的环境，将其能力表现在探索和发现新产品和市场的机会上，在行政管理方面奉行灵活性原则。本题的关键在于熟悉四种组织结构战略类型的特点。

A. 防御型战略组织　　B. 开拓型战略组织

C. 分析型战略组织　　D. 反应型战略组织

【本题答案】B

【本题解析】本题考查组织结构的战略类型。开拓型战略组织追求一种更为动态的环境，将其能力表现在探索和发现新产品和市场的机会上，在行政管理方面奉行灵活性原则。“该公司在技术开发和行政管理上具有很大的灵活性……近年来该公司适应不断变化的市场需求，陆续开发出智能音箱、智能手环、智能电视、扫地机器人等产品”符合开拓型战略组织的特点，因此选项B正确。

思维拓展

组织的战略类型通常有四种：防御型战略组织、开拓型战略组织、分析型战略组织和反应型战略组织。其特点比较如下：

组织战略类型

类型名称	产品与市场	工程技术问题	结构	特点
防御型	追求稳定的环境，创造稳定的经营领域，占领一部分产品市场。采用竞争性定价或高质量产品等	技术效率是其获得成功的关键；运用资源，尽可能有效生产与销售产品或提供服务	机械式结构	适合于较为稳定的产业；但不可能对市场环境做重大的改变

续表

类型名称	产品与市场	工程技术问题	结构	特点
开拓型	追求更为动态的环境，将其能力表现在探索和发现新产品和新市场的机会上	技术具有很大的灵活性（创新），寻求和开发产品与市场机会是其战略核心任务	行政管理有很大的灵活性，采取有机式机制	在不断求变中减少环境动荡的影响；利润较低，资源分散；缺乏效率
分析型	防御型和开拓型组织的结合体；在寻求新的产品和市场机会的同时，保持传统的产品和市场	需要在保持技术的灵活性与稳定性之间进行平衡	矩阵结构	稳定性与灵活性并存，限制了应变能力；最大危险既无效能又无效率
反应型	采取动荡不定的调整模式，缺少在变化的环境中随机应变的机制	一般不采取，除非垄断或高度操纵，主要原因： （1）决策层没有明确表达企业战略。 （2）管理层次中没有形成可适用于现有战略的组织结构。 （3）只注重保持现有的战略与结构的关系，忽视了外部环境条件的变化		

抢分秘籍

防御型战略组织比较专一，是以静制动，以不变应万变；开拓型战略组织喜新厌旧，是主动求变，以变应变；分析型战略组织喜新不厌旧，动静结合，既要稳定又要变化；反应型战略组织也是以变应变，但属于被动应变，不得已而变。

历年考情

2019年单项选择题第11题考查了防御型战略组织、2018年单项选择题第22题考查了分析型战略组织等，可与本题结合进行对比学习。

11. 桐城钢铁公司需要的铁矿石购自U国的山谷矿山公司，后者曾多次在前者急需大量铁矿石时大幅提高产品价格，使前者遭受很大损失。后来桐城钢铁公司买下山谷矿山公司51%的股权并获得定价权。下列各项中，属于桐城钢铁公司采用的风险管理策略的是（　　）。

A. 风险规避　　B. 风险转移

C. 风险控制　　D. 风险补偿

【本题答案】C

【本题解析】本题考查风险管理策略工具。“后者曾多次在前者急需大量铁矿石时大幅提高产品价格，使前者遭受很大损失”，表明桐城钢铁公司面临的风险是原材料价格波动的风险。“桐城钢铁公司买下山谷矿山公司51%的股权并获得定价权”，表明桐城钢铁公司通过购买股

审题要点

本题关键词是“获得定价权”。铁矿石价格波动是原材料价格波动的风险，桐城钢铁公司买下山谷矿山公司51%的股权并获得定价权，降低了风险的发生概率，并没有完全避免这种风险。本题的关键在于理解风险规避和风险控制两者的区别。

权获得定价权，降低了风险事件发生的概率，符合风险控制的含义，因此选项C正确。

思维拓展

详见2021年单项选择题第16题。

坑点提示

本题的坑点在于选项A“风险规避”。风险规避是指企业回避、停止或退出蕴含某一风险的商业活动或商业环境，避免成为风险的所有人。由此可见，风险规避强调通过风险管理策略方法，实现或达到风险为0的结果。风险控制是指通过控制风险事件发生的动因、环境、条件等，来达到减轻风险事件发生时的损失或降低风险事件发生概率的目的。由此可见，风险控制强调通过主动干预，实现或达到降低风险发生损失或降低风险发生概率的结果。桐城钢铁公司面临的风险是原材料价格波动的风险，其买下山谷矿山公司51%的股权获得定价权，但并不能完全规避原材料价格波动带来的影响，因此属于风险控制。

抢分秘籍

理解风险管理策略工具的含义，熟悉其常见的表现形式。风险控制是降低概率或损失，但不可能使风险降到0。对于可控风险，所有的风险管理策略工具，除了风险规避在特定范围内完全有效外，其余均无法保证不会发生。

历年考情

风险管理策略工具是个非常重要的高频考点，如2019年单项选择题第1题考查了风险规避、2018年单项选择题第8题考查了风险控制、2016年单项选择题第20题考查了风险承担，可以与本题一起对比学习。

12.为了对可能给企业造成重大损失的风险事件进行有效管理，南方石油公司成立了自己的专属保险公司，为母公司提供保险，并由母公司筹集总计10亿元的保险费，建立损失储备金。下列各项中，属于南方石油公司采用的上述**损失事件管理办法的优点**的是（　　）。

A.降低内部管理成本　　B.损失储备金充足

C.改善公司现金流　　D.增加了其他保险的可得性

【本题答案】C

审题要点

本题关键词是“专属保险公司”。由“专属保险公司”即可知该损失事件管理办法是专业自保，“改善公司现金流”是其优点之一。本题的关键在于熟悉专业自保的优点和缺点。

【本题解析】本题考查风险理财措施中的专业自保（即专属保险公司）。改善公司现金流属于专业自保的优点，因此选项B正确。提高内部管理成本、损失储备金不足、减少其他保险的可得性均是专业自保的缺点，所以选项A、B、D均错误。

思维拓展

详见2022年多项选择题第10题。

坑点提示

本题的坑点在于把专业自保的缺点均改成反向，形成三个看起来很像是专业自保优点的干扰选项，增加了难度。

抢分秘籍

熟悉专业自保的优点和缺点，即能作出正确选择。

历年考情

风险理财措施是近年来考试频率较高的一个知识点，如2020年单项选择题第24题和2019年单项选择题第19题考查了风险资本、2018年多项选择题第1题考查了应急资本等，可以与本题结合起来对比复习。

13.蓝星啤酒公司为了制定和完善取得持久竞争优势的措施，计划与业内知名企业天盛公司进行一般基准比较。下列各项中，属于蓝星啤酒公司应**主要关注并采用的基准对象**是（　　）。

A.产品包装　　B.采购管理

C.库存管理　　D.批发分销商网络

> **审题要点**
> 本题关键词是“业内知名企业”“基准比较”。批发分销商网络是啤酒行业的成功关键因素之一。本题的关键在于熟悉不同产业中的成功关键因素。

【本题答案】D

【本题解析】本题考查基准分析的对象。企业主要关注的基准对象领域包括：（1）占用较多资金的活动；（2）能显著改善与顾客关系的活动；（3）能最终影响企业结果的活动。此外，根据成功关键因素理论，啤酒行业的成功关键因素之一是批发分销商网络，这是其在特定市场获得盈利必须拥有的技能和资产，可同时满足基准对象选择的三个方面。因此，选项D正确。

思维拓展

1.基准分析对象

企业主要关注的基准对象领域包括：（1）占用较多资金的活动；

（2）能显著改善与顾客关系的活动；（3）能最终影响企业结果的活动。

2.成功关键因素

成功关键因素（KSF）是指公司在特定市场获得盈利必须拥有的技能和资产。它所涉及的是每一个产业成员所必须擅长的东西，或者说公司要取得竞争和财务成功所必须集中精力搞好的一些因素。

不同产业中的成功关键因素

工业部门类别	成功关键因素
铀、石油	原料资源
船舶制造、炼钢	生产设施
航空、高保真音响	设计能力
纯碱、半导体	生产技术
百货商场、零部件	产品范围、花色品种
大规模集成电路、微机	工程设计和技术能力
电梯、汽车	销售能力、售后服务
啤酒、家电、胶卷	销售网络

历年考情

基准分析对象以及不同产业中的成功关键因素属于冷门考点，近五年来是第一次考查。

审题要点

本题关键词是“长期积累形成”。经过长期的积累才能获得或形成的资源是具有路径依赖性的资源。本题的关键在于熟悉资源不可模仿性四种形式的含义和特点。

14.广记公司是一家卤制品生产企业。该公司凭借其长期积累形成的原料配制秘方和生产工艺诀窍等资源生产的多种卤制品，深受消费者喜爱，近年国内市场占有率一直位居第一。在下列资源不可模仿性的形式中，广记公司的上述资源属于（　　）。

A.物理上独特的资源　　B.具有路径依赖性的资源

C.具有因果含糊性的资源　　D.具有经济制约性的资源

【本题答案】B

【本题解析】本题考查资源不可模仿性的形式。具有路径依赖性的资源是指那些必须经过长期的积累才能获得的资源。“凭借其长期积累形成的原料配制秘方和生产工艺诀窍等资源生产的多种卤制品”，表明其原料配制秘方和生产工艺诀窍等资源优势是长期积累形成的，因此属于具有路径依赖性的资源，选项B正确。

思维拓展

详见2022年单项选择题第26题。

历年考情

资源的不可模仿性是近年来考试频率较高的一个知识点，如2018年单项选择题第3题考查了具有路径依赖性形式、2016年单项选择题第6题考查了物理上独特形式。

15.甲公司是一家汽车制造企业。该公司通过售后用户体验追踪系统随时掌握、分析不同车型的质量问题，并与汽车分销商共享相关信息，不断提高前来维修的客户的满意度。甲公司的上述做法属于该公司价值链中的（　　）。

> 审题要点
>
> 本题关键词是“售后用户体验”“维修客户满意度”。由题干知该做法属于支持性活动中的服务。本题的关键在于熟悉价值链九种活动的含义和常见表现。

A.内部后勤　　　　B.外部后勤

C.服务　　　　D.基础设施

【本题答案】C

【本题解析】本题考查价值链活动辨析。服务是指与保持和提高产品价值有关的活动，如培训、修理、零部件的供应和产品的调试等。“该公司通过售后用户体验追踪系统随时掌握，分析不同车型的质量问题，并与汽车分销商共享信息，不断提高来维修的客户的满意度”属于服务，选项B正确。

思维拓展

详见2021年单项选择题第26题。

抢分秘籍

根据题干中“售后用户体验”“维修客户满意度”即可判断属于“服务”。

历年考情

2017年单项选择题第16题考查了价值链活动的辨析、2016年单项选择题第17题考查了支持性活动的辨析，和本题基本类似，可以进行对比学习。

16.佳美公司是一家全国性家电零售连锁企业，在国内一、二线城市拥有近百家大型连锁商城，是国内外众多家电品牌厂家在中国的最大销售商。2019年，该公司并购了国内另一家著名的家电零售连锁企业恒兴公司，销售网络扩展到全国三分之二以上的城市和部分乡镇，市场占有率提高了20%，进一步巩固了其行业领先地位。佳美公司实施上述并购的动机是（　　）。

> 审题要点
>
> 本题关键词是“销售网络扩展”“市场占有率提高”“巩固其行业领先地位”。并购双方同属著名家电零售连锁企业，属于横向并购，为的是增强市场控制力。本题的关键在于理解并购的三个动机。

A.避开进入壁垒，迅速进入，争取市场机会

B. 实现资源互补

C. 克服企业负外部性，增强对市场的控制力

D. 避免经营风险

【本题答案】C

【本题解析】本题考查并购的动机。并购有三条动机：（1）避开进入壁垒，迅速进入，争取市场机会；（2）获得协同效应；（3）克服企业负外部性，增强对市场的控制力。“销售网络扩展到全国三分之二以上的城市和部分乡镇，市场占有率提高了20%，进一步巩固了行业领先地位”，表明佳美公司进行并购的动机是“克服企业负外部性，增强对市场的控制力”，因此选项C正确。佳美公司原来就是家电零售连锁行业的最大销售商，并购恒兴公司属于横向并购，其并购动机显然不属于“避开进入壁垒，迅速进入，争取市场机会”，因此选项A错误；选项B、D均为战略联盟的动因，因此均不正确。

思维拓展

详见2021年单项选择题第9题。

抢分秘籍

熟悉战略联盟的六条动因，可迅速排除选项B、D；熟悉并购的三条动机，并结合题意，很容易辨析出佳美公司并购恒兴公司减少了竞争，增强了市场控制力，而不是为了迅速进入家电零售行业，争取市场机会。

历年考情

并购动机一直是主观题的高频考点，但客观题考得相对较少。近五年来是第一次考查并购的动机。

17. 经营健身房的永强公司率先采用新技术，在其拥有的所有分店统一推出智能健身设备。使用该设备，健身者可以比以往节省50%的时间达到同样的健身效果，因此该设备受到健身者的好评。但由于购置、使用、维护智能健身设备耗资很大，而需求和使用率有限，永强公司入不敷出，经营陷入困境。从零散产业角度看，下列各项中，属于永强公司进行**战略选择未能避免的战略陷阱**是（　　）。

审题要点

本题关键词是“率先采用”“统一推出”“耗资很大”“入不敷出”“陷入困境”。由题干知永强公司推出新产品，投入大而产出低，拖垮了企业，表明永强公司对新产品作出了过度反应。本题的关键在于理解寻求支配地位和对新产品和作出过度反应这两种战略陷阱的区别。

A. 寻求支配地位　　B. 过分集权化

C. 对新产品作出过度反应　　D. 保持严格的战略约束力

【本题答案】C

【本题解析】本题考查零散产业谨防潜在的战略陷阱。由于零散产

业需求多样化和缺乏规模经济，企业对新产品作出大量投资在该产品的成熟期并不容易收回，也难以得到较高的回报。“在其拥有的所有分店统一推出智能健身设备……该设备受到健身者的好评。但由于购置、使用、维护智能健身设备耗资很大，而需求和使用率有限，永强公司入不敷出，经营陷入困境”，说明永强公司对新产品作出了大量投资，但并没有得到相应的回报，因此永强公司进行战略选择时未能避免的战略陷阱是“对新产品作出过度反应”，选项C正确。

思维拓展

详见2022年多项选择题第5题。

坑点提示

本题的坑点在于选项A“寻求支配地位”。“率先采用新技术，在其拥有的所有分店统一推出智能健身设备”，会给人一种“想当行业老大以引领健身行业”的错觉，可能会认为其未能避免的战略陷阱为“寻求支配地位”。本题的关键在于“智能健身设备耗资很大，而需求和使用率导致入不敷出”，因此属于“对新产品作出过度反应”。

历年考情

零散产业是近年来考试频率非常高的重要知识点，如2019年多项选择题第6题和2018年多项选择题第8题考查了产业零散的原因、2018年单项选择题第11题考查了零散产业谨防潜在的战略陷阱、2017年多项选择题第6题考查了零散产业的战略选择等，可以结合对比学习。

18.云澜公司是一家面向全球的家具和室内饰品生产商。该公司根据不同国家和地区的消费者是崇尚传统还是追求时尚来为他们设计、生产具有不同风格和质地的产品。云澜公司对**消费者市场的细分**属于（　　）。

> **审题要点**
> 本题关键词是“崇尚传统还是追求时尚”。传统、时尚属于典型的心理变量。本题的关键在于熟悉消费者市场细分四种类型的常用变量。

A.地理细分　　B.人口细分

C.心理细分　　D.行为细分

【本题答案】C

【本题解析】本题考查消费者市场细分类型。心理是按照消费者的生活方式、个性等心理变量来细分消费者市场。“消费者是崇尚传统还是追求时尚”是消费者的生活方式、个性等心理变量，因此云澜公司对消费者市场的细分属于心理细分，因此选项C正确。

思维拓展

详见2021年简答题4。

坑点提示

本题的坑点在于选项A“地理细分”。因题干中提及了“不同国家和地区”消费者的字样，可能有考生误认为应属于“地理细分”，但如果是地理细分，则不同国家和地区本身就是细分市场。本题强调的是“消费者崇尚传统还是追求时尚”，并据此进行细分，因此属于“心理细分”。

抢分秘籍

“崇尚传统还是追求时尚”属于典型的心理变量。

历年考情

2019年多项选择题第9题考查了人口和心理两个消费者市场细分依据，可与本题进行对比学习。

19.近年来，人们不断增加的对健康水源的需求催生了越来越多的滤水壶生产企业。目前这些企业提供的产品性能、质量大体相同，彼此之间为争夺客户展开挑衅性的价格竞争；行业规模达到前所未有的水平；任何一个企业扩大市场份额都十分困难。下列各项中，属于目前上述企业所具有的经营特征的是（　　）。

A.经营风险非常高　　B.资金来源于保留盈余+债务

C.价格/盈余倍数非常高　　D.具有中等的股利分配率

审题要点

本题关键词是“挑衅性的价格竞争”。“挑衅性的价格竞争”是成熟期的标志，加上“产品性能、质量大体相同”“行业规模达到前所未有”“扩大市场份额十分困难”等特征，可以确定滤水壶处于成熟期。本题的关键在于能准确判断出所处的产品生命周期阶段，并熟悉不同阶段的经营特征。

【本题答案】B

【本题解析】本题考查基于产品生命周期的财务战略选择。“产品性能、质量大体相同，彼此之间为争夺客户展开挑衅性的价格竞争；行业规模达到前所未有的水平；任何一个企业扩大市场份额都十分困难”，这些特征都表明滤水壶行业处于成熟期。根据企业在产品生命周期不同发展阶段的财务战略，成熟期的资金来源于保留盈余+债务，因此选项B正确；成熟期的经营风险和价格盈余倍数均为中等，因此选项A、C错误；成熟期的股利分配率是高而不是中等，因此选项D错误。

思维拓展

详见2021年单项选择题第2题。

抢分秘籍

出现挑衅性的价格竞争是成熟期的标志，可迅速判断滤水壶产业处于成熟期。然后结合企业在产品生命周期不同发展阶段的财务特征，即可选出正确选项。

历年考情

2018年多项选择题第11题考查了导入期的经营特征辨析、2016年多项选择题第3题考查了成熟期的经营特征辨析。

20. 升达公司是一家控股企业，下属多个分别主营石油化工、物流、机械制造等业务的独立经营的子公司。升达公司不干预子公司的战略决策和业务活动，仅根据市场前景和子公司的经营状况作出对子公司增加或减少投资的决策。升达公司应采取的**组织结构类型**是（　　）。

A. 事业部制组织结构　　B. M型组织结构

C. H型组织结构　　D. 战略业务单位组织结构

【本题答案】C

【本题解析】本题考查H型组织结构。H型组织结构的下属子企业具有独立的法人资格，有着较强的自主性，特别是对战略决策的自主性，母公司一般不干涉下属子企业的自主经营。“升达公司是一家控股企业……不干预子公司的战略决策和业务活动，仅根据市场前景和子公司的经营状况作出对子公司增加或减少投资的决策”，符合H型组织结构的特征，因此选项C正确。

> **审题要点**
>
> 本题关键词是“控股企业”“独立经营的子公司”。根据“控股企业”和“独立经营的子公司”，即可判断是H型组织结构。本题的关键在于理解H型组织结构的含义和特点。

思维拓展

详见2022年综合题。

抢分秘籍

“控股企业”四个字即可表明升达公司采取的组织结构类型是H型组织结构，“独立经营的子公司”“不干预子公司的战略决策和业务活动”进一步加以佐证。

历年考情

组织结构是非常重要的高频考点，但主要考核横向分工结构，纵向分工结构考查较少。如2020年多项选择题第11题考查了扁平型纵向结构的特征，与本题基本相似；2019年多项选择题第4题考查了事业部制组织结构的优点、2018年单项选择题第18题考查了职能制组织结构的判断、2017年单项选择题第7题考查了矩阵制组织结构等，可以结合对比学习。

21.格朗公司是一家从事环境艺术的企业。该公司的业务以创意为核心，员工根据个人的爱好、专长和成长需要，自主选择从事建筑设计、室内装潢、城市雕塑和壁画制作等工作，公司则为员工的工作需要提供必要的服务。格朗公司的企业文化类型是（　　）。

审题要点

本题关键信息是“公司为员工的工作需要提供必要的服务”。由此可以直接判断属于“人员导向型”企业文化。本题的关键在于能辨析“人员导向型”和“任务导向型”两种企业文化的区别。

A.权力导向型　　B.角色导向型

C.任务导向型　　D.人员导向型

【本题答案】D

【本题解析】本题考查公司的企业文化类型。在人员导向型文化下，企业存在的目的主要是为其成员的需要服务，企业是其员工的下属，企业的生存也依赖于员工。题干中“员工根据个人的爱好、专长和成长需要，自主选择从事建筑设计、室内装潢、城市雕塑和壁画制作等工作，公司则为员工的工作需要提供必要的服务”，说明企业存在的目的是为其成员的需要服务，企业是其员工的下属，企业的生存也依赖于员工，符合人员导向型企业文化的含义和特征。因此选项D正确。

思维拓展

详见2021年单项选择题第5题。

坑点提示

本题容易踩坑的是选项C“任务导向型”。因题干中有“专长”字眼，任务导向型企业文化中员工专长是个人权力和职权的主要来源，考生有可能会误选“任务导向型”。本题的关键信息在于“公司为员工的工作需要提供必要的服务”，虽然提及“专长”，但描述的是“员工根据个人的爱好、专长和成长需要，自主选择所从事的工作”，不属于给员工带来权力或职权，因此不属于“任务导向型”。

和“人员导向型”都涉及对员工的论述，需要对这两种企业文化类型的原文表述很熟悉才能作出正确判断。

抢分秘籍

四种文化类型的权力来源不同，权力导向型是因“个人”而有权力，角色导向型是因“角色或职位”而有权力，任务导向型是因“员工专长”而有权力，人员导向型没有权力，企业是为成员的需要服务。

历年考情

2018年单项选择题第5题考查了人员导向型企业文化类型，与本题完全类似。

22.越达公司是合成橡胶、合成树脂等石化类产业的龙头企业。2017年，该公司启动新的战略变革，将公司在原产业领域积累的高分子技术应用到光化学和有机合成化学领域，使业务内容扩大到半导体制造材料、显示器材料等领域，同时进行了广泛的组织结构调整。此次战略变革得到公司上下一致认同和支持。该公司处理企业战略稳定性与文化适应性的关系应（　　）。

A.以企业使命为基础　　B.加强协同作用

C.根据文化进行管理　　D.重新制定战略

【本题答案】A

【本题解析】本题考查战略稳定性与文化适应性矩阵。战略的稳定性反映企业在实施一个新的战略时，企业的结构、技能、共同价值、生产作业程序等各种组织要素所发生的变化程度；文化适应性反映企业所发生的变化与企业目前的文化相一致的程度。“进行了广泛的组织结构调整”，说明组织要素变化多；“此次战略变革得到公司上下一致认同和支持”，说明这种变化与目前的文化具有较大的潜在一致性。“组织要素变化多，与文化潜在一致性大”，应“以企业使命为基础”，因此选项A正确。

审题要点

本题关键词是“广泛的组织结构调整”“得到公司上下一致认同和支持”。由题干中，该公司新的战略变革属于“组织要素变化多，与文化的一致性大”，应“以企业使命为基础”。本题的关键在于熟悉“战略稳定性与文化适应性矩阵”四个象限的判断和相应的措施。

思维拓展

详见2022年单项选择题第6题。

抢分秘籍

本题考查考生对知识点的熟练程度。根据战略稳定性与文化适应性矩阵四个象限的特点，结合题干中“广泛的组织结构调整。此次战略变革得到公司上下一致认同和支持”典型“双高”的特点，可以直接判断应以“以企业使命为基础”。

历年考情

详见2022年单项选择题第6题。

23.国内大型制冷设备制造商西奥公司拟在欧洲N国建立生产基地并雇佣当地操作员工。当得知N国劳动者工资水平高且经常在工会支持下提出增加福利的要求后，西奥公司修改了投资和建设方案，所需操作

审题要点

本题关键词是“拟雇佣”“修改方案”“机器人代替”。由题干知，西奥公司在矛盾发生之前，预先采取措施避免了矛盾的出现，属于规避。本题的关键在于理解并熟悉战略决策与实施过程中权力运用的五种方式。

员工全部由机器人代替。西奥公司在战略决策与实施过程中的行为方式是（　　）。

A. 对抗　　B. 折中

C. 协作　　D. 规避

【本题答案】D

【本题解析】本题考查在战略决策与实施过程中的权力运用，即利益相关者对待矛盾与冲突的行为模式。规避模式是指不坚定行为与不合作行为的组合。以时机选择的早晚来区分，规避模式可分为两种情况：一种是当预期将要发生矛盾与冲突时，通过调整来躲避冲突；另一种情况是当矛盾与冲突实际发生时主动或被动撤出。根据题干，“西奥公司当得知N国劳动者工资水平高且经常在工会支持下提出增加福利的要求后，西奥公司修改了投资和建设方案，所需操作员工全部由机器代替”，属于当预期将发生矛盾冲突时，主动放弃雇佣当地员工，通过调整躲避了冲突。因此选项D正确。

思维拓展

详见2022年多项选择题第2题。

抢分秘籍

熟记利益相关者处理矛盾与冲突行为模式的两个维度、五种类型以及常见表现。

历年考情

2018年单项选择题第24题考查了对抗这一行为模式、2015年单项选择题第10题考查了和解这一行为方式，可与本题结合进行对比学习。

审题要点

本题关键词是“运营资本”“风险资本”。本题的关键在于理解运营资本和风险资本的含义，并掌握“生存概率=1-资金需求概率”。

24. 甲公司每年最低运营资本是5 000万元，有10%的可能性维持运营需要5 800万元；有5%的可能性维持运营需要6 200万元。若甲公司风险资本为1 000万元，则该公司的生存概率为（　　）。

A. 10%　　B. 90%

C. 90%~95%　　D. 95%以上

【本题答案】C

【本题解析】本题考查风险资本理财措施。风险资本即除经营所需的资本之外，公司还需要额外的资本用于补偿风险造成的财务损失。当风险资本为800万元时，其生存概率是90%；当风险资本为1 200万元时，其生存概率是95%。因此，当风险资本为1 000万元时，其生存概率在90%~95%，选项B正确。

思维拓展

详见2022年多项选择题第10题。

抢分秘籍

理解风险资本的含义即能作出正确判断。运营资本 + 风险资本 = 5 000+1 000=6 000万元，介于5 800和6 200万元之间，因此其生存概率介于两者之间，即90%~95%。

历年考情

风险理财措施是近年来考试频率较高的一个知识点，如2020年单项选择题第12题考查了专业自保的优点、2019年单项选择题第19题考查了风险资本、2018年多项选择题第1题考查了应急资本等，可以结合起来对比复习。

二、多项选择题（本题型共14小题，每小题1.5分，共21分。每小题均有多个正确答案，请从每小题的备选答案中选出你认为正确的答案，用鼠标点击相应的选项。每小题所有答案选择正确的得分，不答、错答、漏答均不得分。）

1.凯阳公司拥有发电设备制造、新能源开发、电站建设和环保4部分业务，这些业务的市场增长率依次为5.5%、11%、5%和13%，相对市场占有率依次为1.3、1.1、0.8和0.2。根据波士顿矩阵原理，上述4部分业务中，可以视情况采取收割战略的有（　　）。

A.发电设备制造业务　　B.新能源开发业务

C.电站建设业务　　D.环保业务

审题要点

本题关键词是“市场增长率”“相对市场占有率”“波士顿矩阵”“收割战略”。可以视情况采取收割战略的有处境不佳的“现金牛”、没有发展前途的“问题”和“瘦狗”三类业务。本题的关键在于能根据市场增长率和相对市场占有率准确判断业务类型，并熟悉可以视情况采取收割战略的三类业务。

【本题答案】ACD

【本题解析】本题考查波士顿矩阵的运用。根据波士顿矩阵原理，发电设备制造业务市场增长率低而相对市场占有率高，属于现金牛业务；新能源开发业务市场增长率高且相对市场占有率高，属于明星业务；电站建设业务市场增长率低且相对市场占有率低，属于瘦狗业务；环保业务市场增长率高而相对市场占有率低，属于问题业务。根据波士顿矩阵运用分析，对处境不佳的“现金牛”类业务及没有发展前途的“问题”类业务和“瘦狗”类业务应视具体情况采取收割战略。因此，选项A、C、D正确。

思维拓展

详见2022年单项选择题第8题。

抢分秘籍

熟悉波士顿矩阵两个维度和四种业务类型的判断依据即可轻松作出正确的判断。

历年考情

波士顿矩阵原理是非常重要的知识点，几乎每年必考。如2020年多项选择题第1题考查了波士顿矩阵的运用视情况可以采取收割战略的业务类型、2019年单项选择题第2题考查了现金牛业务的负责人、2018年单项选择题第9题考查了问题类业务适宜的管理组织、2017年单项选择题第1题考查了波士顿矩阵业务类型的判断、2016年单项选择题第8题考查了波士顿矩阵问题类业务的判断等。

2.滦河公司是一家大型能源集团，拥有分别从事煤矿开采、炼焦、发电等业务的多家子公司。面对煤炭产能过剩销售困难的局面，该公司管理层提出放弃煤矿开采业务，但此举将使大量煤炭采掘设备废弃，下岗工人生活和重新安置费用短期内难以解决，炼焦、发电等业务原料来源的稳定性将受到影响，因此遭到各个子公司员工的质疑、不满甚至反对。滦河公司的煤矿开采业务**面临的退出障碍**有（　　）。

审题要点

本题关键词是“放弃”“设备废弃”“费用难以解决”“原料来源受到影响”“质疑、不满甚至反对”。本题的关键在于理解和熟悉收缩战略面临的五种退出障碍。

A.感情障碍　　B.内部战略联系

C.退出成本　　D.固定资产的专用性程度

【本题答案】ABCD

【本题解析】本题考查收缩战略的退出障碍。“此举将使大量煤炭采掘设备废弃”，体现了固定资产的专用性程度；“下岗工人生活和重新安置费用短期内难以解决”，体现了退出成本；“炼焦、发电等业务原料来源的稳定性将受影响”，体现了内部战略联系；“遭到各个子公司员工的质疑、不满甚至反对”，体现了感情障碍。因此，选项A、B、C、D均正确。

思维拓展

采用收缩战略面临的退出障碍包括：

（1）固定资产的专用性程度；（2）退出成本，即付出的代价，如劳工协议、员工补偿、重新安置成本、备件维修能力等；（3）内部战略联系；（4）感情障碍，如管理人员和职工的反对和抵触等；（5）政府与社会约束。

抢分秘籍

熟悉收缩战略的五种退出障碍即可。

历年考情

收缩战略是非常重要的高频考点，几乎年年必考。如2019年多项选择题第14题考查了收缩战略的方式、2018年多项选择题第14题考查了收缩战略的判断；2016年多项选择题第1题考查了收缩战略的退出障碍，与本题完全类似，可以结合对比学习。

3.为共同推进国内某市5G生态产业集群的发展，鹏霄电信公司与东序软件公司达成战略合作协议，前者作为基础网络和电信服务供应商，提供基础通信、流量入口、运营平台建设保障；后者作为技术供应商，负责该市智慧园区、工业互联网、“5G+光网双千兆”标杆园区、云计算应用等领域的场景落地。下列各项中，属于上述两个公司结成的**战略联盟的特征**有（　　）。

审题要点

本题关键词是“战略合作协议”。本题的关键在于能准确判断出该联盟属于“契约式战略联盟”，并熟悉“契约式战略联盟”和“股权式战略联盟”五个方面特点的区别。

A.双方在经营上具有较强的灵活性和自主权

B.组织效率较高

C.双方具有较好的信任感和责任感

D.联盟内成员之间的沟通不充分

【本题答案】AD

【本题解析】本题考查战略联盟的特征。“鹏霄电信公司与东序软件公司达成战略合作协议”，说明联盟鹏霄电信公司与东序软件公司达成的是契约式战略联盟。与股权式战略联盟相比，契约式战略联盟双方在经营上具有较强的灵活性和自主权，但沟通不够充分，组织效率低下，信任感和责任感也较差。因此选项A、D正确，选项B、C错误。

思维拓展

从股权参与和契约联结的方式角度，可以把战略联盟划分成合资企业、相互持股投资和功能性协议。其中，合资企业、相互持股投资统称为股权式联盟，功能性协议被称为契约式联盟。

（1）合资企业是指将各自不同的资产组合在一起进行生产，共担风险和共享收益。（2）相互持股投资是指联盟成员之间通过交换彼此的股份而建立起一种长期的相互合作的关系。（3）功能性协议是指企业之间决定在某些具体的领域进行合作。

股权式联盟与契约式联盟的主要区别

比较内容	股权式联盟	契约式联盟
初始投入及灵活性	初始投入较大，转置成本较高，投资难度大，灵活性差	不存在初始投入或转置成本，具有较好的灵活性
经济实体	组成具有法人地位的经济实体，对资源配置、出资比例、管理结构和利益分配均有严格规定	无须组成经济实体，也无须常设机构，结构比较松散
经营自主权	依出资多少有主次之分，且对各方资金、技术水平、市场规模、人员配备等有明确的规定，股权大小决定着发言权的大小	地位平等，相互依赖，并在经营中保持相对独立性
利益分配方面	按出资比例分配	获取各自的收益
双方信任感和组织稳定性方面	有利于扩大企业资金实力，增强双方的信任感和责任感，更利于长久合作	对联盟的控制能力较差，缺乏稳定性和长远利益，成员之间的沟通不充分，组织效率低下

抢分秘籍

看到“战略合作协议”即可判断出属于契约式战略联盟，再根据契约式战略联盟和股权式战略联盟的特点，就可以选出正确答案。

历年考情

2019年单项选择题第17题考查了契约式战略联盟的特点、2016年多项选择题第2题考查了股权式战略联盟的特点，可与本题结合进行对比学习。

4.欣馨公司是某市一家向公众开放的花卉种植和销售企业，平时采用自动化设备培植、出售当地居民喜爱的兰花、绿萝等花卉；每逢节日前夕，便向市场推出富有节庆意义的花卉，同时接受并满足顾客观看公司业务流程后所提出的个性化定制要求。该公司的**生产运营战略所涉及的主要因素**有（　　）。

> **审题要点**
> 本题关键词是“自动化设备培植”“居民喜爱的花卉”“节庆意义花卉”“观看”“个性化定制”。本题的关键在于熟悉生产运营战略涉及的四个因素。

A.批量　　B.种类

C.需求变动　　D.可见性

【本题答案】ABCD

【本题解析】本题考查生产运营战略的主要因素。“自动化设备培植”体现了批量因素；“出售当地居民喜爱的兰花、绿萝等花卉”体现了种类因素；“每逢节日前夕，便向市场推出富有节庆意义的花卉”同时体现了种类和需求变动因素；“接受并满足顾客观看公司业务流程后所提出的个性化定制要求”同时体现了可见性和种类因素。因此，选项A、B、C、D均正确。

思维拓展

详见2022年多项选择题第15题。

坑点提示

本题的坑点在于题干一句话可能同时体现两种因素，例如，“每逢节日前夕，便向市场推出富有节庆意义的花卉”同时体现了种类和需求变动因素；“接受并满足顾客观看公司业务流程后所提出的个性化定制要求”同时体现了可见性和种类因素。

历年考情

近五年来，生产运营战略所涉及的主要因素是第一次考查。

5.国内从事有色金属矿产地质勘探的艾地公司于2017年横向收购了N国的纳奇公司。N国政府只允许本国企业从事贵金属矿产的勘探，因此，这次收购使艾地公司获得N国储量丰富的黄金矿产的勘探权。此后艾地公司留用了纳奇公司经验丰富的管理层。艾地公司向N国投资的动机有（　　）。

A.寻求市场　　　　B.寻求效率

C.寻求资源　　　　D.寻求现成资产

> **审题要点**
> 本题关键词是“横向收购”“获得勘探权”“留用管理层”。本题的关键在于熟悉国际化经营的四个动机，并理解寻求市场和寻求资源之间的不同。

【本题答案】AD

【本题解析】本题考查企业国际化经营动机。企业国际化经营动机包括四方面：寻求市场、寻求效率、寻求资源和寻求现成资产。“这次收购使艾地公司获得N国储量丰富的黄金矿产的勘探权”，而艾地公司原本是在国内从事有色金属矿产地质勘探业务，现在通过横向并购能够到N国去从事黄金矿产勘探，拓展了其业务范围，属于寻求市场；“留用了纳奇公司经验丰富的管理层”属于寻求现成资产。因此，选项A、D正确。

思维拓展

企业国际化经营动因有四个：寻求市场、寻求效率、寻求资源和寻求现成资产。

企业国际化经营动因

国际化经营动因	主要表现
寻求市场	形成区域内和发展中国家内部的外国直接投资
寻求效率	相对较先进的发展中国家到跨国公司进行对外直接投资
寻求资源	获取战略性资产，主要是自然资源
寻求现成资产	获取发达国家企业的品牌、先进技术与管理经验等现成资产

坑点提示

本题的坑点在于选项C“寻求资源”。题干有“黄金矿产”字眼，有考生会认为这是一项金属资源，从而选择“寻求资源”。但仔细分析题干可以发现，艾地公司原本在国内从事的是金属勘探业务，现在通过收购不是为了获得丰富的黄金矿产，而是为了获得N国黄金矿产的勘探权，从而使其能够在N国开展金属勘探业务，拓展了市场空间，因此属于“寻求市场”。

抢分秘籍

熟悉企业国际化经营的四个动机即可。

历年考情

企业国际化经营动机是重要的高频考点，如2018年多项选择题第5题考查了企业国际化经营的寻求市场、效率和现成资产三个动机、2017年单项选择题第21题考查了寻求现成资产这一动机，可结合进行对比学习。

审题要点

本题关键词是“财务指标绩效评价”。本题的关键在于熟悉使用财务比率评价的八个局限性。

6.甲公司采用流动比率、资产负债率等财务指标进行绩效评价。下列各项中，属于甲公司上述做法的局限性的有（　　）。

A.鼓励短期行为　　B.难以进行项目比较

C.忽视战略目标　　D.比率不可以用作目标

【本题答案】AC

【本题解析】本题考查企业业绩的财务衡量指标的局限性。使用比率评价的局限性：①可比信息的可获得性；②历史信息的使用；③比率不是一成不变的；④需要仔细解读；⑤被扭曲的结果；⑥鼓励短期行为；⑦忽略战略目标；⑧无法控制无预算责任的员工。因此，选项A、C正确。

注：本题涉及的知识点现已修订，对使用比率评价的八条局限性

从文字上进行了改编，见“思维拓展”。

思维拓展

1. 使用比率评价的局限性

①信息获取存在困难；②信息的使用存在局限性，如遇通胀或突发事件等；③比率在各个行业的理想标准不同；④比率有时不能准确反映真实情况；⑤比率有时体现的是被扭曲的结果；⑥可能鼓励短期行为；⑦可能忽略其他战略要素，如顾客服务和创新；⑧激励、控制的人员范围有限，特别是对于那些对财务结果无任何责任的人员。

2. 使用比率来进行绩效评价的主要原因

①通过比较不同时期的相应比率可以很容易地发现这些比率的变动；②相对于实物数量或货币的绝对数值，比率是相对值，对于企业业绩的衡量更为合适；③比率适合用作业绩目标，既简明又易于理解；④比率提供了总结企业业绩和经营成果的工具和方法，并可在同类企业之间进行比较。

历年考情

使用比率来进行绩效评价的局限性是冷门考点，近五年来是第一次考查。

7. 国内光纤光缆生产商海王公司抓住大数据时代来临的机遇，从“制造”迈向“智造”。该公司通过自动化和信息化不断融合，搭建数字化的链接通道，打通市场调研、研发、供给、生产、管控、销售等各个环节，实现定制化产品以销定产、自动化制造和智能化运营，同时对所有客户的信用动态、支付能力进行实时追踪，防范货款拖欠风险。下列各项中，属于在大数据时代海王**公司战略转型的主要方面**的有（　　）。

> **审题要点**
> 本题涉及的知识点现已删除。

A. 市场调研与预测　　B. 营销管理

C. 生产管理　　D. 应收账款管理

【本题答案】ABCD

【本题解析】本题考查大数据对战略转型的主要方面。本题涉及的知识点现已删除。

8. 吉兴公司在完成上市融资后，着手进行战略变革，针对消费潮流的变化推出多种新业务，从一家电子商务公司转型为集网购、物流、智能家居产品制造、金融为一体的公司。该公司所实施的**战略变革的类型**

> **审题要点**
> 本题涉及的知识点现已删除。

有（　　）。

A.技术变革

B.产品和服务变革

C.结构和体系变革

D.人员变革

【本题答案】ABCD

【本题解析】本题考查战略变革类型。本题涉及的知识点现已删除。

9.英华公司是一家从事少儿智力开发的企业。该企业成立十几年来，凭借其自主研发的独特高效的教育训练方法、国内一流的少儿智力开发团队和多年打造出的“英华”品牌，在业内一直占据龙头地位。随着业务量的持续快速增加，该企业在保持营业收入和利润不断增长的同时，逐渐把收费降到行业最低水平，使许多试图进入该行业的企业望而却步。英华公司给潜在进入者设置的进入障碍有（　　）。

审题要点

本题关键词是“自主研发”“品牌”“龙头”“不断增长”“收费降到最低”。本题的关键在于熟悉贝恩归纳的三种进入障碍，并理解“规模经济”和“限制进入定价”的含义。

A.限制进入定价　　B.规模经济

C.现有企业的市场优势　　D.现有企业对关键资源的控制

【本题答案】BCD

【本题解析】本题考查产业五力竞争分析中潜在进入者的结构性进入障碍。根据贝恩的理论，潜在进入者的结构性进入障碍包括三类：规模经济、现有企业对关键资源的控制、现有企业的市场优势。“随着业务量的持续快速增加，该企业在保持营业收入和利润不断增长的同时，逐渐把收费降到行业最低水平”，说明随着业务量的增加，其单位成本得到了降低，属于规模经济，选项B正确；“多年打造出的‘英华’品牌，在业内一直占据龙头地位”，属于现有企业的市场优势，选项C正确；“凭借其自主研发的独特高效的教育训练方法、国内一流的少儿智力开发团队”，属于现有企业对关键资源的控制，选项D正确。因此，选项B、C、D为正确答案。

思维拓展

详见2022年单项选择题第7题。

坑点提示

本题的坑点在于选项A“限制进入定价”。题干中有“逐渐把收费降到行业最低水平，使许多试图进入该行业的企业望而却步”字样，容易让考生误认为属于“限制进入定价”。但仔细分析可以发现，限制进入定价属于行为性障碍，强调对竞争对手的"主动进攻"。本题中，虽然英华公司降低收费后，使"很多试图进入的企业望而却步"，但这是收费降到行业最低水平后的结果，并非"主动进攻"的结果。此外，题干中"随着业务量的持续快速增加，该企业在保持营业收入和利润不断增长的同时，逐渐把收费降到行业最低水平"，说明随着业务量的增加，其单位成本得到了降低，利润实现了增长，符合规模经济的定义。

历年考情

产业五种竞争力分析理论是非常重要的知识点，几乎每年必考。如2019年多项选择题第11题考查了进入新产业所面临的结构性障碍、2017年单项选择题第14题考查了给潜在进入者设置的进入障碍。此外，产业五种竞争力分析理论中购买商和供应商讨价还价能力大小的判断以及五种力量的综合辨析也是考核频率较高的知识点，如2019年多项选择题第3题考查了对于采购商讨价还价能力的大小辨析、2018年多项选择题第2题考查了产业五种竞争力量的辨析、2016年单项选择题第18题考查了产业五力竞争分析中供应商讨价还价能力的大小辨析，可以与本题结合进行对比学习。

10.富和矿业公司于2013年收购了Y国一座铁矿，预计5年后收回成本并盈利。后来发现这座铁矿的储量和矿石出铁率低于预期，且所处地质环境复杂，开采成本和运输费用超出预算1倍以上。2018年底，该铁矿的运营出现严重收不抵支，富和矿业公司向当地银行申请贷款，但由于Y国有限制外资贷款的法律未果，公司被迫宣布该铁矿倒闭。富和矿业公司上述收购失败的原因有（　　）。

审题要点

本题关键词是"低于预期""超出预算""收不抵支""限制外资贷款"。本题的关键在于熟悉并购失败的四个原因，并理解隐含在题干中的"支付过高的并购费用"的意思。

A.决策不当　　B.并购后不能很好地进行企业整合

C.支付过高的并购费用　　D.跨国并购面临政治风险

【本题答案】ACD

【本题解析】本题考查并购失败的原因。"预计5年后收回成本并盈利。后来发现这座铁矿的储量和矿石出铁率低于预期，且所处地质环境复杂，开采成本和运输费用超出预算1倍以上。2018年底，该铁矿的运营出现严重收不抵支"，同时体现了决策不当和支付过高的并购费用；"富和矿业公司向当地银行申请贷款，但由于Y国有限制外资贷款的法律未果，公司被迫宣布该铁矿倒闭"，体现了跨国并购面临政治风险。因此，选项A、C、D正确。本题并未涉及任何关于并购后的整合信息，因此选项B错误。

思维拓展

1.并购失败的原因

（1）决策不当；（2）并购后不能很好地进行企业整合；（3）支付过高的并购费用；（4）跨国并购面临政治风险。

2.防止并购失败措施

（1）避免决策不当的并购；（2）注重整合，尤其是企业文化整合；（3）对并购对象进行合理的价值评估；（4）防范东道国的政治风险。具体有三条措施：①加强对东道国的政治风险评估，完善动态监测和预警系统；②采取灵活的国际投资策略，构筑风险控制的坚实基础；③实行企业当地化策略，减少与东道国之间的矛盾和摩擦。

坑点提示

本题的坑点在于选项B“支付过高的并购费用”，本题题干中并没有直接给出关于“支付过高的并购费用”的信息，因此很多考生认为选项B错误。但仔细分析可以发现，这一信息其实是隐含在题干中的。“预计5年后收回成本并盈利，后来发现这座铁矿的储量和矿石出铁率低于预期”，一方面表明按最初的预计，5年后是可以收回成本并盈利，但预期没有实现，属于“决策不当”；另一方面，“储量和矿石出铁率低于预期”，隐含了按实际的储量和出铁率，原先支付的并购费用太高了。因此选项B“支付过高的并购费用”正确。

历年考情

2018年多项选择题第13题考查了并购失败的原因，和本题类似，可以进行对比分析。

11.创维公司是一家拥有3 000多名员工的高科技企业，该公司的组织结构从上至下分为总经理、部门经理、一线管理人员和基层员工4个层次。根据组织纵向分工结构理论，创维公司采用的组织结构通常具有的特征有（　　）。

审题要点

本题关键词是“3 000多名员工、4个层次”。3 000多名员工的企业平均管理层次一般为7个层级，如果低于7层则为扁平型结构。本题的关键在于能判断出属于扁平型结构，并熟悉其优缺点。

A.可以及时反映市场的变化　　B.企业管理费用会大幅度增加

C.容易造成管理的失控　　D.企业战略难以实施

【本题答案】AC

【本题解析】本题考查扁平型纵向分工组织结构的特征。从实际管理来看，拥有3 000名员工的企业平均管理层次一般为7个层级。“创维公司是一家拥有3 000多名员工的高科技企业，该公司的组织结构从上至下分为总经理、部门经理、一些管理人员和基层员工4个层次”，表明创维公司的纵向组织结构属于扁平型组织结构。其优点是：（1）管理层次较少，控制幅度较宽；（2）可以及时反映市场变化，并作出相应的反应。其缺点是容易造成管理失控。因此选项A、C正确。企业管理费用会大幅度增加和企业战略难以实施是高长型组织结构的特点，故选项B、D错误。

思维拓展

详见2021年单项选择题第7题。

抢分秘籍

熟悉扁平型结构的优缺点即可。

历年考情

组织结构是非常重要的高频考点，但主要考核横向分工结构，纵向分工结构考核较少。如2020年多项选择题第11题考查了扁平型纵向结构的特征，与本题基本相似；2020年单项选择题第20题考查了H型组织结构的判断、2019年多项选择题第4题考查了事业部制组织结构的优点、2018年单项选择题第18题考查了职能制组织结构的判断、2017年单项选择题第7题考查了矩阵制组织结构等，可以结合对比学习。

12.新业影视公司于2019年底推出一档贺岁片。该片公映前，公司召开新片发布会，全体创作人员、导演和阵容强大的主要演员集体在媒体和影视界嘉宾前亮相，宣称此片将“进军奥斯卡”。公司在会上散发了该片的精彩剧照，透露了令人捧腹的拍摄花絮，并请与会人员免费观看了该片的首映。新业影视公司采用的**促销策略组合要素**有（　　）。

> **审题要点**
> 本题关键词是“新片发布会”“亮相”“散发、透露、免费观看”。本题的关键在于熟悉促销策略组合四要素的含义和常见表现。

A.广告促销　　B.营业推广

C.公关宣传　　D.人员推销

【本题答案】BCD

【本题解析】本题考查促销策略组合四要素。促销策略组合四要素包括广告、营业推广、公关宣传和人员推销。“公司在会上散发了该片的精彩剧照，透露了令人捧腹的拍摄花絮，并请与会人员免费观看了该片的首映”属于营业推广，选项B正确；“公司召开新片发布会”属于公关宣传，选项C正确；“全体创作人员、导演和阵容强大的主要演员集体在媒体和影视界嘉宾前亮相，宣称此片将‘进军奥斯卡’”属于人员推销，选项D正确。本题没有涉及广告促销这一要素，因此选项B、C、D正确。

思维拓展

详见2021年多项选择题第12题。

坑点提示

本题可能的坑点在于选项A“广告促销”。题干中有“在媒体前亮相”字样，有同学会误认为是“广告促销”。但广告促销是在媒体上投放广告，使潜在客户对企业产品和服务产生良好印象。题干中只是在媒体前亮相，并不是在媒体上投放广告，故不属于广告促销。

历年考情

2018年多项选择题第3题考查了促销策略组合要素，与本题完全类似。

13.卓力公司是一家汽车玻璃生产企业，拟在S国投资建立汽车玻璃生产基地，并对S国的相关环境进行了分析。卓力公司所做的下列分析中，符合钻石模型四要素分析要求的有（　　）。

审题要点

本题关键词是“钻石模型四要素”。本题的关键在于熟悉钻石模型四要素以及PEST四因素。

A. S国的汽车玻璃业发展落后，仅有一家本国汽车玻璃生产企业，其他国家的汽车玻璃生产企业尚未进入

B. S国的土地租金和电力价格长期处于较低水平

C. S国政府鼓励并支持该国汽车玻璃业的发展

D. S国的汽车制造业处于成长期

【本题答案】ABD

【本题解析】本题考查钻石模型四要素。钻石模型四要素包括生产要素、需求条件、相关与支持性产业、企业战略、企业结构和同业竞争。选项A属于企业战略、企业结构和同业竞争，选项B属于生产要素，选项D属于需求条件，因此选项A、B、D正确。选项C是政府的政策，属于PEST分析内容而不属于钻石模型四要素内容。

思维拓展

钻石模型包括四个要素：生产要素、需求条件、相关与支持性产业、企业战略、企业结构和同业竞争。

抢分秘籍

钻石模型四要素经常和PEST模型四因素放在一起考查，考生只要熟悉四要素和四因素，就能对两者加以准确辨析。

历年考情

钻石模型四要素是近年来考试频率较高的一个知识点，如2019年多项选择题第7题、2018年单项选择题第2题均考查了钻石模型四要素，与本题完全一致，可以对比复习。

14. 甲公司在加强风险管理过程中采取了下列做法，其中符合我国《企业内部控制基本规范》关于信息与沟通要素要求的有（ ）。

> **审题要点**
> 本题关键词是“信息与沟通要素”。本题的关键在于熟悉我国内控基本规范关于信息与沟通要素六方面要求的内容。

A. 加强法制教育，建立健全法律顾问制度和重大法律纠纷案件备案制度

B. 建立反舞弊机制，坚持惩防并举、重在预防的原则

C. 建立举报投诉制度和举报人保护制度

D. 建立重大风险预警机制和突发事件应急处理机制

【本题答案】BC

【本题解析】本题考查信息与沟通要素要求。我国《企业内部控制基本规范》关于信息与沟通要素要求有六条，建立反舞弊机制、建立举报投诉制度和举报人保护制度属于其中的内容，因此选项B、C正确；法制教育属于控制环境要素的要求，建立重大风险预警机制和突发事件应急处理机制属于控制活动要素的要求，因此选项A、D错误。

思维拓展

我国《企业内部控制基本规范》关于信息与沟通要素要求有六条，包括：

（1）企业应当建立信息与沟通制度，明确内部控制相关信息的收集、处理和传递程序，确保信息及时沟通，促进内部控制有效运行。

（2）企业应当对收集的各种内部信息和外部信息进行合理筛选、核对、整合，提高信息的有用性。

（3）企业应当将内部控制相关信息在企业内部各管理级次、责任单位、业务环节之间以及企业与外部投资者、债权人、客户、供应商、中介机构和监管部门等有关方面之间进行沟通和反馈；信息沟通过程中发现的问题，应当及时报告并加以解决；重要信息应当及时传递给董事会、监事会和经理层。

（4）企业应当利用信息技术促进信息的集成与共享，充分发挥信息技术在信息与沟通中的作用。企业应当加强对信息系统开发与维护、访问与变更、数据输入与输出、文件储存与保管、网络安全等方面的控制，保证信息系统安全稳定运行。

（5）企业应当建立反舞弊机制，坚持惩防并举、重在预防的原则，明确反舞弊工作的重点领域、关键环节和有关机构在反舞弊工作中的职责权限，规范舞弊案件的举报、调查、处理、报告和补救程序。

（6）企业应当建立举报投诉制度和举报人保护制度，设置举报专线，明确举报投诉处理程序、办理时限和办结要求，确保举报、投诉成为企业有效掌握信息的重要途径。举报投诉制度和举报人保护制度应当及时传达至全体员工。

抢分秘籍

内部控制有五个要素，各有各的要求。其中常考的有控制环境、控制活动和信息与沟通。

控制环境主要关注：（1）董事会负责内部控制的建立健全和有效实施，监事会对董事会建立与实施内部控制进行监督，经理层负责组织领导企业内部控制的日常运行，企业应当成立专门机构或者指定适当的机构具体负责组织协调内部控制的建立实施及日常工作；（2）在董事会下设立审计委员会；（3）设置内部机构，明确职责权限，将权利与责任落实到各责任单位；（4）加强内部审计工作；（5）制定和实施有利于企业可持续发展的人力资源政策；（6）加强文化建设；（7）加强法制教育等。

控制活动主要关注“不相容职务分离控制、授权审批控制、会计系统控制、财产保护控制、预算控制、运营分析控制和绩效考评控制”七条措施及“建立重大风险预警机制和突发事件应急处理机制”。

信息与沟通主要关注一个机制和两个制度，即“建立反舞弊机制”及“建立举报投诉制度和举报人保护制度”。

历年考情

内部控制五要素的要求是近年来比较重要的高频考点，如2019年单项选择题第6题考查了内控控制环境要素的判断、2018年多项选择题第10题考查了内控控制五要素的辨析、2017年单项选择题第6题考查了内控控制环境要素的判断等，可以与本题结合对比学习。

三、简答题（本题型共4小题30分）

1.（本小题6分）

“达达出行”创建于2012年。经过几年的发展，“达达出行”从一个出租车打车软件平台，成长为涵盖出租车、专车、快车、顺风车、代驾及大巴等多项业务的一站式出行平台。

“达达出行”的顺风车业务定位于“共享出行”，旨在进一步释放闲置车辆的利用效率。为了调动广大车主和乘客参与的积极性，“达达出行”有意突出了其社交属性，“就像咖啡馆、酒吧一样，私家车也能成为一个半公开、半私密的社交空间”。然而，这一思路给达达顺风车业务带来了灾难性的后果。

2018年5月和8月，达达顺风车连续两次发生了女乘客被车主杀害事件，引发**社会舆论**轩然大波。有关**政府部门**在第一时间**约谈**“达达出行”，**责令全面整改**。在“达达出行”承诺给予被害者**巨额赔偿后**，国内一家**主流报刊发文评论**，“生命安全是人类最基本的需求，网络平台不能把资本思维凌驾于公共利益之上”。随后“达达出行”发布公告，自8月27日起下线全国顺风车业务，进行**内部整改**。之后，达达顺风车开展了多项整改措施。

（1）**调整产品定位和属性**。坚决摒弃社交思路，回归顺风车“顺路”属性。达达顺风车永久下线用户真实头像、性别等个人信息展示；限制车主接单次数，确保无法挑单；去掉非行程相关的评价标签，防止隐私泄露等。

审题要点

关键词：社会舆论。表明达达出行承担了道德责任，体现了其面临的合规风险。

审题要点

关键词：政府部门约谈、责令整改。表明达达出行承担了行政责任，体现了其面临的合规风险。

审题要点

关键词：巨额赔偿。表明达达出行承担了民事责任，体现了其面临的法律风险。

审题要点

关键词：主流报刊、评论。表明达达出行承担了道德责任，体现了其面临的合规风险。

审题要点

关键词：内部整改。这段话表明达达出行内部经营机制不顺、决策失误、管理不善等原因，使企业经营陷入困境，不得不采用防御措施，体现了达达出行实施收缩战略的原因是被动原因，顺风车业务失去竞争优势。

审题要点

关键词：调整产品定位和属性。表明达达出行调整了产品定位和属性，属于收缩战略中“转向”战略中的“重新定位或调整现有的产品和服务”方式。

（2）完善安全管理控制体系。达达顺风车安全管理优化了226项功能，聚焦真正顺路、真实身份核实以及全程的安全防护。

审题要点

关键词：安全管理控制体系。表明达达出行重新制定了新的政策和管理控制系统，属于收缩战略中“紧缩与集中”战略中的“机制变革”方式。

（3）改善激励机制与约束机制，打造友善出行环境。达达顺风车将原有的“信任值”升级为“行为分”，更有效地引导车主和乘客双方在平台上的“好行为”。同时，达达顺风车为用户每次行程免费提供最高120万元/人保额的驾乘人员意外险。

审题要点

关键词：激励机制与约束机制。表明达达出行改善了激励机制与约束机制，属于收缩战略中“紧缩与集中”战略中的“机制变革”方式。

审题要点

关键词：免费提供。这表明达达出行调整了营销策略，属于收缩战略中“转向”战略中的“调整营销策略”方式。

下线整改一年多后，2019年11月20日上午9：00起，达达顺风车终于开启试运营。

要求：

（1）简要分析“达达出行”在2018年所面临的法律与合规风险。

（2）简要分析“达达出行”实施收缩战略的原因和方式。

【本题答案】

（1）①合规风险侧重于行政责任和道德责任的承担。“达达出行”在2018年所面对的合规风险为“达达顺风车连续两次发生了女乘客被车主杀害事件，引发社会舆论轩然大波”“有关政府部门在第一时间约谈‘达达出行’，责令全面整改”“国内一家主流报刊发文评论，‘生命安全是人类最基本的需求，网络平台不能把资本思维凌驾于公共利益之上’”。

②法律风险则侧重于民事责任的承担。“达达出行”在2018年所面对的法律风险为“‘达达出行’承诺给予被害者巨额赔偿”。

（2）①“达达出行”实施收缩战略的原因是被动原因，企业（或企业某业务）失去竞争优势。由于企业内部经营机制不顺、决策失误、管理不善等原因，企业经营陷入困境，不得不采用防御措施。“这一思路给达达顺风车业务带来灾难性的后果……2018年5月和8月，达达顺风车连续两次发生了女乘客被车主杀害事件，引发社会舆论轩然大波，‘达达出行’发布公告，自8月27日起下线全国顺风车业务，进行内部整改”。

②“达达出行”实施收缩战略的方式包括：

A.紧缩与集中战略中的机制变革。包括：

a.重新制定新的政策和管理控制系统。“完善安全管理控制体系……”。

b.改善激励机制与约束机制。“改善激励机制与约束机制，打造友善出行环境……”。

B.转向战略。

a.重新定位或调整现有的产品和服务。“调整产品定位和属性。坚决摒弃社交思路，回归顺风车‘顺路’属性……”。

b.调整营销策略。“达达顺风车为用户每次行程免费提供最高120万元/人保额的驾乘人员意外险”。

思维拓展

（一）法律和合规风险

1.法律和合规风险的概念

法律风险是指企业在经营过程中因自身经营行为的不规范或者外部法律环境发生重大变化而造成不利法律后果的可能性。

合规风险是指因违反法律或监管要求而受到制裁、遭受金融损失以及因未能遵守所有适用法律、法规、行为准则或相关标准而给企业信誉带来损失的可能性。

2.法律风险与合规风险的区别

（1）法律风险侧重于民事责任的承担；（2）合规风险侧重于行政责任和道德责任的承担。

3.法律和合规风险考虑因素

（1）国内外与企业相关的政治、法律环境变化可能引发的风险；（2）影响企业的新法律法规和政策颁布可能引发的风险；（3）员工道德操守不当可能引发的风险；（4）企业签订重大协议和有关贸易合同的条款设计不当等可能引发的风险；（5）企业发生重大法律纠纷案件所引发的风险；（6）企业和竞争对手的知识产权可能引发的风险。

（二）实施收缩战略的原因和方式

收缩战略，又称为撤退战略，是指企业从目前的经营领域和基础上收缩，在一定时期内缩小原有经营范围和规模的战略。

1. 实施收缩战略的原因

（1）主动原因。一些企业选择收缩战略是为了满足企业战略重组的需要。即为了谋求更好的发展机会和较高的投资收益，将有限的资源配置到利用率、回报率更高的产品生产上，企业往往会主动采用收缩战略，调整业务组合，通过减少、压缩或停止某些产品的生产，筹措资金用于更为有利可图、更具发展潜力的产品生产。

（2）被动原因。一是外部环境原因，如宏观经济形势、产业周期、技术、政策、社会价值观或时尚等方面发生重大变化以及市场达到饱和、竞争行为加剧或改变等，导致企业赖以生存的外部环境恶化甚至出现危机。二是内部环境原因，即由于企业内部经营机制不顺、决策失误、管理不善等原因，使企业或企业某项业务经营陷入困境，失去竞争优势，因而不得不采用收缩战略。

2. 实施收缩战略的方式

（1）紧缩与集中战略。紧缩与集中战略往往着眼于短期效益，主要涉及采取补救措施制止利润下滑。具体做法有：

①机制变革，包括调整管理层领导机构、制定新的政策和建立新的管理控制系统；改善激励机制与约束机制等。

②财政和财务战略，如建立有效的财务控制系统，严格控制现金流量；与关键的债权人协商，重新签订偿还协议，甚至把需要偿付的利息和本金转换成其他的财务证券，如把贷款转换成普通股或可转换优先股等。

③削减成本战略，如削减人工成本、材料成本、管理费用；削减资产，如内部放弃或改租、售后回租等；缩小分部和职能部门的规模等。

（2）转向战略。转向战略涉及企业经营方向或经营策略的改变。具体做法有：

①重新定位或调整现有的产品和服务；②调整营销策略，包括在价格、促销、渠道等环节推出新的举措。

（3）放弃战略。放弃战略是将企业的一个或若干个部门出售、转让或停止经营。主要方式有：

①特许经营。指企业将其拥有的名称、商标、企业标志、专有技术、管理经验等经营资源特许给被特许企业使用，收取一次性付清的特许经营费用。

②分包。指企业作为分包方，通过招标方式让其他企业即承包方生产、经营本企业的某种产品或业务，并要求承包方按约定的时间、价格和数量向分包方提供产品或服务。

③卖断。指母公司将其所属的业务单位卖给另外一家企业，从而与该业务单位断绝一切关系，实现产权的彻底转移。

④管理层杠杆收购。指企业管理层将收购目标即本企业的资产作为债务抵押进行融资，买断本企业股权，从而达到控制、重组企业并获得产权收益的目的。

⑤拆产为股/分拆。指母公司通过将其在子公司所拥有的股份，按比例分配给母公司的股东，以多元持股的形式形成子公司的所有权，使子公司成为战略性的法人实体。

3.实施收缩战略的退出障碍

①固定资产的专用性程度；②退出成本；③内部战略联系；④感情障碍；⑤政府与社会约束。

抢分秘籍

1.理解法律风险和合规风险的区别，即法律风险侧重于民事责任的承担，而合规风险侧重于行政责任和道德责任的承担。

2.熟记实施收缩战略的两种原因、三种方式及其细分措施。

历年考情

2018年综合题第五小问考查了收缩战略的主要方式，与本题基本类似。

2.（本小题8分）

2003年，从国内名牌大学毕业的李轩开始以“眼镜肉店”老板的身份在X市农贸市场卖猪肉，成为备受关注的

“最有文化的猪肉佬”。多年的教育背景让李轩把卖猪肉这个生意做到了很高的水准，他从来不卖注水肉，品质不好的肉坚决不进货，也从不缺斤少两，慢慢地积攒了诚信经营的口碑，一天能卖出十几头猪。

2008年，李轩与同是经营猪肉生意的本校校友张生相识。张生于2007年在G市创办猪肉连锁店，同样因为“国内名牌大学”和“猪肉”的名号，引起众人关注。

李轩和张生开始联手打造“特号土猪”的猪肉品牌。他们自己养猪，自己卖猪。他们选择口感颇受国内百姓喜爱的优良土猪品种；猪场采用半开放式的大空间，让猪自由活动；猪场里设有音响，专门给猪听音乐。他们认为，猪和人一样，只有心情愉悦，才会长得又肥又壮，肉质也会更加鲜美。

“特号土猪”公司日益发展壮大。从2010年5月开始，李轩和张生凭着自己多年经营猪肉的经验，开办了培训职业屠夫的“屠夫学校”，培养目标是“通晓整个产业流程的高素质创新性人才”。“特号土猪”公司每年都会招聘应届大学生，经过“屠夫学校”40天培训，再派往各店铺工作。

2015年，“特号土猪”销量超过10亿元，成为国内土猪肉第一品牌。2016年，在互联网大潮引领下，“特号土猪”登陆国内最大电商平台，成为第一个面向大众消费者的“互联网+”猪肉品牌。线上与线下同时发力，“特号土猪”品牌影响力进一步扩展，销量也更上一

审题要点

关键词：诚信经营口碑。表明实施了“增加附加价值—提高产品差异化程度”；同时也表明其“具有很强的市场营销能力”这一实施差异化战略的资源和能力。

审题要点

关键词：连锁店。“创办猪肉连锁店”表明张生采取了“克服零散—获得成本优势”战略中的“连锁经营或特许经营”方式。

审题要点

关键词：品牌、优良品种、半开放式、自由活动、听音乐。表明实施了“增加附加价值—提高产品差异化程度”；同时也表明其“具有强大的研发能力和产品设计能力”这一实施差异化战略的资源和能力；此外，也表明其“具有从总体上提高某项经营业务的质量、树立产品形象、保持先进技术和建立完善分销渠道的能力”这一实施差异化战略的资源和能力。

审题要点

关键词：屠夫学校、高素质创新性人才。表明其“具有强大的研发能力和产品设计能力”以及“有能够确保激励员工创造性的激励体制、管理体制和良好的创造性文化”这两项实施差异化战略的资源和能力；此外，也表明其“具有从总体上提高某项经营业务的质量、树立产品形象、保持先进技术和建立完善分销渠道的能力”这一实施差异化战略的资源和能力。

审题要点

关键词：国内最大电商平台、互联网+、线上线下、销量。表明实施了“克服零散—获得成本优势”战略中的“技术创新以创造规模经济”方式；同时也表明其“具有很强的市场营销能力”这一实施差异化战略的资源和能力；此外，也表明其“具有从总体上提高某项经营业务的质量、树立产品形象、保持先进技术和建立完善分销渠道的能力”这一实施差异化战略的资源和能力。

层楼。

2019年，“特号土猪”品牌连锁店开到全国20多个城市，共有2 000多家门店。十几年来，李轩和张生专心致志，将“特号土猪”高端品牌做到极致。

要求：

（1）简要分析李轩和张生在零散产业——猪肉经营业中是如何实施三种基本竞争战略的。

（2）从差异化战略实施条件（资源能力）角度，简要分析李轩和张生将“特号土猪”高端品牌做到极致的原因。

【本题答案】

（1）①克服零散——获得成本优势。A.连锁经营或特许经营。“张生于2007年在G市创办猪肉连锁店”“2019年，‘特号土猪’品牌连锁店开到全国20多个城市，共有2 000 多家门店”。B.技术创新以创造规模经济。“在互联网大潮引领下，‘特号土猪’登陆国内最大电商平台，成为第一个面向大众消费者的‘互联网+’猪肉品牌。线上与线下同时发力，‘特号土猪’品牌影响力进一步扩展，销量也更上一层楼”“开办了培训职业屠夫的‘屠夫学校’，培养目标是‘通晓整个产业流程的高素质创新性人才’”。

②增加附加价值——提高产品差异化程度。“把卖猪肉这个生意做到了很高的水准，从来不卖注水肉、品质不好的肉坚决不进货，也从不缺斤少两，慢慢地积攒了诚信经营的口碑”“他们

审题要点

关键词：品牌连锁店、20多个城市、2 000多家门店。“‘特号土猪’品牌连锁店开到全国20多个城市，共有2 000多家门店”表明采取了“克服零散—获得成本优势”战略中的“连锁经营或特许经营”方式。

审题要点

关键词：专心致志、高端品牌、做到极致。“十几年来，李轩和张生专心致志，将‘特号土猪’高端品牌做到极致”，表明实施了“专门化—目标集聚”战略；此外，还表明其“具有从总体上提高某项经营业务的质量、树立产品形象、保持先进技术和建立完善分销渠道的能力”这一实施差异化战略的资源和能力。

自己养猪、自己卖猪。他们选择口感颇受国内百姓喜爱的优良土猪品种；猪场采用半开放式的大空间，让猪自由活动；猪场里设有音响，专门给猪听音乐。他们认为，猪和人一样，只有心情愉悦，才会长得又肥又壮，肉质也会更加鲜美”“开办了培训职业屠夫的‘屠夫学校’，培养目标是‘通晓整个产业流程的高素质创新性人才’”。

③专门化——目标集聚。“十几年来，李轩和张生专心致志，将‘特号土猪’高端品牌做到极致”。

（2）①具有强大的研发能力和产品设计能力。“开办了培训职业屠夫的‘屠夫学校’，培养目标是‘通晓整个产业流程的高素质创新性人才’”“他们自己养猪、自己卖猪。他们选择口感颇受国内百姓喜爱的优良土猪品种；猪场采用半开放式的大空间，让猪自由活动；猪场里设有音响，专门给猪听音乐。他们认为，猪和人一样，只有心情愉悦，才会长得又肥又壮，肉质也会更加鲜美”。

②具有很强的市场营销能力。“从来不卖注水肉、品质不好的肉坚决不进货，也从不缺斤少两，慢慢地积攒了诚信经营的口碑，一天能卖出十几头猪”“在互联网大潮引领下，‘特号土猪’登陆国内最大电商平台，成为第一个面向大众消费者的‘互联网+’猪肉品牌。线上与线下同时发力，‘特号土猪’品牌影响力进一步扩展，销量也更上一层楼”。

③有能够确保激励员工创造性的激励体制、管理体制和良好的创造性文化。“开办了培训职业屠夫的‘屠夫学校’，培养目标是‘通晓整个产业流程的高素质创新性人才’”。

④具有从总体上提高某项经营业务的质量、树立产品形象、保持先进技术和建立完善分销渠道的能力。“李轩和张生开始联手打造‘特号土猪’的猪肉品牌”“选择口感颇受国内百姓喜爱的优良土猪品种，猪场采用半开放式的大空间，让猪自由活动，猪场里设有音响，专门给猪听音乐”“开办了培训职业屠夫的‘屠夫学校’，培养目标是‘通晓整个产业流程的高素质创新性人才’”“在互联网大潮引领下，‘特号土猪’登陆国内最大电商平台，成为第一个面向大众消费者的‘互联网+’猪肉品牌”“专心致志，将‘特号土猪’高端品牌做到极致”。

思维拓展

（一）零散产业的战略选择

详见2022年多项选择题第5题。

（二）差异化战略实施条件

详见2021年综合题思维扩展（三）

坑点提示

本题的坑点在于：

1.题干中某项做法或行为同时体现了多项实施差异化战略的资源和能力条件，需细心辨析。例如："开办了培训职业屠夫的'屠夫学校'，培养目标是'通晓整个产业流程的高素质创新性人才'"，这一做法同时表明了其"具有强大的研发能力和产品设计能力""有能够确保激励员工创造性的激励体制、管理体制和良好的创造性文化"和"具有从总体上提高某项经营业务的质量、树立产品形象、保持先进技术和建立完善分销渠道的能力"这三项实施差异化战略的资源和能力条件。

2.题干中某项做法或行为同时体现了多种零散产业的战略选择及实施差异化战略的资源和能力条件，需细心辨析。例如："自己养猪、自己卖猪。他们选择口感颇受国内百姓喜爱的优良土猪品种；猪场采用半开放式的大空间，让猪自由活动；猪场里设有音响，专门给猪听音乐。他们认为，猪和人一样，只有心情愉悦，才会长得又肥又壮，肉质也会更加鲜美"，既表明实施了"增加附加价值—提高产品差异化程度"这一战略选择，同时也表明了其"具有强大的研发能力和产品设计能力"和"具有从总体上提高某项经营业务的质量、树立产品形象、保持先进技术和建立完善分销渠道的能力"这两项实施差异化战略的资源和能力条件。

再如："在互联网大潮引领下，'特

号土猪'登陆国内最大电商平台，成为第一个面向大众消费者的'互联网+'猪肉品牌。线上与线下同时发力，'特号土猪'品牌影响力进一步扩展，销量也更上一层楼"，既表明其实施了"克服零散—获得成本优势"中的"技术创新以创造规模经济"战略，同时也表明其"具有很强的市场营销能力"和"具有从总体上提高某项经营业务的质量、树立产品形象、保持先进技术和建立完善分销渠道的能力"这两项实施差异化战略的资源和能力条件。

抢分秘籍

1.熟记零散产业的三种战略选择及其细分途径；

2.熟记实施差异化战略的两类条件及其面临的三方面风险。

历年考情

1.零散产业的战略选择近五年来第一次考查主观题。

2.差异化战略及其实施条件是重要的主观题考点，如2016年综合题第三小问考查了差异化战略实施条件与风险，可以与本题对比学习。

3.（本小题8分）

W镇是一个有1300年建镇史的江南水乡古镇，因其历史街区保留了大量经典明清建筑群，被称为"江南六大古镇"之一。1999年6月，当地政府组建W镇旅游公司，开始了W镇古镇保护和旅游开发历程。然而，**W镇的起步条件相对落后，旅游资源与其他江南水乡**

审题要点

关键词：1300年建镇史、水乡古镇、明清建筑群、六大古镇之一。"W镇是一个有1 300年建镇史的江南水乡古镇，因其历史街区保留了大量经典明清建筑群，被称为'江南六大古镇'之一"，表明是钻石模型四要素中的初级生产要素；同时也是能给W镇旅游业带来竞争优势的"有形资源"。

审题要点

关键词：落后、雷同、小有名气、很难满足、日益挑剔、品位。"W镇旅游如果不能另辟蹊径，很难满足日益挑剔的旅游消费者的品位"，体现了钻石模型四要素中的国内本地客户的"需求条件"；此外，这段话还体现了钻石模型四要素中的"企业战略、企业结构和同业竞争"。

古镇雷同，且同一地区的Z庄和X镇已小有名气，W镇旅游如果不能另辟蹊径，很难满足日益挑剔的旅游消费者的品位。

在吸收借鉴其他古镇旅游开发经验教训的基础上，W镇旅游公司走出了一条创新发展的路径，实现了古镇旅游转型升级和遗产活化保护的协调发展。

（1）多元化的产品、业态和盈利模式：观光+休闲度假+商务+会展+文化。W镇的旅游开发定位在商务和休闲市场，设计开发出W镇戏剧节、木心美术馆、现代艺术展、互联网大会等新产品，多业态复合经营已成为增加营业收入的主力。

审题要点

关键词：多元化。“多元化的产品、业态和盈利模式”属于钻石模型四要素中的专业生产要素，同时也是能给W镇旅游业带来竞争优势的“无形资源”；此外，还体现了钻石模型四要素中的“相关与支持性产业”。

（2）脱胎换骨式基建改造和整体风貌保护。W镇进行了大规模的脱胎换骨式的基建改造，实现了给排水系统、水电气系统的全面升级。景区保护基于街区风貌的整体打造，对建筑外立面和空间、周边环境进行系统整治，使古建筑更适合居住。

审题要点

关键词：基建改造、整体风貌。“基建改造”属于钻石模型四要素中的高级生产要素，同时也是能给W镇旅游业带来竞争优势的“有形资源”“整体风貌保护”属于专业生产要素，同时也是能给W镇旅游业带来竞争优势的“无形资源”；此外，还体现了钻石模型四要素中的“相关与支持性产业”。

（3）外来资本和本土专业化管理相结合。W镇与一家上市旅游公司合作，后者既是战略投资者，又是旅游产品推介的渠道商。同时，政府和投资者之间达成共识，全权委托深谙当地文脉的本土专业团队开展经营管理工作，形成“内容商+渠道商+资本+政府”的经营管理模式。

审题要点

关键词：外来资本、本土专业化。“外来资本”属于钻石模型四要素中的初级生产要素，同时也是能给W镇旅游业带来竞争优势的“有形资源”“外来资本和本土专业化管理相结合”属于专业生产要素，同时也是能给W镇旅游业带来竞争优势的“无形资源”。

审题要点

关键词：专业团队。属于钻石模型四要素中的高级生产要素和专业生产要素；同时也是能给W镇旅游业带来竞争优势的“人力资源”。

（4）社区重构和部分空心化。W镇将全部居民迁出，再将部分商铺返租给原来的部分住户。这样“部分空心化”的社区重构，使得居民与游客的矛盾不

审题要点

关键词：社区重构、部分空心化。属于专业生产要素。

复存在，也便于整体产权开发和集中统一管理，有效遏制过度商业化的问题。

自2001年开放迎客以来，**W镇旅游开发获得的惊人发展受到专家和同行的肯定，被誉为中国古镇保护之“W镇模式”**。

审题要点

关键词：受到肯定、W镇模式。属于能给W镇旅游业带来竞争优势的“无形资源”。

要求：

（1）依据钻石模型四要素，简要分析W镇旅游业发展的优势。

（2）依据企业资源的主要类型，简要分析W镇旅游业发展的优势。

【本题答案】

（1）①生产要素。

初级生产要素。“W镇是一个有1 300年建镇史的江南水乡古镇，因其历史街区保留了大量经典明清建筑群，被称为‘江南六大古镇’之一”“外来资本”。

高级生产要素。“脱胎换骨式基建改造”“全权委托深谙当地文脉的本土专业团队开展经营管理工作”。

专业生产要素。“多元化的产品、业态和盈利模式”“脱胎换骨式基建改造和整体风貌保护”“外来资本和本土专业化管理相结合”“社区重构和部分空心化”“全权委托深谙当地文脉的本土专业团队开展经营管理工作”。

②需求条件。国内需求市场是产业发展的动力。本地客户的本质非常重要，特别是内行而挑剔的客户。假如本地客户对产品、服务的要求或挑剔程度在国际上数一数二，就会激发出该国企业的竞争优势。“W镇旅游如果不能另辟蹊径，很难满足日益挑剔的旅游消费者的品位”。

③相关与支持性产业。相关和支持性产业与优势产业是一种休戚与共的关系。“多元化的产品、业态和盈利模式：观光+休闲度假+商务+会展+文化”“脱胎换骨式基建改造和整体风貌保护”。

④企业战略、企业结构和同业竞争。创造与持续产业竞争优势的最大关联因素是国内市场强有力的竞争对手。“W镇的起步条件相对落后，旅游资源与其他江南水乡古镇雷同，且同一地区的Z庄和X镇已小有名气，W镇旅游如果不能另辟蹊径，很难满足日益挑剔的旅游消费者的品位”。

（2）①有形资源。“W镇是一个有1 300年建镇史的江南水乡古镇，因其历史街区保留了大量经典明清建筑群，被称为‘江南六大古镇’之一”“外来资本”“脱胎换骨式基建改造”。

②无形资源。“多元化的产品、业态和盈利模式：观光+休闲度假+商务+会展+文化”“脱胎换骨式基建改造和整体风貌保护”“外来资本和本土专业化管理相结合”“社区重构和部分空心化”“被誉为中国古镇保护之‘W镇模式’”。

③人力资源。“全权委托深谙当地文脉的本土专业团队开展经营管理工作”。

思维拓展

1.钻石模型

钻石模型包括四个要素：

（1）生产要素。有两种分类：初级生产要素和高级生产要素、一般生产要素和专业生产要素。

（2）需求条件。国内需求市场是产业发展的动力。本地客户的本质非常重要，特别是内行而挑剔的客户。假如本地客户对产品、服务的要求或挑剔程度在国际上数一数二，就会激发出该国企业的竞争优势。

（3）相关与支持性产业。相关和支持性产业与优势产业是一种休戚与共的关系。

（4）企业战略、企业结构和同业竞争。创造与持续产业竞争优势的最大关联因素是国内市场强有力的竞争对手。

2.企业资源的主要类型

企业资源主要分为三种：有形资源、无形资源和人力资源。

企业资源的主要类型

资源类型	常见表现
有形资源	物质资源（实物资源）：土地、厂房、生产设备、原材料等； 财务资源：资金，包括应收账款、有价证券等
无形资源	品牌、商誉、技术、专利、商标、企业文化、组织经验等
人力资源	组织成员向组织提供的技能、知识以及推理和决策能力

坑点提示

本题可能的坑点在于：

1.有些说法或措施同时体现了钻石模型多个要素，需仔细辨析，否则会有遗漏。

例如，“W镇旅游如果不能另辟蹊径，很难满足日益挑剔的旅游消费者的品位”，这句话同时体现了钻石模型的“需求条件”和“企业战略、企业结构和同业竞争”两个要素。

2.有些说法或措施同时体现了钻石模型的多个要素，也同时属于多种企业有竞争优势的资源。

例如，“W镇是一个有1 300年建镇史的江南水乡古镇，因其历史街区保留了大量经典明清建筑群，被称为‘江南六大古镇’之一”，这句话既表明属于钻石模型的初级生产要素，同时也表明是能给W镇旅游业带来竞争优势的“有形资源”。

“多元化的产品、业态和盈利模式”这句短语既表明是能给W镇旅游业带来竞争优势的“无形资源”，也表明其属于钻石模型中的“专业生产要素”和“相关与支持性产业”两个要素。

“脱胎换骨式基建改造和整体风貌保护”这句短语既表明其属于钻石模型中的“高级生产要素”“专业生产要素”和“相关与支持性产业”，同时也是能给W镇旅游业带来竞争优势的“有形资源”和“无形资源”。

“外来资本和本土专业化管理相结合”这句话既表明其属于钻石模型中的“初级生产要素”和“专业生产要素”，同时也是能给W镇旅游业带来竞争优势的“有形资源”和“无形资源”。

“深谙当地文脉的本土专业团队”这句话既表明其属于钻石模型四要素中的“高级生产要素”和“专业生产要素”；同时也是能给W镇旅游业带来竞争优势的“人力资源”。

抢分秘籍

熟记钻石模型的四要素和企业资源的三种类型。

历年考情

1.钻石模型四要素。钻石模型四要素是非常重要的主观题高频考点，如2019年简答题第3题第一小问考查了钻石模型四要素给W镇旅游业带来的优势、2017年简答题第3题第一小问考查了钻石模型四要素给G省葡萄酒产业带来的优势和劣势。

2. 2019年简单题第2题第一小问考查了企业资源带来的竞争优势，与本题完全类似。

4.（本小题8分）

2014年王丽红抓住酒店市场消费升级的机遇，**投巨资创建了果硕酒店品牌。果硕酒店布局全国一、二线核心城市，以发挥规模经济优势。2019年，果硕酒店全国连锁店近千家，覆盖百余城市，在国内激烈竞争的中档酒店中成为规模领先的酒店集团**。

审题要点

关键词：布局全国、规模经济、全国连锁、规模领先。“创建了果硕酒店品牌……布局全国一、二线核心城市……2019年，果硕酒店全国连锁店近千家，覆盖百余城市，在国内激烈竞争的中档酒店中成为规模领先的酒店集团”，表明果硕酒店集团发展战略的类型属于“横向一体化战略”。

2017年，果硕酒店集团从国内酒店行业巨大的发展潜力中，敏锐地感受到酒店经营中一个核心业务环节——酒店布草洗涤，未来一定向规模化、产业化的方向发展，布草洗涤的效率提升、节能降耗、物流升级将成为现实。**果硕酒店集团毅然投入上亿元资金建设营邦洗涤产业园区，这是国内首个现代化智慧洗涤产业园区**。

截至2019年底，营邦洗涤产业园区累计投入超2亿元，在国内十余个城市布局5个智慧洗涤产业园、12个洗涤龙智慧工厂，投产30条洗涤龙，成为国内连锁布局范围最广、工厂数量最多、上线洗涤龙最多的公纺洗涤龙头企业。营邦洗涤产业园区成为果硕酒店集团新的利润增长点。

审题要点

关键信息：连锁布局范围最广、工厂数量最多、上线洗涤龙最多。这些信息表明果硕酒店集团发展战略的类型属于“前向一体化战略”。

营邦洗涤工厂采用国际顶尖的全自动化隧道式洗涤龙生产线，2条洗涤龙就相当于8~12个传统中型单机工厂，实现分拣、洗涤、仓储、运输、收发、支付等纺织品流转全流程智能化，并建立洗涤及检测标准、运输标准、环保标准、管理工艺标准等，推动行业标准化运营。营邦洗涤工厂依托研发出的云洗涤管理系统，在每一件纺织品中植入

RFID超高频芯片，实时链接连通工厂、酒店，辅以人才培训、供应链支持以及订单打通。营邦洗涤产业园区在有效集合上下游产业链资源，实现规模效应、显著降低能耗和人力成本的同时，规范园区污水排放处理，自建万吨污水处理设施，每年节水上千万吨。

2019年12月，营邦洗涤产业园区的业务进一步拓展，完成5 000万元布草采购，全部植入RFID芯片，全力推进布草租洗业务。相比较传统的纯洗业务，采用布草租赁洗涤模式，对于酒店上下游产业链降低成本、提高利润的好处显而易见：一是因为纺织品利用率大幅提升，有效提升行业成本管控能力；二是租赁的纺织品规格材质相对统一，能更充分发挥洗涤设备效率，同步提升行业周转效率；三是传统洗涤与物联网技术结合，洗涤标准化流程更加成熟，同时标准化的流程也有利于保护和延长纺织品的使用寿命。这一战略举措，将促进酒店与洗涤公司基于双赢思想的紧密合作。

> **审题要点**
>
> 关键信息：业务进一步拓展、全力推进布草租洗业务。这些信息表明果硕酒店集团发展战略的类型属于“后向一体化战略”。

要求：

（1）简要分析果硕酒店集团发展战略的类型及其适用条件。

（2）依据**信息技术与企业价值链相关理论**，简要分析营邦洗涤产业园区如何利用信息技术改善运行效率，提升增值过程，为客户创造更多的价值。

> **审题要点**
>
> 本知识点内容现已删除。

（3）依据**信息技术与企业价值网相关理论**，简要分析营邦洗涤产业园区推进布草租洗业务战略举措的依据。

> **审题要点**
>
> 本知识点内容现已删除。

【本题答案】

（1）果硕酒店集团发展战略的类型属于一体化战略。

①横向一体化战略。“创建了果硕酒店品牌……布局全国一、二线核心城市……2019年，果硕酒店全国连锁店近千家，覆盖百余城市，在国内激烈竞争的中档酒店中成为规模领先的酒店集团”。

适用条件：

A.企业所在产业竞争较为激烈。“在国内激烈竞争的中档酒店中成为规模领先的酒店集团”。

B.企业所在产业的规模经济较为显著。“以发挥规模经济优势”。

C.企业所在产业能够在局部地区获得一定的垄断地位。“成为规模领先的酒店集团”。

D.企业所在产业的增长潜力较大。“抓住酒店市场消费升级的机遇”。

E.企业具备横向一体化所需的资金、人力资源等。“投巨资创建了果硕酒店品牌”。

②前向一体化战略。“果硕酒店集团毅然投入上亿元资金建设营邦洗涤产业园区，这是国内首个现代化智慧洗涤产业园区”“截至2019年底，营邦洗涤产业园区累计投入超2亿元，在国内十余个城市布局5个智慧洗涤产业园、12个洗涤龙智慧工厂，投产30条洗涤龙，成为国内连锁布局范围最广、工厂数量最多、上线洗涤龙最多的公纺洗涤龙头企业”。

适用条件：

A.企业现有销售商的销售成本较高或者可靠性较差而难以满足企业的销售需要；“敏锐地感受到酒店布草洗涤的效率提升、节能降耗、物流升级将成为现实”“营邦洗涤产业园区在有效集合上下游产业链资源，实现规模效应、显著降低能耗和人力成本的同时，规范园区污水排放处理，自建万吨污水处理设施，每年节水上千万吨”。

B.企业所在产业的增长潜力较大；“果硕酒店集团从国内酒店行业巨大的发展潜力中……”。

C.企业具备前向一体化所需的资金、人力资源等；“果硕酒店集团毅然投入上亿元资金建设营邦洗涤产业园区”。

D.销售环节的利润率较高。“酒店布草洗涤，未来一定向规模化、产业化的方向发展”“营邦洗涤产业园区成为果硕酒店集团新的利润增长点”。

③后向一体化战略。“2019年12月，营邦洗涤产业园区的业务进一步拓展，完成5 000万元布草采购，全部植入RFID芯片，全力推进布草租洗业务”。

适用条件：

A.企业现有的供应商供应成本较高或者可靠性较差而难以满足企业对原材料、

零部件等的需求。“一是因为纺织品利用率大幅提升，有效提升行业成本管控能力；二是租赁的纺织品规格材质相对统一，能更充分发挥洗涤设备效率，同步提升行业周转效率；三是传统洗涤与物联网技术结合，洗涤标准化流程更加成熟，同时标准化的流程也有利于保护和延长纺织品的使用寿命”。

B.企业所在产业的增长潜力较大。“果硕酒店集团从国内酒店行业巨大的发展潜力中……”。

C.企业具备后向一体化所需的资金、人力资源等。“营邦洗涤产业园区的业务进一步拓展，完成5 000万元布草采购，全部植入RFID芯片，全力推进布草租洗业务”。

D.供应环节的利润率较高。“采用布草租赁洗涤模式，对于酒店上下游产业链降低成本、提高利润的好处显而易见：一是因为纺织品利用率大幅提升，有效提升行业成本管控能力；二是租赁的纺织品规格材质相对统一，能更充分发挥洗涤设备效率，同步提升行业周转效率；三是传统洗涤与物联网技术结合，洗涤标准化流程更加成熟，同时标准化的流程也有利于保护和延长纺织品的使用寿命”。

E.企业产品价格的稳定对企业而言十分关键，后向一体化有利于控制原材料成本，从而确保产品价格的稳定。“一是因为纺织品利用率大幅提升，有效提升行业成本管控能力；二是租赁的纺织品规格材质相对统一，能更充分发挥洗涤设备效率，同步提升行业周转效率；三是传统洗涤与物联网技术结合，洗涤标准化流程更加成熟，同时标准化的流程也有利于保护和延长纺织品的使用寿命”。

（2）①信息技术对价值链基本活动的支持。“营邦洗涤工厂采用国际顶尖的全自动化隧道式洗涤龙生产线，2条洗涤龙就相当于8~12个传统中型单机工厂，实现分拣、洗涤、仓储、运输、收发、支付等纺织品流转全流程智能化，并建立洗涤及检测标准、运输标准、环保标准、管理工艺标准等，推动行业标准化运营”。

②信息技术对价值链支持活动的支持。“营邦洗涤工厂依托研发出的云洗涤管理系统，在每一件纺织品中植入RFID超高频芯片，实时链接连通工厂、酒店，辅以人才培训、供应链支持以及订单打通”。

（3）价值网是由利益相关者之间相互影响而形成的价值生成、分配、转移和使用的关系及其结构。价值网络在专业化分工的生产服务模式下，把处于“价值链”上不同位置并存在密切关联的企业或者相关利益体整合在一起，建立一个以顾客为核心的价值创造体系，共同为顾客创造价值。价值网成员建立基于双赢思想的紧密合作，成员公司之间建立合作关系能够实现核心能力优势互补，共担风险和成本，共享市场和顾客忠诚。“相比较传统的纯洗业务，采用布草租赁洗涤模式，对于酒店上下游产业链降低成本、提高利润的好处显而易见：一是因为纺织品利用率大幅提升，有效提升行业成本管控能力；二是租赁的纺织品规格材质相对统一，能更充分发挥洗涤设备效率，同步提升行业周转效率；三是传统洗涤与物联网技术结合，洗涤标准化流程更加成熟，同时标准化的流程也有利于保护和延长纺织品的使用寿命。这一战略举措，将促进酒店与洗涤公司基于双赢思想的紧密合作”。

思维拓展

详见2021年综合题思维拓展（六）

抢分秘籍

熟记一体化战略的类型及其各自的适用条件。

历年考情

发展战略是非常重要的主观题考点，几乎每年必考。如2019年简单题第4题第一小问考查了前后向纵向一体化发展战略类型及其实施动因、2018年简单题第2题第一小问考查了密集型发展战略三种类型和后向一体化发展战略类型及其实施条件、2018年综合题第六小问考查了相关多元化发展战略及其优点、2017年综合题第三小问和2016年综合题第一小问考查了多元化战略的动因，可以与本题结合进行对比学习。

四、综合题（本题共25分）

资料一：2005年，王浩在大学就读时将自己毕业论文的题目定为“直升机自主悬停技术”，终于在2006年1月成功作出了第一台样品，并在航拍爱好者中广受好评。

审题要点

关键词：第一台样品。体现了无人机新兴产业内部结构的共同特征是“技术的不确定性”。

王浩开始了自主创业，他同两位一起做实验课题的伙伴，共同创立了天志公司，主营业务围绕航模飞控，致力于

审题要点

关键词：自主创业。体现了无人机新兴产业内部结构的共同特征是“萌芽企业和另立门户”。

为航模飞行器提供精确的姿态感知和控制系统。经过不懈的努力，2008年，第一个较为成熟的直升机飞行系统XP3.1在天志公司问世，中国的直升机自主悬停技术在天志公司取得**突破性的进展**。

审题要点

关键词：突破性进展。体现了天志公司在无人机新兴产业中的战略选择是“注意产业机会与障碍的转变，在产业发展变化中占据主动地位”；同时，还体现了其研发类型属于“产品研究——新产品开发”，其研发的动力来源属于“技术推动”，即“创新来自发明的应用”以及其研究定位属于“成为向市场推出新技术产品的企业”。

由于直升机自主悬停技术在民用市场十分稀缺，天志公司的技术很快就获得了业界认可，一个单品在当时卖到了20万元的售价。但是**潜在的危机**也随之而来。航拍爱好者购买了天志直升机后，相机还要另外购买，**使用**比较**麻烦**，而且产品**价格过高**，天志公司的新技术**很难**迅速**推广**。

审题要点

关键词：潜在危机、使用麻烦、价格过高、很难推广。体现了无人机新兴产业内部结构的共同特征是“技术的不确定性”；还体现了无人机新兴产业内部结构的共同特征是“成本的迅速变化”。

天志公司开始了相机飞机一体化的研发设计，终于在2012年，天志精灵PH1横空出世，高度的集成一体化很快就获得了**第一批消费者**的认可，**引爆**了整个无人机领域的**使用需求**。随着生产技术的不断成熟，产品**价格日趋下降**，天志公司从此走上无人机领域的巅峰。截至2018年底，天志公司在全球无人机领域占据了74%的份额，牢牢锁定无人机市场的**霸主地位**。

审题要点

关键词：第一批消费者、引爆使用需求。体现了无人机新兴产业内部结构的共同特征是“客户大多为首次购买者”；同时体现了“塑造产业结构”这一战略选择。

审题要点

关键词：价格日趋下降。体现了无人机新兴产业内部结构的共同特征是“成本的迅速变化”。

审题要点

关键词：霸主地位。既体现了天志公司在无人机新兴产业中的战略选择是“塑造产业结构”，还体现了其研究定位属于“成为向市场推出新技术产品的企业”。

资料二：天志公司的无人机产品和技术使得更多的人获得了认识世界的**全新视角**，让人们从地面的二维平面上升到三维空间去观察思考，其产品和技术也因此点燃了更多**领域的创新**。影视航拍、农业、能源、电力、测绘、安防等产业与无人机产业深度融合，天志公司的无人机技术成为这些产业创新所依赖的“基础设施”。在这一过程中，天志公司与各产业中的专业人员**密切合作**，**优势互补**，开辟了一个又一个新的发展

审题要点

关键词：全新视角、领域创新、产业深度融合、基础设施。体现了无人机新兴产业内部结构的共同特征是“战略的不确定性”；战略选择是“塑造产业结构”“正确对待产业发展的外在性”和“注意产业机会与障碍的转变，在产业发展变化中占据主动地位”。

审题要点

关键词：密切合作、优势互补、新的发展空间。体现了无人机新兴产业内部结构的共同特征是“技术的不确定性”。

空间。例如，天志公司推出第一代精灵无人机时，电网的工程师、第三方开发者和天志公司的研发人员一起，解决了许多技术问题，在2017年推出了能够执行电力巡逻任务的经纬M200系列无人机平台。又如，在农业植保领域，天志公司研发制造出用来进行农业植保作业的无人机。结合软件、地面站、RTK差分定位和人工智能，来实现自动化的精准喷洒。再如，天志公司与U国一家航空公司合作，使用便携式无人机进行民航客机的检修。

审题要点

关键信息：执行电力巡逻任务、进行农业植保作业、进行民航客机的检修。体现了“放眼互补性产品或服务”这一路径。

在全球范围内，已有越来越多的用户使用天志公司的产品和解决方案。全球有约10万名无人机技术开发者通过天志公司的平台完成各种各样的开发项目，有些项目远远超出了人们想象，伴随而至的是对天志公司技术深化及制造管理提出新的任务和要求。由于天志公司技术和管理的不断深化和创新，竞争对手不易模仿，更难以超越。

审题要点

关键信息：完成各种各样的开发项目、提出新的任务和要求。这些信息体现了“正确对待产业发展的外在性”这一战略选择。

资料三：然而，天志公司这只迅猛成长的无人机独角兽，近年来却不得不面对内部暴露出的诸多问题。

天志公司2019年1月18日的内部反腐公告称，在2018年由于公司供应链贪腐造成平均采购价格超过合理水平20%以上，保守估计造成超过10亿元人民币损失。在公司运作的各个领域（采购、财务、研发设计、工厂制造、行政管理以及销售）均出现了舞弊行为，可见这次串通勾结行为范围极广，危害程度极大。该公告披露涉贪采购人员和研发人员采用的主要手法有：

审题要点

关键信息：供应链贪腐、采购价格超过合理水平20%以上，体现了天志公司采购业务需关注的“采购验收不规范，付款审核不严，可能导致采购物资、资金损失或信用受损”这一风险表现。

审题要点

关键信息：各个领域均出现了舞弊行为。体现了天志公司运营风险中“因企业内、外部人员的道德风险或业务控制系统失灵导致的风险”这一风险表现。

（1）让供应商报底价，然后伙同供应商往上加价，加价部分双方按比例分成；

（2）利用手中权力，以技术规格要求为由指定供应商或故意以技术不达标把正常供应商踢出局，让可以给回扣的供应商进短名单，长期拿回扣；

（3）以降价为借口，淘汰正常供应商，让可以给回扣的供应商进短名单并做成独家垄断，然后涨价，双方分成；

（4）利用内部信息和手中权力与供应商串通收买验货人员，对品质不合格的物料不进行验证，导致质次价高的物料长期独家供应；

（5）内外勾结，搞皮包公司，利用手中权力以皮包公司接单，转手把单分给工厂，中间差价分成。

不仅如此，2017年一名安全研究员在天志公司的网络安全方面发现了一个非常严重的漏洞。这个漏洞会导致天志公司的所有旧密钥毫无用处，从而可能造成天志公司服务器上的用户信息、飞行日志等私密信息能够被下载。尽管天志公司之后采取了合理的保密措施，但该次事件依然给天志公司造成116.4万元的经济损失。

业内人士分析，天志公司内部接连出现如此严重的问题，是由于以下几个原因：

（1）公司治理结构相对混乱。天志公司领导层面对业务的迅速扩张，将注意力集中在极力扩大经营规模、追求足够的市场份额和企业利润，而忽略组织内部治理，致使腐败、泄密等问题频繁产生。

审题要点

关键词：底价、加价、分成。体现了天志公司采购业务需关注的“供应商选择不当，采购方式不合理，招投标或定价机制不科学，授权审批不规范，可能导致采购物资质次价高，出现舞弊或遭受欺诈”这一风险表现。

审题要点

关键词：指定、故意、踢出局、回扣。体现了天志公司采购业务需关注的“供应商选择不当，采购方式不合理，招投标或定价机制不科学，授权审批不规范，可能导致采购物资质次价高，出现舞弊或遭受欺诈”这一风险表现。

审题要点

关键词：借口、淘汰、回扣、独家垄断、分成。体现了天志公司采购业务需关注的“供应商选择不当，采购方式不合理，招投标或定价机制不科学，授权审批不规范，可能导致采购物资质次价高，出现舞弊或遭受欺诈”这一风险表现。

审题要点

关键词：串通、收买、质次价高、长期独家供应。体现了天志公司采购业务需关注的“供应商选择不当，采购方式不合理，招投标或定价机制不科学，授权审批不规范，可能导致采购物资质次价高，出现舞弊或遭受欺诈”这一风险表现。

审题要点

关键词：内外勾结、皮包公司接单、差价分成。体现了“供应商选择不当，采购方式不合理，招投标或定价机制不科学，授权审批不规范，可能导致采购物资质次价高，出现舞弊或遭受欺诈”这一风险表现。

审题要点

关键词：网络安全漏洞。体现了“质量、安全、环保、信息安全等管理中发生失误导致的风险”这一风险表现。

审题要点

关键词：治理结构混乱。体现了“企业组织效能、管理现状、企业文化，高、中层管理人员和重要业务流程中专业人员的知识结构、专业经验等方面可能引发的风险”这一风险表现。

审题要点

关键信息：忽略组织内部治理、问题频繁产生。体现了“治理结构形同虚设，缺乏科学决策、良性运行机制和执行力，可能导致企业经营失败，难以实现发展战略”这一风险表现。

（2）缺乏内部信息的披露。作为一家非上市的民营企业，天志公司没有对外披露重大事项的要求和压力，导致公司内部治理缺乏良性运行和监督机制，在信息不对称的情况下，舞弊、泄密等问题极易产生。

（3）“重结果，轻人才”的管理模式。公司创始人兼CEO王浩搞技术出身，对产品至上有着独特情怀，赛马机制一直是团队竞争发展的管理模式。产品在开发时由两个团队分头去做，谁的产品好就用谁的，产品未被选用的团队会被公司淘汰。这一管理模式带来诸多问题，如研发过程中两个团队恶性竞争、人才流失严重、被选用的团队为防以后被淘汰而滋生腐败动机等。“重结果，轻人才”的文化氛围大大地降低了员工的归属感，难以形成凝聚力、向心力，离职员工对天志公司负面评价很多。

天志公司管理层已经认识解决公司内部问题的重要性和紧迫性，强化公司内部治理、打击职务腐败正在天志公司全面展开。

要求：

（1）简要分析天志公司所创建的无人机新兴产业内部结构的共同特征，以及天志公司在无人机新兴产业中的战略选择。

（2）运用识别企业核心能力3个关键性测试，简要分析天志公司在无人机产业是否具备核心能力。

（3）简要分析天志公司研发的类型、动力来源、研究定位，并从安索夫矩阵角度，分析天志公司研发的战略

审题要点

关键词：缺乏信息披露。体现了“企业现有业务流程和信息系统操作运行情况的监管、运行评价及持续改进能力方面引发的风险”这一风险表现。

审题要点

关键词：重结果、轻人才。体现了“企业组织效能、管理现状、企业文化，高、中层管理人员和重要业务流程中专业人员的知识结构、专业经验等方面可能引发的风险”这一风险表现。

审题要点

关键词风险：赛马机制、团队竞争发展。“人力资源缺乏或过剩、结构不合理、开发机制不健全，可能导致企业发展战略难以实现”这一风险表现。

审题要点

关键词：分头做、淘汰、诸多问题。体现了“内部机构设计不科学，权责分配不合理，可能导致机构重叠、职能交叉或缺失、推诿扯皮，运行效率低下”这一风险表现。

审题要点

本知识点现已删除。

作用。

（4）依据蓝海战略重建市场边界的基本法则（开创蓝海战略的途径），简要分析天志公司如何开辟一个又一个新的发展空间。

（5）简要分析天志公司存在的运营风险。

（6）依据《企业内部控制应用指引第1号——组织架构》，简要分析天志公司需关注的组织架构的主要风险。

（7）依据《企业内部控制应用指引第3号——人力资源》，简要分析天志公司需关注的人力资源的主要风险。

（8）依据《企业内部控制应用指引第7号——采购业务》，简要分析天志公司需关注的采购业务的主要风险。

【本题答案】

（1）无人机新兴产业内部结构的共同特征：

①技术的不确定性。“终于在2006年1月成功作出了第一台样品，并在航拍爱好者中广受好评”“航拍爱好者购买了天志直升机后，相机还要另外购买，使用比较麻烦，而且产品价格过高，天志公司的新技术很难迅速推广”“天志公司的无人机产品和技术使得更多的人获得了认识世界的全新视角……开辟了一个又一个新的发展空间”。

②战略的不确定性。“天志公司的无人机产品和技术使得更多的人获得了认识世界的全新视角，让人们从地面的二维平面上升到三维空间去观察思考，其产品和技术也因此点燃了更多领域的创新。影视航拍、农业、能源、电力、测绘、安防等产业与无人机产业深度融合，天志公司的无人机技术成为这些产业创新所依赖的‘基础设施’”。

③成本的迅速变化。“天志公司的技术很快就获得了业界认可，一个单品在当时卖到了20万元的售价……而且产品价格过高，天志公司的新技术很难迅速推广”“随着生产技术的不断成熟，产品价格日趋下降”。

④萌芽企业和另立门户。“王浩开始了自主创业，他同两位一起做实验课题的伙伴，共同创立了天志公司”。

⑤首次购买者。新兴产业中许多顾客都是第一次购买。在这种情况下，市场营销的中心活动是选择顾客对象并诱导初始购买行为。“终于在2012年，天志精灵PH1横空出世，高度的集成一体化很快就获得了第一批消费者的认可”。

天志公司在无人机新兴产业中的战略选择：

①塑造产业结构。在新兴产业中占压倒地位的战略问题是考虑企业是否有能力促进产业结构趋于稳定而且成型。这种战略选择使企业能够在产品策略、营销方法以及价格策略等领域建立一套有利于自身发展的竞争原则，从而有利于企业建立长

远的产业地位。“天志公司开始了相机飞机一体化的研发设计，终于在2012年，天志精灵PH1横空出世”“天志公司的无人机技术成为这些产业创新所依赖的‘基础设施’”“产品价格日趋下降”“牢牢锁定无人机市场的霸主地位”。

②正确对待产业发展的外在性。在一个新兴产业中，一个重要的战略问题是在对产业倡导和追求自身利益的努力之间作出平衡。产业的整体形象、信誉、与其他产业的关系、产业吸引力、顾客对产业的认知程度、产业与政府及金融界的关系等都与企业的生产经营状况息息相关。产业内企业的发展，离不开与其他同类企业的协调以及整个产业的发展。“天志公司的无人机技术成为这些产业创新所依赖的‘基础设施’。在这一过程中，天志公司与各产业中的专业人员密切合作，优势互补，开辟了一个又一个新的发展空间”“全球有约10万名无人机技术开发者通过天志公司的平台完成各种各样的开发项目，有些项目远远超出了人们想象，伴随而至的是对天志公司技术和管理深化及制造管理提出新的任务和要求”。

③注意产业机会与障碍的转变，在产业发展变化中占据主动地位。“中国的直升机自主悬停技术在天志公司取得突破性的进展”“天志公司的无人机产品和技术使得更多的人获得了认识世界的全新视角，让人们从地面的二维平面上升到三维空间去观察思考，其产品和技术也因此点燃了更多领域的创新。影视航拍、农业、能源、电力、测绘、安防等产业与无人机产业深度融合，天志公司的无人机技术成为这些产业创新所依赖的‘基础设施’。在这一过程中，天志公司与各产业中的专业人员密切合作，优势互补，开辟了一个又一个新的发展空间”。

④选择适当的进入时机与领域。选择适当的进入时机在新兴产业中尤为重要。早期进入涉及高风险，但可以在关键市场取得“局内人的位置”，获得市场支配地位。“2008年，第一个较为成熟的直升机飞行系统XP3.1在天志公司问世，中国的直升机自主悬停技术在天志公司取得突破性的进展……牢牢锁定无人机市场的霸主地位”。

（2）①它对顾客是否有价值？“高度的集成一体化很快就获得了第一批消费者的认可，引爆了整个无人机领域的使用需求”“天志公司的无人机产品和技术使得更多的人获得了认识世界的全新视角，让人们从地面的二维平面上升到三维空间去观察思考，其产品和技术也因此点燃了更多领域的创新”。

②它与企业竞争对手相比是否有优势？“天志公司从此走上无人机领域的巅峰”“牢牢锁定无人机市场的霸主地位”。

③它是否很难被模仿或复制？“由于天志公司技术和管理的不断深化和创新，竞争对手不易模仿，更难以超越”。

天志公司在无人机产业同时满足3个关键测试，具备核心能力。

（3）①研发类型属于产品研究——新产品开发。“中国的直升机自主悬停技术在天志公司取得突破性的进展”。

②研发的动力来源既属于“技术推动”，即创新来自发明的应用。“中国的直升机自主悬停技术在天志公司取得突破性的进展”。又属于“需求拉动”，即市场的新需求拉动创新以满足需求。“天志公司的无人机产品和技术使得更多的人获得了认识世界的全新视角，让人们从地面的二维平面上升到三维空间去观察思考，其产品和技术也因此点燃了更多领域的创新。影视航拍、农业、能源、电力、测绘、安防等产业与无人机产业深度融合，天志公司的无人机技术成为这些产业创新所依赖的‘基础设施’”。

③研究定位属于成为向市场推出新技术产品的企业。“中国的直升机自主悬停技术在天志公司取得突破性的进展”“天志公司从此走上无人机领域的巅峰”“牢牢锁定无人机市场的霸主地位”。

④从安索夫矩阵角度，分析天志公司研发的战略作用。研发支持四个战略象限：

可以通过产品求精来实现市场渗透战略和市场开发战略。“天志公司从此走上无人机领域的巅峰”“在全球范围内，已有越来越多的用户使用天志公司的产品和解决方案”。产品开发和产品多元化需要更显著的产品创新。“天志公司的无人机产品和技术使得更多的人获得了认识世界的全新视角，让人们从地面的二维平面上升到三维空间去观察思考，其产品和技术也因此点燃了更多领域的创新。影视航拍、农业、能源、电力、测绘、安防等产业与无人机产业深度融合，天志公司的无人机技术成为这些产业创新所依赖的‘基础设施’。在这一过程中，天志公司与各产业中的专业人员密切合作，优势互补，开辟了一个又一个新的发展空间”。

（4）①重新界定产业的买方群体。“天志公司的无人机技术成为这些产业创新所依赖的‘基础设施’”。

②放眼互补性产品或服务。“影视航拍、农业、能源、电力、测绘、安防等产业与无人机产业深度融合”“在2017年推出了能够执行电力巡逻任务的经纬M200系列无人机平台”“研发制造出用来进行农业植保作业的无人机”“使用便携式无人机进行民航客机的检修”。

③重设客户的功能性或情感性诉求。“航拍爱好者购买了天志直升机后，相机还要另外购买，使用比较麻烦，而且产品价格过高，天志公司的新技术很难迅速推广。天志公司开始了相机飞机一体化的研发设计，终于在2012年，天志精灵PH1横空出世，高度的集成一体化很快就获得了第一批消费者的认可，引爆了整个无人机领域的使用需求”。

④跨跃时间参与塑造外部潮流。“天志公司的无人机产品和技术使得更多的人

获得了认识世界的全新视角，让人们从地面的二维平面上升到三维空间去观察思考，其产品和技术也因此点燃了更多领域的创新”。

（5）①企业组织效能、管理现状、企业文化，高、中层管理人员和重要业务流程中专业人员的知识结构、专业经验等方面可能引发的风险。“公司治理结构相对混乱”“‘重结果，轻人才’的管理模式”。

②质量、安全、环保、信息安全等管理中发生失误导致的风险。“2017年一名安全研究员在天志公司的网络安全方面发现了一个非常严重的漏洞。这个漏洞会导致天志公司的所有旧密钥毫无用处，从而可能造成天志公司服务器上的用户信息、飞行日志等私密信息能够被下载”。

③因企业内、外部人员的道德风险或业务控制系统失灵导致的风险。“在公司运作的各个领域（采购、研发设计、工厂制造、行政管理以及销售）均出现了舞弊行为，可见这次串通勾结行为范围极广，危害程度极大”。

④企业现有业务流程和信息系统操作运行情况的监管、运行评价及持续改进能力方面引发的风险。“缺乏内部信息的披露。作为一家非上市的民营企业，天志公司没有对外披露重大事项的要求和压力，导致公司内部治理缺乏良性运行和监督机制，在信息不对称的情况下，舞弊、泄密等问题极易产生”。

（6）①治理结构形同虚设，缺乏科学决策、良性运行机制和执行力，可能导致企业经营失败，难以实现发展战略。“天志公司领导层面对业务的迅速扩张，将注意力集中在极力扩大经营规模、追求足够的市场份额和企业利润，而忽略组织内部治理，致使腐败、泄密等问题频繁产生”。

②内部机构设计不科学，权责分配不合理，可能导致机构重叠、职能交叉或缺失、推诿扯皮，运行效率低下。“产品在开发时由两个团队分头去做，谁的产品好就用谁的，产品未被选用的团队会被公司淘汰。这一管理模式带来诸多问题，如研发过程中两个团队恶性竞争、人才流失严重、被选用的团队为防以后被淘汰而滋生腐败动机等”。

（7）①人力资源缺乏或过剩、结构不合理、开发机制不健全，可能导致企业发展战略难以实现。“赛马机制一直是团队竞争发展的管理模式……‘重结果，轻人才’的文化氛围大大地降低了员工的归属感，难以形成凝聚力、向心力”。

②人力资源激励约束制度不合理、关键岗位人员管理不完善，可能导致人才流失、经营效率低下或关键技术、商业秘密和国家机密泄露。“产品在开发时由两个团队分头去做，谁的产品好就用谁的，产品未被选用的团队会被公司淘汰。这一管理模式带来诸多问题，如研发过程中两个团队恶性竞争、人才流失严重、被选用的团队为防以后被淘汰而滋生腐败动机等”。

③人力资源退出机制不当，可能导致法律诉讼或企业声誉受损。“产品未被选

用的团队会被公司淘汰。这一管理模式带来诸多问题，如研发过程中两个团队恶性竞争、人才流失严重、被选用的团队为防以后被淘汰而滋生腐败动机等，离职员工对天志公司负面评价很多”。

（8）①供应商选择不当，采购方式不合理，招投标或定价机制不科学，授权审批不规范，可能导致采购物资质次价高，出现舞弊或遭受欺诈。“让供应商报底价，然后伙同供应商往上加价，加价部分双方按比例分成”“利用手中权力，以技术规格要求为由指定供应商或故意以技术不达标把正常供应商踢出局，让可以给回扣的供应商进短名单，长期拿回扣”“以降价为借口，淘汰正常供应商，让可以给回扣的供应商进短名单并做成独家垄断，然后涨价，双方分成”“利用内部信息和手中权力与供应商串通收买验货人员，对品质不合格的物料不进行验证，导致质次价高的物料长期独家供应”“内外勾结，搞皮包公司，利用手中权力以皮包公司接单，转手把单分给工厂，中间差价分成”。

②采购验收不规范，付款审核不严，可能导致采购物资、资金损失或信用受损。“在2018年由于公司供应链贪腐造成平均采购价格超过合理水平20%以上，保守估计造成超过10亿元人民币损失。在公司运作的各个领域（采购、财务、研发设计、工厂制造、行政管理以及销售）均出现了舞弊行为，可见这次串通勾结行为范围极广，危害程度极大”。

思维拓展

（一）新兴产业

新兴产业是指新形成的或重新形成的产业。

1.新兴产业内部结构的共同特征

详见2022年单项选择题第14题。

2.新兴产业面临的产业发展障碍

详见2022年单项选择题第14题。

3.新兴产业的战略选择

详见2021年单项选择题第10题。

（二）识别企业核心能力3个关键性测试

本知识点内容现已删除。

（三）研发战略

1.研发类型

研发类型有两种：（1）产品研究；（2）流程研究。

2. 研发的动力来源：一推一拉

类型	含义
需求拉动	市场的新需求拉动创新，以满足需求
技术推动	创新来自发明的应用

3. 研究定位

类型	具体名称	特点
推新者	成为向市场推出新技术产品的企业	风险较大
创新模仿者	成为成功产品的创新模仿者	启动风险和成本最小
低成本生产者	成为成功产品的低成本生产者	需投资厂房和设备，研发费用较低
低成本生产者的模仿者	成为成功产品低成本生产者的模仿者	有效率和成本优势

4. 研发的战略作用

从安索夫矩阵角度，研发支持四个战略象限：（1）可以通过产品求精来实现市场渗透战略和市场开发战略；（2）产品开发和产品多元化需要更显著的产品创新。

（四）蓝海战略重建市场边界的基本法则

详见2022年单项选择题第23题。

（五）运营风险的考虑因素

运营风险是指企业在运营过程中，由于内外部环境的复杂性和变动性以及主体对环境的认知能力和适应能力的有限性，导致运营失败或使运营活动达不到预期目标的可能性及其损失。

分析企业运营风险的来源应主要考虑以下因素：

（1）企业产品结构、新产品研发可能引发的风险；

（2）企业新市场开发、市场营销策略（包括产品或服务定价与销售渠道、市场营销环境状况等）可能引发的风险；

（3）企业组织效能、管理现状、企业文化，高、中层管理人员和重要业务专业人员的知识结构、专业经验等可能引发的风险；

（4）质量、安全、环保、信息安全等管理中发生失误导致的风险；

（5）因企业内、外部人员的道德缺失和不当行为导致的风险；

（6）因业务控制系统失灵导致的风险；

（7）给企业造成损失的自然灾害等风险；

（8）对企业现有业务流程和信息系统操作运行情况的监管、运行评价及持续改进的能力不足可能引发的风险。

（六）组织架构需关注的主要风险

组织架构主要需关注两方面的风险：

（1）治理结构形同虚设，缺乏科学决策、良性运行机制和执行力，可能导致企业经营失败，难以实现发展战略。

（2）组织机构设置不科学，权责分配不合理，可能导致机构重叠、职能交叉或缺失、推诿扯皮、运行效率低下等问题。

（七）人力资源需关注的主要风险

人力资源需关注的主要风险如下：

（1）人力资源缺乏或过剩、结构不合理、开发机制不健全，可能导致企业发展战略难以实现。

（2）人力资源激励约束制度不合理、关键岗位人员管理不完善，可能导致人才流失、经营效率低下或关键技术、商业秘密和国家机密泄露。

（3）人力资源退出机制不当，可能导致法律诉讼或企业声誉受损。

（八）采购业务需关注的主要风险

采购业务需关注的主要风险如下：

（1）采购计划安排不合理、市场变化趋势预测不准确、造成库存短缺或积压，可能导致企业生产停滞或资源浪费。

（2）供应商选择不当、采购方式不合理、招投标或定价机制不科学、授权审批不规范，可能导致采购物资质次价高，出现舞弊或遭受欺诈。

（3）采购验收不规范、付款审核不严，可能导致采购物资、资金损失或信用受损。

坑点提示

本题可能的坑点在于：题干中有多处因某句话或某个做法、措施而同时体现了多个知识点，需仔细辨析，否则会有疏漏。

如："中国的直升机自主悬停技术在天志公司取得突破性的进展"，这句话既体现了天志公司在无人机新兴产业中"注意产业机会与障碍的转变，在产业发展变化中占据主动地位"的战略选择，同时还体现了其研发类型属于"产品研究——新产品开发"，其研发动力来源属于"技术推动"，以及其研究定位属于"成为向市场推出新技术产品的企业"。

"随着生产技术的不断成熟，产品价格日趋下降，天志公司从此走上无人机领域的巅峰"，这句话既体现了"成本的迅速变化"这一新兴产业内部结构的共同特征，同时体现了天志公司"塑造产业结构"这一新兴产业的战略选择，还体现了其研究定位属于“成为向市场推出新技术产品的企业”以及天志公司可以“通过产品求精来实现市场渗透战略和市场开发战略”。

“产品在开发时由两个团队分头去做，谁的产品好就用谁的，产品未被选用的团队会被公司淘汰。这一管理模式带来诸多问题，如研发过程中两个团队恶性竞争、人才流失严重、被选用的团队为防以后被淘汰而滋生腐败动机等”，这段话既体现了天志公司组织架构需关注“内部机构设计不科学，权责分配不合理，可能导致机构重叠、职能交叉或缺失、推诿扯皮，运行效率低下”这一风险；同时也体现了天志公司人力资源需关注“人力资源激励约束制度不合理、关键岗位人员管理不完善，可能导致人才流失、经营效率低下或关键技术、商业秘密和国家机密泄露”以及“人力资源退出机制不当，可能导致法律诉讼或企业声誉受损”等风险表现。

抢分秘籍

对于几乎每年必考的知识点需要熟练背诵，如新兴产业共同的结构特征、战略选择以及面临的进入障碍；研发的类型、动力来源和研究定位；蓝海战略五个特征、应遵循的六项原则以及重建市场边界的六条基本法则；运营风险的考虑因素以及纳入运营风险中的十三个内控指引需关注的主要风险等。

历年考情

1. 2019年综合题第六小问考查了进入新兴产业所面对的早期进入障碍，可与本题结合学习。

2. 识别企业核心能力3个关键性测试现已删除。

3. 研发的类型、动力来源和研究定位是很重要的主观题考点，如2017年综合题第五小问、2016年综合题第六小问均考查了研发的类型、动力来源和研发定位，与本题基本类似；研发的战略作用较为冷门，近五年来是第一次考查。

4. 蓝海战略是非常重要的主观题考点，几乎每年必考。如2019年简答题第1题第二小问、2018年简答题第1题第二小问、2017年第3题第二小问均考查了蓝海战略重建市场边界的基本法则，与本题完全类似；2018年简答题第1题第一小问、2017年第3题第一小问均考查了蓝海战略的特征，可与本题结合对比学习。

5. 运营风险属于非常重要的知识点，但因为把十八个内控指引中的十三个融入了运营风险，所以内容较多，如本综合题中的《1号指引——组织架构》《3号指引——人力资源》和《7号指引——采购业务》等需关注的主要风险均属于运营风险的内容。此外，2019年综合题第七小问考查了《4号指引——社会责任》需关注的主要风险、2017年综合题第七小问考查了运营风险的考虑因素等，可以结合对比学习。

2019年注册会计师全国统一考试《公司战略与风险管理》真题详解

一、单项选择题（本题型共24小题，每小题1分，共24分。每小题只有一个正确答案，请从每小题的备选答案中选出一个你认为正确的答案，用鼠标点击相应的选项。）

审题要点

本题关键词是“转型”，意味着中科公司不再持续原有的业务，退出了原有的业务市场，符合风险规避的特征。风险规避是指企业回避、停止或退出蕴含某一风险的商业活动或商业环境，避免成为风险的所有人。本题的关键在于掌握风险规避的特征。

1. 中科公司是国内一家著名的印刷机制造商。面对G国先进印刷机在中国的市场占有率迅速提高，中科公司将业务转型为给G国印刷机的用户提供零配件和维修保养服务，取得比业务转型前更高的收益率。从风险管理策略角度看，中科公司采取的策略是（　　）。

A. 风险规避　　B. 风险转换

C. 风险补偿　　D. 风险转移

【本题答案】A

【本题解析】“中科公司将业务转型为给G国印刷机的用户提供零配件和维修保养服务”，表明中科公司退出了印刷机制造领域，转而进入了配件、维修保养业务，属于风险规避中“退出蕴含某一风险的商业活动或商业环境，避免成为风险的所有人”的内涵，选项A正确。选项B，风险转换需要涉及多个风险，是将一种风险转换为另一种风险，但转换前后，总风险没有发生变化。选项C，风险补偿是在风险事件发生后采取的补偿措施，包括损失融资、应急资本、风险资本等。选项D，风险转移是将风险的所有权转移给第三方。选项B、C、D案例均无表述，故不选。

思维拓展

7种风险管理策略工具

类型	含义	解释
风险承担	企业对所面临的风险采取接受的态度，从而承担风险带来的后果	未能辨识出的风险，企业只能采用风险承担。 辨识出的风险，企业可能由于以下原因采用风险承担： ①缺乏能力进行主动管理； ②没有其他备选方案； ③从成本效益考虑，风险承担是最适宜的。 对于重大风险，不建议风险承担

续表

类型	含义	解释
风险规避	企业回避、停止或退出蕴含某一风险的商业活动或商业环境，避免成为风险的所有人	①退出某一市场以避免激烈竞争； ②拒绝与信用不好的交易对手进行交易； ③外包某项对工人健康安全风险较高的工作； ④停止生产可能有潜在客户安全隐患的产品； ⑤禁止各业务单位在金融市场进行投机； ⑥不准员工访问某些网站或下载某些内容
风险转移	企业通过合同将风险转移到第三方，企业对转移后的风险不再拥有所有权	①保险； ②非保险型的风险转移； ③风险证券化
风险转换	企业通过战略调整等手段将企业面临的风险转换成另一个风险	风险转换的手段包括战略调整和使用衍生产品等。风险转换一般不会直接降低企业总的风险，在减少某一风险的同时增加另一风险
风险对冲	采取各种手段，引入多个风险因素或承担多个风险，使得这些风险能够互相冲抵，互相抵消	①使用资产组合； ②使用多种外币结算； ③战略上的多种经营模式； ④使用衍生产品。 风险对冲不是针对单一风险，而是涉及风险组合
风险补偿	企业对风险可能造成的损失采取适当的措施进行补偿	企业主动承担风险，并采取措施以补偿可能的损失
风险控制	通过控制风险事件发生的动因、环境、条件等，来达到减轻风险事件发生时的损失或降低风险事件发生概率的目的	①室内使用不易燃地毯； ②山林中禁止吸烟； ③设立质量检查防止次品出厂。 风险控制对象一般是可控风险，包括多数运营风险，如质量、安全和环境风险，以及法律风险中的合规性风险

坑点提示

不同风险管理策略之间的确没有非常清晰的界限。在辨析时，需要找到最根本的特征进行判断。下面列出四组比较容易混淆的风险管理策略工具的辨析点。

类型	辨析点
风险承担	后果是什么就是什么，不采取任何缓释或补偿措施
风险补偿	同样是承担风险的后果，但企业会采取相应的措施来弥补风险带来的不利后果

类型	辨析点
风险规避	通过回避、退出的方式终止与风险的联系，使风险发生的可能性降为零，风险消失，彻底根除
风险控制	对某个因素进行控制后，只是能降低风险发生的概率，不能根除。例如设置质监部门，并不等于再也不会出现残次品，但会降低出现残次品率的概率

类型	辨析点
风险转移	将损失彻底转移给第三方，最为典型的就是企业投标后，若出险，则由保险公司理赔，企业自己不花钱
风险补偿	企业用自己的“钱”来抵补风险造成的损失

类型	辨析点
风险转换	将一种风险转换成另一种风险，“朝三暮四”，风险总量不变
风险对冲	至少两种风险同时存在，运用风险组合使其互相抵消，最终的净效果是1+1<2

抢分秘籍

本题主要是要能够准确的分辨出各个风险管理策略工具的内涵和各自的侧重点。

历年考情

高频考点，2013年~2022年每年都出过考点。

2.实行多元化经营的达梦公司在家装行业有很强的竞争力，市场占有率达**50%以上**。近年来家装市场进入**低速增长**阶段，根据波士顿矩阵原理，下列各项中，对达梦公司的家装业务表述正确的是（　　）。

A.该业务应采用撤退战略，将剩余资源向其他业务转移

B.该业务应由对生产技术和销售两方面都很内行的经营者负责

C.该业务需要增加投资以加强竞争地位

D.该业务的经营者最好是市场营销型人物

审题要点

本题关键词是“50%以上”和“低速增长”。本题的解题思路有两种，一个是可以根据波士顿矩阵来判断业务的类型，“低速增长”表明业务处于波士顿矩阵的下半部分，“50%以上”意味着业务处在波士顿矩阵的左半部分，两者共同对应的区域就是波士顿矩阵中的左下部分，即“现金牛”业务；另一个是根据关键词进行推断，在一个低速增长的市场中能够占领大部分的市场份额，表明公司是行业的佼佼者，能够赚取该行业大部分的现金流，符合现金牛业务的特征。本题的关键在于掌握波士顿矩阵的两个衡量指标以及现金牛业务的特征。

【本题答案】D

【本题解析】首先，根据题中资料判断波士顿矩阵的业务类型；其次，识别该种业务类型的特征。

“市场占有率达50%以上”，说明达梦公司与它最大的竞争对手业务相比，相对市场占有率是大于1的，所以，相对市场占有率高；“近年来家装市场进入低速增长阶段”，说明市场增长率低。由此判断达梦公司的家装业务属于现金牛业务。

其次；识别现金牛业务的特征。选项A，是瘦狗应采取的策略。选项B，“生产技术和销售两方面都很内行”，说明要求经营者的能力很高，相应的业务应该属于非常重要、不能放弃的业务，这是明星业务的特征。选项C，关键词为“增加投资”，目的是增强竞争地位，是明星业务或瘦狗业务的特征。选项D，现金牛业务的经营者最好擅长市场营

销型的，所以选项D正确。

思维拓展

详见2022年单项选择题第8题。

坑点提示

波士顿矩阵中相对市场份额的中分点是1.0，而本题却用50%的市场占有率进行描述，要学会企业对整体市场的份额及企业与竞争对手相对市场份额之间的转换。

抢分秘籍

本题需要能够对波士顿矩阵的各个业务进行准确划分，然后掌握各个业务适合采取的具体战略，最后要熟悉各个业务该如何进行管理，包括选择哪种组织结构、哪种管理型人才等。

历年考情

2017年、2018年、2020年~2022年均出过客观题。

3.龙苑公司是一家制作泥塑工艺品的家族企业。该公司成立100多年来，经过世代相传积累了丰富的泥塑工艺品制作经验和精湛技艺，产品远销国内外。目前一些企业试图进入泥塑工艺品制作领域。根据上述信息，龙苑公司给潜在进入者设置的进入障碍是（　　）。

> **审题要点**
>
> 本题关键词是“世代相传”。学习曲线是由于累积经验而导致的单位成本的减少，本题中“经过世代相传”才“积累了丰富的泥塑工艺品制作经验和精湛技艺”，符合学习曲线的定义。本题的关键在于掌握学习曲线的内涵。

A.资金需求　　B.学习曲线

C.分销渠道　　D.行为性障碍

【本题答案】B

【本题解析】本题以案例形式考查五力模型中的进入障碍。龙苑公司“经过世代相传积累了丰富的泥塑工艺品制作经验和精湛技艺，产品远销国内外”，表明是因为多年积累的经验和技艺让产品远销海外，经验和技艺需要员工不断地学习积累而成，是学习曲线的体现，所以选项B正确。选项A，资金需求与钱、投资等相关；选项C，分销渠道与企业产品如何到达消费者的方式相关。选项D，行为性障碍包括限制性进入定价和进入对方领域。选项A、C、D在案例中均未提及，故不选。

思维拓展

潜在进入者的进人威胁。利润是对投资者的一个信号，并能够经常导致潜在进入者的进入。潜在进入者将在两个方面减少现有厂商的利润：第一，进入者会瓜分原有的市场份额，获得一些业务；第二，进入者减少了市场集中，从而激发现有企业间的竞争，减少价格——成本差。对于一个产业来说，进入威胁的大小取决于呈现的进入障碍与准备进入者可能遇到的现有在位者的反击。它们统称为进入障碍，前者称为“结构性障碍”，后者称为“行为性障碍”。学习曲线属于结构性障碍。

波特指出的七种主要障碍：规模经济、产品差异、资金需求、转换成本、分销渠道、其他优势及政府政策。

贝恩归纳的三种主要进入障碍：规模经济（成本优势）、现有企业对关键资源的控制（资源优势）以及现有企业的市场优势（品牌优势）。

其中，现有企业对关键资源的控制（资源优势）表现为对资金、专利或专有技术、原材料供应、分销渠道、学习曲线等资源及资源使用方法的积累与控制。

这里的“学习曲线”（又称“经验曲线”），是指当某一产品累积生产量增加时，由于经验和专有技术的积累所带来的产品单位成本的下降。

坑点提示

考试中经常考查学习曲线与规模经济之间的差别。区分由于学习曲线所产生的学习经济和由于规模而产生的规模经济是很必要的。规模经济使得当经济活动处于一个比较大的规模时，能够以较低的单位成本进行生产；学习经济是由于累积经验而导致的单位成本的减少。即使是学习经济很小的情况下，规模经济也可能是很大的；同样地，在规模经济很小时，学习经济也可以是很大的。

学习曲线和规模经济之间的联系与区别

概念	区别	联系
学习曲线	经验和专有技术的积累导致单位成本下降	两者都能够降低产品的单位成本 （1）交叉影响产品成本的下降水平； （2）不具有必然关系，但在特定行业存在反向关系，例如： ①铝罐制造（简单资本密集型）：学习曲线小，规模经济大； ②计算机软件开发（复杂劳动密集型）：学习曲线大，规模经济小
规模经济	所生产的产品或劳务的绝对量增加导致单位成本下降	

抢分秘籍

学习曲线侧重于在时间上纵向的延伸，多年的积累形成的经验，熟能生巧，从而导致单位成本的降低；规模经济侧重于在空间上的扩展，用数量的增多来分摊固定的成本压力，从而导致的单位成本的降低。

历年考情

2013年~2022年均有考点，其中2014年和2016年出现主观题。

4. 2017年，主营电子商城业务的鑫茂公司制定和实施了新零售战略，对原有业务进行**较大调整**，建立了多家商品销售实体门店，线上线下业务协同开展。这一变革得到企业**固有文化的支持**。根据战略稳定性和文化适应性矩阵的要求，该公司在实施上述新战略时应（　　）。

A. 以企业使命为基础　　B. 加强协调作用

C. 根据文化进行管理　　D. 重新制定战略

审题要点

本题关键词是“较大调整”“固有文化”“支持”。以企业使命为基础来处理战略稳定性和文化适应性时，意味着企业实施一个新的战略时，组织要素会发生很大变化。这些变化大多与企业目前的文化具有潜在的一致性，能够获得企业固有文化的大力支持。本题的关键在于掌握“战略稳定性和文化适应性”矩阵及每个象限的特点。

【本题答案】A

【本题解析】“对原有业务进行了较大调整，建立了多家商品销售实体店，线下线上业务协同开展”，关键词为“较大调整”，说明企业战略要素变动较大，组织变动要素较大。同时，“这一变革得到了企业固有文化的支持”，说明文化上和原有文化一致性大。适宜采用以企业使命为基础，选项A正确。选项B，适用组织要素变动小，文化一致性大的情形；选项C，适用组织要素变动小，文化一致性小的情形；选项D，适用组织要素变动大，文化一致性小的情形；选项B、C、D均不满足题中资料的描述，故不选。

思维拓展

在战略稳定性与文化适应性矩阵中，具体包含如下四种情况：

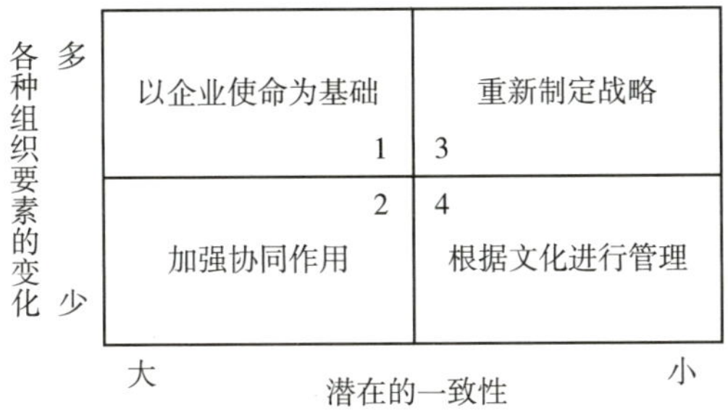

战略稳定性与文化适应性

情况名称	内容
以企业使命为基础	组织要素变化多+潜在一致性大（与企业目前的文化相一致） ①这种企业多是那些以往效益好的企业，可以根据自己的实力，寻找可利用的重大机会，或者试图改变自己的主要产品和市场，以适应新的要求。 ②这种企业由于有企业固有文化的大力支持，实行新战略没有大的困难，一般处于非常有前途的地位。 企业开展规模较大转型时采用的处理方式
加强协同作用	组织要素变化少+潜在一致性大（与企业目前的文化相一致） 通常发生在企业采用稳定战略时。 处在这种地位的企业应考虑两个主要问题： ①利用目前的有利条件，巩固和加强企业文化； ②利用文化相对稳定的这一时机，根据企业文化的需求，解决企业生产经营中的问题
根据文化进行管理	组织要素变化少+潜在一致性小（与企业目前的文化不大一致） ①在这种情况下，企业可以根据经营的需要，在不影响企业总体文化一致的前提下，对某种经营业务实行不同的文化管理； ②同时企业要对像企业结构这样与企业文化密切相关的因素进行变革时，也需要根据文化进行管理。 企业开展部分业务变革时采用的处理方式
重新制定战略	组织要素变化多+潜在一致性小（与企业目前的文化不大一致） ①在这种情况下，企业首先要考察是否有必要推行这个新战略。如果没有必要，企业则需要考虑重新制定战略。 ②在企业外部环境发生重大变化，企业考虑到自身长远利益，必须实施不能迎合企业现有的文化的重大变革，企业则必须进行文化管理，使企业文化也作出相应重大的变化

坑点提示

这道题的考点是战略稳定性与文化适应性矩阵中两个维度对应的四种情况，在熟悉并牢记矩阵相关内容的前提下，并没有太多容易混淆的内容。

抢分秘籍

客观题高频考点，且有一定难度，建议分步骤判断：

第一步：判断横、纵坐标的大小或多少。

需要准确理解横纵坐标的含义：

（1）组织要素变化的多少：关键要理解何为组织要素。

考题中常涉及的组织要素包括组织结构、业务范围、生产作业程序等。

（2）潜在一致性的大小：

例如新的政策得到了员工的支持或反对，如果员工支持这新政策，则说明文化的适应性强，即潜在一致性大，新文化与企业目前的文化大体一致；反之则说明潜在一致性小。

第二步：定位象限。

一方面对象限要熟悉；另一方面，可以进行理解式辨析记忆：

（1）组织要素变化少，潜在一致性大：说明“业务没变，文化没变”，两者都没变，那就继续好好经营：加强协同作用。

（2）组织要素变化多，潜在一致性小：说明“业务变了，文化变了”，两者都变了，与现有的企业没啥关系了：只能重新制定战略。

（3）组织要素变化多，潜在一致性大：说明“业务变化，文化没变”，由于大方向改变，企业需找到发展的支柱，只有不忘初心，才能“以不变应万变”：以企业使命为基础。

（4）组织要素变化少，潜在一致性小：说明“业务没变，文化变了”，只要大方向不变，就可以选择求同存异：根据文化进行管理。

历年考情

2016年、2018年~2022年均出现过考点。

5.甲公司在实施风险管理过程中，对由人为操作和自然因素引起的各种风险对企业影响的大小和发生的可能性进行分析，为确定企业风险的优先次序提供分析框架。该公司采取的上述风险管理方法属于（　　）。

A.决策树法　　　　B.马尔科夫分析法

C.风险评估系图法　　　　D.流程图分析法

【本题答案】C

【本题解析】“各种风险对企业影响的大小和发生的可能性进行分析”，表明公司考虑风险时，考虑了“风险发生的概率（可能性）”和“发生之后，可能的影响大小”，属于风险评估系图法。根据“确定企业风险的优先次序”可以进一步确定该方法是风险评估系图法，所以选项C正确；选项A，决策树是对不确定性投资方案期望收益（与投资决策相关）。选项B，马尔科夫分析法是对多种状态的复杂系统的分析，计算非常复杂。选项D，流程图分析法涉及工作过程具体步骤。选项A、B、D案例中均无表述，故不选。

审题要点

本题的关键词是“影响的大小”“可能性”“优先次序”。通过风险评估系图可以识别某一风险是否会对企业产生重大影响，并将此结论与风险发生的可能性联系起来，为确定企业风险的优先次序提供框架，设定风险等级的方法。本题的关键点在于掌握风险评估系图法的主要特点。

思维拓展

（1）决策树法：是在不确定的情况下，以序列方式表示决策选择和结果的一种方法。决策树法始于初始事项或最初决策，之后对可能发生的事件及可能作出的决策的各种路径和结果进行建模。决策树法用于项目风险管理，有助于在不确定的情况下选择最佳的行动步骤。适用于对不确定性投资方案期望收益的定量分析。

（2）马尔科夫分析法：主要围绕“状态”这个概念展开。如果系统未来的状态仅取决于其现在的状况，那么就可以使用马尔科夫分析法。这种方法通常用于对那些存在多种状态（包括各种降级使用状态）的可维修复杂系统进行分析，分析的各种状态可以是不连续的（利用状态间变化的概率），也可以是连续的（利用各状态的变化率）。适用于对复杂系统中的不确定性事件及其状态改变进行定量分析，更适合于计算机程序。能够计算出具有维修能力和多重降级状态的系统的概率。

（3）风险评估系图法：通过风险评估系图可以识别某一风险是否会对企业产生重大影响，并将此结论与风险发生的可能性联系起来（关键词是“重大影响”和“可能性”），为确定企业风险的优先次序提供框架，设定风险等级的方法。适用于对风险进行初步的定性分析，为企业确定各项风险重要性等级提供了可视化的工具，直观明了。

（4）流程图分析法：是对流程的每一阶段、每一环节逐一进行调查分析，在每个模块中都标示出各种潜在的风险因素或风险事件，从中发现潜在风险，找出导致风险发生的因素，分析风险产生后可能造成的损失以及对整个组织可能造成的不利影响。适合对企业生产或经营中的风险及其成因进行定性分析，清晰明了，易于操作，且组织规模越大，流程越复杂，流程图分析法就越能体现出优越性。

坑点提示

风险管理技术与方法

风险管理技术与方法	辨析要点
决策树法	某个待决策的方案、之后可能发生的事件及其概率（销路好或销路差的概率）、期望值（赚取的利润）
马尔科夫分析法	未来的状态仅取决于现在的状态，涉及复杂的数学计算，需计算机程序辅助
风险评估系图法	风险可能性、影响程度、优先次序
流程图分析法	通过绘制流程的每一阶段、每一环节来发现风险，组织规模越大，流程越复杂，该方法越有优越性，但依赖于专业人员水平

抢分秘籍

此知识点需要掌握每种风险管理技术与方法的内涵和适用条件，

可以按下面顺序进行：首先辨别类型，然后进行优缺点辨析，之后进行定性、定量辨析，最后是各阶段（风险辨析、风险分析、风险评价）适用性辨析。

历年考情

2013年、2015年~2019年、2021年、2022年均出现过该考点。

6. 甲公司在实施全面风险管理过程中，注重加强法制教育，增强董事、监事、经理及其他高级管理人员和员工的法制观念，严格依法决策、依法办事、依法监督。甲公司的上述做法所涉及的内部控制要素是（　　）。

A. 控制环境　　B. 风险评估

C. 控制活动　　D. 监控

【本题答案】A

【本题解析】“注重加强法制教育，增强董事、监事、经理及其他高级管理人员和员工的法制观念，严格依法决策、依法办事、依法监督”，均与法治建设相关，属于控制环境的范围，选项A正确。选项B，风险评估涉及风险识别、风险分析和风险应对。选项C，控制活动比较具体，包括控制措施和重大风险预警机制与应急处理机制。选项D，监控涉及信息与信息沟通、反舞弊、举报制度与举报人保护制度。选项B、C、D案例中均无表述，故不选。

审题要点

本题的关键词是“内部控制要素”。内部控制五要素包括控制环境、风险评估、控制活动、信息与沟通和监控。题干符合控制环境的描述。本题的关键点在于理解并掌握内部控制五要素的具体内容。

思维拓展

详见2022年简答题3。

坑点提示

内部控制五要素的内容较多，辨析时可以从关键词入手。

内部控制要素	关键词
控制环境	职责分工、治理结构（董事会、监事会、经理层、审计委员会、内部机构、内部审计机构）、人力资源政策、员工培养、文化建设、法制建设
风险评估	信息收集、风险识别、风险分析、风险应对
控制活动	不相容职务分离控制、授权审批控制、会计系统控制（包括设置会计机构、配备会计从业人员）、财产保护控制、预算控制、运营分析控制、绩效考评控制、重大风险预警机制和突发事件应急处理机制
信息与沟通	（内外部）信息、沟通、信息技术、反舞弊机制、举报投诉制度和举报人保护制度
监控	监督制度、内控缺陷认定标准、内控自我评价报告、记录或资料保存（可验证性）

抢分秘籍

本题看似有案例背景，但本质上考查的是知识点的直接还原，解题关键是熟悉各要素的要求。

内部控制的五大要素包括：

①控制环境：包括员工的正直、道德价值观和能力，管理当局的理念和经营风格，管理当局确立权威性和责任、组织和开发员工的方法等。

②风险评估：为了实现组织目标而对相关风险进行的辨别与分析。

③控制活动：为了确保实现管理当局的目标而采取的政策和程序，包括审批、授权、验证、确认、经营业绩的复核、资产的安全性等。

④信息与沟通：为了保证员工履行职责而必须识别、获取的信息及其沟通。

⑤监控：对内部控制实施质量的评价，主要包括经营过程中的持续监控，即日常管理和监督、员工履行职责的行动等。

历年考情

高频考点，2013年~2022年均出现过，2022年考查过主观题。

审题要点

本题的关键词是“新”、种植区内含有娱乐活动、“最低价格”。混合战略是企业可以在为顾客提供更高的认可价值的同时，获得成本优势。题干符合混合战略的特点。本题的关键在于掌握战略钟的每个战略的特点。

7.从事苹果种植与销售的秋实公司于2017年率先采取一种**新的**经营方式，在种植区内增设了园林景观、运动场、游戏场等，到秋收季节，顾客可前来付费进行休闲娱乐等活动，同时能以市场**最低的价格**采摘和购买苹果。顾客采摘和购买的苹果达到一定数量，可免费参加休闲娱乐活动。这一经营方式受到市场的热捧。秋实公司采用的上述战略属于（　　）。

A.成本领先战略　　B.差异化战略

C.混合战略　　D.集中化战略

【本题答案】C

【本题解析】现实生活中很少有一家公司的优势完全建立在成本或者差异之上，很多消费者既关心价格也关心质量。所以，混合战略强调的是，在为顾客提供更高认可价值的同时获得成本优势。

秋实公司一方面提供了差异化优势，“率先采取一种新的经营方式，在园区内增设了园林景观、运动场、游戏场等”，让顾客在采摘的同时可以进行户外休闲娱乐；另一方面提供了成本优势，“以市场最低的价格采摘和购买苹果”“顾客采摘和购买的苹果达到一定数量，可以免费参加休闲娱乐活动”。为顾客提供更高认可价值的同时获得成本优势，故选项C正确。选项A，成本领先战略包括：（1）低价低值战略；（2）低价战略。秋实公司征服市场依靠的不仅仅是低价，故不选。选项B，差异化战略包括：（1）高值高价战略；（2）高值战略。秋实公司除了差异化优势以外，还有成本优势，故不选。选项D，集中化战略是针对某一特定的战略群体、产品细分市场和区域市场，属于基本竞争战略的类型，故不选。

思维拓展

战略钟其实是基本竞争战略的进阶版。

成本领先战略

途径	内容	
途径1	低价低值战略	（1）企业关注的是对价格非常敏感的细分市场，在这些细分市场中，虽然顾客认识到产品（或服务）的质量很低，但他们买不起或不愿买更好质量的商品； （2）是一种很有生命力的战略，尤其在面对收入水平较低的消费者群体的企业，很适合采用该战略； （3）可以看成是一种集中成本领先战略
途径2	低价战略	企业寻求成本领先战略时常用的典型途径，即在降低价格的同时，努力保持产品（或服务）的质量不变

差异化战略

途径	内容	
途径4	高值战略	以相同或略高于竞争者的价格向顾客提供高于竞争对手的顾客认可价值
途径5	高价高值战略	（1）以特别高的价格为顾客提供更高的认可价值； （2）这种战略在面对高收入消费者群体时很有效； （3）可以看成是一种集中差异化战略

混合战略

途径	内容
途径3	在为顾客提供更高的认可价值的同时，获得成本优势（物美价廉）

失败战略

途径	内容
途径6	提高价格，但不为顾客提供更高的认可价值
途径7	（1）降低产品或服务的顾客认可价值，同时却在提高相应的价格； （2）除非企业处于垄断地位，否则不可能维持这样的战略
途径8	在保持价格不变的同时降低顾客认可的价值，在短期内具有一定的隐蔽性，但这种战略不能持久，如果有竞争对手提供的优质产品作为参照，顾客就会辨别出产品的优劣

坑点提示

此题通常作为客观题的考点，难度不高，但也易混易错。需注意以下几点：

（1）混合战略不是任意两种竞争战略的混合，而是仅有一种组合：成本领先+差异化；

（2）低值低价战略是一种很有生命力的战略，而不是属于失败战略；

（3）有低价战略，但没有低值战略；有高值战略，但没有高价战略；

（4）“战略钟”体系与基本竞争战略的对应关系：

①成本领先战略包括低价低值战略（集中成本领先战略）和低价战略（成本领先战略）；

②差异化战略包括高值战略（差异化战略）和高价高值战略（集中差异化战略）。

此外，这道题也有考生容易选D（集中化战略）。集中化战略是指针对某一特定购买群体、产品细分市场或区域市场，采用成本领先或产品差异化来获取竞争优势的战略。集中化战略一般是中小企业采用的战略。秋实公司的客户群并不是特定的群体，市场细分不明显，所以选项D不合适。

抢分秘籍

从事苹果种植与销售的公司还可以为顾客提供休闲娱乐活动，并且以市场最低的价格让顾客进行采摘和购买，属于突破了种植和销售本身的界限，不仅仅是单纯的成本领先或差异化。

历年考情

2014年、2015年、2017年、2018年、2019年、2021年、2022年均出现过客观题。

审题要点

本题的关键词是“市场迅猛发展”“欠佳”“较低”，表明外部市场有机会，但企业内部存在劣势，适合扭转型战略。SWOT分析中最核心的部分是评价企业的优势和劣势、判断企业所面临的机会和威胁并作出决策，即在企业现有的内外部环境下，如何最优地运用自己的资源，并且建立公司未来的资源。本题的关键在于掌握SWOT分析矩阵。

8.近年来新能源汽车产业及**市场迅猛增长**。国内汽车制造商华新公司于2018年进入新能源汽车制造领域，但是受技术和管理水平制约，其产品性能**欠佳**，市场占有率**较低**。根据SWOT分析，该公司应采取的战略是（　　）。

A.增长型战略　　B.多元化战略

C.扭转型战略　　D.防御型战略

【本题答案】C

【本题解析】本题解题分两步：首先，根据资料判断SWOT分析的类型；其次，匹配该种类型对应的策略。“近年来新能源汽车产业及市场迅猛增长”，市场属于外部环境，说明外部环境很好（O）；“但是受技术和管理水平制约，其产品性能欠佳，市场占有率较低”，阐述的是企业自身的问题，属于企业的内部因素，企业自身做得不好，内部环境存在劣势（W），SWOT分析的类型是WO。WO情形对应的策略是扭转型战略，选项C正确。选项A，增长型战略对应的类型是SO；选项B，多元化战略对应的类型是ST；选项D，防御型战略对应的类型是WT。选项A、B、D均不符合案例描述，故不选。

思维拓展

（1）SO增长型战略。企业具有很好的内部优势及众多的外部机会，应当采取增长型战略，如开发市场、增加产量等。

（2）WO扭转型战略。企业面临着良好的外部机会，却受到内部劣势的限制，应采用扭转型战略，充分利用环境带来的机会，设法清除劣势。

（3）WT防御型战略。企业内部存在劣势，外部面临威胁，应采用防御型战略，进行业务调整，设法避开威胁和消除劣势。

（4）ST多种经营战略。企业具有内部优势，但外部环境存在威胁，应采取多种经营战略，利用自己的优势，在多样化经营上寻找长期发展的机会；或进一步增强自身竞争优势，以对抗威胁。

坑点提示

SWOT的四个战略类型容易混淆，从而对各自对应的战略辨析错误。

抢分秘籍

需要对SWOT的四个类型及对应的战略很熟悉。

历年考情

2013年~2022年每年都会有考题出现，属于高频考点。

9.面对国外著名医药公司在中国市场上不断扩张，多年从事药品研发、生产和销售的康达公司为了自身的长期发展，把药品的生产和销售

审题要点

本题的关键词是“转让”“新药品”。躲闪者战略是通过转向新业务或缝隙市场避开竞争，避开跨国公司的冲击。题干符合躲闪者战略的特点。本题的关键在于掌握新兴市场本土企业战略选择的特点。

业务转让给其他公司，同时与国外某医药公司合作专注于新药品的研发业务。从本土企业战略选择的角度看，康达公司扮演的角色可称为（　　）。

A.防御者　　　　B.扩张者

C.躲闪者　　　　D.抗衡者

【本题答案】C

【本题解析】“面对国外著名医药公司在中国市场上不断扩张”，关键词为“著名医药公司”，意味着康达公司受到了跨国公司的冲击，全球化压力程度大。“把药品的生产和销售业务转让给其他公司，同时与国外某医药公司合作专注于新药品的研发业务”说明康达公司没有选择与外国公司硬碰硬，而是转向了新的业务，体现了躲闪者战略中的“将企业出售给跨国竞争对手”以及“重新定义自己的核心业务”两种典型做法，选项C正确。选项A是全球化压力程度低，运用国内市场的优势进行防卫；选项B是全球化压力程度低，将企业的优势资源转移到海外市场；选项D是全球化压力程度大，通过全球竞争发动进攻。选项A、B、D案例中均未涉及，故不选。

思维拓展

详见2023年单项选择题第24题。

坑点提示

本题可能会有同学选择A（防御者）或B（扩张者），认为“康达公司专注于新药品的研发业务”属于防御或扩张，这种情况下，一是要熟练掌握每种战略类型的战略举措，同时也要联系题中给出的背景资料，本题中“康达公司把药品的生产和销售业务转让给其他公司”并不是一种防卫行为，也没有进行优势资源的转移，因此不属于防御或扩张。

抢分秘籍

可以根据四种战略选择的“战略定位”快速判断：

防御者：利用本土优势进行防御；

扩张者：向海外延伸本土优势；

躲闪者：避开跨国公司的冲击；

抗衡者：在全球范围内对抗。

历年考情

高频考点，2015年~2022年均出现过该考点。

10.专为商业零售企业提供管理咨询服务的智信公司于2015年预测中国的实体百货零售业已进入**衰退期**。该公司作出上述预测的依据应是（　　）。

审题要点

本题题干的案例资料与选项的关联度不大，本题的关键在于要掌握产品生命周期的划分依据，产业发展所要经历的四个阶段（导入期、成长期、成熟期和衰退期）是按照产业销售额增长率曲线的拐点划分。

A.实体百货零售业投资额增长率曲线的拐点

B.实体百货零售业利润额增长率曲线的拐点

C.实体百货零售业销售额增长率曲线的拐点

D.实体百货零售业工资额增长率曲线的拐点

【本题答案】C

【本题解析】波特生命周期是以产业销售额增长率曲线的拐点为划分，分为四阶段：导入期、成长期、成熟期、衰退期，故选项C正确。

思维拓展

详见2023年单项选择题第1题。

坑点提示

对于产品生命周期的阶段判断，重点是抓关键词进行作答，需要掌握各个阶段的核心特点。提示同学关注以下三个问题：

（1）成长期的销量是快速增长，而成熟期是缓慢增长，但成长期的利润水平是最高的；

（2）成长期的竞争状态是不断加剧，但成熟期才出现挑衅性的价格竞争；

（3）导入期的战略目标是扩大市场份额，而成长期的战略目标是争取最大市场份额。

抢分秘籍

本题看起来是有案例背景的题目，但本质上是直接还原知识点，解答本题的关键在于熟悉产品生命周期理论的基础知识。

历年考情

本题属于高频考点，2013年~2020年、2021年均考查过，其中2013年、2014年、2016年、2017年、2022年考查主观题。

11.华蓓公司是Y市一家生产婴幼儿用品的企业。多年来公司在Y

审题要点

本题关键词是"稳定""竞争性定价""机械式"。防御型组织主要是追求一种稳定的环境，试图通过解决开创性问题来达到自己的稳定性。防御型组织常采用竞争性定价或高质量产品等经济活动来阻止竞争对手进入它们的领域，保持自己的稳定。防御型组织常常采取"机械式"结构机制，保持高效率，最终形成明显的稳定性。题干的关键词符合防御型战略组织的特征。本题的关键在于掌握防御型战略组织的典型特点。

市婴幼儿用品市场拥有**稳定**的市场占有率。为了巩固其竞争优势，华蓓公司运用**竞争性定价**阻止竞争对手进入其经营领域，并实施有利于保持高效率的**"机械式"**组织机制。华蓓公司所采取的组织的战略类型属于（　　）。

A. 防御型战略组织　　B. 开拓型战略组织

C. 分析型战略组织　　D. 反应型战略组织

【本题答案】A

【本题解析】"为了巩固其竞争优势，华蓓公司用竞争性定价阻止竞争对手进入其经营领域，并实施有利于保持高效率的'机械式'组织机制"，说明公司采取竞争性定价这一措施来阻止竞争对手进入自己的市场，从而保持"拥有稳定的市场占有率"，并实施"'机械式'组织机制"，这些都是防御型战略组织的典型特征，故选项A正确。选项B，开拓型战略组织追求新的机会，所以是"有机式"的组织；选项C，分析型战略组织是在寻求新的机会的同时，保持原有市场；选项D，反应型战略组织永远处于不稳定状态；选项B、C、D不符合资料的表述，故不选。

思维拓展

组织的四种战略类型，即组织结构适应内外部环境及战略变化的四种方式。战略的一个重要特性就是适应性，它强调企业组织要运用已有的资源和可能占有的资源去适应组织外部环境和内部条件的变化。这种适应是一种复杂的动态调整过程，要求企业在加强内部管理的同时，不断推出适应环境的有效组织结构。

组织的战略类型

名称	项目	内容
防御型	开创性问题	创造一个稳定的经营领域，占领一部分产品市场，即生产有限的一组产品，占领整个潜在市场的一小部分（追求一种稳定的环境）
	解决开创性问题的方法	采用竞争性定价或高质量产品等经济活动来阻止竞争对手进入它们的领域，保持自己的稳定
	工程技术问题	创造出一种具有高度成本效率的核心技术（提高技术效率是组织成功的关键）
	行政管理问题	采取"机械式"结构机制（保证严格的控制效率），这种机制是由生产与成本控制专家形成的高层管理
	风险	不可能对市场环境做重大的改变

续表

名称	项目	内容
开拓型	开创性问题	寻求和开发产品与市场机会（追求一种更为动态的环境）
	解决开创性问题的方法	寻求新机会的过程中必须具有一种从整体上把握环境变化的能力
	工程技术问题	如何避免长期陷于单一的技术过程，常常通过开发机械化程度很低和例外性的多种技术和标准技术来解决这一问题
	行政管理问题	奉行灵活性原则，采取“有机的”机制。这种机制包括由市场、研究开发方面的专家组成的高层管理
	风险	缺乏效率性，很难获得最大利润
分析型	开创性问题	寻求新的产品和市场机会的同时，保持传统的产品和市场
	解决开创性问题的方法	通过模仿开拓型组织已开发成功的产品或市场完成
	工程技术问题	保持技术的灵活性与稳定性之间进行平衡，形成一个双重的技术核心
	行政管理问题	适应既稳定又变动的经营业务，使两种经营业务达到平衡。该任务可由分析型组织的矩阵结构解决
	风险	稳定性与灵活性并存的状态在一定程度上限制了组织的应变能力，最大的危险就是既无效能又无效率
反应型	含义	反应型组织在对其外部环境的反应上采取一种动荡不定的调整模式，缺少在变化的环境中随机应变的机制，从而永远处于不稳定的状态
	表现或原因	①决策层没有明文表达企业战略。 ②管理层次中没有形成可适用于现有战略的组织结构。 ③只注重保持现有战略与结构的关系，忽视外部环境条件的变化
	适用条件	①反应型战略在战略中是一种下策，只有在上述三种战略都无法运用时，企业才可以考虑使用这种方法。 ②一个企业组织如果不是存在于经营垄断或被高度操纵的产业里，就不应采取反应型组织形态

坑点提示

这道题如果仅仅从字面意思来理解，会有同学觉得华蓓公司已经拥有稳定的市场占有率，在行业中属于有实力的在位者，对于侵入的竞争对手会进行抵抗和反击，不应该属于被动地防御，而是积极主动地开拓或反应。出现这样的误判，原因在于没有把握好每种战略类型的核心。

（1）防御型组织：追求稳定，解决开创性问题巩固稳定性。

（2）开拓型组织：追求动态，探索和发现新产品和市场的机会。

（3）分析型组织：处于防御型和开拓型之间，试图以最小的风险、最大的机会获得利润。

（4）反应型组织：动荡不定，缺少随机应变的机制，是一种下策。题中并未提及华蓓公司进入新的市场，所以是积极主动地防御。

抢分秘籍

这类题目需要充分抓住关键词进行判断。

组织的战略类型	关键词
防御型	创造稳定的经营领域（现有产品、现有市场）； 竞争性定价或高质量产品； 机械式组织（功能清晰、程序规范）； 生产与成本专家主导； 处于成熟期
开拓型	寻求和开发产品与市场机会（新产品、新市场）； 有机的机制（鼓励部门间合作）； 市场和研究专家主导； 处于导入期或成长期，致力于发现新产品或新市场
分析型	寻求新产品和市场同时保持传统产品和市场（现有产品和市场+新产品和市场）； 技术的灵活性与稳定性相平衡； 矩阵结构； 靠模仿生存，希望通过复制开拓型的思想取得成功

历年考情

2013年、2014年、2018年、2019年均出现过该考点，其中2014年考查主观题。

审题要点

本题的关键词是“两类功能结合起来”“率先”。对战略群组分析，可以预测市场变化或发现战略机会。那些“空缺”的领域能为新战略或新的战略群组提供机会。这也就是蓝海战略的精髓，蓝海战略是通过提供创新产品和服务，开辟并占领新的市场空间的战略。本题的关键在于能发现这是公司的一种创新，创新的目的是为了发现新的机会。

12.七彩公司以“文化娱乐性”和“观光游览性”为两维坐标，将旅游业分为不同的战略群组，并将“文化娱乐性高、观光游览性低”的文艺演出与“文化娱乐性低、观光游览性高”的实景旅游两类功能结合起来，率先创建了“人物山水”旅游项目，它将震撼的文艺演出置于秀丽山水之中，让观众在观赏歌舞演出的同时将身心融于自然。七彩公司采用战略群组分析的主要思路是（　　）。

A.了解战略群组间的竞争状况

B.了解战略群组间的“移动障碍”

C.了解战略群组内企业竞争的主要着眼点

D.预测市场变化或发现战略机会

【本题答案】D

【本题解析】选项D，旅游业分为两类战略群组，包括“文化娱乐性高、观光游览性低”的文艺演出和“文化娱乐性低、观光游览性高”的实景旅游。但公司“率先创建了‘人物山水’旅游项目，它将震撼的文化演出置于秀丽山水之中，让观众在观赏歌舞演出的同时将身心融于自然”，也就是说公司的旅游项目是文化娱乐性高、观光游览性高的新项目，属于利用战略群组分析能够帮助企业预测市场变化发现市场机会，选项D正确。选项A，关键词为“组间”，指的是两个不同的战略群组之间的竞争。选项B，关键词为“组间”和“移动障碍”，指的是一个企业从一个群组转移到另一个群组时存在的障碍。例如，如果一个企业原来属于文艺演出这一群组，现在想移动到实景旅游群组里，那么就需要克服观光游览性低这一困难，这就是移动障碍的体现；选项C，关键词为“组内”，一个群组内企业之间的竞争。

思维拓展

详见2022年单项选择题第22题。

坑点提示

这道题可能会有同学觉得B了解战略群组间的“移动障碍”也是正确的，关键点在于看这个企业是要“移动”还是要“跨界”，也就是企业仍待在“红海”里厮杀还是选择“蓝海”。

抢分秘籍

本题的关键在于准确把握出题人的意图，“率先”二字是关键词，体现了七彩公司先于其他公司发现了战略机会。

历年考情

2013年~2017年、2019年、2022年考过，其中2014年、2015年、2016年在主观题中出现过。

13. 2012年**政府**颁布了《生活饮用水卫生标准》。然而，由于相关设施和**技术**等方面的原因，国内一些地区的自来水水质短期内还不能达到标准。同时，近年随着国内**经济**迅速发展，国民追求健康和**高品质生活**的愿望不断提高。通过对上述情况的分析，华道公司于2013年从国外引进自来水滤水壶项目，获得成功。本案例中，华道公司外部环境分析所采用的主要方法是（　　）。

> **审题要点**
> 本题的关键词分别是“政府”“技术”“经济”“愿望”，符合PEST模型所涉及的四个方面。

A. 五种竞争力分析　　B. 产品生命周期分析

C. PEST分析　　　　　　　　D.钻石模型分析

【本题答案】C

【本题解析】选项C，“2012年政府颁布了《生活饮用水卫生标准》”，关键词为“政府”，是政府颁布了相关的政策，属于政治和法律因素；“出于相关设施和技术等方面的原因，国内一些地区的自来水水质短期内还不能达到标准”，关键词为“技术”，属于技术因素；“近年随着国内经济迅速发展”，关键词为“经济”，属于经济因素；“国民追求健康和高品质生活的愿望不断提高”，体现了生活水平的提升，属于社会文化因素，即PEST分析，选项C正确。选项A，五力模型包括潜在进入者、替代品的威胁、供应商和采购商的议价能力、行业内现有企业之间的竞争。选项B，产品生命周期以销售额曲线的拐点划分，分为导入期、成长期、成熟期、衰退期。选项D，钻石模型分析包括生产要素、相关与支持性产业、市场需求与企业战略、企业结构、同业竞争。选项A、B、D案例均未提及，故不选。

思维拓展

外部环境包括宏观环境、产业环境和竞争环境。在外部环境分析工具中，PEST模型用于宏观环境的分析；产品生命周期分析和五力模型用于产业环境的分析；竞争对手分析和战略群组用于竞争环境的分析。钻石模型用于内部环境的分析。

PEST模型解题可以分为两种方法：

较传统的解题方法是熟悉PEST模型四要素的特征，并在解题时与案例进行匹配。

PEST模型各要素的特征归纳

要素名称	特征
P（政治和法律因素）	①政局稳定状况；②政府行为；③路线方针政策（产业政策、税收政策）；④法律法规
E（经济因素）	①社会经济结构；②经济发展水平；③宏观经济政策；④当前经济状况
S（社会和文化因素）	①人口因素；②社会流动性；③消费心理；④生活方式变化；⑤文化传统；⑥价值观
T（技术因素）	①国家科技体制；②科技政策；③科技水平；④科技发展趋势

另一种解题方法是抓住关键词，使用排除法进行解题。例如在本题中，有关键词“政府”“法”，通常会涉及政治与法律因素；有关键词“技术”，通常会涉及技术因素；有关键词“经济”“收入”，通常会涉

及经济因素；有涉及人或消费心理及生活方面，则通常会涉及社会和文化因素。

坑点提示

有些考生认为“近年随着国内经济迅速发展，国民追求健康和高品质生活的愿望不断提高”属于钻石模型中的需求条件。这种想法有一定道理，但“愿望”并不等同于真实的需求条件。

抢分秘籍

本题命题涉及多个考点，考查考生能否分清内外部环境分析的工具。相对比较综合，整体难度较大。PEST模型的应用层次是外部环境分析中的宏观环境分析，如果题目中提及“政策”“经济”“行业情况”等词汇，则适用于该模型。但如果题目中提及“经营思路”“战略举措”“经验”等词汇，则应当属于内部环境分析的范畴。

历年考情

此题为综合题，涉及众多高频考点，每年都会出现相关内容。

14.甲基金公司在对基金管理、受托资产管理、基金销售和咨询等业务活动进行风险度量时，首先对所有事件中每一事件发生的**概率乘以**该事件的影响，然后将这些乘积**相加**得到风险数值。甲基金公司采用的风险度量方法是（　　）。

> **审题要点**
>
> 本题的关键词是“概率”“乘以”“相加”。期望值通常是指数学期望，即概率加权平均值。所有事件中，先将每一事件发生的概率乘以该事件的影响得出乘积，然后将这些乘积相加。本题的关键点在于掌握期望值的计算原理。

A.最大可能损失　　B.概率值

C.期望值　　D.在险值

【本题答案】C

【本题解析】“发生的概率乘以该事件的影响，然后将这些乘积相加”，是概率加权平均值，也就是期望值，故选项C正确。选项A，最大可能损失与概率无关；选项B，概率值仅计算概率；选项D，在险值是在给定的置信区间内，可能发生的最大损失。选项A、B、D不符合案例描述，故不选。

思维拓展

详见2023年单项选择题第6题。

抢分秘籍

要掌握常用风险度量方法中每个方法的核心含义。

历年考情

风险度量方法很少以主观题的形式出现，也不属于高频考点，2013年~2022年每年都会考查客观题，题量不大。

审题要点

本题的关键词是“本公司”。内部基准是企业内部各个部门之间互为基准进行学习和比较。本题中生产果蔬饮料的企业和生产啤酒的企业均属于宝泉公司，因此属于内部相互学习。

15. 2016年，多年成功经营的啤酒生产企业宝泉公司投资新建了一家果蔬饮料生产企业，但因管理不善出现持续亏损。最近宝泉公司组织果蔬饮料生产企业的管理人员到**本公司**的啤酒生产企业调研、学习，收效良好。宝泉公司所实施的基准分析的类型属于（　　）。

A. 一般基准　　B. 顾客基准

C. 内部基准　　D. 竞争性基准

【本题答案】C

【本题解析】投资新建了一家果蔬饮料生产企业”说明果蔬饮料生产企业属于宝泉公司。“组织果蔬饮料生产企业的管理人员到本公司的啤酒生产企业调研、学习”说明果蔬饮料生产企业向同属于宝泉公司的啤酒生产企业学习。宝泉公司内部组织“果蔬饮料生产企业”到“啤酒生产企业”调研学习，是企业自己和自己比，属于同一企业不同业务类型的部门进行比较，满足内部基准的特征，故选项C正确。选项A，基准对象之间没有直接竞争关系，且基准对象之间同属于一个行业；选项B，基准对象是顾客与顾客满意度；选项D，基准对象之间存在直接竞争关系。选项A、B、D案例中均无表述，故不选。

思维拓展

详见2022年单项选择题第5题。

坑点提示

竞争性基准、一般基准和过程或活动基准已经多次考查，顾客基准和内部基准是考查重点中的冷门，也是近年来的命题趋势。

抢分秘籍

内部基准是指企业内部各个部门之间互为基准进行学习与比较。

基准类型	关键信息
内部基准	集团内部各公司比、公司内部各部门比
竞争性基准	同一行业有竞争
过程或活动基准	不同行业无竞争
一般基准	同一行业无竞争
顾客基准	与用户调研问卷的结果比

历年考情

判断五种基准分析的类型几乎每年必考。

16.科环公司计划在某市兴建一座垃圾处理场，并对占用土地的价格、垃圾处理收入和建设周期等不可控因素的变化对该垃圾处理场内部收益率的影响进行了分析。科环公司采取的风险管理方法是（　　）。

审题要点

本题的关键词是“变化”“影响”。敏感性分析法是针对潜在的风险，研究项目的各种不确定因素变化至一定幅度时，计算其主要经济指标的变化率及敏感程度的一种方法。题干符合敏感性分析法的概念。本题的关键在于掌握敏感性分析法的计算原理。

A.失效模式影响和危害度分析法

B.马尔科夫分析法

C.情景分析法

D.敏感性分析法

【本题答案】D

【本题解析】“对占用土地的价格、垃圾处理收入和建设周期等不可控因素的变化对该垃圾厂内部收益率的影响进行了分析”，表明企业研究了某些因素的变化对特定指标（内部收益率）的影响大小进行了分析，属于敏感性分析法定义中“分析不确定性因素对项目最终效果指标的影响及影响程度”，故选项D正确。选项A，失效模式影响和危害度分析法包括描述失效情形和计算影响结果。选项B，马尔科夫分析法是对多种状态的复杂系统的分析，计算复杂。选项C，情景分析法需要描述不同的情况，然后计算每个情况的影响结果。选项A、B、C不符合案例描述，故不选。

思维拓展

（1）失效模式影响和危害度分析法：可用来分析、审查系统的潜在故障（或称失效）模式。按规则记录系统中所有可能存在的影响因素，将每种影响因素按其影响的程度及发生概率排序，从而发现系统中潜在的薄弱环节。广泛应用于产品的设计与开发、生产和使用等阶段的风险管理，旨在发现缺陷和薄弱环节，为提高产品或服务质量和可靠性水平提供改进依据。

（2）马尔科夫分析法：主要围绕“状态”这个概念展开。如果系统未来的状态仅取决于其现在的状况，那么就可以使用马尔科夫分析法。这种方法通常用于对那些存在多种状态（包括各种降级使用状态）的可维修复杂系统进行分析，分析的各种状态可以是不连续的（利用状态间变化的概率），也可以是连续的（利用各状态的变化率）。适用于对复杂系统中的不确定性事件及其状态改变进行定量分析，更适合于计算机程序。

（3）情景分析法：可用来预计威胁和机遇可能发生的方式。在周期较短及数据充分的情况下，可以从现有情景中推断出未来可能出现的情景。对于周期较长或数据不充分的情况，情景分析法的有效性更依赖于合乎情理的想象力。在识别和分析多种情景时，可用来识别在特定环境下可能发生的事件及其后果，以及每种情景出现的可能性。如果积极后果和消极后果的分布存在比较大的差异，则情景分析法就能发挥很大作用。

（4）敏感性分析法：针对潜在的风险，研究项目的各种不确定因素变化至一定幅度时，计算其主要经济指标的变化率及敏感程度的一种方法。若某参数的小幅度变化能导致效果指标的较大变化，则称此参数为敏感性因素，反之则称其为非敏感性因素。

坑点提示

风险管理技术与方法	辨析要点
失效模式影响和危害度分析法	潜在故障、严重程度以及发生概率
马尔科夫分析法	未来的状态仅取决于现在的状态，涉及复杂的数学计算，需计算机程序辅助
情景分析法	情景包括：最佳、最差、期望等； 结果包括：后果（定量）、可能性（定性）
敏感性分析法	各种不确定因素的变动对某个因素的影响

抢分秘籍

此知识点需要掌握每种风险管理技术与方法的内涵和适用条件，可以按下面顺序进行：首先辨别类型，然后进行优缺点辨析，再进行定性、定量辨析，最后是各阶段（风险辨析、风险分析、风险评价）适用性辨析。

历年考情

2013年、2015年~2019年、2021年、2022年均出现过该考点。

17.国内著名商业零售企业东海公司与主营大数据业务的高胜公司签订**战略合作协议**，商定由东海公司免费向高胜公司开放相关数据收集平台，高胜公司则无偿为东海公司提供数据分析及应用方案。下列各项中，属于上述两个公司结成的战略联盟的特点是（　　）。

A.更具有战略联盟的本质特征

B.企业对联盟的控制力较强

审题要点

本题的关键词是“战略合作协议”，这表明这是双方公司签订的功能性协议，是一种契约式的战略联盟。相对于股权式战略联盟而言，契约式战略联盟由于更强调相关企业的协调与默契，从而更具有战略联盟的本质特征。本题的关键在于掌握契约式战略联盟和股权式战略联盟的区别。

C.有利于企业长久合作

D.有利于扩大企业资金实力

【本题答案】A

【本题解析】“签订战略合作协议”“免费开放数据收集平台”以及“无偿提供数据分析及应用方案”，可以看出两家企业决定在某些特定的领域进行合作，且不涉及资产组合或者股权互换，这是战略联盟主要类型中的“功能性协议”，属于契约式战略联盟。选项A是契约式战略联盟的特点之一；选项B、C、D均属于股权式战略联盟的特点。

思维拓展

发展战略一般可以采用三种途径，即外部发展（并购）、内部发展（新建）与战略联盟

企业战略联盟的主要类型

战略联盟类型		内容
股权式联盟	合资企业	（1）将各自不同的资产组合在一起进行生产，共担风险和共享收益； （2）体现了联盟企业之间的战略意图，并非限于寻求较高的投资回报率
	相互持股投资	（1）联盟成员之间通过交换彼此的股份而建立的一种长期相互合作的关系； （2）与合资企业相比，相互持有股份不需要将彼此的设备和人员合并，通过这种股权联结的方式便于使双方在某些领域采取协作行为； （3）与并购相比，这种投资性的联盟仅持有对方少量的股份，联盟企业之间仍保持着相对独立性，而且股权持有往往是双向的
契约式联盟	功能性协议	（1）也称为无资产性投资的战略联盟； （2）企业之间决定在某些具体的领域进行合作； （3）常见形式：技术交流协议、合作研究开发协议、生产营销协议、产业协调协议等（在研发、生产、供给、销售等各个价值链环节上都可能形成战略联盟）

股权式战略联盟和契约式战略联盟的区别

优缺点	股权式战略联盟	契约式战略联盟
优点	（1）有利于扩大企业的资金实力； （2）通过部分“拥有”对方的形式，增强双方的责任感和信任感，更有利于长久的合作。	（1）更强调企业的协调与默契，更具有战略联盟的本质特征； （2）在经营的灵活性、自主权和经济效益等方面比股权式战略联盟具有更大的优越性
缺点	灵活性差	（1）企业对联盟的控制力较差； （2）松散的组织缺乏稳定性和长远利益； （3）联盟内成员沟通不充分； （4）组织效率低下

坑点提示

本题的选项C容易被混淆，有考生认为双方签订合作协议也是为了促进双方的长久合作。需要注意的是，双方现在都是“免费”“无偿”进行互惠互利的合作，一方面这种方式未必能长久，更多的是一种尝试；另一方面双方签订了合作协议，与股权式战略联盟相比，签订合作协议没有股权参与合作的长久。

抢分秘籍

只要对两种战略联盟的区别记忆清晰，即可判断出正确选项。“签订战略合作协议”，并以免费平台换无偿方案说明该合作形式为契约式战略联盟。

历年考情

战略联盟属于发展战略的途径，2014年~2022年每年都会出现，在客观题和主观题中都属于高频考点。

审题要点

本题的关键词是“需求量稳定”“银行贷款”。低经营风险与高财务风险的典型例子就是一个处于产品成熟期的公用企业，大量使用借款筹资。通过关键词判断需求量稳定就意味着经营风险小，更新设备的资金主要来自银行贷款，说明借款比例高，财务风险大。题干符合低经营风险与高财务风险的特点。

18.甲燃气公司负责某市的**民用天然气**供给业务。近年来该市的民用天然气**需求量比较稳定**，甲燃气公司主要通过向**银行贷款**取得更新设备所需的资金。该公司财务风险与经营风险的搭配属于（　　）。

A.高经营风险与高财务风险　B.高经营风险与低财务风险

C.低经营风险与高财务风险　D.低经营风险与低财务风险

【本题答案】C

【本题解析】“近年来该市的民用天然气需求量比较稳定”，意味着市场需求比较稳定，市场没有高速增长或大幅度缩减，说明产业至少已经进入了成熟期，产业基本定型，企业承担的经营风险是低的。“向银行贷款取得更新设备所需的资金”表明公司主要通过债权融资，财务风险高，故选项C正确。选项A、B、D均错误。

思维拓展

财务风险与经营风险的搭配属于“基于产品生命周期的财务战略选择”的范畴。经营风险的大小是由特定的经营战略决定的，财务风险的大小是由资本结构决定的，它们共同决定了企业的总风险。

经营风险与财务风险的结合方式，从逻辑上可以划分为四种类型：

（1）高经营风险与高财务风险搭配。这种搭配具有很高的总体风险。例如，一个处于产品导入期的高科技企业，本身的经营风险就很大，如果此时再通过借款取得大部分资金，那么它的财务风险也很大。

（2）高经营风险与低财务风险搭配。这种搭配具有中等程度的总体风险。例如，上面提到的处于产品导入期的高科技企业，较少使用或不使用负债筹资，主要使用权益筹资，则它的财务风险就很小，但是经营风险仍然很大。

（3）低经营风险与高财务风险搭配。这种搭配具有中等的总体风险。例如，一个处于产品成熟期的公用企业，市场变化不大，经营风险低，如果此时大量使用借款筹资，则该企业就存在较高的财务风险。

（4）低经营风险与低财务风险搭配。

这种搭配具有很低的总体风险。例如，上面提到的处于产品成熟期的公用企业，如果此时只借入很少的债务资本，那么企业有稳定的现金流，而且债务不多，财务风险低，经营风险也低。

坑点提示

本题比较容易辨别，不存在坑点。

抢分秘籍

首先要知道特定的经营战略决定经营风险的高低，资本结构决定财务风险的高低，然后从题干中提取有关经营战略和资本结构的相关信息即可。

历年考情

2013年~2022年客观题中的高频考点，其中2021年曾以同一角度出过客观题

19.甲公司每年最低运营资本是10亿元，但是有5%的可能性需要12亿元维持运营。该公司筹集了12亿元，将其生存概率提高到95%。甲公司管理损失事件的方法是（　　）。

A.损失融资　　B.风险资本

C.保险　　D.专业自保

【本题答案】B

【本题解析】“每年最低运营资本是10亿元，但是有5%的可能性需要12亿元维持运营。该公司筹集了12亿元，将其生存概率提高到95%”，这是教材中有关“风险资本”的举例。风险资本即除经营所需的资本之外，公司还需要额外的资本用于补偿风险造成的财务损失。本

审题要点

本题的关键词是“运营资本”“概率”。风险资本是除经营资本之外，企业为补偿风险造成的财务损失而需要的资本，是使一家企业破产的概率低于某一给定水平所需的资金，因此取决于企业的风险偏好。题干符合风险资本的含义。本题的关键点在于掌握风险资本的内涵和教材举例。

题的12亿元中，有10亿元为最低运营资本，其余2亿元为风险资本，故选项B正确。选项A，损失融资可以针对可预期的损失事件融资，也可以针对非预期之外的损失进行融资，范围宽泛；选项C，保险是利用合同的方式将风险的所有权转嫁给第三方；选项D，专业自保母公司成立一个子公司，由子公司专门给母公司提供保险；选项A、C、D案例中均无表述，故不选。

思维拓展

详见2022年多项选择题第10题。

坑点提示

有些考生认为选项A（损失融资）正确，但损失融资分为预期损失融资和非预期损失融资。其中，预期损失融资一般作为运营资本的一部分，非预期损失融资则属于风险资本的范畴。显然，选项A并不精准。

抢分秘籍

重点是要掌握各种风险理财措施的各自的特点。

历年考情

2013年~2015年、2017年~2022年几乎每年都会考查客观题。

审题要点

本题的关键词是“反应迟钝”“转型已晚”。运营风险是指企业在运营过程中，由于内外部环境的复杂性和变动性以及主体对环境的认知能力和适应能力的有限性，导致运营失败或使运营活动达不到预期目标的可能性及损失。题干资料符合运营风险的含义。本题的关键点在于掌握运营风险的内涵。

20.随着云计算技术的崛起，传统数据技术受到严峻挑战。此前引领世界数据库软件市场的J公司对环境变化反应迟钝，没有及时研究云计算技术。当公司意识到云技术是未来方向时，转型为时已晚。2018年，J公司营业收入基本零增长，净利润比前一年暴跌59%。J公司面对的主要风险是（　　）。

A.法律风险　　B.运营风险

C.财务风险　　D.社会文化风险

【本题答案】B

【本题解析】“公司对环境变化反应迟钝，没有及时研究云计算技术。当公司意识到云技术是未来方向时，转型为时已晚”，说明公司由于环境的变化，加上自身对环境的认知能力和适应能力的有限，导致企业“净利润比前一年暴跌59%”，运营失败，没有达到预期目标，满足运营风险的定义，故选项B正确。选项A，法律风险是因自身经营行为的不规范或者外部法律环境发生重大变化而造成风险；选项C，财务风险与企业的财务预算、投资管理、筹资管理、财务报表和资金运营等相关；选项D，社会文化风险因教材重新编写已经删除，本题资料中并未提及社会文化因素。选项A、C、D案例中均无表述，故不选。

思维拓展

企业面对的风险主要有：战略风险、市场风险、财务风险、运营风险、法律风险和合规风险。

（1）战略风险：是指企业在运用各类资源与能力追求发展的过程中，因自身要素与外部复杂环境匹配失衡而引发企业在实现战略目标中产生的各种阻碍或者机遇。

（2）市场风险：是指企业所面对的外部市场的复杂性和变动性所带来的与经营相关的风险。

（3）①法律风险：是指企业在经营过程中因自身经营行为的不规范或者外部法律环境发生重大变化而造成不利法律后果的可能性。

②合规风险：是指企业因违反法律或监管要求而受到制裁、遭受金融损失以及因未能遵守所有适用法律、法规、行为准则或相关标准而给企业信誉带来损失的可能性。

法律风险侧重于民事责任的承担，合规风险则侧重于行政责任和道德责任的承担。

（4）运营风险：是指企业在运营过程中，由于内外部环境的复杂性和变动性以及主体对环境的认知能力和适应能力的有限性，导致运营失败或使运营活动达不到预期目标的可能性及损失。

（5）财务风险：是指企业在生产经营过程中，由于宏观经济、监管政策等外部环境或企业战略目标、管控模式、企业文化等内部因素，导致企业财务相关管理活动不规范或财务成果（收入、利润等）和财务状况（资产、负债、所有者权益）偏离预期目标的不确定性。

坑点提示

五种风险类别整体上比较容易区分，但有些细节容易混淆，不易区分。例如："利率的变动"，会影响企业筹资的利息，可能导致企业筹资成本上升，财务压力增大。但是利率额变动，是外部环境的变化，属于市场风险；又如："给企业造成损失的自然灾害"，容易被认为是外部风险，但自然灾害会影响企业的生产经营，属于运营风险；再如："因企业内、外部人员的道德缺失和不当行为导致的风险"属于运营风险；

而"员工的道德操守不当可能引发的风险"则属于法律风险和合规风险。当然，有些行为发生后会同时涉及多种风险，在理解并牢记的基础上，要根据资料具体分析。

抢分秘籍

此知识点的内容较多，每个风险种类下又包含若干个小的风险类别，需要熟练掌握每个风险的表现和影响因素。

历年考情

高频考点，几乎每年都会考查，客观题和主观题都出现过。

21. 云飞公司最初是一家**电子商务**企业，后来成长为**业务涵盖**网上商城、餐饮、酒店和物流的大型多元化公司。云飞公司的发展体现了公司（　　）。

> **审题要点**
>
> 本题的关键词是"电子商务""业务涵盖"。公司宗旨旨在阐述公司长期的战略意向，其具体内容主要说明公司目前和未来所从事的经营业务范围。题干中表明了公司的业务范围，属于公司宗旨的范畴。

A.宗旨的变化　　B.经营哲学的变化

C.公司目的的变化　　D.战略层次的变化

【本题答案】A

【本题解析】云飞公司从"电子商务"这一单一业务发展成为"涵盖网上商城、餐饮、酒店和物流"等拥有多种业务的"大型多元化公司"，其发展主要体现在其经营业务范围的扩大，对应的是公司宗旨的变化。公司宗旨旨在阐述公司长期的战略意向，其具体内容主要说明公司目前和未来从事的经营业务的范围，故选项A正确。选项B，经营哲学的变化。经营哲学的关键词是：价值观、信念、准则、文化。本题未涉及，故不选。选项C，公司目的的变化。公司目的是企业组织的根本性质和存在理由的直接体现。组织按其存在理由可以分为两大类：营利组织和非营利组织。从云飞公司的经营业务的内容来看，其发展前后都属于营利组织，故不选。选项D，战略层次的变化。战略层次分为公司层战略、业务单位战略（又称竞争战略）、职能战略。云飞公司业务的变化和发展，均属于公司层战略，战略层次未发生变化，故不选。

思维拓展

公司的使命阐明了企业组织的根本性质与存在理由，一般包括三个方面：

1.公司目的。

公司目的是企业组织的根本性质和存在理由的直接体现。组织按其存在理由可以分为两大类：营利组织和非营利组织。以营利为目的而成立的组织，其首要目的是为其所有者带来经济价值，其次是履行社会责任，以保障企业主要经济目标的实现。以非营利为目的成立的组织，其首要目的是提高社会福利、促进政治和社会变革，而不是营利。

2.公司宗旨。

公司宗旨旨在阐述公司长期的战略意向，其具体内容主要说明公司目前和未来所从事的经营业务范围。公司宗旨反映出企业的定位。企业的定位是指企业采取措施以适其所处的环境，包括相对于其他企业的市场定位，如生产或销售什么类型的产品或服务给特定的部门，或以什么样的方式满足客户和市场的需求，如何分配内部资源以保持企业的竞争优势等。

3.经营哲学。

经营哲学是公司为其经营活动方式所确立的价值观、基本信念和行为准则，是企业文化的高度概括。经营哲学主要通过公司对利益相关者的态度、公司提倡的共同价值观、政策和目标以及管理风格等方面体现出来。经营哲学同样影响着公司的经营范围和经营效果。

公司使命的三个方面

三个方面	内涵	关键词
目的	企业组织的根本性质与存在理由的直接体现	营利、非营利
宗旨	说明公司目前和未来所要从事的经营业务的范围（产品、服务、市场份额、技术等）	经营范围
经营哲学	公司为其经营活动所确立的价值观、基本信念和行为准则，是企业文化的高度概括	价值观、信念、行为准则

4.一般将公司战略分为3个层次：总体战略、业务单位战略（竞争战略）和职能战略。

①总体战略又称公司层战略，是企业最高层次的战略。

②它需要根据企业的目标，选择企业可以竞争的经营领域，合理配置企业经营所必需的资源，使各项经营业务相互支持、相互协调。

③公司层战略常常涉及整个企业的财务结构和组织结构方面的问题。

坑点提示

（1）对于大部分经济主体而言，判断其属于营利组织还是非营利组织，还是较容易辨别的。

（2）区分目的和目标。

①公司目标是公司使命的具体化。它不是一种抽象的概念，而是行动的承诺，是一种用以衡量工作成绩的标准。

②公司目标是一个体系。建立目标体系就是将公司的使命转换成明确具体的业绩标准。

③公司的目标包括财务目标体系和战略目标体系。

财务目标体系衡量企业的财务业绩，指标通常包括：市场占有率、收益增长率、投资回报率、股利增长率、股票价格评价、现金流等。

战略目标体系衡量公司的战略业绩，指标通常包括：获取足够的市场竞争优势，在产品质量、客户服务或产品革新等方面压倒竞争对手，使整体成本低于竞争对手的成本，提高公司在客户中的声誉，在国际市场上建立更强大的立足点，建立技术上的领导地位，获得持久的竞争力，抓住诱人的成长机会等。

（3）很多公司关于使命的表述往往不详尽、不全面，只是展示公司主要的战略方向。

抢分秘籍

公司的使命及目标以及使命中三个方面的辨析属于高频考点，但通常难度不大，往往会给出明确的关键词或提示词。具体作答时，通常无需过于深入，只需根据给出的关键词或提示词即可作出正确的辨析。

历年考情

该知识点在2014年、2015年、2018年~2022年均考查过，其中2018年和2021年出现在主观题中。

22. 2015年，国内研发和制造铁路设备的东盛公司开启了国际化经营战略，在国外成立了多家子公司。东盛公司在**国内的母公司保留技术和产品开发的职能，在国外的子公司只生产由母公司开发的产品**。东盛公司采取的国际化经营战略类型的特点是（　　）。

A. 全球协作程度高，本土独立性和适应能力低

B. 全球协作程度低，本土独立性和适应能力高

C. 全球协作程度高，本土独立性和适应能力高

D. 全球协作程度低，本土独立性和适应能力低

【本题答案】D

审题要点

本题的关键词是“国内的母公司保留技术和产品开发的职能，在国外的子公司只生产由母公司开发的产品”。判别国际化经营战略类型的两个维度分别是“全球协作程度”和“本土独立性和适应能力”，通过关键词发现题干中并未提及全球协作和本土化的相关特点。

【本题解析】企业国际化经营战略有两个判别维度：全球协作程度和本土独立性和适应能力。由资料“在国内的母公司保留技术和产品开发的职能，在国外的子公司只生产由母公司开发的产品”可知，东盛公司为全球提供的是标准化产品，并没有根据国家的不同而提供不同种类的产品，产品是无差别的，所以本土独立性和适应能力低；而把产品开发的职能留在母国，而在东道国建立制造和营销的职能，全球协作程度低。这符合国际战略的特点，故选项D正确。选项A、B、C在题目中未体现，故不选。

思维拓展

详见2021年单项选择题第19题。

坑点提示

有些考生可能会选择A，认为“在国外的子公司只生产由母公司开发的产品”是利用全球资源，全球协作程度高，但实际上该表述并不能体现“协作”。协作的内涵是多个主体互相配合，资源互补，取长补短，该表述没有体现这层意思。

抢分秘籍

该内容可以参考以下两种方法来判断：

（1）象限法：根据“全球协作”的程度和“本土独立性和适应能力”的程度两个维度高低综合判断，题干通常会提供明确的提示词。

（2）关键词法：根据各个类型的基本战略特征或关键词判断。

历年考情

该内容是客观题高频考点，2013年、2016年~2021年均出现过。

23.图美公司是某出版社所属的一家印刷厂，该公司按照出版社提供的文稿、图片和质量要求从事印刷、装订工作。图美公司适宜采用的组织协调机制是（　　）。

A.相互适应，自行调整　　B.共同价值观

C.工作成果标准化　　D.技艺（知识）标准化

【本题答案】C

【本题解析】“按照出版社提供的文稿、图片和质量要求从事印刷、装订工作”，说明印刷厂的出版物会与出版社要求的完全一致，工作呈

审题要点

本题关键词是“按照…工作”。工作成果标准化指组织通过预先制定的工作成果标准，实现组织中各种活动的协调。这种协调只规定最终目标，不限定达到目标的途径、方法、手段和过程。题干符合工作成果标准化的特征。本题的关键在于掌握工作成果标准化的概念和特征。

现的结果是有标准的，属于工作成果标准化，选项C正确。选项A，组织成员直接通过非正式的、平等的沟通达到协调，相互之间不存在指挥与被指挥关系，也没有来自外部的干预，适用于最简单的组织结构和十分复杂的组织结构。选项B，组织内全体成员要对组织的战略、目标、宗旨、方针有共同的认识和共同的价值观念。选项D，标准化的是人的技艺和知识。选项A、B、D案例均无表述，故不选。

思维拓展

横向分工结构的基本协调机制有六种，这六种协调机制由简单到复杂，但是它们之间不是一种简单的循环，而是螺旋式上升。企业不可能在一段时间内只依靠一种协调机制，而往往是根据不同任务的不同侧重点，混合使用这六种协调机制。

（1）相互适应，自行调整。组织成员直接通过非正式的、平等的沟通达到协调，相互之间不存在指挥与被指挥的关系，也没有外部干预。

（2）直接指挥，直接控制。所有活动都按照一个人的决策和指令行事。这位负责人发布指示，监督工作。

（3）工作过程标准化。通过预先制定的工作标准，来协调生产经营活动，据此标准进行检查和调整。

（4）工作成果标准化。通过预先制定工作成果标准，只规定最终目标，不限定达到目标的途径、方法、手段和过程。

（5）技艺（知识）标准化。对组织成员所应有的技艺、知识加以标准化。

（6）共同价值观。组织内全体成员要对组织的战略、目标、宗旨、方针有共同的认识和共同的价值观念，互相信任、彼此团结，具有使命感，使组织内的协调和控制达到高度完美的状态。

坑点提示

因表达接近，部分同学可能容易混淆三个“标准化”，现举例辨析。

（1）工作成果标准化。例如在本题的资料中，书籍装订业务中，出版社只要求印刷厂按照一定的质量标准完成任务，而对在什么地方印刷、什么时候印刷没有限制，对员工的专业素质也没有要求。属于“只看结果，不看过程”。

（2）工作过程标准化。例如，企业预先制定好自动生产流水线的标准，工人在生产过程中便根据这个标准进行生产和检验产品。一旦生产环节出现问题，管理人员便用这个标准来检查和调整。例如，滴滴司机在工作中通常是按照导航行驶的，中间不能随意的改变或增减目的地，如果目的地有变化，那么需要乘客在手机上重新操作；如果原有的路线堵车严重，司机也要在与乘客协商并获得同意的前提下才能改变路线，这就是工作过程标准化。

（3）技艺（知识）标准化。例如，外科大夫在给病人进行手术时，需要麻醉师的配合。在手术前配合方案可能已经制订好，但外科大夫在手术台上所遇到的情况往往难以预料，又没有过多时间与麻醉师讨论，只有凭借他们各自所掌握的知识及经验自行处理所遇到的情况，手术的过程不能标准化，而且因病人个体存在差异，所以手术的结果不可能标准化，只有技艺（知识）是标准化的。

抢分秘籍

本题源于教材中有关工作成果标准化的举例。熟悉书中案例，并掌握各自的关键点就能作出准确的判断。

历年考情

2016年、2017年出现过考点。

24.甲公司在2017年完成发行上市后的首次定增，以每股1元的价格向两名控股股东发行5 000万股。当时该公司股价为每股5元。甲公司披露的2017年报显示，当年有净利润1.2亿元，市盈率为2.8倍。从终极股东对于中小股东的“隧道挖掘”问题角度看，甲公司的上述做法属于掠夺性财务活动中的（　　）。

A.掠夺性融资　　B.内幕交易

C.直接占用资源　　D.超额股利

【本题答案】A

【本题解析】“上市后的首次定增，以每股1元的价格向两名控股股东发行5000万股，当时该公司股价为每股5元”，表明该公司向终极股东定向增发股票，侵害中小股东利益，属于“隧道挖掘”问题中的掠夺性融资行为，选项A正确。选项B，内幕交易是利用敏感期内产生的内幕信息谋取不法利益的行为；选项C，直接占用资源是指股东直接占用公司资源，如直接借款，利用控制的企业借款，代垫费用，代偿债务，

审题要点

本题关键词是“隧道挖掘”“掠夺性财务活动”。隧道挖掘分为滥用公司资源和占用公司资源两类，掠夺性财务活动是占用公司资源的分类之一。掠夺性财务活动的具体形式有掠夺性融资、内幕交易、掠夺性资本运作和超额股利等。公司向终极股东低价定向增发股票属于掠夺性融资行为。题干符合掠夺性融资的界定。本题的关键在于掌握隧道挖掘的分类以及每种类别的形式及含义。

代发工资，利用公司为终极股东违规担保，虚假出资，代销商品，占用商标、品牌、专利等无形资产，抢占公司的商业机会等；选项D，超额股利是终极股东操纵股利政策给自己多发股利的行为；选项B、C、D案例均无表述，故不选。

思维拓展

详见2022年简答题4。

掠夺性财务活动包括：

①掠夺性融资：通过财务作假以骗取融资资格、虚假包装以及过度融资的行为；向终极股东低价定向增发股票。

②内幕交易：终极股东经常利用信息优势，利用所知悉、尚未公开的可能影响证券市场价格的重大信息来进行内幕交易，谋取不当利益。

③掠夺性资本运作：公司高价收购终极股东持有的其他公司股权，造成公司的利益流向终极股东。

④超额股利：以终极股东需求为导向的股利政策操纵。

坑点提示

有考生容易混淆掠夺性融资和掠夺性资本运作。

（1）掠夺性融资主要指终极股东利用上市公司平台进行不当或虚假融资、圈钱；或上市公司向终极股东低价定向增发股票，关键词是“融资”。

（2）掠夺性资本运作是指上市公司高价购买终极股东所持的本公司或其他公司股权，其本质类似于资产租用和交易活动，只不过掠夺性资本运作的标的物是公司的股权，关键词是“交易”（也就是“运作”）。

抢分秘籍

解答本题的关键是熟悉掠夺性财务活动的分类以及各类型的典型表现。

历年考情

2017年~2022年每年都出现考点，其中2018年、2019年、2022年考查主观题。

二、多项选择题（本题型共14小题，每小题1.5分，共21分。每小题均有多个正确答案，请从每小题的备选答案中选出你认为正确的答案，用鼠标点击相应的选项。每小题所有答案选择正确的得分，不答、错答、漏答均不得分。）

1. 宝胜公司是一家全球性的手机生产企业。近年来公司在高速发展的同时，面临的风险也与日俱增。为了更好地分析面临的**市场风险**，宝胜公司应该至少收集的与该公司相关的重要信息有（　　）。

> **审题要点**
> 本题的关键词是“市场风险”。市场风险是指企业所面对的外部市场的复杂性和变动性所带来的与经营相关的风险。本题的关键点在于掌握市场风险的来源或导致市场风险产生的原因。

A. 全球汇率变动状况

B. 全球手机价值链生产供应状况

C. 各国对手机及其零部件进出口的政策导向

D. 各国手机的价格及供需变化

【本题答案】ABD

【本题解析】本题看似是个案例题，其实很明确地提出在分析市场风险时，需要考虑哪些因素，也就是市场风险的来源。

“全球汇率变动”，符合市场风险中“利率、汇率、股票价格指数的变化带来的风险”，选项A正确；“全球手机价值链生产供应状况”，包含“物资供应的充足性、稳定性”以及“主要供应商的信用风险”，属于市场风险的来源，选项B正确；“各国对手机及其零部件进出口的政策导向”，属于政治风险，选项C错误；“各国手机的价格及供需变化”，符合市场风险中“产品或服务的价格及供需变化带来的风险”，选项D正确。

思维拓展

市场风险是指企业所面对的外部市场的复杂性和变动性所带来的与经营相关的风险。

分析市场风险的来源应主要考虑以下因素：

（1）产品或服务的价格及供需变化带来的风险；

（2）能源、原材料、配件等物资供应的充足性、稳定性和价格变化带来的风险；

（3）主要客户、主要供应商的信用风险；

（4）利率、汇率、股票价格指数的变化带来的风险；

（5）潜在进入者、竞争者、替代品的竞争带来的风险。

坑点提示

可能会有考生选择选项C，认为各国进出口的政策也会影响宝胜公司产品市场的变化，但是政策是由政府颁布的，所以属于政治风险。政治风险是指完全或部分由政府官员行使权力和政府组织的行为而产生的不确定性。

此部分内容因教材改编已经删除。

抢分秘籍

熟练掌握市场风险的包含内容，即市场风险的影响因素。

历年考情

风险种类属于高频考点，尤其在主观题中可能同时涉及多个风险种类。2013年、2014年、2018年、2020年、2021年都出现过该考点。

审题要点

本题的关键词是“提高厨艺”“顾客数量和营业收入增长”。密集型战略包括市场渗透、市场开发、产品开发和多元化。市场渗透强调试图通过更强的营销手段来获得更大的市场占有率、市场开发战略是指将现有产品或服务打入新市场的战略、产品开发是在原有市场上，通过技术改进与开发研制新产品，提高产品的差异化程度。题干符合以上三种战略的特点。

2.京川餐饮公司近期实行了新的经营方式，顾客既可以按照公司提供的菜谱点餐，也可以自带菜谱和食材请公司的厨师加工烹饪，还可以在支付一定学习费用后在厨师指导下自己操作，从而在享受美食的同时**提高厨艺**。这些新的经营方式使该公司的**顾客数量和营业收入均增长**20%以上。从密集型战略角度看，京川餐饮公司的上述做法属于（　　）。

A.市场渗透战略　　B.市场开发战略

C.产品开发战略　　D.一体化战略

【本题答案】ABC

【本题解析】选项A正确，市场渗透战略是原有市场与原有产品的组合。题中“顾客既可以按照公司提供的菜谱点餐，也可以自带菜谱和食材请公司的厨师加工烹饪”，这表明公司在对市场进行“挖潜”，公司的产品没有变化，仍然是做菜，允许顾客自带菜谱和食材只是一种营销手段，目的是增加产品的使用频率。这一做法的效果显著，因为“营业收入均增长20%以上”，营业收入的增长有原有顾客贡献的一部分，属于原有市场和原有产品的组合。选项B正确，市场开发战略是新市场和原有产品的组合。题中“顾客既可以按照公司提供的菜谱点餐”，说明这是传统的原有产品；“顾客数量增加20%以上”，这些顾客与该餐饮公司原来面向的顾客不一样，说明公司吸引了新客户，开发了新市场。选项C正确，原有模式是“按照公司的提供的菜谱点餐”，新创模式是“可以自带菜谱和食材请公司的厨师加工烹饪”“支付一定的学习费用后，在厨师的指导下自己操作”，这都属于京川餐饮公司推出的新服务。对服务型企业来说，这就是开发出了新的产品。产品开发战略是在原有的市场上，通过技术改进与开发，研制新产品。

选项D错误，发展战略包括一体化战略、密集型战略、多元化战略。一体化战略不属于密集型战略。

思维拓展

详见2023年多项选择题第14题。

坑点提示

这道题目中的条件比较隐晦，不容易得出正确的答案。一体化战略不属于密集型战略，为本题的干扰项。

抢分秘籍

辨析密集型战略关键点是要把握好“产品”和“市场”两个维度中的关键词。可以通过以下两种方法进行判断：

方法1：依据安索夫矩阵判断，即结合案例材料，分析产品和市场的“新”与“旧”。其中，“产品”的判断相对容易，难点在于如何判断是否存在“新市场”。具体而言，“新市场”有两个标志：一个是地理位置上的新，例如，去另一个城市或地区销售现有的产品，就属于开发新市场；另一个是销售渠道上的新，例如，从单纯的线下销售渠道转为“线上+线下”双渠道进行销售，也属于开发了新的市场。

方法2：依据各种类型的“目的”判断，这是最有效的方法。注意，战略举措本身不构成类型判断的要件，战略举措的目的才是判断核心。例如，“改变产品包装”属于“产品开发”吗？答案是不一定。如果是为促销而改变包装，例如，春节限定款、或是根据季节的变化而改变包装上的颜色和花色，这属于市场渗透。但如果是为满足顾客其他需求而改变包装，属于产品开发。例如，将普通大小的牙膏改为小容量的便携装，就属于产品开发。

历年考情

客观题高频考点，2013年~2019年、2021年、2022年均出过客观题。

3.巨能公司是多家手机制造企业的电池供应商。根据波特的五种竞争力分析理论，下列各项关于巨能公司与其客户讨价还价能力的说法中，正确的有（　　）。

A.巨能公司能够进行前向一体化时，其讨价还价能力强

B.巨能公司提供的电池差异化程度越高，其讨价还价能力越强

C.巨能公司掌握的客户的转换成本信息越多，其讨价还价能力越强

D.巨能公司的客户购买量越大，巨能公司讨价还价能力越强

【本题答案】ABC

【本题解析】选项A正确，公司进行前向一体化，是替代了它的分销商/零售商/顾客，增强了对下游渠道的掌控权，增强了对客户的讨价还价能力。

选项B正确，产品的差异化程度越高，讨价还价能力越强。

选项C正确，公司的信息掌握程度越高，公司的讨价还价能力越强。

选项D错误，客户的购买量大意味着客户对于公司的讨价还价能力强，巨能公司的讨价还价能力弱。

所以选项A、B、C正确。

思维拓展

产业价值链上的每一个环节，都具有双重身份：对其上游单位来说，它是购买者；对其下游单位来说，它是供应者。购买者和供应者讨价还价的主要内容围绕价值增值的两个方面：功能与成本。讨价还价的双方都力求在交易中使自己获得更多的价值增值。因此，对购买者来说，希望购买到的产品物美而价廉；而对供应者来说，则希望提供的产品质次而价高。购买者和供应者讨价还价的能力大小，取决于它们各自以下四个方面的实力（“四化”水平）：

第一，买方或卖方的集中程度或业务量的大小（集中化）；

第二，产品差异化程度与资产专用性程度（差异化）；

第三，纵向一体化程度（一体化）；

第四，信息掌握的程度（透明化）。

其中，前向一体化战略是指获得分销商或零售商的所有权或加强对他们的控制权的战略。

前向一体化战略通过控制销售过程和渠道，有利于企业控制和掌握市场，增强对消费者需求变化的敏感性，提高企业产品的市场适应性和竞争力。

四个方面的具体内容

项目	内容
集中化： 买方（或卖方）的集中程度或业务量的大小	①当购买者的购买力集中（即买的多），该购买者讨价还价能力就会增加； ②当少数几家公司控制着供应者集团，在其将产品销售给较为零散的购买者时（即供应商集中且体量大、购买者零散且体量小），供应者通常能够在价格、质量等条件上对购买者施加很大的压力
差异化： 产品差异化程度与资产专用性程度	①供应者的产品存在着差异，或资产专用化程度较高时，议价能力强； ②供应者的产品是标准的，或者没有差别，议价能力弱
一体化： 纵向一体化程度	①购买者实行了部分后向一体化或存在后向一体化的现实威胁，议价能力较强（购买者自己生产一部分零件从而使其具有详尽的成本知识，对于谈判极有帮助）； ②供应者表现出前向一体化的现实威胁，也会提高其讨价还价能力
透明化： 信息掌握的程度	①当购买者充分了解需求，实际市场价格甚至供应商的成本等方面信息时，购买者有较强的议价能力； ②如果供应者充分地掌握了购买者的有关信息，了解购买者的转换成本，也会增加其讨价还价的能力

坑点提示

对于“四化”（集中化、差异化、一体化、透明化）水平，除一体化需单独记忆以外，其他“三化”都是正比例关系，例如，集中度越高（提示：集中度高代表“少”），则对应方的议价能力越强。

抢分秘籍

本题的关键在于掌握影响供应者和购买者讨价还价能力大小的几个方面。

历年考情

2013年~2022年出现过该考点，其中2014年、2016年出现在主观题中。

4. 以生产、销售多种石化产品为主业的东昌公司对本企业的经营活动和人员，按照**北方区域和南方区域**进行划分。公司总部负责计划、协调和安排资源，区域分部负责所在区域的所有经营活动、产品销售和客户维护。下列各项中，属于东昌公司组织结构优点的有（　　）。

> **审题要点**
>
> 本题的关键词是“北方”“南方”“区域”。区域事业部制是按照特定的地理位置来对企业的活动和人员进行分类。本题的关键点在于掌握区域事业部制的优缺点。

A. 能实现更好更快的地区决策

B. 可以削减差旅和交通费用

C. 可以避免管理成本的重复

D.易于处理跨区域的大客户的事务

【本题答案】AB

【本题解析】“按照北方区域和南方区域进行划分”，说明东昌公司在多个区域进行经营，并可以按照区域进行划分，采用的组织结构是区域事业部制结构。

在企业与其客户的联系上，区域事业部制能实现更好更快的区域经营决策，选项A正确；

与一切皆由总部来运作相比，区域事业部只负责自己所处区域的运营和战略规划，不需要频繁与其他区域的事业部进行协作，可削减差旅费，选项B正确；

区域事业部组织结构中，每个区域的事业部都承担运营和自身的战略规划责任，容易造成管理成本的重复，选项C错误。

区域事业部组织结构中，每个区域的事业部都根据自身所处的区域进行运营和战略规划，具有明显的区域特色，不易于处理跨区域的大客户的事务，选项D错误。

思维拓展

事业部制组织结构

项目	内容
适用条件	当企业逐步成长，拥有多个产品线之后，或者当市场迅速扩张，要求企业跨地区经营时，就需要采用事业部制组织结构
特点	企业总部负责计划、协调和安排资源，事业部则承担运营和自身的战略规划责任，即制定战略不再只是高层管理者和领导者的任务，业务层和职能层的管理者都在其各自的层级参与战略制定
分类依据	事业部制组织结构就是按照产品、服务、市场或地区将企业人员划归不同的事业部

事业部制组织结构的类型

名称	项目	内容
区域事业部制结构	特征	按照特定的地理位置来对企业的活动和人员进行分类
	适用范围	在不同的地理区域开展业务的企业
	优点	①能更好更快地实现区域经营决策； ②与一切皆由总部来运作相比，有利于削减成本费用，例如，可削减差旅费； ③有利于在海外经营的企业应对各种环境变化
	缺点	①管理成本的重复； ②难以处理跨区域的大客户事务

续表

名称	项目	内容
产品/品牌事业部制结构	特征	以产品的种类或品牌为基础设立若干产品部
	适用范围	具有若干生产线的企业
	优点	①生产与销售产品的不同职能活动可以通过事业部经理来协调； ②更具灵活性，有助于企业实施产品差异化战略； ③易于出售或关闭经营不善的事业部； ④各个事业部可以集中精力于自身负责的产品的经营
	缺点	①各事业部会为了争夺有限资源而产生冲突； ②各事业部间会存在管理成本重叠和浪费； ③若产品事业部数量较多，则难以协调； ④若产品事业部数量较大，事业部的高级管理层会缺乏整体观念
客户细分或市场细分事业部制结构	客户细分	通常与销售部门和销售工作相关，批销企业或分包企业也可能采用这种结构。 在这些企业中由管理者负责联系主要客户
	市场细分	不同类型的市场按照客户进行划分。 例如，划分为企业客户、零售客户或个人客户等

坑点提示

事业部制组织结构包含的三个类型之间容易混淆，尤其是“区域事业部制”和“客户细分或市场细分事业部制”。

按照相关的界定，如果将客户或市场按照地理位置细分，例如分为华东区、华南区；或者是亚洲区、欧洲区，这种按照地理位置划分的事业部制就属于“区域事业部制”。

“客户细分或市场细分事业部制”是指除地理位置之外划分形成的细分，例如，公司客户和个人客户；大客户与零散客户；VIP客户与常规客户；甚至按性别或按年龄来细分，这些都属于“客户细分或市场细分事业部制”。

抢分秘籍

这类题目需要熟悉并掌握每种组织结构的适用范围和优缺点

历年考情

2013年、2017~2022年出现过该考点，其中2022年出现在主观题中。

5.生产农用运输车辆的江陵公司将柴油发动机的生产授权给一个供应商。下列各项中，属于该公司货源策略优点的有（　　）。

审题要点

本题的关键词是“授权给一个供应商”，符合单一货源策略的特点。本题的关键在于能够判别是货源策略的类型并掌握每种货源策略的特点。

A.能够取得更多的知识和专门技术

B.采购方能够就规模经济进行谈判

C.有利于在货源上取得竞争优势

D.允许采用外部专家和外部技术

【本题答案】BD

【本题解析】“生产农用运输车辆的江陵公司将柴油发动机的生产授权给一个供应商”，可知江陵公司采取的是单一货源策略。

选项B正确，单一货源策略的优点之一是，采购方在供应商这里进货的数量比较多，从而产生规模经济，并使企业享受价格优惠；

选项D正确，单一货源策略的另一个优点是，随着与供应商关系的加深，允许采用外部专家和外部技术，企业可能获得高质量的供应品；

选项A错误，当有多个供应商时，采购方才能从与不同供应商的合作中获得更多的知识和技术，属于多货源少批量策略的优点；

选项C错误，供应商之间的竞争会使企业的议价能力增强，从而使采购方具有竞争优势，也属于多货源少批量策略的优点。

思维拓展

详见2023年单项选择题第11题。

坑点提示

这道题容易被忽略D选项，因为三种货源策略的优点中并没有直接提到选项D（允许采用外部专家和外部技术），但分析一下少数或单一货源的策略的优点之一：随着与供应商关系的加深，企业可能获得高质量的供应品。供应商能够提高供应品的质量的途径有很多，可以是提高自身的原材料质量，可以是提高制造工艺或技术，产品质量的提高无非是企业自身优化的结果，或是寻求外部帮助的结果，因此，选项D（允许采用外部专家和外部技术）是可以使企业获得高质量供应品的。

抢分秘籍

熟悉货源策略的每种类型的优缺点。

历年考情

2014年、2016年、2017年、2019年、2020年、2022年均出现过相关考点

6.快餐业由很多中小餐饮企业组成，其中没有任何一个企业占有显著的市场份额或对整个产业的发展产生重大影响。造成快餐业上述状况的原因有（ ）。

> 审题要点
> 本题的关键词是“很多”“没有”，表明该行业属于零散产业。本题关键在于掌握造成产业零散的原因。

A.快餐业的经营成本变化迅速

B.快餐业进入障碍低

C.快餐业难以达到规模经济

D.快餐市场需求多样导致高度产品差异化

【本题答案】BCD

【本题解析】“快餐业由很多中小餐饮企业组成，其中没有任何一个企业占有显著的市场份额”可知，快餐产业属于零散产业，造成产业零散的原因包括：

（1）进入障碍低或存在退出障碍，选项B正确；

（2）市场需求多样导致高度产品差异化，选项D正确；

（3）不存在规模经济或难以达到经济规模，选项C正确；

选项A属于新兴产业的结构特征，故不选。

思维拓展

详见2023年单项选择题第5题。

坑点提示

出题人经常将“造成产业零散的原因”和“新兴产业内部结构的共同特征”混合在一起给考生挖坑，因此一定要将两者区分清楚。

新兴产业内部结构的共同特征：（1）技术的不确定性；（2）战略的不确定性；（3）成本的迅速变化；（4）萌芽企业和另立门户；（5）首次购买者。

抢分秘籍

本题的解题关键在于熟悉造成产业零散的原因。

历年考情

2015年、2017~2022年均出现过考点，其中2019年和2020年出现过主观题。

7.华泰医药公司拟在J国建立一个药品研发和生产基地，并对该国的相关情况进行了调查分析。下列各项中，符合钻石模型四要素分析要

> 审题要点
> 本题的关键词是“钻石模型”。钻石模型四要素分别是生产要素、需求条件、相关与支持性产业、企业战略、企业结构和同业竞争。本题的关键在于要掌握钻石模型四要素包含的具体内容。

求的有（　　）。

A. J国近年来经济增长较快，对高质量药品需求与日俱增

B. J国政府近期颁布了多项支持医药产业发展的政策

C. J国本土医药企业虽然数量较多，但规模小，竞争主要围绕价格进行

D. J国药品研发人才不足，尚无一项药品专利

【本题答案】ACD

【本题解析】钻石模型的四要素包括：①生产要素；②需求条件；③相关与支持性产业；④企业战略、企业结构和竞争对手的表现。

选项A正确，关键词为“需求”，说明市场需求特别旺盛，属于需求条件。

选项B正确，关键词为“政府”和“政策”，是宏观环境分析中的政治与法律因素，属于PEST模型，不属于钻石模型分析。

选项C正确，关键词为“竞争”，说明同业竞争的焦点是价格，属于企业战略、企业结构和同业竞争。

选项D错误，关键词为“人才”和“专利”，属于高级和专业的生产要素。

思维拓展

钻石模型四要素：

详见2023年多项选择题第15题。

坑点提示

有同学认为选项B中提到“J国政府近期颁布了多项支持医药产业发展的政策”，属于钻石模型中的相关与支持性产业。但需要指出的是，该选项的落脚点是“政策”，而相关与支持性产业的落脚点是“产业”。另外，相关与支持性产业更侧重指“上下游”产业，只要上游供应商具有国际竞争优势，对整个产业的影响仍然是正面的。

需要注意的是，钻石模型下的四个要素之间并非“泾渭分明”的关系，某一个因素一定会影响另外的一个或几个因素。

抢分秘籍

本题的解题关键是掌握钻石模型四要素的内涵。从应试角度，如果在考试中看到与“政策”相关的表述，可直接判定其不属于钻

石模型的四要素，而是属于宏观环境分析（PEST）中的政治和法律要素。

历年考情

2013年、2014年、2017~2022年均考查过，其中2017年和2021年考查过主观题。

8.东亚建筑公司采用平衡计分卡衡量公司业绩，并选取了利润预期、工程进度完成率、市场份额、工程交付时间等作为绩效衡量标准。该公司选取的上述指标涵盖的平衡计分卡角度有（　　）。

A.财务角度　　B.创新与学习角度

C.顾客角度　　D.内部流程角度

【本题答案】ACD

【本题解析】平衡计分卡从四个角度对业绩进行衡量，分别是：财务角度、顾客角度、内部流程角度和创新与学习角度，每个角度内都采取若干个指标进行评价。利润预期属于财务角度，选项A正确；市场份额属于顾客角度，选项C正确；工程进度完成率属于内部流程角度，选项D正确；工程交付时间属于顾客角度和内部流程角度。选项B题中没有对应的指标，故不选。

审题要点

本题的关键词是“利润”“工程完成率”“市场份额”。平衡计分卡是一种从财务、客户、内部管理、创新与学习四个角度，将组织的战略转化为可操作的衡量指标和目标值，从而保证组织战略得到有效实施和控制的一种绩效管理体系。本题的关键在于掌握平衡计分卡四个角度内各个衡量指标的共性和具体内容。

思维拓展

详见2023年单项选择题第9题。

坑点提示

平衡计分卡四个角度作为客观题考点，容易混淆，有一定辨析难度。例如本题中的“工程交付时间”，如果通过工程交付时间来检查工程交付是不是准时的，这就是准时交货率，属于顾客角度；同时，也可以用来表示订单准时交付率，这就属于内部流程角度。所以，某一指标可以划归在多个指标类型中，例如“销售增长率”既可以是财务指标，也可以纳入顾客指标；“数字化信息系统覆盖率”既可以是内部流程指标，也可以是创新与学习指标。

抢分秘籍

在学习的时候，既要牢牢掌握每个维度内的衡量指标，又要灵活运用。

审题要点

本题的关键词是"不同民族""生活习俗"。人口细分是企业按照人口变量（包括年龄、性别、收入、职业、教育水平、家庭规模、家庭生命周期阶段、宗教、种族、国籍等）来细分消费者市场；心理细分是按照消费者的生活方式、个性等心理变量来细分消费者市场。题干符合人口细分和心理细分的内容。本题的关键在于要能够准确辨别消费者市场细分各个变量之间的内容和区别。

历年考情

2013年、2016年、2017年、2022年均出现过该考点。

9.新年前夕，某出版商推出反映**不同民族生活习俗**特点的系列年画，深受目标市场的消费者喜爱。该出版商进行市场细分的依据有（　　）。

A.地理细分　　B.人口细分

C.心理细分　　D.行为细分

【本题答案】BC

【本题解析】"不同民族生活习俗特点的系列年画"，关键词为"不同民族"，与人有关联，体现的是人口细分，选项B正确。

"生活习俗特点"指的是不同民族的生活方式，属于心理细分中的生活方式和个性，选项C正确。

选项A、D案例中均未涉及，故不选。

思维拓展

详见2023年综合题思维拓展六。

坑点提示

坑点1：有些考生认为选项B（地理细分）正确，理由是不同民族可以理解为处于不同的地理位置。但是，这种理解并不准确，虽然一些民族在某些区域聚集，但也有很多民族的分布在地理上是分散的，因而选项B错误。

坑点2：有些考生认为选项D（行为细分）正确，理由是"生活习俗特点"可以理解为行为。但根据行为细分的内涵，并没有与之匹配的内容。

此外，消费者市场细分依据中经常会混淆心理细分和行为细分。心理细分依据仅有两类，而行为细分依据较为复杂。

心理细分依据包括：

（1）生活方式是经常考查的高频考点：通俗地讲，就是一个人怎样生活。例如是追求时髦的还是传统的以及生活习俗。

（2）个性：是指一个人的心理倾向或特征。例如，银行根据客户的风险厌恶程度来定制对应的理财产品。

行为细分依据更直接地反映消费者的需求差异，其具体释义如下：

依据	举例
消费者的购买时机	如商场在节假日通常会有促销活动，非节假日通常没有
消费者所追求的利益	如年轻人买衣服追求的是时尚感，老年人买衣服追求的是保暖性
使用者情况	如小学生购买铅笔通常是以培养握笔姿势为目的普通铅笔；而中学生或大学生购买的铅笔通常是适合涂卡的考试专用铅笔
消费者对某种产品的使用率	如对于买过或经常买的客户，企业推广相对容易；对于首次购买的客户，企业推广难度较大
消费者对品牌的忠诚度/对产品的态度	很多品牌对经常复购的客户都有相关的优惠或奖励，甚至新品到货后销售人员会主动告知这些固定的客户群。 注意：这是消费者对产品的忠诚度或态度，并非消费者本身的个性，不属于心理细分
消费者待购阶段	如认知阶段、获取信息阶段、评估阶段、购买阶段、购后阶段

抢分秘籍

解答本题需熟练掌握消费者市场细分中四种细分方式的内涵。

历年考情

2013~2019年、2021年、2022年，多次考查主观题和客观题。

10.近几年VR（虚拟现实）产品的销售量节节攀升，顾客群逐渐扩大；不同企业的产品在技术和性能方面有较大差异；消费者对产品质量的要求不高。从市场角度看，现阶段VR行业的成功关键因素有（　　）。

A.建立商标信誉　　B.保护现有市场

C.开拓新销售渠道　　D.改善企业形象

【本题答案】AC

【本题解析】首先，判断产品生命周期的阶段。“产品的销售量节节攀升，顾客群逐渐扩大”，说明是导入期或成长期中的一种。“不同企业的产品在技术和性能方面有较大差异”，说明产品差异化程度高。符合成长期的特点。其次，识别该阶段的成功关键因素。成长期是改变价格形象和质量形象的关键时期，需要建立商标信誉；同时还要扩大销售，所以需要开辟新销售渠道，选项A、C均正确。

选项B，保护现有市场，说明现有市场已经饱和，是成熟期的特征，故不选。

选项D，改善企业形象，说明现有状况不是很好，需要谋求新的出路，所以属于衰退期的特征，故不选。

思维拓展

成功关键因素（KSF）是指公司在特定市场获得盈利必须拥有的技能和资产。成功关键因素所涉及的是每一个产业成员所必须擅长的东西，或者说公司要取得竞争和财务成功所必须集中精力搞好的一些因素。

随着产品寿命周期的演变，成功关键因素也发生变化。

产品生命周期各阶段中的成功关键因素

方面	导入期	成长期	成熟期	衰退期
市场	广告宣传，了解需求，开辟销售渠道	建立商标信誉，开拓新销售渠道	保护现有市场，渗入别人的市场	选择市场区域，改善企业形象
生产经营	提高生产效率，开发产品标准	改进产品质量，增加花色品种	加强和顾客的关系，降低成本	缩减生产能力，保持价格优势
财力	利用金融杠杆	集聚资源以支持生产	控制成本	提高财务管理和控制系统的效率
人力资源	使员工适应新的生产和市场	发展生产和技术能力	提高生产效率	面向新的增长领域
研究开发	掌握技术秘诀	提高产品的质量和功能	降低成本，开发新品种	面向新的增长领域

坑点提示

此题容易将VR行业所处的生命周期判别错误。

抢分秘籍

理解并牢记产业生命周期各个阶段的特征。

历年考情

2013年、2014年、2017年、2021年、2022年出过考点，其中2022年考查主观题。

11. 惠丰公司是一家柴油机生产企业。最近，该公司拟把业务延伸到农机生产领域。下列各项中，属于惠丰公司进入新产业所面临的结构性障碍有（　　）。

A. 现有农机企业的品牌优势

B. 现有农机企业采取限制进入定价行为

C. 政府颁布的农机产业进入政策

D. 现有农机企业对销售渠道的控制

【本题答案】ACD

审题要点

本题的关键词是“结构性障碍”。波特指出七种结构性障碍分别是：规模经济、产品差异、资金需求、转换成本、分销渠道、其他优势及政府政策。贝恩对结构性障碍的分类是：规模经济、现有企业对关键资源的控制以及现有企业的市场优势。行为性障碍是指现有企业对进入者实施报复手段所形成的进入障碍。报复手段主要有限制进入定价和进入对方领域两类。本题的关键在于掌握结构性障碍和行为性障碍的具体内容。

【本题解析】本题以知识点直接还原的方式考查五力模型的结构性障碍，属于比较直接的考法。

选项A是现有企业的品牌优势，属于结构性障碍中现有企业的市场优势；选项C是现有企业的政策优势，属于结构性障碍中现有企业的市场优势中的政府政策；选项D属于现有企业对关键资源中分销渠道上的优势。选项B属于行为性障碍。所以选项A、C、D正确。

思维拓展

详见2023年多项选择题第13题。

坑点提示

结构性障碍和行为性障碍容易混淆。此外，对于选项C（政府颁布的农机产业进入政策），这个政策可能会提高进入门槛，也可能会降低进入的门槛，也就是可能是利好政策也可能是利空政策。但是，只要政府颁布了农机产业进入政策（无论利好还是利空），总会造成一部分企业相对容易进入农机产业，而另一部分企业进入该产业会相对困难，对于后者，这就是一种结构性障碍。

抢分秘籍

本题的解题关键在于掌握结构性障碍和行为性障碍的内容。

历年考情

2013年、2017~2022年出现过考点，其中2022年考查主观题。

12.传统型制造企业方达公司正在实施全方位战略变革。为克服变革阻力，公司高层循序渐进推进变革，时刻关注员工的心理变化，认真听取员工的意见和建议，并组织员工学习新技能，鼓励员工积极参与变革。方达公司克服变革阻力的主要策略有（　　）。

A.采取适宜的变革节奏　　B.调整变革的范围

C.调整变革的任务　　D.采取适宜的变革管理方式

【本题答案】AD

【本题解析】

“公司高层循序渐进推进变革”属于变革的节奏，“循序渐进”说明变革的节奏是适宜的，选项A正确。变革的范围属于克服变革阻力的策略，但本题中“实施全方位战略变革”，并没有提及调整范围，选项B错误。选项C不属于克服变革阻力的策略。“时刻关注员工的心理变化，认真听取员工的意见和建议，并组织员工学习新技能，鼓励员工积极参与变革”这些都属于变革的管理方式，选项D正确。

思维拓展

该知识点已删除。

历年考情

此部分内容已删除，教材相关部分已改为“战略创新管理”（含变革）。

审题要点

本题的关键词是“多次磋商”“签订”“债券5亿”大于自有资金。并购所需的资金，如果其主体资金来源是对外负债，则称为杠杆收购；而友善并购是并购方与被并购方是通过友好协商确定并购条件，在双方意见一致的情况下实现产权转让的一类并购。题干符合杠杆收购和友善收购的内涵。

13.经过**多次磋商签订**协议后，汽车制造商甲公司凭借自有资金2亿元和发行**债券融资5亿元**，实现了对汽车零部件商乙公司的收购。从并购的类型来看，上述收购属于（　　）。

A.前向收购　　B.杠杆收购

C.友善收购　　D.金融资本收购

【本题答案】BC

【本题解析】本题的最佳解题方法是直接从选项入手，判断每个选项分别从什么角度确定并购的类型，再回归题干，找是否有对应的关键语句。

选项A错误，由“汽车制造商甲公司”并购“汽车零部件商乙公司”，可知乙公司是甲公司的上游企业，获取控制权的方向是“供←销”，与产业链的流动方向相反，属于后向并购。

选项B正确，“公司凭借自有资金2亿元和发行债券融资5亿元”完成了收购，即收购者不需要投入全部资本或者说以较少的资本代价即可完成收购，收购资金中超70%的资金来源为对外负债，收购资金的来源渠道符合杠杆收购的特点。

选项C正确，“经过多次磋商签订协议”，说明并购方与被并购方是通过友好协商确定并购条件，在双方意见一致的情况下实现产权转让，符合友善并购的特点。

选项D错误，并购方甲公司是汽车制造商而非金融机构，而并购的目的不是为了出售所有权来获得投资利润，属于产业资本并购。

思维拓展

通过案例形式考查并购类型的判断属于常规的考法。考生在备考过程中需要掌握四大类九小类并购类型的特征。

（1）按并购双方所处的产业分类。

①横向并购：是指并购方与被并购方处于同一产业。横向并购可以消除重复设施，提供系列产品和服务，实现优势互补，扩大市场份额。

②纵向并购：是指在经营对象上有密切联系，但处于不同产销阶段的企业之间的并购。

按照产品实体的流动方向，纵向并购可以分为前向并购和后向并购。前向并购是指沿着产品实体流动方向所发生的并购；后向并购是指沿着实体产品流动的反向所发生的并购。

③多元化并购：是指处于不同产业、在经营上也无密切联系的企业之间的并购。

（2）按被并购方的态度分类。

①友善并购：并购方与被并购方是通过友好协商确定并购条件，在双方意见一致的情况下实现产权转让的一类并购。

②敌意并购：又叫恶意并购。通常是指当友好协商遭到拒绝后，并购方不顾被并购方的意愿采取强制手段，强行收购对方企业的一类并购。敌意并购也可能采取不与被并购方进行任何接触，而在股票市场上收购被并购方的股票，从而实现对被并购方控股或者兼并的形式。

（3）按并购方的身份分类。

①产业资本并购：一般由非金融企业进行，即非金融企业作为并购方，通过一定程序和渠道取得目标企业全部或部分资产所有权的并购行为。

②金融资本并购：一般由投资银行或非银行金融机构（如金融投资企业、私募基金、风险投资基金等）进行。金融资本一般并不以谋求产业利润为首要目的，而是靠购入然后售出企业的所有权来获得投资利润。

（4）按收购资金来源分类。

①杠杆收购：收购方在实施收购时，如果其主体资金来源是对外负债，即并购是在银行贷款或者金融市场借贷的支持下完成的，则称为杠杆收购。

②非杠杆收购：如果收购方的主体资金来源是自有资金，则称为非杠杆收购。

坑点提示

本题容易将选项A判断错误，也就是容易混淆前向并购和后向并购。按照供→产→销的顺序，按箭头的方向并购，即按照产业链的流动方向发生的并购，属于前向并购；反之，则为后向并购。

抢分秘籍

本题在于要掌握每个类型的并购方式的主要特点。

分类标准	并购类型	特点
按产业	横向并购	双方处于同一产业
	纵向并购	双方处于产业链上的不同
	多元化并购	双方处于不同产业、在经营上也无密切联系
按态度	友善并购	双方都愿意并购
	敌意并购	被并购方“不愿意”或“不知道”
按身份	产业资本并购	并购方为非金融企业
	金融资本并购	并购方为投资银行或非银行金融机构
按资金	杠杆收购	70%以上是负债
	非杠杆收购	主体是自有资金

历年考情

审题要点

本题的关键词是“裁员”“重组”。收缩战略，也称为撤退战略，是指企业从目前的经营领域和基础上收缩，在一定时期内缩小原有经营范围和规模的一种战略。题干符合收缩战略的特征。可以判别公司采用的总体战略是收缩战略。关键词表明公司符合“紧缩与集中”和“转向”这两种收缩战略的方式。本题关键在于判断并识别收缩战略的特点及方式。

高频考点，几乎每年都会出现，2019年、2022年出现过主观题。

14.近年来大数据和云计算的快速发展，使主营传统数据库业务的甲公司受到极大冲击，经营业绩大幅下滑。2019年初，甲公司**裁员**1 800人，并**重组**开发团队和相关资源，大力开拓和发展云计算业务，以改善公司的经营状况。甲公司采用的总体战略类型有（　　）。

A.稳定战略　　　　B.转向战略

C.市场开发战略　　D.紧缩与集中战略

【本题答案】BD

【本题解析】

“甲公司裁员1 800人”，表明公司有缩减规模的计划，对应的是收缩战略中的紧缩与集中战略，选项D正确。

公司原来的业务是传统数据库，现在“重组开发团队和相关资源，大力开拓和发展云计算业务”，对应的是收缩战略中的转向战略。转向战略更多涉及企业经营方向或者经营策略的转变，具体做法有重新定位或者调整现有的产品和服务、调整营销策略。该项举措对应的是转向战略中的重新定位或者调整现有的产品和服务，选项B正确。

选项A，稳定战略是指战略期望达到的经营状况基本保持在战略起点的范围和水平上的战略，而甲公司采取了相应的转变措施，与题意不符，故不选。

选项C，市场开发战略，属于发展战略范畴，并且本题并未涉及新市场的开发，故不选。

思维拓展

详见2022年多项选择题第13题。

坑点提示

此题容易选择C，因为“大力开拓和发展云计算业务”容易被认为是市场开发或新产品开发，此时需要注意前提是公司的传统业务受到冲击，“经营业绩大幅下滑”，所以公司要改变经营方向以适应市场。包括题中的“裁员”也是收缩战略的一个明显信号，因此甲公司的总体战略是收缩战略。市场开发和新产品开发都是发展战略，与题中的前提环境不相符。

抢分秘籍

由“近年来大数据和云计算的快速发展，使主营传统数据库业务的甲公司受到极大冲击”可知，甲公司是在面临极大威胁的条件下作出的决策，而发展战略强调充分利用外部环境的机会去向更高一级的方向发展。此题的关键在于理解收缩战略的具体方式及内涵。

历年考情

2013年、2014年、2016年~2022年，其中2018年考查过主观题。

三、简答题（本题型共4小题30分）

1.（本小题6分）

随着社会消费水平的提高与消费观念的转变，酒店行业中高端消费的市场越来越大。专注于三、四线城市经济连锁酒店经营的优尚公司意识到，不同消费群体有不同的消费需求，酒店行业细分已经成为未来的大趋势；仅仅集中于三、四线城市经营经济型酒店将面临新的风险。优尚公司开始拓展业务与品牌，进军中高档酒店，不断挖掘投资者及细分人群的需求，兼顾投资者和消费者利益，寻求最佳平衡点。

2015年7月，优尚公司对外发布三大新酒店品牌，标志着公司开始着手中高档酒店品牌建设。为了设计出成本低、质量好，又能确保加盟商能盈利的产品，几年来，优尚公司推出一系列创新模式。

（1）“投一产多”的运营模式。除了经营酒店住宿业务外，还开展了辅助业务，如在酒店大堂开设蛋糕店、面吧，在房间销售毛巾、浴巾等产品。运营一年后，酒店辅助业务的盈利远远超过住宿业务的盈利。“投一产多”运营模式比传统运营模式酒店多35%的收益。

（2）“住酒店可以不花钱”。与“投一产多”运营模式相配套，优尚公司为顾客构建了一个生活分享平台：大堂的沙发、灯具、各种装饰，以及客房的床垫、靠枕、床单、小摆件、毛巾、浴巾、洗浴用品、水杯、家具甚至壁纸，顾客只要是体验后喜欢的，都可以通过手机扫描二维码下单购买。顾客只要购买等同房价的物品，就可以免收房间费用。优尚公司这一举措的基本思路是，家居用品行业大约有50%的毛利，但生产厂家净利不超过5%，因为销售过程中会产生仓储、商场展示、扣点、物流等费用。如果家居用品生产厂家把酒店作为一个商场来展示和销售商品，就会节约所有铺货的费用，那么只需从50%的毛利中拿出一部分补贴酒店，就可以收到双赢的效果。

（3）打造互联网智能公寓。优尚公司将旗下的中档酒店蓝港公寓定位于互联网智能公寓，引领时代潮流。公司引入O2O（即online线上到offline线下）模式和酒店式标准化管理，推广“住宿、社交、管家式生活服务”的酒店模式。智能酒店系统可以远程调控客房里的温度、灯光模式、音乐、空气温度与洁净度；移动设备可无线连接智能电视，实现双屏互动。智能化体验为投资者和消费者带来更多的惊喜和便利。

（4）与生产经营家电、金融、旅游、家居、智能门锁的五大行业巨头达成品牌合作。通过强强联合，增加信用住宿、无息贷款、投资扶持、微信开锁等功能，优尚公司的酒店生态更加开放，为酒店行业发展探索新的契机。

要求：

（1）依据市场营销战略目标市场选择理论，简要说明优尚公司在2015年前后目标市场选择类型的变化。

（2）依据蓝海战略重建市场边界的基本法则（开创蓝海战略的途径），简要分析优尚公司在中高档酒店品牌建设中开创新的生存发展空间的路径。

【本题答案】

（1）

依据市场营销战略目标市场选择理论，简要说明优尚公司在2015年前后目标市场选择类型的变化。

优尚公司在2015年前目标市场选择类型属于集中市场营销。指企业集中所有力量，以一个或少数几个性质相似的子市场作为目标市场，试图在较少的子市场上占领较大的市场份额。“专注于三、四线城市经济连锁酒店经营的优尚公司”。

优尚公司在2015年后目标市场选择类型属于差异市场营销。指企业决定同时为几个子市场服务，设计不同的产品，并在渠道、促销和定价方面都加以相应的改变，以适应各个子市场的需要。“优尚公司开始拓展业务与品牌，进军中高档酒店，不断挖掘投资者及细分人群的需求，兼顾投资者和消费者利益，寻求最佳平衡点”。

（2）

依据蓝海战略重建市场边界的基本法则（开创蓝海战略的途径），简要分析优尚公司在中高档酒店品牌建设中开创新的生存发展空间的路径。

①审视他择产业，跨越产业内不同的战略群体。“‘投一产多’的运营模式。除了拥有酒店住宿业务外，还在酒店大堂开设蛋糕店、面吧，在房间销售毛巾、浴巾等产品”。

②重新界定产业的买方群体。“优尚公司为顾客构建了一个生活分享平台：大堂的沙发、灯具、各种装饰，以及客房的床垫、靠枕、床单、小摆件、毛巾、浴巾、洗浴用品、水杯、家具甚至壁纸，顾客只要是体验后喜欢的，都可以通过手机扫描二维码下单购买。顾客只要购买等同房价的物品，就可以免收房间费用（住客也是家居消费者）”。

③放眼互补性产品或服务。“除了拥有酒店住宿业务外……在酒店大堂开设蛋糕店、面吧，在房间销售毛巾、浴巾等产品”“优尚公司构建了一个生活分享平台：大堂的沙发、灯具、各种装饰，以及客房的床垫、靠枕、床单、小摆件、毛巾、浴巾、洗浴用品、水杯、家具甚至壁纸，顾客只要是体验后喜欢的，都可以通过手机扫描二维码下单购买”“与生产经营家电、金融、旅游、家居、智能门锁的五大行业巨头达成品牌合作。通过强强联合，增加信用住宿、无息贷款、投资扶持、微信开锁等功能，优尚公司的酒店生态更加开放，为酒店行业发展探索新的契机”。

④跨越时间参考塑造外部潮流。“优尚公司将其下的中档酒店蓝港公寓定位于互联网智能公寓，引领时代潮流”。

【本题解析】

第一问考查的是市场营销战略中的目标市场选择，要清楚目标市场选择策略有三种。“专注于三、四线城市经济连锁酒店经营”，表明2015年前优尚公司目标市场选择类型属于集中化营销策略。“拓展业务与品牌，进军中高档酒店，不断挖掘投资者及细分人群的需求”，表明变化后的目标市场选择类型是差异性营销策略。

第二问考查的是蓝海战略的六项基本法则。“‘投一产多’的运营模式。除了经营酒店住宿业务外，还开展了辅助业务，如在酒店大堂开设蛋糕店、面吧，在房间销售毛巾、浴巾等产品”，涉及审视他择产业、跨越产业内不同的战略群组和放眼互补性产品或服务，并要意识到附近的案例素材很可能与其他基本法则有关。

思维拓展

（1）

目标市场选择策略

策略名称	项目	内容
无差异营销策略	含义	企业把整个市场作为自己的目标市场，只考虑市场需求的共性，而不考虑其差异，运用一种产品、一种价格、一种推销方法，尽可能吸引更多的消费者
	优点	品种单一，适合大批量生产和销售，发挥规模经济的优势；可以降低生产、存货和运输的成本，缩减广告、推销、市场调研和市场细分的费用，进而以低成本在市场上赢得竞争优势
	缺点	应变能力差，一旦市场需求发生变化，难以及时调整企业的生产和市场营销策略，特别是在产品生命周期进入成熟阶段后，竞争手段过于单一，因而风险较大
差异性营销策略	含义	企业选择两个或两个以上，直至所有的细分市场作为目标市场，并根据不同细分市场的需求特点，分别设计生产不同的产品，制定不同的营销组合策略，有针对性地满足不同细分市场顾客的需求
	优点	面向广阔的市场，满足不同消费者的需要，有利于扩大销售量，增强竞争力； 企业适应性强，富有回旋余地，不依赖一个市场一种产品
	缺点	由于小批量多品种生产，要求企业具有较高的经营管理水平；由于品种、价格、销售渠道、广告、推销手段的多样化，使生产成本、研发成本、存货成本、销售费用、市场调研费用相应增加，有可能降低经济效益
集中化营销策略	含义	企业由于受到资源等条件的限制，以一个或少数几个性质相似的子市场作为目标市场，试图在较少的子市场上占领较大的市场份额
	优点	企业得以集中运用有限的资源，实行专业化的生产和销售，节省营销费用，提高产品和企业知名度
	缺点	对单一和窄小的目标市场依赖性太大，一旦目标市场情况发生突然变化，企业周旋余地小，风险大。同时，当强有力的竞争者打入目标市场时，企业就会受到严重影响

（2）蓝海战略总结了六种重建市场边界的基本法则，被称之为六条路径框架。详见2022年单项选择题第23题。

坑点提示

重建市场边界的六大基本法则容易混淆，要掌握关键点。

法则名称	关键点
审视他择产业	A产业/产品与B产业/产品相结合，但“放眼互补性产品或服务”更强调功能互补，重设功能性或情感性诉求侧重顾客所感知的功能和情感的转换
跨越战略群组	
重设功能性或情感性诉求	
放眼互补性产品或服务	
跨越时间	顺应潮流、适应追求
重新界定产业的买方群体	客户群体发生变更

抢分秘籍

熟练掌握三种目标市场选择策略的内涵，清楚蓝海战略六项基本法则的内容。

历年考情

市场营销战略和蓝海战略属于主观题的高频考点，几乎每年都会涉及相关知识点。

2.（本小题8分）

海浪水泥公司成立于1997年，主要从事水泥及其熟料的生产和销售，2002年2月成功上市。

海浪水泥总部坐落于A省。A省是全国水泥生产主要原材料石灰石储量第二大的省份，且石灰石质量较高。海浪水泥凭借先天条件坐拥原材料成本和质量优势。

水泥产品体积大、单位重量价值低，而且其资源点和消费点的空间不匹配，这些是造成水泥行业运输成本居高不下的主要原因。海浪水泥利用自身位居长江附近的地理位置优势，积极推行其他水泥企业难以复制的“T型”战略布局：在拥有丰富石灰石资源的区域建立大规模生产的熟料基地，利用长江的低成本水运物流，在长江沿岸拥有大容量水泥消费的城市群建立粉磨厂，形成“竖端”熟料基地+长江水运、“横端”粉磨厂深入江、浙、沪等地市场的“T型”生产和物流格局，改变了之前通过“中小规模水泥工厂+公路运输+工地”的生产物流模式，解决了长江沿岸城市石灰石短缺与当地水泥消耗量大之间的矛盾。

海浪水泥不断完善“T型”战略布局，率先在国内新型干法水泥生产线低投资、国产化的研发方面取得突破性进展，这标志着中国水泥制造业的技术水平跨入世界先进行列，确保公司为市场提供规模可观的低价高质产品；公司在沿江、沿海建造了多个万吨级装卸水泥和熟料的专用码头，着力建设或租赁中转库等水路上岸通道；集团设立了物流公司和物流调试中心；公司强化对终端销售市场的开拓，推行中心城市一体化销售模式，在各区域市场建立贸易平台；公司物流实现了工业化和信息化的深度融合，以GPS和GIS为核心的物流调度信息系统实现了一体化、可视化的管理。通过“T型”战略的实施，海浪水泥进一步巩固了其“资源——生产——物流——市场”的产业链优势。

2018年海浪水泥年报显示：公司营业收入同比大幅增长70.50%，净利润同步增长88.05%，净利润增长幅度超过营业收入增长幅度。

要求：

（1）从企业资源角度，简要分析海浪水泥的竞争优势；分析海浪水泥资源“不可模仿性”的主要形式。

（2）简要分析海浪水泥企业能力。

【本题答案】

（1）

①海浪水泥有形资源所展示的竞争优势：“海浪水泥凭借先天优势坐拥原材料成本和质量优势”“海浪水泥利用自身位居长江附近的地理位置优势，积极推行其他水泥企业难以复制的‘T型’战略布局”“公司在沿江、沿海建造了多个万吨级装卸水泥和熟料的专用码头，着力建设或租赁中转库等水路上岸通道；集团下设物流公司，在集团总部设立了物流调试中心”。

②海浪水泥无形资源所展示的竞争优势。“公司率先在国内新型干法水泥生产线低投资、国产化的研发方面取得突破性进展，标志着中国水泥制造业的技术水平已经跨入世界先进行列”“公司强化终端销售市场，推行中心城市一体化销售模式，在各区域市场建立贸易平台；公司物流实现工业化和信息化的深度融合，以GPS和GIS为核心的物流调度信息系统实现了一体化、可视化的管理”。

③海浪水泥资源“不可模仿性”的主要形式包括：

a.物理上独特的资源。“海浪水泥凭借着先天优势坐拥原材料成本和质量优势”“海浪水泥利用自身位居长江附近的地理位置优势，积极推行其他水泥企业难以复制的‘T型’战略布局”。

b.具有路径依赖的资源。“通过‘T型’战略的实施，海浪水泥进一步巩固了其‘资源——生产——物流——市场’的产业链优势”。

（2）

①研发能力。“公司率先在国内新型干法水泥生产线低投资、国产化的研发方面取得突破性进展，标志着中国水泥制造业的技术水平已经跨入世界先进行列，确保公司为市场提供规模可观的低价高质的产品”。

②生产管理能力。“‘T型’生产和物流格局，改变了之前通过‘中小规模水泥工厂+公路运输+工地’的生产物流模式，解决了长江沿线城市石灰石短缺与当地

水泥消耗量大之间的矛盾”“通过‘T型’战略的实施，海浪水泥进一步巩固了其‘资源——生产——物流——市场’的产业链优势”。

③营销能力。

a.产品竞争能力。“海浪水泥凭借着先天优势坐拥原材料成本和质量优势”“确保公司为市场提供规模可观的低价高质的产品”。

b.销售活动能力。“公司强化终端销售市场，推行中心城市一体化销售模式，在各区域市场建立贸易平台；公司物流实现工业化和信息化的深度融合，以GPS和GIS为核心的物流调度信息系统实现了一体化、可视化的管理”。

④市场决策能力。“积极推行其他水泥企业难以复制的‘T型’战略布局”“公司率先在国内新型干法水泥生产线的低投资、国产化的研发方面取得突破性进展”“海浪水泥不断完善‘T型’战略布局”。

⑤财务能力。“2018年海浪水泥年报显示：公司营收同比大幅增长70.50%，净利润同步增长88.05%，净利润增长幅度超过营收增长幅度”。

⑥组织管理能力。“积极推行其他水泥企业难以复制的‘T型’战略布局”“海浪水泥不断完善‘T型’战略布局”。

【本题解析】

（1）①企业的资源有：有形资源、无形资源与人力资源。

有形资源是指可见的、能用货币直接计量的资源。本题的有形资源包括“地理位置”“码头”“物流公司”。同时，“物流信息系统、分销渠道”也属于可见的有形资源。

无形资源包括品牌、商誉、技术、专利、商标、企业文化及组织经验等。本题的“研发方面取得突破性进展”“技术水平”属于无形资源。

人力资源是组织成员向组织提供的技能、知识以及推理和决策能力，本题并未提及。

②资源不可模仿性的主要形式：a.物理上独特的资源；b.具有路径依赖性的资源；c.具有因果含糊性的资源；d.具有经济制约性的资源。

“海浪水泥凭借先天条件坐拥原材料成本和质量优势”，说明企业地理位置好，属于物理独特的资源；“巩固……产业链优势”，企业的产业链是经过长期积累才能获得的，属于路径依赖性的资源。

（2）企业能力包括研发能力、生产管理能力、营销能力、组织管理能力与财务能力。根据本题中出现的各个关键词，来对应相应的企业能力：“研发”，属于研发能力；“生产”，属于生产管理能力；

营销能力包括产品竞争能力、销售活动能力与市场决策能力：“产品”属于产品竞争能力；销售活动能力与促销、分销、价格等相关，“销售模式”与“物流”

属于产品分销的范畴；市场决策能力是企业环境变化后企业的战略敏锐度，所以资料中企业的战略布局属于市场决策能力。

组织管理能力一般与战略变动对应的组织结构变动相关，资料中的战略布局必然要有相应的组织结构支持，所以属于组织管理能力的体现。

财务能力一般情况与财务指标或资金相关。资料中的营业收入、净利润等都是财务能力的体现。

思维拓展

（1）企业资源，是指企业所拥有或控制的有效因素的总和。按照竞争优势的资源基础理论，企业的资源禀赋是其获得持续竞争优势的重要基础。企业资源主要分为三种：有形资源、无形资源和人力资源。详见2021年综合题。

（2）决定企业竞争优势的企业资源判断标准。详见2023年多项选择题第16题。

（3）企业能力，是指企业配置资源，发挥其生产和竞争作用的能力。详见2023年综合题思维拓展七

坑点提示

本题涉及“不可模仿性”的四个特点容易发生混淆，要抓住相应的关键词进行辨析。

名称	关键词
物理上独特性	第一，运用排除法判断，如不属于上述三个标准，则属于本标准； 第二，牢记教材举例，包括房地产处于极佳的地理位置、拥有矿物开采权、拥有专利生产技术
路径依赖性	长期形成的，与制度、管理、人员有关
因果含糊性	企业文化
经济制约性	市场空间

抢分秘籍

（1）“海浪水泥凭借先天条件坐拥原材料成本和质量优势”这是企业资源中的有形资源，进一步分析发现这是“资源的不可模仿性”中的“物理上独特的资源”。

（2）由“率先在国内新型干法水泥生产线低投资、国产化的研发方面取得突破性进展，这标志着中国水泥制造业的技术水平跨入世界先进行列”可知，这涉及企业资源中的有形资源（生产线）和无形资源（技术）。

（3）由“率先在国内新型干法水泥生产线低投资、国产化的研发方面取得突破性进展，这标志着中国水泥制造业的技术水平跨入世界先进行列”可知，这涉及海浪水泥的研发能力。

历年考情

企业的“资源和能力分析”属于高频考点，2013年~2022年每年都考查过，并且以主观题为主。

3.（本小题8分）

主营单晶硅、多晶硅太阳能电池产品研发和生产的益强公司于2003年成立。这是一家由董事长兼总经理李自一手创办并控制的家族式企业。

2010年11月益强公司挂牌上市。在资本市场获得大额融资的同时，益强公司开始了激进的扩张之路。从横向看，为了扩大市场份额，益强公司在欧美多个国家投资或设立子公司；从纵向看，益强公司布局光伏全产业链，实施纵向一体化发展战略，由产业中游的组件生产，延伸至上游的硅料和下游的电站领域。益强公司还大举投资房地产、炼油、水处理和LED显示屏等项目。

为了支持其扩张战略，益强公司多方融资。公司上市仅几个月便启动第二轮融资计划——发行债券，凭借建设海外电站的愿景，通过了管理部门的审批，发行10亿元的“益强债”，票面利率为8.98%，在当年新发债券中利率最高。自2011年2月起，李自及其女儿李丽陆续以所持股份作抵押，通过信托融资约9.7亿元，同时益强公司大举向银行借债。李自还发起利率高达15%的民间集资。这样，益强公司在上市后三年内，通过各种手段融资近70亿元。

受2008年美国次贷危机和2011年欧债危机影响，欧美国家和地区纷纷大幅削减甚至取消光伏补贴，光伏产品国际市场需求急剧萎缩。随后欧盟对中国光伏产品发起“反倾销、反补贴”调查，光伏企业出口遭受重创。而全行业的非理性发展已经导致产能严重过剩，市场供大于求，企业间开始以价格战展开恶性竞争，利润急速下降，甚至亏损。

在这种情况下，益强公司仍执着于多方融资扩大产能，致使产品滞销库存积压。同时，在海外大量投资电站致使公司的应收账款急速增加。欧盟经济低迷，海外客户还款能力下降，欧元汇率下跌。存货跌价损失、汇兑损失、坏账准备的计提使严重依赖海外市场的益强公司出现大额亏损。公司把融资筹措的大量短期资金投放于回款周期很长的电站项目，投资回报期和债务偿付期的错配使公司的短期还款压力巨大，偿债能力逐年恶化。2010年公司的流动比率为3.165，到了2013年只有0.546。公司资金只投不收的模式使现金流很快枯竭。2012年和2013年多家银行因贷款逾期、供应商因货款清偿事项向益强公司提起诉讼，公司部分银行账户被冻结，深陷债务危机。益强公司由于资金链断裂，无法在原定付息日支付公司债券利息8 980万元，成为国内债券市场上第一家违约公司，在资本市场上掀起轩然大波，打破了公募债券刚性兑付的神话。

2014年5月益强公司因上市后连续三年亏损被ST处理，暂停上市。仅仅三年多的时间，益强公司就从一家市值百亿元的上市公司深陷债务违约危机导致破产重组。

要求：

（1）简要分析益强公司上市后所面对的市场风险。

（2）简要分析益强公司上市后所存在的战略风险。

（3）依据《企业内部控制应用指引第6号——资金活动》，简要分析益强公司资金活动中存在的主要风险。

【本题答案】

（1）①产品或服务的价格及供需变化带来的风险。"受2008年美国次贷危机和2011年欧债危机的影响，欧美政府纷纷大幅削减甚至取消光伏补贴，光伏产品市场需求急剧萎缩。随后欧盟对中国光伏产品发起了'反倾销、反补贴'调查，光伏企业出口遭受重创。而全行业的非理性发展已经导致产能严重过剩，市场供大于求"。

②主要客户、主要供应商的信用风险。"欧盟经济低迷，海外客户还款能力下降"。

③税收政策和利率、汇率、股票价格指数的变化带来的风险。"欧元汇率下跌……汇兑损失……使严重依赖海外市场的益强公司出现大额亏损"。

④潜在进入者、竞争者、与替代品的竞争带来的风险。"而全行业的非理性发展已经导致产能严重过剩，市场供大于求，企业间开始以价格战恶性竞争，利润急速下降，甚至亏损"。

（2）益强公司上市后所存在的战略风险主要表现为：发展战略过于激进，脱离企业实际能力或偏离主业，可能导致企业过度扩张，甚至经营失败。"在资本市场获得大额融资的同时，益强公司开始了激进的扩张之路。从横向看，为了扩大市场份额，益强公司在欧美多个国家投资或设立子公司；从纵向看，益强公司布局光伏全产业链，实施纵向一体化发展战略，由产业中游的组件生产，延伸至上游的硅料和下游的电站领域。不仅如此，益强公司还大举投资房地产项目、炼油项目、水处理项目和LED显示屏项目等"。

（3）①筹资决策不当，引发资本结构不合理或无效融资，可能导致企业筹资成本过高或债务危机。"为了支持其战略扩张的需要，益强公司广开财路，多方融资。公司上市仅几个月便启动第二轮融资计划——发行债券，凭借建设海外电站的愿景，通过了管理部门的批准，发行规模为10亿元的'益强债'，票面利率为8.98%，在当年新发债券利率最高。自2011年2月起，李自及其女儿李丽陆续以所持股份抵押，通过信托融资约9.7亿元，同时，益强公司大举向银行借债。李自还发起了利率高达15%的民间集资。这样，益强公司在上市后三年时间内，通过各种手段融资近70亿元”。

②投资决策失误，引发盲目扩张或丧失发展机遇，可能导致资金链断裂或资金使用效益低下。“在这种情况下，益强公司仍执着于多方融资扩大产能，致使产品滞销库存积压。同时，海外大量投资电站致使公司的应收账款急速增加。欧盟经济低迷，海外客户还款能力下降，欧元汇率下跌。存货跌价损失、汇兑损失、坏账准备的计提使严重依赖海外市场的益强公司出现大额亏损”。

③资金调度不合理、营运不畅，可能导致企业陷入财务困境或资金冗余。“公司把融资筹措的大量短期资金投放于回款周期很长的电站项目，投资回报期和债务偿付期的错配使得公司的短期还款压力巨大，偿债能力逐年恶化。2010年公司的流动比率为3.165，到了2013年却只有0.546。公司资金只投不收的模式使现金流很快枯竭”。

【本题解析】

（1）市场风险的主要来源有：

①产品或服务的价格及供需变化带来的风险（关键词：产品及供需），本题中描述“市场供大于求”，说明了产品供需关系，属于市场风险。

②主要客户、主要供应商的信用风险。客户信用风险主要体现为欠款不还；供应商信用风险主要体现为到期不供货。本题描述“海外客户还款能力下降”，匹配客户欠款不还的特征。

③税收政策和利率、汇率、股票价格指数的变化带来的风险（关键词：税收、利率、汇率、股票价格指数）。本题描述“欧元汇率下跌”，匹配汇率变化带来的风险。

④潜在进入者、竞争者、与替代品的竞争带来的风险（关键词：竞争）。本题描述“企业间开始以价格战展开恶性竞争”，匹配关键词“竞争”。

⑤能源、原材料、配件等物资供应的充足性、稳定性和价格的变化带来的风险（关键词：原材料及供需）。本题中并无表述。

（2）“在资本市场获得大额融资的同时，益强公司开始了激进的扩张之路。从横向看，为了扩大市场份额，益强公司在欧美多个国家投资或设立子公司；从纵向看，益强公司布局光伏全产业链，实施纵向一体化发展战略，由产业中游的组件生产，延伸至上游的硅料和下游的电站领域。不仅如此，益强公司还大举投资房地产项目、炼油项目、水处理项目和LED显示屏项目等”，从以上表述可以看出益强公司的发展战略过于激进，可能会脱离企业实际能力或偏离主业，过度扩张，导致经营失败。

（3）资金活动中存在的风险主要是财务风险，包括：

①全面预算风险——预算编制得不好或没有预算编制、预算编制得不合理不科

学、缺乏刚性；

②筹资管理风险——决策不当、资金用途不当；

③投资管理风险——决策不当、未按审批执行；

④资金营运管理风险——资金调度、资金管控；

⑤财务报告风险——违反制度、虚假报告、不能有效利用；

⑥担保风险——事前调查、事中监控、舞弊。

本题中，“益强公司多方融资”，融资属于筹资活动，属于筹资管理风险；“益强公司仍执着于多方融资扩大产能，致使产品滞销库存积压。同时，在海外大量投资电站致使公司的应收账款急速增加”，关键词为“投资”，属于投资管理风险；“公司把融资筹措的大量短期资金投放于回款周期很长的电站项目”，说明公司短债长用，属于资金使用有误，属于资金营运管理风险。

思维拓展

（1）市场风险是指企业所面对的外部市场的复杂性和变动性所带来的与经营相关的风险。包括：

①产品或服务的价格及供需变化带来的风险；

②能源、原材料、配件等物资供应的充足性、稳定性和价格变化带来的风险；

③主要客户、主要供应商的信用风险；

④利率、汇率、股票价格指数的变化带来的风险；

⑤潜在进入者、竞争者、替代品的竞争带来的风险。

（2）战略风险是指企业在运用各类资源与能力追求发展的过程中，因自身要素与外部复杂环境匹配失衡而引发企业在实现战略目标中产生的各种阻碍或者机遇。

战略风险主要表现为在战略制定、战略实施、战略调整和战略复盘整改过程中所发生的风险，本题主要涉及的战略风险有：

①战略制定风险的主要表现：缺乏明确且符合企业发展实际的战略目标，可能导致企业脱离实际盲目发展；

②战略实施风险的主要表现：战略实施人员缺乏、战略实施组织不力。

（3）财务风险是指企业在生产经营过程中，由于宏观经济、监管政策等外部环境或企业战略目标、管控模式、企业文化等内部因素，导致企业财务相关管理活动不规范或财务成果（收入、利润等）和财务状况（资产、负债、所有者权益）偏离预期目标的不确定性。

分析财务风险的来源应主要考虑以下因素：

①因预算编制、执行或考核存在偏差而导致的风险；

②因筹资决策不当、筹集资金运用不合理可能引发的风险；

③因资金调度不合理、管控不严而导致的风险；

④因企业投资决策不当、缺乏投资实施管控而导致的风险；

⑤因财务报告编制、分析、披露不准确、不完整可能引发的风险；

⑥因企业担保决策失误、监控不当而导致的风险。

与本题相关的财务风险，具体表现在：

风险名称	主要表现
筹资管理风险	①筹资决策不当，引发资本结构不合理或无效融资，可能导致企业筹资成本过高或债务危机。 ②未按审批的筹资方案执行筹资活动，擅自改变资金用途，未及时偿还债务或进行股利分配，可能导致公司发生经济纠纷或诉讼
资金营运活动风险	①资金调度不合理、营运不畅，可能导致企业陷入财务困境或资金冗余。 ②资金活动管控不严，可能导致资金被挪用、侵占、抽逃或遭受欺诈。
投资管理风险	①投资决策失误，引发盲目扩张或丧失发展机遇，可能导致资金链断裂或资金使用效益低下。 ②未按审批的投资方案执行投资活动，未对投资项目开展有效的后续跟踪和监控，或对投资项目处置不当，可能影响企业投资收益。

坑点提示

本题的第三问“资金活动中存在的主要风险”，很容易回答成财务风险中的“资金营运活动风险”。“资金活动”不等于“资金营运活动”，只要涉及资金的活动，都属于资金活动，是财务风险整体层面，而不仅仅是资金营运活动。

抢分秘籍

抓住关键点可以帮助进行辨析。

因素	关键词
产品或服务的价格及供需变化带来的风险	“竞品出现”“市场供需变化”“客户需求变化”
能源、原材料、配件等物资供应的充足性、稳定性和价格变化带来的风险	“供货不足”“原材料价格波动”“成本上升”
主要客户、主要供应商的信用风险	“违反约定”“不履行合同”“延迟交货”
潜在进入者、竞争者、替代品的竞争带来的风险	“竞争激烈”“竞品出现”

历年考情

从2013~2022年，企业的风险种类属于高频考点，每年都会出现相关的考题，并且以主观题为主。

4.（本小题8分）

2004年1月，以B2C为主要经营模式的综合性网络零售商喜旺公司注册成立。此时在电商领域，无论是用户规模或是平台数量，早期进入者云里公司已占尽先机。为了突破云里公司一家独大的状况，喜旺公司采取一系列战略举措，实现对产业链上下游的整合和控制，打造自身的竞争优势。

（1）自建物流体系。喜旺公司早期与大多数电商一样，采用第三方物流配送商品。随着商品年销售量的不断增加，第三方物流配送能力不足、每天数千单货物积压问题日益显著，严重影响服务质量和客户满意度。喜旺公司决定自建物流体系，并于2007年投资2 000万元建立东速快递公司，专门为喜旺商城提供物流服务，服务范围覆盖200多座城市。东速快递公司的成立，大大提高了喜旺商城全国配送商品的速度，为喜旺商城的用户带来良好的体验。此后，喜旺公司不断完善物流配送体系，将大量资金用于物流队伍、运输车队、仓储体系建设。到2011年，喜旺公司在全国各地建立7个一级物流中心和20多个二级物流中心，以及118个大型仓库。

（2）进一步整合物流配送资源和能力。2014年3月，喜旺公司并购迅风物流；2014年10月，喜旺公司与国有邮政公司达成战略合作；2016年5月，喜旺公司并购“快快”，实现“两小时极速达”的个性化增值服务。喜旺公司这一系列举措，使得其下游配送的效率取得质的飞跃。

（3）运用多种方式整合与完善商品采购与供给端。为了确保上游供给商品的质量与可靠性，2014年4月，喜旺公司与国内最大海洋牧场微岛公司达成合作协议；2014年6月，喜旺公司投资智能体重体脂秤P产品；2015年5月，喜旺公司投资7 000万美元建立生鲜电商果园；2015年8月，喜旺公司与国信医药公司合作，使用户在喜旺平台可购买处方药品；2015年8月，喜旺公司出资43亿元战略入股永芒超市，取得10%股权。永芒超市是国内超市中最好的生鲜品供应商，拥有业内最低的生鲜品采购成本。永芒超市的门店超过350家，但还不能覆盖全国。线上线下两大零售巨头原本是竞争对手，达成合作后，在永芒超市门店尚未覆盖的区域，喜旺公司可以与永芒超市共同提供O2O服务（即online线上网店和offline线下消费），因此双方还有较大的潜在合作空间。

要求：

（1）简要分析喜旺公司所实施的发展战略类型及其实施该战略的动因（或优势）。

（2）简要分析喜旺公司实施发展战略所采用的途径。

（3）简要分析喜旺公司与永芒超市合作的动因。

【本题答案】

（1）喜旺公司所实施的发展战略类型属于纵向一体化战略，包括前向一体化和后向一体化战略。

①前向一体化。“自建物流体系”“进一步整合物流配送资源和能力”。其动因（或优势）是有利于企业控制和掌握市场，增强对消费者需求变化的敏感性，提高企业产品的市场适应性和竞争力。“随着商品年销售量的不断增加，第三方物流配送能力不足、每天数千单的货物积压的问题日益显著，严重影响服务质量和客户满意度。喜旺公司决定自建物流体系”“喜旺公司这一系列举措，使得其下游配送的效率取得了质的飞跃”。

②后向一体化。“运用多种方式整合与完善商品采购与供给端”。其动因（或优势）是有利于企业有效控制关键原材料等上游投入的成本、质量及供应可靠性，确保企业生产经营活动稳步进行。“为了确保上游供给商品的质量与可靠性”“喜旺公司与国信医药公司合作，用户在喜旺平台可购买处方药品”“永芒超市是国内超市中最好的生鲜品供应商，拥有相比各大超市最低的生鲜品采购成本”。

（2）喜旺公司实施发展战略所采用的途径有：

①外部发展（并购）。“2014年3月，喜旺并购迅风物流”“2016年5月，喜旺公司并购‘快快’”。

②内部发展（新建）。“自建物流体系，2007年，喜旺公司投资2 000万元建立东速快递公司，专门为喜旺商城提供物流服务……喜旺公司不断完善物流配送体系，将大量的资金用于物流队伍、运输车队、仓储体系建设，到2011年，喜旺公司在全国各地建立了7个一级物流中心和20多个二级物流中心以及118个大型仓库”“2014年6月。喜旺公司投资智能体重体脂秤P产品；2015年5月，喜旺公司投资7 000万美元建立生鲜电商果园”。

③战略联盟。

“2014年10月，喜旺与国有邮政公司达成战略合作”“2014年4月，喜旺公司与国内最大海洋牧场微岛公司达成合作协议”“2015年8月，喜旺公司与国信医药公司合作”“2015年8月，喜旺公司出资43亿元战略入股永芒超市，取得10%股权”。

（3）喜旺公司与永芒超市合作的动因有：

①避免或减少竞争。“线上线下两大零售龙头原本是竞争对手，达成合作后……双方还有很多潜在合作空间”。

②实现资源互补。“永芒超市是国内超市中最好的生鲜品供应商，拥有相比各大超市最低的生鲜品采购成本，永芒超市拥有超过350家门店，但还不能覆盖全国……达成合作后，在永芒超市实体店尚未覆盖的区域，喜旺可以与其共同提供O2O服务（即online线上网店offline线下消费）”。

③开拓新的市场。“喜旺公司可以与其共同提供O2O服务（即online线上网店offline线下消费）（喜旺开拓线下市场，永芒超市开拓线上市场）”。

【本题解析】

（1）①发展战略包括一体化、密集型与多元化。

②题中提示喜旺公司是一家电商公司，自己建立了物流体系，电商商品通过物流体系配送至消费者手上（产→销），属于前向一体化。

前向一体化战略的优点是让公司离消费者更近，有利于公司适应市场环境变化而变化。

③喜旺公司是一家电商公司，题中描述“运用多种方式整合与完善商品采购与供给端”，说明公司进入原材料供给方的行业（供←产），属于后向一体化。

后向一体化战略的优点是让公司控制原材料的价格和供给，确保企业生产经营活动稳步进行。

（2）发展战略的途径包括：

①外部发展（并购），其主要特征是公司购买了其他公司。

②内部发展（新建），其主要特征是公司自己动手自力更生。

③战略联盟，其主要特征是公司与其他公司合作，关键词为“合作”“协议”。

（3）“喜旺公司出资43亿元战略入股永芒超市，取得10%股权”表明两者之间是战略联盟的关系。

①战略联盟的主要动因有6项：a.促进技术创新；b.避免经营风险；c.避免或减少竞争；d.实现资源互补；e.开拓新的市场；f.降低协调成本（相对于并购而言）。

②“线上线下两大零售巨头原本是竞争对手……还有较大的潜在合作空间”，表明战略联盟之前两家公司还会相互竞争，但战略联盟之后，两家公司相互合作，所以体现了战略联盟能够避免或减少竞争。

③“达成合作后，在永芒超市门店尚未覆盖的区域，喜旺公司可以与永芒超市共同提供O2O服务”，说明喜旺公司可以帮助永芒超市覆盖其未覆盖的市场，体现了战略联盟能够实现资源互补。

④“达成合作后，在永芒超市门店尚未覆盖的区域，喜旺公司可以与永芒超市共同提供O2O服务”，关键词为“尚未覆盖的区域”，对永芒超市而言，联盟可以帮助它开辟新的市场。

思维拓展

（1）本题主要涉及一体化战略。

详见2021年综合题。

（2）发展战略一般可以采用三种途径，即外部发展（并购）、内部发展（新建）与战略联盟。

①外部发展（并购）是指企业通过取得外部经营资源谋求发展的战略。并购包

括收购与合并，收购指一个企业购买和吸纳了另一个企业的股权而控股该企业；合并指两个或两个以上的企业之间的重新组合。

②内部发展（新建）是指企业利用自身内部资源谋求发展的战略，建立一个新的企业。

③战略联盟是指两个或两个以上经营实体之间为了达到某种战略目的而建立的一种合作关系。战略联盟是介于企业与市场之间的一种“中间组织”，是通过事先达成协议而结成的一种平等的合作伙伴关系。这既不同于组织内部的行政隶属关系，也不同于组织与组织之间的市场交易关系。

联盟企业之间的协作关系主要表现为：

a.相互往来的平等性：独立法人、自愿互利、自主决策。

b.合作关系的长期性：长期合作增强自身竞争优势，实现长远收益最大化。

c.整体利益的互补性：非市场交易关系，非辅助关系，可扬长避短，降低交易成本，产生协同效应。

d.组织形式的开放性：动态、开放、松散，机会到来则聚、目的实现则散。

（3）企业战略联盟形成的动因：

①促进技术创新。高新技术产品的开发费用日益增大，单个企业难以独立支付，必须通过建立战略联盟的方式共同分担。

②避免经营风险。通过建立战略联盟、扩大信息传递的密度与速度，可以避免单个企业在市场开发和研究开发中的盲目性和因孤军作战而引起的全社会范围内的创新资源浪费，并降低市场开发与技术创新的风险。

③避免或减少竞争。建立战略联盟，有利于形成新的竞争模式，以合作取代竞争，减少应付激烈竞争的高昂费用。这种竞合思路不仅表现在供应者和购买者之间，也表现在同产业中的竞争对手之间。

④实现资源互补。通过战略联盟可达到资源共享、优势互补的效果。

⑤开拓新的市场。建立广泛的战略联盟可迅速实现经营范围的多样化和经营地区的扩张。

⑥降低协调成本（与并购相比的优势）。战略联盟的方式不需要进行企业的整合，因此可以降低协调成本。

坑点提示

（1）有考生认为喜旺公司先建立了物流体系，又收购了物流公司，其收购物流公司的做法属于横向一体化战略。

该观点看似有一定道理，但实际上犯了以偏概全的错误。其原因在于，喜旺公司虽然建立了物流体系，但喜旺公司并不是一家“物流公司”，而是一家电商公司。

倘若喜旺公司是一家物流公司，其收购其他物流公司的做法的确是横向一体化战略（向产业价值链相同阶段方向扩张）。但物流只是该公司的一小部分业务，是为其电商业务服务的，因而其做法不属于横向一体化战略。

（2）有考生认为“线上线下两大零售巨头原本是竞争对手，达成合作后，在永芒超市门店尚未覆盖的区域，喜旺公司可以与永芒超市共同提供O2O服务（online线上网店和offline线下消费），因此双方还有较大的潜在合作空间”，这段表述里讲述了喜旺公司与永芒超市是竞争对手，应为横向一体化战略，而非后向一体化战略。

但需要注意的是，这里不能单看这一句表述，而是需要联系题干中的内容进行分析。根据材料表述，为了确保上游供给商品的质量与可靠性，喜旺公司才会有后续的一些内部发展（新建）和战略联盟。因此，该公司的目的还是为了供应的稳定性。

另外，永芒超市是全国最好的生鲜品供应商，能满足喜旺公司的需求。因此，不能只看两者都涉及销售业务，要具体分析材料的表述。

抢分秘籍

（1）看到“自建物流体系”，结合喜旺公司是一家电商公司可知，该公司采用的是沿着产品或业务链向前延伸和扩展企业现有业务的战略，即前向一体化战略。同时要想到“自建”也属于实施发展战略所采用途径中的内部发展。

（2）看到“喜旺公司并购迅风物流”，意识到这属于外部发展；并找到“合作”等关键词，与战略联盟相联系；“建立”等关键词，与内部发展相联系。

（3）看到“喜旺公司可以与永芒超市共同提供O2O服务，因此双方还有较大的潜在合作空间”，马上联想到战略联盟动因中的“实现资源互补”和“开拓新的市场”。

历年考情

发展战略和发展战略的途径属于高频考点，从2013年~2022年，几乎每年都会出现相关的考题，并且以主观题为主。

四、综合题（本题共25分）

资料一

1984年，国内最大的汽车零部件供应商万欣公司与U国L公司签订了每年贴牌生产20万套万向节的合作协议，开展代工生产OEM业务。1994年，万欣U国公司在U国注册成立，万欣公司正式进入U国汽车零部件市场。

虽然有为U国客户代工生产的经历，但是作为中国第一个走进U国的汽车零部件企业，万欣U国公司来自新兴市场的低端形象很难得到U国企业和消费者的认同。万欣U国公司在注册时就被当地同行奚落“你们还不如养马有前途”；公司向U国企业出售经检验没问题的油脂时却以质量不合格为由屡遭退货；公司向客户提供自己擅长的低价供货方案，客户根本不买账；公司尝试向U国K公司推销产品时，业务员连门都进不去，只能在传达室谈业务；公司初次收购U国当地企业并调整员工假期遭到工会强烈反对，工会声称“即使倒闭也不会让中国企业兼并”。接踵而来的歧视和挫败让万欣U国公司意识到自己不能凭借母公司在国内资源能力的优势获得认可，要在U国生存必须适应U国规则，并彻底融入U国的经济和社会文化体系。

万欣U国公司将“瞄着U国主流社会”的本地化改造作为首要任务，不再沿用母国总部的管理理念和方法。万欣U国公司聘请U国人为首席运营官和首席财务官，在内部建立起一套符合U国国情的运营体系，重新设计了一整套规范的工作程序。在用人方面，万欣U国公司打破从国内大量派人的老框框，从当地招聘人才，按当地标准付薪。这一系列本地化举措使万欣U国公司弱化了中国企业的形象，满足了U国市场对一家普通汽车零部件企业的基本期望。此外，万欣U国公司在与客户交往中的表现也一步步获得认可，例如在市场出现波动时，一家积压了大量库存的客户向万欣U国公司求助，尽管当时公司自身经营也有困难，但还是立即收回了库存并换新货给客户。后来这家客户主动搭桥，使一家知名企业成为万欣U国公司的大客户。

万欣U国公司在U国逐步立稳脚跟后，开始收购一些品牌价值高但经营不善的公司。1999年万欣U国公司收购L公司，这笔收购使它取代L公司成为世界上拥有最多万向节专利的公司。2000年万欣U国公司收购T公司，从而成为U国最大的汽车轮毂加工装配基地和供应商。2001年万欣U国公司又收购U国零售商A公司，获得了A公司的汽车制动器技术与品牌、U国连锁维修店和采购渠道。万欣U国公司非常注重规避跨国并购可能带来的风险，例如，在收购L公司时，为了绕开工会的制约，万欣U国公司联手当地企业一起收购；在收购T公司时，万欣U国公司不仅没有解雇富余员工，还扩建厂房并招收新员工，帮助T公司渡过难关。

万欣U国公司在与当地客户的积极互动中彰显自己的信誉和能力，让外界逐渐了解并默许这家零部件企业的发展壮大。

资料二

2003年万欣U国公司正式成为主机厂的一级供应商，同年收购K公司，该公司是翼型万向节传动轴的发明者和全球最大的一级供应商；2005年万欣U国公司收购U国F汽车公司的一级供应商S公司和轴承企业G公司。一系列成功的收购进一步为万欣U国公司的信誉和形象加码。

2008年全球金融危机爆发，汽车产业是受影响最大的产业之一，U国三大汽车公司都陷入困境。原本现金流耐受力就较差的U国企业在危机冲击下纷纷倒下，众多供应商走向破产。而谨慎的资金管控措施让万欣U国公司在金融危机中保持良好的经营状况。此前万欣U国公司成功地帮助一些危机企业扭转局面在业内积累了不错的声誉，危机爆发后很多企业主动找到万欣U国公司希望能够被其收购。万欣U国公司曾经在竞购H公司时败于一家私募基金公司，而在金融危机的冲击下这家基金公司被迫清盘，H公司的管理层主动沟通希望被万欣U国公司收购。

金融危机中万欣U国公司找到了进一步发展的突破口。万欣U国公司意识到金融危机前公司要尽可能适应和服从外部环境的要求，危机后公司则应当发挥自身优势，朝更有利的方向施加影响。

万欣U国公司运用自身和总部独有的优势整合内外部资源，帮助很多危机中的U国企业渡过难关，并作出“即使公司有困难，仍然保证一不裁员、二不减薪、三不减福利”的承诺。

DR公司是一家汽车电子感应器公司，在金融危机中不得不出售。出售前公司所有者联系了万欣U国公司收购过的公司，了解到这些公司被收购后得到万欣U国公司及其总部很好的资源整合，因此拒绝另外4家竞标收购者而决定出售给万欣U国公司。2007年U国AI公司被万欣U国公司并购后其大股东评价“万欣的并购会让现代化的U国汽车工业企业变得更加赚钱”。

2008年U国F汽车公司旗下的M工厂因严重亏损被迫剥离。万欣U国公司收购M工厂后对其生产经营方式进行全面改造。在并购H公司后停掉了该公司的一些生产线，将设备运到万欣公司中国公司进行生产，H公司主要负责组装、技术开发、测试、售后服务和物流，以发挥各自优势。在收购U国T–D公司后，万欣U国公司通过对T–D公司和中国总部进行优势和资源的对接，把等速驱动轴打造为继万向节之后又一个世界老大产品。2009年万欣U国公司收购U国DS汽车转向轴业务后，为十分不景气的U国汽车业挽救了约150个工作岗位。一系列的并购及其之后的资源整合，不仅拯救了被并购公司，也让他们认识到万欣公司的强大实力与中国国内完备的产业配套能力。

同时，万欣U国公司收购一级供应商，通过财务支持帮助它们渡过难关，为3 500位U国人保住了工作，也让万欣U国公司生产的零部件得以在U国三分之一的汽车上使用。

资料三

新能源汽车的问世对传统汽车制造业带来严峻的挑战。在全球环境保护的压力下，万欣公司也开始向新能源汽车领域挺进。但是由于起步晚、缺少高端技术研发人员和营销人员，万欣公司的电动车零部件核心技术远远落后于国内外的领先企业，也缺少整合供应链的资源和能力，更没有早期进入者所具有的经验曲线等成本优势。为了克服公司进入新能源汽车领域的诸多障碍，2012年底，万欣U国公司协助集团总部参与竞购深陷破产危机的U国AB公司。

AB公司是U国一家研制和生产锂离子能量存储设备的厂商，曾被U国政府和市场寄予厚望。竞购期间U国诸多政府官员与行业专家强烈反对将AB公司卖给万欣公司，他们认为AB公司是U国重点企业且部分业务和军方有直接关联，被万欣公司收购会威胁U国国家安全。为了减少万欣公司在U国受到的政治压力，万欣公司向国内备案以获得国家的背书，增加谈判筹码；万欣公司始终承诺整体收购，并维持其2 000多名员工的工作岗位，这与其他8个竞标者只对AB公司的部分业务感兴趣不同；更关键的是，万欣公司只收购AB公司的民用业务，绝对避开涉及军方的业务。万欣公司的收购方案展现了愿意承担社会责任的企业形象，得到了AB公司首席执行官的高度认可，妥善化解了来自外界的压力。

对AB公司的收购完成之后，万欣U国公司代替总部开始直接接管万欣公司在U国的新能源汽车业务。2013年公司聘请U国人R先生管理AB公司，要求他在不影响研发的前提下不断削减开支。R先生削减医疗福利，取消了免费食物和卡布奇诺咖啡机等待遇。在甩债务、拓业务、削福利这“三板斧”之后，AB公司终于扭转了亏损，开始步入正轨。之后，万欣公司继续向AB公司提供培养核心业务必要的财务支持，推动AB公司进入汽车电动化、电网储能及其他全球性市场，包括进入中国市场。

2013年10月万欣公司将其所有的电池制造业务交给AB公司承担，这成为双方建立互信的重要里程碑。万欣公司还开放了AB公司的实验室并建立“AB创业技术项目”，与20多家电池公司开展联合研发。万欣公司通过收购AB公司获得了世界顶尖的电池技术，与全球主流客户建立了业务联系，在新能源电池领域也更具号召力。

2014年初，经过多轮角逐，U国批准了万欣U国公司对FS电动汽车公司的收购，标志着万欣公司全面进入新能源汽车整车制造产业。在收购FS公司期间，万欣U国公司同样遭到非议，被指责“偷窃U国技术”。然而FS公司所在州州长和议员对万欣U国公司表示支持：“万欣U国公司在U国20多年，形象一直比较靠谱”。并购后，万欣U国公司履行承诺，将FS公司的工厂从欧洲F国搬回U国，复产后创造了300多个工作岗位。

2015年11月，FS公司宣布与D国BM公司结成重要合作伙伴关系，万欣U国公司认为这一合作不仅将技术和资本绑在一起，而且将名誉与品牌绑在一起。万欣U国公司又一次向U国新能源市场展现自身实力，也让评价者认可其在新业务中的行为和战略。

要求：

（1）简要分析万欣U国公司成立之初所面对的社会文化风险。

（2）简要分析万欣公司国际化经营进入U国市场的主要动因。

（3）简要分析万欣U国公司在U国采用并购战略的动机与所规避的主要风险。

（4）依据新兴市场的企业战略，简要分析万欣U国公司协同总部是如何在U国实施“抗衡者”战略的。

（5）依据企业资源能力的价值链分析理论，简要分析金融危机后，万欣U国公司协同总部是如何整合资源能力，重新构筑被并购企业的竞争优势的。

（6）简要分析万欣公司进入新能源汽车新兴产业所面对的早期进入障碍。

（7）依据《企业内部控制应用指引第4号——社会责任》，简要分析万欣公司与万欣U国公司进入新能源汽车领域是如何规避履行社会责任风险的。

【本题答案】

（1）①跨国经营活动引发的文化风险。“万欣U国公司来自新兴市场的低端形象很难得到U国企业和消费者的认同。万欣U国公司在注册时就被当地同行奚落‘你们还不如养马有前途’；公司向U国企业出售经检验没问题的油脂时却以质量不合格为由屡遭退货；公司向客户提供自己擅长的低价供货方案，客户根本不买账……，公司尝试向U国K公司推销产品时，业务员连门都进不去，只能在传达室谈业务”。

②企业并购活动引发的文化风险。“公司初次收购当地企业并调整员工假期遭到工会强烈反对，工会声称‘即使倒闭也不会让中国企业兼并’”“万欣U国公司非常注重规避跨国并购可能带来的风险，例如，在收购L公司时，为了绕开工会的制约，万欣U国公司联手当地企业一起收购；在收购T公司时，万欣U国公司不仅没有解雇富余员工还扩建厂房并招收新员工”。

③组织内部因素引发的文化风险。“万欣U国公司初次收购当地企业并调整员工假期遭到工会强烈反对，工会声称‘即使倒闭也不会让你们国家企业兼并’”。

（2）①寻求市场。“2003年万欣U国公司正式成为主机厂的一级供应商”“也让万欣U国公司生产的零部件得以在U国三分之一的汽车上使用”。

②寻求现成资产。“1999年万欣U国公司收购了L公司，这笔收购使它取代L公司成为世界上拥有最多万向节专利的公司。2000年万欣U国公司收购了T公司，从而成为U国最大的汽车轮毂加工装配基地和供应商。2001年万欣U国公司又收购了U国零售商A公司，获得了A公司汽车制动器技术与品牌、U国连锁维修店和采购集团等渠道”“万欣U国公司在2003年收购了K公司，该公司是翼型万向节传动轴的发明者和全球最大的一级供应商”“万欣公司收购AB公司不仅获得了世界顶尖的电池技术，与全球主流客户建立了业务联系，在新能源电池领域也更具号召力”“万

欣U国公司对FS电动汽车公司的收购，标志着万欣公司全面进入新能源汽车整车制造产业”。

（3）①万欣U国公司在U国采用并购战略的动机有：

a.避开进入壁垒，迅速进入，争取市场机会，规避各种风险。“为了克服公司进入新能源汽车领域的诸多障碍，2012年底，万欣U国公司协助集团总部参与竞购深陷破产危机的U国AB公司”。

b.获得协同效应。“在这一阶段万欣U国公司收购的企业多是一级供应商，万欣U国公司通过帮助了们为3 500位U国人保住了工作，也让万欣U国公司生产的零部件得以在U国三分之一的汽车上使用”“AB公司终于告别了亏损，开始步入正轨。之后，万欣公司继续向AB公司提供培养核心业务必要的财务支持，推动AB公司进入汽车电动化、电网储能及其他全球性市场，包括进入中国市场……万欣公司收购AB公司不仅获得了世界顶尖的电池技术，与全球主流客户建立了业务联系，在新能源电池领域也更具号召力”“万欣U国公司对FS电动汽车公司的收购，标志着万欣公司全面进入新能源汽车整车制造产业……万欣U国公司履行承诺，将FS公司的工厂从欧洲F国搬回U国，复产后创造了300多个工作岗位”。

c.克服企业负外部性，减少竞争，增强对市场的控制力。“万欣公司收购AB公司不仅获得了世界顶尖的电池技术，与全球主流客户建立了业务联系，在新能源电池领域也更具号召力”“在这一阶段万欣U国公司收购的企业多是一级供应商，万欣U国公司通过帮助他们为3 500位U国人保住了工作也让万欣公司生产的零部件得以在U国三分之一的汽车上使用”。

②所规避的主要风险：

a.并购后不能很好地进行企业整合。“万欣U国公司非常注重规避跨国并购可能带来的风险，例如在收购L公司时，为了绕开工会的制约，万欣U国公司联手当地企业一起收购；在收购T公司时，万欣U国公司不仅没有解雇富余员工还扩建厂房并招收新员工，帮助T公司渡过了难关”“DR公司是一家汽车电子感应器公司，危机中公司不得不出售。公司所有者联系了万欣U国公司收购过的公司，了解到这些公司被收购后得到万欣U国公司及其总部很好的资源整合，因此拒绝了另外4家竞标收购者”“一系列的收购及其之后的资源整合，不仅拯救了被并购公司，也让他们认识到万欣公司的强大实力与中国国内完备的产业配套能力”。

b.跨国并购面临政治风险。“竞购AB公司期间U国诸多政府官员与行业专家强烈反对将AB公司卖给万欣公司，他们认为AB公司是U国重点企业且部分业务和军方有直接关联，被国内企业万欣公司收购会威胁U国国家安全。为了减少万欣公司在U国受到的政治压力，万欣公司向国内备案以获得国家的背书，增加谈判筹码；万欣公司始终承诺整体收购，并维持其2 000多名员工的工作岗位，这与其他8个竞标者只对AB公司的部分业务感兴趣不同；更关键的是，万欣公司只收购AB公司的民用业务，绝对避开涉及军方的业务。万欣公司的收购方案展现了愿意承担社会责任的企业形象，得到了AB公司首席执行官的高度认可，妥善化解了来自外界的危机和压力”“在收购FS公司期间，万欣U国公司同样遇上了非议，被指责‘偷窃U国技术’。然而FS公司所在州州长和议员对万欣公司表示支持，‘万欣公司在U国20多年，形象一直比较靠谱’。并购后，万欣公司履行承诺，将FS公司的工厂从欧洲F国搬回U国，复产后创造了300多个工作岗位”。

（4）①不要拘泥于成本上竞争，而应该比照行业中的领先公司来衡量自己的实力。“公司向客户提供自己擅长的低价供货方案，客户根本不买账”“万欣U国公司将瞄准U国主流社会的本地化改造作为首要任务”。

②找到一个定位明确又易于防守的市场。“这一系列本地化举措使万欣U国公司弱化了中国企业的形象，满足了U国市场对一家普通汽车零部件企业的基本期望”“2003年万欣U国公司正式成为主机厂的一级供应商”。

③在一个全球化的产业中找到一个合适的突破口。“金融危机中万欣U国公司找到了进一步发展的突破口。万欣U国公司意识到金融危机前公司要尽可能适应和服从外部环境的要求；危机后公司则应当发挥自身优势，朝更有利的方向施加影响”。

④学习从发达国家获取资源，以克服自身技能不足和资本的匮乏。“1999年万欣U国公司收购了L公司，这笔收购使它取代L公司成为世界上拥有最多万向节专利的公司。2000年万欣U国公司收购了T公司，从而成为U国最大的汽车轮毂加工装配基地和供应商。2001年万欣U国公司又收购了U国零售商A公司，获得了A公司汽车制动器技术与品牌、U国连锁维修店和采购集团等渠道”“万欣U国公司在2003年收购了K公司，该公司是翼型万向节传动轴的发明者和全球最大的一级供应商；2005年万欣U国公司收购了U国F汽车公司的一级供应商S公司和轴承企业G公司”“万欣公司收购AB公司不仅获得了世界顶尖的电池技术，与全球主流客户建立了业务联系，在新能源电池领域也更具号召力”“万欣U国公司对FS电动汽车公司的收购，标志着万欣公司全面进入新能源汽车整车制造产业……万欣U国公司认为这一合作不仅是技术和资本绑在一起，而且是名誉与品牌都绑在了一起”。

（5）①确认那些支持企业竞争优势的关键性活动。“万欣U国公司收购M工厂后对其生产经营方式进行全面改造。在并购H公司后也停掉了公司的一些生产线，把它们搬到万欣公司中国公司来做，H公司主要负责组装、技术开发、测试、售后服务和物流，以发挥各自优势”（在U国公司和中国国内公司各自强化自身优势活动）。

②明确价值链内各种活动之间的联系。“这些公司被收购后得到万欣U国公司

及其总部很好的资源整合”“万欣U国公司收购M工厂后对其生产经营方式进行全面改造”“万欣U国公司通过对T公司和国内总部进行优势和资源的对接，把等速驱动轴打造为继万向节之后又一个世界老大产品”。

③明确价值系统内各项价值活动之间的联系。“一系列的收购及其之后的资源整合，不仅拯救了被并购公司，也让他们认识到万欣公司的强大实力与中国国内完备的产业配套能力”（中国国内完备的产业配套能力包括整个价值系统的配套能力）。

（6）①专有技术。“由于起步晚、缺少高端技术研发人员和营销人员等因素，万欣公司的电动车零部件核心技术远远落后于国内外的先锋企业”。

②获得分销渠道。“也缺少整合供应链的资源和能力”。

③得到适当成本和质量的原材料和其他投入。“也缺少整合供应链的资源和能力”。

④经验造成的成本优势。“更没有早期进入者所具有的经验曲线等成本优势”。

⑤缺少承担风险的胆略与能力。“为了克服公司进入新能源汽车领域的诸多障碍，2012年底，万欣U国公司协助集团总部参与竞购深陷破产危机的U国AB公司”（说明万欣公司克服了这一障碍）

（7）依据《企业内部控制应用指引第4号——社会责任》，万欣公司与万欣U国公司进入新能源汽车领域所规避履行社会责任风险有：

①环境保护投入不足，资源耗费大，造成环境污染或资源枯竭，可能导致企业巨额赔偿、缺乏发展后劲，甚至停业。“在全球环境保护的压力下，万欣公司也开始向新能源汽车领域挺进”。

②促进就业和员工权益保护不够，可能导致员工积极性受挫，影响企业发展和社会稳定。“万欣公司始终承诺整体收购，并维持其2 000多名员工的工作岗位”；“并购后，万欣U国公司履行承诺，将FS公司的工厂从欧洲F国搬回U国，复产后创造了300多个工作岗位”。

【本题解析】

（1）万欣U国公司成立之初所面对的社会文化风险可以根据资料进行分析归纳。

（2）本题考查发展中国家企业国际化经营动因，即四个寻求：寻求市场、寻求效率、寻求资源、寻求现成资产。“让万欣U国公司生产的零部件得以在U国三分之一的汽车上使用”，说明公司并购的目的是进入U国的汽车市场；案例中企业并购其他企业是为了其他企业的技术专利、分销渠道，属于寻求现成资产。

（3）本题既考查并购的动机，也考查并购失败的原因。

并购的动机包括：①避开进入壁垒，迅速进入，争取市场机会；②克服企业负外部性，减少竞争，增强对市场的控制力；③获得协同效应。

案例中“为了克服公司进入新能源汽车领域的诸多障碍”，说明公司并购的原因是避开进入障碍；案例中描述企业对产业的贡献，则体现了克服负外部性；案例中描述企业通过并购获得了更好的效益，体现了协同效益“1+1>2”。

并购的主要风险有：①决策不当（不该买的买了）；②支付过高的并购费用（该买的买贵了）；③并购后不能很好地进行企业整合（买了以后消化不良，通常来说企业文化是整合的较大障碍）；案例涉及关键词“资源整合”，属于防范并购后不能很好地进行企业整合的风险；④跨国并购面临政治风险（关键词：跨国、政府）；案例描述的企业与政府、企业与议员之间的故事，属于政治风险的体现。

（4）作为“抗衡者”通常不得不权衡各种机会和制约因素。

①不要拘泥于成本上竞争，而应该比照行业中的领先公司来衡量自己的实力（关键词：成本）。

②找到一个定位明确又易于防守的市场（关键词：市场）。

③在一个全球化的产业中找到一个合适的突破口。案例直接描述“突破口”。

④学习从发达国家获取资源，以克服自身技能不足和资本的匮乏（关键词：学习）。案例中描述企业并购是为了获得被并购方的技术与分销渠道。

（5）本题考查资源能力的价值链分析。

①确认那些支持企业竞争优势的关键性活动，即找到企业表现突出的活动。案例描述在U国公司和中国国内公司各自强化自身的优势活动。

②明确价值链内各种活动之间的联系。案例一般会阐述企业活动与活动之间的关系。

③明确价值系统内各项价值活动之间的联系。一般案例会阐述企业与企业之间的联系。案例描述“一系列的并购及其之后的资源整合，不仅拯救了被并购公司，也让他们认识到万欣公司的强大实力与中国国内完备的产业配套能力”，阐述了被并购方与中国国内企业之间的联系。

（6）本题可以结合资料阐述新兴产业常见的发展障碍。

（7）本题考查履行社会责任方面需关注的主要风险：①安全生产措施不到位，责任不落实，可能导致企业发生安全事故；②产品质量低劣，侵害消费者利益，可能导致企业巨额赔偿、形象受损，甚至破产；③环境保护投入不足，资源耗费大，造成环境污染或资源枯竭，可能导致企业巨额赔偿、缺乏发展后劲，甚至停业；④促进就业和员工权益保护不够，可能导致员工积极性受挫，影响企业发展和社会稳定。案例中描述“环境保护的压力”，与环保相关；案例描述“工作岗位”，说明企业积极解决就业问题，体现了规避社会责任风险。

思维拓展

（1）社会文化风险是指文化这一不确定性因素的影响给企业经营活动带来损失的可能。

从文化风险成因来看，文化风险存在并作用于企业经营的更深领域，主要有以下方面：

①跨国经营活动引发的文化风险。②企业并购活动引发的文化风险。③组织内部因素引发的文化风险。

（2）国际化经营的动因

详见2021年综合题。

（3）并购的动机：①避开进入壁垒，迅速进入，争取市场机会。②获得协同效应。通常通过技术转移或经营活动共享来得以实现。③克服企业负外部性，减少竞争，增强对市场的控制力。

并购的风险（造成并购失败的主要原因）：

①决策不当。②并购后不能很好地进行企业整合。③支付过高的并购费用。④跨国并购面临政治风险。

（4）"抗衡者"战略：在全球范围内对抗。

①不要拘泥于成本上竞争，而应该比照行业中的领先公司来衡量自己的实力。②找到一个定位明确又易于防守的市场。③在一个全球化的产业中找到一个合适的突破口。④学习从发达国家获取资源，以克服自身技能不足和资本的匮乏。

（5）企业资源能力的价值链分析重点在于以下三个方面：

①确认那些支持企业竞争优势的关键性活动。

②明确价值链内各种活动之间的联系。

③明确价值系统内各项价值活动之间的联系。

（6）从战略制定的观点看，新兴产业的基本特征是没有游戏规则。缺乏游戏规则既是风险又是机会的来源。新兴产业常见的发展障碍有：

①专有技术选择、获取与应用的困难；

②原材料、零部件、资金与其他供给的不足；

③顾客的困惑与等待观望；

④被替代品的反应；

⑤缺少承担风险的胆略与能力。

（7）企业社会责任管理存在的风险主要表现在：

①安全生产措施不到位，责任不落实，可能导致企业发生安全事故。

②产品质量低劣，侵害消费者利益，可能导致企业巨额赔偿、形象受损，甚至破产。

③环境保护投入不足，资源耗费大，造成环境污染或资源枯竭，可能导致企业巨额赔偿，缺乏发展后劲，甚至停业。

④促进就业和员工权益保护不够，可能导致员工积极性受挫，影响企业发展和社会稳定。

坑点提示

企业国际化经营的动因之间容易混淆，辨析的时候要抓住主要关键词。

动机	关键词
寻求市场	销售大涨、订单增多、开拓新的区域
寻求效率	（劳动力）成本； 路径：较先进发展中国家→次先进发展中国家
寻求资源	自然资源、原材料供给； 路径：资源短缺的发展中国家→资源丰富的发展中国家
寻求现成资产	管理经验、品牌、先进技术； 路径：发展中国家→发达国家

抢分秘籍

（1）看到"2003年万欣U国公司正式成为主机厂的一级供应商"，应立刻联想到企业国际化经营动因中的寻求市场，并在前后文寻找其他动因。

（2）看到"为了克服公司进入新能源汽车领域的诸多障碍"，应马上联想到并购动机中的"避开进入壁垒，迅速进入，争取市场机会"，并仔细从其他并购行为中寻找其他的并购动机。

（3）看到"万欣U国公司非常注重规避跨国并购可能带来的风险"，要立刻意识到后续的内容大多与并购需规避的风险有关。

（4）看到"万欣U国公司将'瞄着U国主流社会'的本地化改造作为首要任务"，要立刻联想到"抗衡者"战略中的"不要拘泥于成本上竞争，而应该比照行业中的领先公司来衡量自己的实力"，并从附近寻找其他"抗衡者"战略的典型做法。

（5）看到"万欣U国公司收购M工厂后对其生产经营方式进行全面改造……以发挥各自优势"，应马上联想到企业资源能力的价值链分析中的"确认那些支持企业竞争优势的关键性活动"和"明确价值链内各种活动之间的联系"。

（6）看到"由于起步晚、缺少高端技术研发人员和营销人员，万欣公司的电动车零部件核心技术远远落后于国内外的领先企业"，应联想到新兴产业所面对的发展障碍中的“专有技术选择、获取与应用的困难”，并注意在附近寻找其他障碍。

（7）看到“在全球环境保护的压力下”，要立刻联想到社会责任风险表现中的“环境保护投入不足，资源耗费大，造成环境污染或资源枯竭，可能导致企业巨额赔偿、缺乏发展后劲，甚至停业”。

（8）简单来说，“抗衡者”的战略举措就是：①比领先：不要拘泥于成本上竞争，而应该比照行业中的领先公司来衡量自己的实力。②获资源：学习从发达国家获取资源，以克服自身技能不足和资本的匮乏。③找市场：找到一个定位明确又易于防守的市场。④找突破：在一个全球化的产业中找到一个合适的突破口

历年考情

第三章战略选择中的“发展战略”及“发展战略的途径”“国际化经营的动因”、第八章企业面对的主要风险及应对，都属于每年必考的考点，并且以主观题居多。